**W9-CTW-107**

# French Women Playwrights
## of the
## Twentieth Century

# French Women Playwrights
## of the
## Twentieth Century

*A Checklist*

Compiled by
CECILIA BEACH

Bibliographies and Indexes in Women's Studies, Number 24

**GREENWOOD PRESS**
Westport, Connecticut • London

**Library of Congress Cataloging-in-Publication Data**

Beach, Cecilia.
    French women playwrights of the twentieth century : a checklist /
compiled by Cecilia Beach.
        p.   cm.—(Bibliographies and indexes in women's studies,
    ISSN 0742–6941 ; no. 24)
    Includes bibliographical references and index.
    ISBN 0–313–29175–6 (alk. paper)
    1. French drama—Women authors—Bibliography.   2. French
drama—20th century—Bibliography.   3. Women and literature—France–
–Bibliography.   I. Title.   II. Series.
Z2174.D7B44   1996
[PQ509]
016.842′91099287—dc20        95–39490

British Library Cataloguing in Publication Data is available.

Library of Congress Catalog Card Number: 95–39490
ISBN: 0–313–29175–6
ISSN: 0742–6941

First published in 1996

Greenwood Press, 88 Post Road West, Westport, CT 06881
An imprint of Greenwood Publishing Group, Inc.

Printed in the United States of America

*For Laurent*

# Contents

# Preface

The goal of <u>French Women Playwrights of the Twentieth Century: A Checklist</u>, like the preceding volume of earlier women playwrights[1], is to provide a comprehensive list of works by French women playwrights in order to facilitate research by scholars interested in theater and women's literature, as well as theater professionals in search of plays to perform[2]. This checklist includes plays written by French women which were published and/or performed in France between 1900 and 1990[3]. Due to the vast number of plays involved, I was obliged to set certain limits, particularly according to nationality and genre.

First, I have generally not included plays by non-French women with the exception of authors of foreign origin who emigrated to France, wrote in French, and whose plays were performed and/or published in France like Karen Bramson an Natalie Barney. I have not, however, included authors whose plays were performed or published in French-speaking countries other than France (e.g. Switzerland, Belgium). Secondly, I have not included authors who *only* wrote translations, adaptations or plays for radio and television, though I have listed such works by women who also wrote original works for the stage. Similarly, I have not included puppet theater, music hall and cabaret, though it pains me to leave out such important creators as Agnès Capri and Anne-Marie

---

[1]Cecilia Beach. <u>French Women Playwrights before the Twentieth Century: A Checklist</u> (Westport, CT: Greenwood Press, 1994).

[2]While I have tried to be as complete as possible, I have certainly left out a number of authors, plays and information about performances. Any such omissions are entirely unintentional.

[3]It was necessary to choose a cut-off date, given that the twentieth century is not yet over. 1990, being the beginning of a new decade and the year I began my research, seemed the most logical choice. I have included plays that were published or performed in 1990 only if the author's production began earlier.

Carrière. I have, on the other hand, included women who wrote and performed one woman shows and other café-théâtre shows; even though these performances may not be "plays" in the strict sense of the term, the café-théâtre was an important form of theater, notably from the late sixties throughout the seventies. Moreover, women played an significant role in the café-théâtre both as performers and as authors. Café-théâtre performances also posed the problem of the notion of authorship, since many shows were collectively authored and performed (e.g. Le Splendid, les Jeanne, le Café de la Gare). It is difficult to determine who actually wrote the shows. In the absence of an in-depth study of the role of women in the café-théâtre, I have chosen to include the women who participated in such ventures.

The authors are listed in alphabetical order and the plays in chronological order under the author's name. I have included the following information whenever possible:

(1) Author's name (additional names -- maiden name, married name(s), pseudonyms -- in parentheses).

(2) Place and date of birth and death.

(3) Other professions or activities for which the author is known (e.g. actress, teacher) and other genres practiced by the author (e.g. novelist, poet).

(4) Title (and variants when appropriate).

(5) Genre, number of acts, and prose or verse (if known). In some cases, when the term does not have a precise translation in English (e.g. féerie, à propos) or when it is very specific (e.g. "cérémonie magique de la nouvelle naissance," "quatorze flashes désordonnés et une chute libre"), I have chosen to leave the genre in French.

(6) Co-author(s) and/or composer(s) (when appropriate).

(7) Place and date of publication (day-month-year). In most cases, I have only listed the first edition.

(8) Place and date of first performance (day-month-year). I have often indicated the name of the company that performed the play in parenthesese after the name of the theater where it was performed. I have at times, though not systematically, indicated subsequent performances, but the absence of such information does not imply that the play has never been performed since its creation.

(9) Coded references to Parisian libraries or archives (see list of codes) where the play can be found in either published or manuscript form. I have included the full call numbers for the Bibliothèque Nationale and for the Bibliothèque de l'Arsenal since these libraries have many different catalogues and contain a

number of different collections[4]. For other libraries, with less complicated cataloguing systems (e.g. Bibliothèque Marguerite Durand, la Maison Jean Vilar in Avignon), I have generally not included the call numbers. While I have tried to be as complete as possible, my primary exigency was not to indicate every copy available in Paris, but rather to indicate *at least one*. Therefore, the fact that I have not indicated that the play can be found at a given library does not necessarily mean that it is not there. Similarly, I have not indicated multiple copies within the same institution. Finally, I have unfortunately not yet found copies of all the plays that were published. In such cases, I have simply indicated the publication information.

Sample entry :

(1) **MARCELLE-MAURETTE** (Comtesse Yves de BECDELIEVRE).

(2)        Toulouse, 1903 - 1972.

(3)        Poet, journalist, drama critic; author of screen plays; active in television and radio productions; Légion d'Honneur for her work as a playwright.

(4-6)    <u>Marie Stuart</u> (drama, 2 parts).

(7)        Paris: A. Michel, 1941.

(8)        Paris, Théâtre Montparnasse, 22-10-41.

(9)        [BN 8 Yth 42251, ASP 16 Y 2575, TF].


To conclude, I would like to acknowledge a certain number of people who helped me through the preparation of this checklist. First, I would like to thank the Association of University Women and the French government for their generous financial support while I was completing my dissertation and carrying out the preliminary research for this book. I would also like to thank the librarians at the Bibliothèque Nationale, the Bibliothèque de l'Arsenal, the Maison Jean Vilar in Avignon, Bibliothèque de la Blaiserie in Poitiers, and the Bibliothèque Marguerite Durand. The association Théâtrales and the Théâtre Ouvert were also helpful to me in providing biographical information and locating texts. I am also indebted to the research team at the Université de Paris VII-Jussieu (Sciences des Textes et Documents) for allowing me to consult their data-base on women's publications in France from 1945 to 1950. Finally, special thanks to Florence Roth at the Bibliothèque de la Société des Auteurs et Compositeurs Dramatiques for her invaluable help in identifying authors, locating texts and providing me with information about performances.

---

[4]With the construction of the Bibliothèque de France, the future location of books presently found at the Bibliothèque Nationale and the Bibliothèque de l'Arsenal, which currently houses the performing arts department of the Bibliothèque Nationale as well as its own collection, will need to be verified.

# Codes for Library References

**AN F$^{18}$**   Archives Nationales, censorship archives.

**ASP**   Bibliothèque Nationale, Département des Arts du Spectacle, presently located at the Bibliothèque de l'Arsenal.

**AV**   Avignon, Maison de Jean Vilar, Centre de Documentation.

**BHVP**   Bibliothèque Historique de la Ville de Paris.

**BN**   Bibliothèque Nationale.

**BN EL**   Bibliothèque Nationale, Branch at Versailles.

**BN VER**   Bibliothèque Nationale, Branch at Versailles.

**BSG**   Bibliothèque Sainte-Geneviève.

**DOU**   Bibliothèque Doucet (located behind the reserve room at the Bibliothèque Sainte-Geneviève).

**IMEC**   Institut Mémoires de l'Edition Contemporaine.

**MD**   Bibliothèque Marguerite Durand.

**ms.**   Indicates that the copy is in typed or handwritten manuscript form.

**OP**   Bibliothèque de l'Opéra.

**POI**   Bibliothèque de la Blaiserie, Poitiers.

**SACD**   Société des Auteurs et Compositeurs Dramatiques (TAV = Théâtre à une voix; CA = Club des Auteurs).

**TH**   Association Théâtrales.

**TF**   Bibliothèque du Théâtre Français.

**TO**   Théâtre Ouvert.

# French Women Playwrights
## of the
## Twentieth Century

# A

**ABADIE** (Mireille).

> Paris cerise... Co-authored by Gabriel CINQUE.
> > Paris, Templiers, April 1986.

**ACESNOF** (Claudine).

> Bonne nuit mon petit (3 acts). Co-authored by Vincent ACESNOF.
> > Paris: la Pensée universelle, 1980.
> > [BN EL 8 Y 10880, ASP 16 Y 4111, AV].

**ACHALME** (Lucy).
> Novelist, essayist.

> Notre fils (drama, 3 acts).
> > Paris: Librairie Molière, 1909.
> > Théâtre des Arts (Cercle des Essayeurs), 26-2-09.
> > [BN 8 Yth 33333, ASP Rf. 49.550, ARS GD 8 29135].

> Petits complots.
> "Féminisme" (2 acts, prose);
> "La Peur du divorce" (drama, 1 act),
> > Performed 22-3-14;
> "Les Cadets du Roy", "L'Entente cordiale".
> > Paris: Ed. du Temps Présent, 1912.
> > [BN microfiche 8 Yf 1848, BHVP, MD].

**ACHARD** (Tania and Françoise).

> Rorschach and Rorschach 2 (musicals).
> > Paris, La Vieille Grille, 1975; Musée Galliera, 5-9-76.

**ACKILLI** (Claire).

> On a volé grand-mère.
> [SACD ms. CA 1].

**ACREMANT** (Germaine) (née Germaine-Fanny-Marie-Joséphine POULAIN).
Saint-Omer (Pas-de-Calais), 1889 - Neuilly, 1986.
Novelist, best known for Ces dames aux chapeaux verts (1921).

Ces dames aux chapeaux verts (comedy, 3 acts). Co-adapted from novel by Albert ACREMANT.
> Paris: Plon et Nourrit, 1929.
> Paris, Théâtre Sarah Bernhardt, 1937 (over 1000 performances); Théâtre des Arts, 13-12-63.
> [BN 8 Yth 38905].

Quatre comédies en un ou deux actes par Albert et Germaine Acremant. Contains two plays co-authored by Albert and Germaine ACREMANT:
"Deux réveillons" (comedy, 2 acts, 3 tableaux);
"Une Femme dépensière" (comedy, 1 act),
> Paray-le-Monial, 23-1-38.
> Paris: Plon, 1937.
> [BN 8 Yf 2662].

**ADAM** (Marcelle) (Marcelle BUSSON-ADAM, signed articles Marcelle ADAM SPIERS, also signed Marcel ADAM).
Paris, ? - 1962.
Novelist, journalist; member of the *Académie féminine des Lettres.*

Deux richesses, Pénélope (one-act comedies). Signed Marcel ADAM.
> Paris, Théâtre de l'Application (Bodinière), 20-4-1900.

Negro (3 acts). Co-authored by George LEMIERRE.
> Paris, Mogador, 26-12-21.

Maïtena la plus aimée (Basque tale, 7 tableaux).
> Radio Paris-P.T.T, 14-11-31.

Ithurria - la source (Basque tale, 7 tableaux). Co-authored by George LEMIERRE.
> [SACD ms. 1628].

**ADRIEN-BERTRAND** (Suzanne).
Journalist for the *Radical*; novelist.

Qui trompe-t-on? (comedy, 2 acts).
Maisons-Lafitte, private performance at the home of le Comte Robert de Clermont-Tonnerre, 28-6-24.

**AGUETTANT** (Iris).

Amour et colère. Co-authored by Jean-Luc GRASSET.
Paris, Tristan Bernard, 9-11-84.

**AICARD** (Simone-Colette).

La Fille de Caddeton (comedy, 1 act).
Argelès, Casino du Parc, 14-8-38.

**AIMEE** (Mme Jean) (Jeanne Marie FRAISSE).

Le Roi Pépin (comedy, 3 acts).
Nice, Casino Municipal, 19-12-35.

**AIMEE** (Jean) (pseudonym of Jeanne LAVENIR).

Les Espions (1 act, 2 tableaux). Co-authored by Jean CONTI.
Paris: Philippo, 1916.
[BN 8 Yth 38729].

Le Poids d'un sourire (3 acts).
Paris: Debresse, 1956.
[BN 16 Y 238 (6)].

**AÏN** (Marie-Hélène).

1.2.3. théâtre (1 act).
Troyes: Centre Culturel Thibaud de Champagne, 1979.
Troyes, Théâtre populaire de Champagne, 16-10-79.
[BN 16 Yf pièce 99, ASP 8 Y 3331].

**ALANIC** (Mathilde)
1864 - 1948.
Prolific novelist, member of the *Académie féminine des Lettres* (1936).

Le Serment (dramatic comedy, 4 acts). Co-authored by Henri de NOUSSANNE.
Angers, Théâtre Municipal, 28-1-08.

A la tombée du soir (1 act, 3 tableaux). Co-authored by G. GUILLOT.
Paris: J.L. Lejeune, [1936].
[BN 8 Yth 41047].

**ALBAN** (Ariane).
    Actress, director.

    L'Offrande.
        Avignon, Festival-Off, Le Regard Absinthe (Théâtre de la psyché), 12-7-89 (performed by author).

**ALBANEL** (Christine).
    1955 -

    Hôtel de Jawat et de la plage.
        Radio France Culture, 1980; Paris, Comédie de Paris, 2-3-83.

    Hougly's refugees.
        Radio France Culture, Sept. 1981.

    La Maison Ambuse (12 tableaux). Other title: Les Palhasses.
        Paris: J.-C. Lattès, 1981.
        Paris, Théâtre Essaïon, 23-11-82.
        [BN 16 Y 898 (6), ASP 8 Y 1929, SACD, AV].

    Barrio Chino. Title on manuscript: La Novia.
        Paris: Papiers, 1987.
        Paris, Petit Odéon, 10-3-87.
        [ASP 8 Y 4298, BSG, SACD, AV, SACD ms. CA 2].

**ALBERT** (Germaine).

    Tempête autour d'un chapeau (comedy, 1 act).
        Paris, Epoque, 21-2-08.

    Eternelle histoire (comedy, 1 act).
        Paris, Théâtre Michel, 18-5-10.

    Le Cierge (drama, 1 act).
        Cherbourg, C., 11-7-13.

    Le Plus bête des trois (comedy, 1 act).
        Comédie Mondaine, 25-2-16.

**ALBRET** (Bernadette).

    Lili.
        Paris, Théâtre Essaïon, 6-1-87.

**ALCORTA** (*Gloria*-Rosa) (Mme GIRONDO).
    Born in France of Argentinean parents; poetry, short stories, a novel.

    Le Seigneur de San-Gor (comedy, 3 acts).
        Paris, Théâtre des Arts, 10-12-54.

**ALENÇON** (Emilienne d') (Mme E. ANDRE).
Poet.

Le Temple de l'amour (1 act, verse).
In Comœdia 6/7-6-27.
Théâtre de la Foire St-Germain, 5-6-27.
[BN Pér. micr. D-69, ASP Rf. 49.890].

**ALEXANDRE** (Anne).

Dis-moi qui tu "Freud", je te dirai qui tu "Zen" (one woman show).
Créteil, Espace Carole, 2-3-79.

**ALEXIS** (Colette).
Actress.

Histoires de bouffes.
Paris, Théâtre du Lys (Théâtre du Néon), June 1982.

Mes provinces. Co-authored by Sylvie JOBERT.
Paris, 18 Théâtre, March 1990 (performed by authors).

**ALGAN** (Andrée).
Psychologist.

Avec des mains de pêcheur d'éponges, Le Maître de ballets .
[SACD ms. CA 2].

**ALISBERT** (see LOBERT).

**ALIX** (Blanche) (pseudonym of Blanche Marie GIRARDOT).
? - 1937.

Les Bleus de l'amour (musical comedy, 3 acts). Main author: Romain
COOLUS. Lyrics by B. ALIX and Henry-Jacques. Music by V. ALIX.
Paris, Théâtre l'Athénée, 6-12-10.
[SACD ms. 1879].

L'As (dramatic comedy, 3 acts). Co-authored by Yvan NOÉ, Charles
POIDLOUE.
Paris, Théâtre Apollo, 24-9-30.
[ASP Rf. 68.490 (summary and excerpt)].

La Croix oubliée. Excerpt of Les Vrais vainqueurs (dramatic sketch).
Co-authored by Henry-Jacques.
Paris: M. Labbé, 1936.
[BN 4 Ye pièce 1958].

**ALIX** (Marie) (or MARIE-ALIX).

> Sur les pas de notre mère. Co-authored by Janine DUCROT.
>> Paris: Permanence Mariale, 1949.
>> [BN 8 Yth 42527].

> Notre Dame de la route. Co-authored by Janine DUCROT.
>> Paris: Permanence mariale, 1950.
>> Paris, Théâtre Gaumont, 12-11-50.
>> [BN 8 Yth 42561].

> A son écoute (jeu scénique marial).
>> Paris: Permanence mariale, 1951.
>> Paris, Théâtre Gaumont, 11-11-51.
>> [BN 8 Yth 42588].

> Foi vivante, ma lumière (1 prologue, 5 tableaux, 1 apotheosis).
>> Paris: Permanence mariale, 1952.
>> Paris, Théâtre Gaumont, 9-11-52.
>> [BN 8 Yth 42611].

> Marie est notre mère (jeu scénique marial, 1 prologue, 2 tableaux).
>> Paris: Secrétariat nat. des Enfants de Marie Immaculée, 1954.
>> [BN 8 Yth 42708].

> Marie, reine de France (jeu scénique marial). Co-authored by Janine DUCROT.
>> Paris: Secrétariat nat. des Enfants de Marie Immaculée, 1954.
>> Paris, Théâtre Gaumont, 14-11-54.
>> [BN VER 8 Jo 175 (1954)].

**ALLARD** (*Lily*) (Marie Amélie Auguste ALLARD).
? - 1961.

> Fatale trouvaille (1 act).
>> Marseille, Cinéastes de France, 19-12-32.

**ALLEGRET** (Catherine).
1946 -
Actress; daughter of Simone Signoret and Yves Allégret.

> Pourquoi pas moi ?. Co-authored by Evelyne GRANDJEAN.
>> Paris, Coupe-Chou, 1976 (performed by authors).

> Tu viens, on s'en va. Co-authored by Elyane BORRAS.
>> Paris, Blancs-Manteaux, Nov. 1978 (performed by authors).

> Trois fois rien. Co-authored by Eliane BORRAS.
>> Paris, Petit-Montparnasse, 7-1-83 (performed by authors).

**ALLEMAND** (Denise).

> Maintenon... maintenon et l'une après l'autre (revue, 2 acts, prologue).
> Co-authored by Ysabelle MONROZIER.
>> Grenoble: Impr. Guirimand, 1929.
>> Grenoble, salle de la rue Marcheval, 25-6-28 (Monrozier played the role of Madame de Maintenon).
>> [BN 8 Yth 38923].

**ALLEMAND** (Marie *Madeleine*) (George MADAL).
> Published one novel.

> Zig Zag (dramatic comedy, 8 tableaux). Co-authored by René JADFARD.
>> Théâtre Montmartre (Discobole), 30-4-32.

**ALLIBE** (Mireille).

> Chez Matignon (3 acts).
>> Ste Marie d'Alloix, Val du Rire (Club de théâtre), June 1989.
>> [SACD ms. 3942].

**ALLO** (Gabrielle) (Gabrielle GAUTIER).

> Jean Loustic (comedy, 1 act).
>> Paris, Salle des fêtes de la Mairie du 18e, 23-2-33.

**ALLOTTE DE LA FUYE** (Marguerite) (pseudonym of Marguerite PICHELIN).
?- 1959.
Published a biography of Jules Verne.

> Le Maître de la mort (lyric drama, 4 acts, verse).
>> Paris: Plon-Nourrit et Cie, 1906.
>> Nancy, Théâtre de la Passion; Nantes, Div., 9-12-07.
>> [BN 8 Yth 31950, ASP Rf. 49.959, ARS GD 8 27079].

> Le Curé de Lanslevillars (4 tableaux, prose). Adapted from a short story by Henry BORDEAUX.
>> Niort: Boulord, 1910.
>> [BN 8 Yth 33689, ASP Rf. 82074].

> L'Espion (1 act, prose). Adapted from a short story by F. DACRE.
>> Niort: Boulord, 1910.
>> [BN 8 Yth 33695, ASP Rf. 82073, ARS GD 8 28166].

> Le Confesseur (lyric drama, 3 acts, verse).
>> Paris: Plon, 1913.
>> [BN 8 Yth 34805, ARS GD 8 45066].

Sainte Geneviève de Paris (mystical drama, 3 acts, verse).
    Paris: Plon-Nourrit, 1916.
    Pontoise, 14-11-26.
    [BN 8 Yth 36172, ASP Rf. 85041].

Les Simples (comedy, 3 acts).
    Paris, Théâtre Antoine (Nouveau Théâtre Libre), 17-5-20.

Miracle du bonnet d'âne (1 act).
    Nantes, 23-2-22.

Zita la servante (comedy, 3 acts, prose).
    Niort: Boulord, n.d.
    Nantes, 18-1-23.
    [BN 8 Yth 38200].

Routes obscures (dramatic comedy, 5 acts).
    Nantes, 25-4-23.

La Revanche de Cadichon (comedy, prose).
    Niort: Boulord, n.d.
    Marseille, 25-6-25.
    [BN 8 Yth 38198].

Les Bengalis de François (comedy, 3 acts).
    Niort: Boulord, n.d.
    [BN 8 Yth 38199].

La Belle et la Bête (fairytale, 6 tableaux).
    Paris, Plon-Nourrit, 1925.
    Paris, Théâtre Albert 1er, 30-3-24.
    [BN 8 Yth 37736].

Les Demoiselles Romain (3 acts, prose).
    Niort: H. Boulord, n.d.
    Mehun-s-Yev., 19-4-25.
    [BN 8 Yth 38197].

Jules Verne ou Malheur d'avoir du génie (comedy, 3 acts).
    Nantes, 12-3-28.

Frère Antoine (dramatic comedy, 5 acts, prose).
    Niort: Boulord, [1933].
    Nantes, Salle du Chapeau-Rouge, 6-11-32.
    [BN 4 Yth 9266, ARS 8 TH. N. 34031].

La Princesse Peau d'âne (comedy, 1 act, verse).
>Niort: Théâtrales Boulord (Mon Théâtre), [1936].
>[BN 8 Yf 2535 (46), ASP Rf. 85040].

Bethsabée (tragedy, 4 acts, verse).
>Paris: Plon, 1942.
>[BN 8 Yth 42333, ARS Th. N. 34906, TF].

**ALPHANT** (Marianne).

La Chambre d'écho.
>Nanterre, Maison de la Culture, Jan. 1982.

**AMAÏZO** (Catherine, called *Katy*).
1951 -
Actress.

Les Raviolis voyageurs (comedy).
>[SACD ms. CA 3].

Fluo (musical comedy).
>Paris, Théâtre Moderne, 13-11-89 (author in cast).

**AMARANDE** (pseudonym of Marie Louise CHAMARANDE).
Actress.

Le Coeur gros.
>Gagny, 2-3-1987; performed on tour throughout France (1987-92); Paris, Nouveau Théâtre Mouffetard, Jan. 1992.

**AMIEL-PETRY** (Monique).
? - 1954.

Famille (3 acts). Co-authored by Denys AMIEL.
>In La Petite Illustration 852 - Théâtre 426 (1-1-1938); in Théâtre tome VIII de D. Amiel. Paris: Albin Michel, 1948.
>Paris, Théâtre Saint-Georges, 26-10-37.
>[BN 4 Lc$^2$ 1549 (4), ASP 4 Lag. 433, SACD ms. 1626].

**AMIN-RIZVI** (Roxanne).
Director.

Signe de singe.
>Avignon, Festival-Off, Dojo du Centre (Cie L'Ours Funambule), 9-7-87 (directed by author).

**ANCEAUX** (Mme J.).
Novelist.

Monsieur Quivala, ou la Folie du garde champêtre (comedy, 2 acts).
Paris: Delagrave, 1903.
[BN 8 Yth 30441].

**ANCY** (Jacqueline).
Published a biography of Saint-Exupéry.

La Maison jaune (comedy, 5 acts).
Paris: Marcel Didier (Lire et savoir), 1970.
[BN EL 8 R. 4 (21), ASP 16 Y 1874].

**ANDERSON** (Françoise-Martin).

Cri de terre.
Paris, Centre culturel du XVIIe, 17-11-76.

**ANDRAUD** (Mme Henry).

La Noce d'Annette (2 acts). Co-authored by C. CHIFFIER, F.
DARCIEAUX.
Clermont-Ferrand, Théâtre Municipal, 29-4-39.

**ANDRÉ** (Nicole M.).
? - 1994.

Mathias 1er (children's play). Adapted from a novel by KORCZAK.
Co-authored by Bernard BETREMIEUX.
Paris, Gaîté Montparnasse, 1980.

Le Palais du fond des mers (children's play). Co-authored by Jean-
Jacques VAROUJEAN.
Paris, Gaîté Montparnasse, Feb. 1981 (directed by André).

**ANDRÉ** (Paule) (pseudonym of Josette ALBET).

Un Conseil extraordinaire (1 act).
[SACD m. 868].

**ANDRÉ-DELASTRE** (Louise) (Louise Andrée DELASTRE) (occasional
pseudonym: Marie OLIVIER).
Christian novels, poetry, biographies and works for children.

Fulvia ou les Voies montantes (Christian drama, 3 acts, 3 tableaux).
Paris: G. Enault, 1936.
La Mothe-la-Heraye, private performance, 29-10-38.
[BN 8 Yth 41078, ASP Rf. 85045].

Une Valise providentielle (comedy, 1 act, 3 tableaux).
  Paris: G. Enault, 1936.
  Elbeuf, private performance, 26-9-37.
  [BN 8 Yth 41079, ASP Rf. 85046].

**ANDRÉAULT** (Gisèle).

P.I.F.!... P.A.F.!... (satirical comedy, 3 acts).
  Paris, Potinière, 29-4-48.

**ANDRIS** (Colette) (pseudonym of Pauline TOUTEY).
  Born in Seine-et-Marne - 1936.
  Music-hall performer and novelist.

Mon petit (3 acts, 7 tableaux).
  Paris, Théâtre Albert 1$^{er}$, 1-3-28.

**ANEMONE** (pseudonym of Anne BOURGUIGNON).
  1950 -
  Actress (stage and film).

Bye bye baby. Co-authored by Tonie MARSHALL.
  Paris, Aux 400 Coups, Nov. 1978 (performed by authors).

**ANGOT** (Emma).
  Paris, 1850 - ?
  Teacher; author of history books, studies on women authors, feminism
  and the birthrate, and education.

Le Mariage de Corneille (1 act, verse).
  Paris: H. Falque, 1911.
  [BN 8 Yth 34014].

Les Jeunes premiers de Molière (1 act, verse).
  Paris: Emile-Paul frères, 1922.
  [BN 8 Yth 36569].

**ANGOT** (Michelle) (Mme Michelle DUDRUMET).
  Studied at l'Ecole des Beaux-Arts; set designer for theater and film;
  radio producer and author of children's books.

Jehanne (comedy, 3 acts, 11 tableaux). Co-authored by Guy HAUREY.
  Paris, Comédie Caumartin, 6-3-53.

Là-bas ... une forêt (2 periods), Jenny au solstice d'hiver (1 act).
  Radio France Inter, 3-9-77 and 25-3-78.
  [SACD ms. 3773-3774].

**ANNE** (Catherine).
Saint Etienne, 1960 -
Actress and director.

Une Année sans été (drama, 3 acts).
Paris: Actes Sud-Papiers, 1987.
Paris, Théâtre de la Bastille, 20-3-87 (directed by author).
[BN 16 Yf 1991, ASP 8 Y 2980, SACD, AV].

L'Attaque du train postal (1 act).
St-Denis, Théâtre Gérard Philippe, 15-5-87.
[SACD ms. 3443].

Chaleur. Adapted from a text by Ewa POKAS.
Saint-Denis, Théâtre Gérard Philippe, 6-11-87 (directed by C. Anne).
[SACD ms. 2799].

Combien de nuits faudra-t-il marcher dans la ville?
Paris: Actes Sud-Papiers, 1988.
Paris, Théâtre de la Bastille, 12-4-88 (directed by author).
[BN 16 Y 1051 (117), ASP 8 Y 3366, SACD, AV].

Eclats.
Paris: Actes Sud-Papiers, 1989.
Villeneuve-les-Avignon, Cloître de la Collégiale, 16-7-89 (directed by author); Paris, Théâtre de la Villette, Oct. 1989.
[BN 16 Yf 1830, ASP 8 Y 3851, SACD, AV].

**ANNE-MARIEL** (Anne MARIEL, MARIEL) (pseudonym of Anne-Marie ARMÉLY-GOUD).
Prolific novelist; artistic director of the Théâtre de l'Ambigu.

X 33 (drama, 3 acts).
Livarot, private performance, 28-4-35.

La Huitième heure (drama, 3 acts).
Paris: Vaubaillon, 1935.
Paris, Théâtre de la Petite Scène, 24-5-35.
[BN 8 Yf 2533 (68)].

Poignard aux yeux de jade (4 acts).
Vierzon, private performance, 20-12-36.

Fin de croisière (comedy, 1 act).
Lys (Nord), 1-5-37.

Etrange croisière (3 acts).
>   Paris, Théâtre Charles de Rochefort, 3-6-37.

Le Coffret de cristal (4 acts).
>   St-Andéol-le-Château, private performance, 15-1-39.

L'Enjeu (drama, 3 acts).
>   Paris, Théâtre de l'Ambigu, 6-11-43.

Sur la piste maudite (African drama, 4 acts).
>   Paris: Vaubaillon, 1943.
>   [BN 16 Yth 34].

Le Secret de Maldec (comedy, 3 acts).
>   Summary in Catalogue analytique de pièces à rôles mixtes.
>   Paris: L'Amicale, 1964.
>   Paris, Théâtre Lancry, 3-6-44.
>   [ASP 16 W 671].

L'Etoile d'argent (adventure play, 3 acts). Co-authored by Paul CHANSON.
>   Paris: Vaubaillon, 1944.
>   [BN 16 Yth 86].

Paix sur la terre (dramatic comedy, 3 acts). Co-authored by Paul CHANSON.
>   Paris: Vaubaillon, 1945.
>   [BN 16 Yth 146, ARS Th. N. 35691].

La Route de Palmyre (3 acts). Co-authored by Paul CHANSON.
>   Paris: l'Amicale, 1948.
>   [BN 16 Yth 505].

Atlantique-sud (adventure play, 3 acts).
>   Paris: Vaubaillon, 1949.
>   [BN 16 Yth 762, ARS Th. N. 36470].

**AOR** (Anne).

Les Tubulures. Co-authored by Giselle BETRA.
>   Paris, Coupe-Chou, April 1978.

**ARADE** (Michèle).
Novelist.

Elles entre elles.
>   Paris, Café-Théâtre le Sélénite, 16-1-74.

**ARASSE** (Jenny) (see LEICESTER).

**ARDOIN** (Suzanne).
Poet.

L'Ame de la Voulzie (dramatic elegy).
Provins: Impr. de F. Louis, 1912.
Provins, Théâtre Antique de Verdure, 25-8-12.
[BN 8 Yth 34673].

Évocations dramatiques: Includes:
"Le Baiser de la Reine" (1 act),
Performed, 8-3-14;
"Le Collier" (drama, 4 acts, 6 tableaux);
"Le Réveil de l'aigle" (dated 5-5-21).
Paris: Sansot, 1923.
[BN 8 Yf 2230, BHVP].

**AREL** (Marie).

Alleluia Michieli, Patricienne de Venise (drama, 3 acts).
Paris: A. Lesot, 1931.
[BN 8 Yth 39634, ASP Rf. 50.212].

Bravo!... Marius! (comedy, 1 act), Radegonde, Reine de Neustrie
(miracle play, 1 act, 2 tableaux), Roses de Noël (saynète, 2 tableaux),
La Paix de Noël (2 acts).
Strasbourg: Le Roux, 1931-32 (available at BN).

Ils passent dans l'ombre (drama, 4 acts, 4 tableaux), Et moi? (1 act).
Nancy: Impr. Vagner, 1931 (available at BN and ASP).

Lycénis, Apôtre du Christ (drama, 1 act).
Nancy: La Croix de l'Est, 1932.
[BN 8 Yth 42214, ASP Rf. 85054].

Et patati!...et patati! (sketch).
Lyon: M. Camus (collection F. Coppée des dramaturges
catholiques), 1935.
[BN 8 Yth 40777, ASP Rf. 85051].

**ARIANO** (Janette).
Poet, novelist.

Le Chemin des dames (comedy, 3 acts, verse).
St-Estève: IMF productions, 1989.
[BN EL 8 Y 19650, ASP 8 Y 3820, AV].

La Marianne déchue (drama, 3 acts, verse).
>    Saint-Estève: IMF productions, 1989.
>    [BN EL 8 Y 20779, ASP 8 Y 4060, AV].

Catherine le Grand ou Au nom de la raison d'Etat (historical play, 5 acts, verse).
>    Houilles: J. Ariano, 1990.
>    [BN EL 8 Y 22391, ASP 8 Y 4515, BSG, AV].

**ARIBY** (Josianne).
Café-théâtre performer.

>    Bonbons acidulés. Co-authored by Anice CLÉMENT.
>    Paris, Les Petits pavés, Jan. 1978 (performed by authors).

**ARLET** (Suzanne).
Poet and novelist of Polish origin; translator from Polish and Russian; author of essays on the theater; active in feminist and pacifist associations; member of the Communist Party.

>    Dialogue dans le crépuscule (dramatic text, 1 act).
>    Bordeaux: Nouveaux Cahiers de Jeunesse, 1959.
>    Lecture-spectacle 1957.
>    [BN 8 Yth 43030, ASP 8 Y 677, MD].

>    Le Choix de Giulietta (dramatic comedy, 3 acts). Prix d'honneur du Théâtre Poétique, L'Ile des Poètes, Lyon (1968).
>    Millau: Impr. Maury (collection Ariane), 1968.
>    [BN EL 8 Y 63 (3), ASP 16 Y 1932, BHVP, MD, AV].

**ARLEY** (Catherine) (Pierrette-Henriette PERNOT).
Novelist.

>    La Femme de paille (detective comedy, 2 acts). Adapted from Arley's novel (1956).
>    In Avant-Scène-Théâtre 591 (July 1976).
>    Paris, Théâtre Edouard VII, 15-5-76; Nouveau Théâtre Mouffetard, 13-10-84.
>    [BN 4 Y 78 (1976, 591), ASP 4 Jo 12601, SACD, AV].

**ARMEL** (Marie) (see Sophie VIOLAS).

**ARNAULD** (Céline).
Nice, 1895 - 1952.
Poet.

L'Apaisement de l'éclipse (passion play, 2 acts).
Paris: Les Ecrivains Réunis, 1925 (portrait of author).
[BN 8 Yth 37631, BHVP].

**ARNOTHY** (Christine) (pseudonym of Christine KOVACH de SZENDRÖ, Mme Claude BELLANGER).
Budapest, 1930 -
Novelist (Grand Prix Vérité 1954); author of television dramas.

La Peau de singe (comedy, 3 acts).
In Paris-Théâtre 175 (1961).
Paris, Théâtre La Bruyère, 23-3-61.
[BN 8 Yf 2777 (175), ASP 8 Y 488, SACD ms. 241].

**ARON** (Suzanne) (Suzanne Marthe LEVY).

Benjamin à l'exposition (2 acts).
Le Havre, Casino, 30-6-38.

**AROUT** (see DELAMARRE).

**ARROUAS** (Maggy).

La Princesse de Tahiti (musical comedy).
Paris, Déjazet T.L.P., 25-11-87.

**ARVERNE** (Simone d') (pseudonym of Andrée LACOMBE).
Novelist and poet.

Théâtre I: "François Villon" (2e Prix de la Société des Ecrivains de Province, 1930); "Don Juan"; "Finette ou l'Adroite princesse" (1er Prix de la Société des Ecrivains de Province, 1936).
Editions du Cantal, 1939.

Théâtre.
II: "Nuit de Noël" (comedy, 1 act), "La Pierre du Diable" (legend, 3 acts, 4 tableaux, verse), "Cadet Roussel" (fantasy, 2 acts, verse), "Pour le Roi" (1 act, verse), "Molière ou le Comédien" (1 act), "Les Frères Joncou" (2 tableaux, prose).

III: "Les Barbares", "L'Eventail", "Saint-Just", "Un Crime", "Vers la mort" (drama, 3 acts, verse), "La Représentation du Cid" (1 act, verse).
Aurillac: Ed. du Centre, 1957-1965.
[BN 16 Yf 336 (2-3), ASP 16 Y 774 (2-3)].

**ARVOR** (Mme A. d') (pseudonym of Marie-Antoinette CHABOT).
? - 1955.
Novelist.

Le Mystère de Keryalan (comedy, 4 acts).
Saffre, 23-1-38.

L'Orgueil de Bérengère (comedy, 4 acts). Adapted from a novel by the same title.
Haie Fouassière, 20-11-38.

Niquette Aubriac (comedy, 4 acts).
Batz (Loire-Inf.), 8-1-39.

**ASBROUCQ** (Geneviève) (Geneviève-Cornélie-M. DELINSELLE).

Une Grande fête à Friquetville (1 act).
Lille, Théâtre Sebastopol, 30-12-38.

**ASSILVA** (Carmen d') (patronym: de CHAMPMOYNAT).
Paris, 1892 - ?
Child prodigy; member of the Société des Gens de Lettres and of the Société des Auteurs Dramatiques at the age of nine.

L'Ombrelle et le parapluie (monologue), Le Rayon de lune (monologue), La Nourrice (comedy-vaudeville, 2 acts), La Tant aimée (monologue, verse).
Paris: Librairie théâtrale, 1901 (available at BN).

La Baignoire (saynète, 1 act).
Fécamp: Impr. Réunies, 1901.
Fécamp, Casino, 13-9-01; Bouffes-Parisiens, 1901-02.
[BN 8 Yth 29737, ARS GD 8 26902].

Les Monologues (12 monologues).
Paris: Charles, 1902 (portrait of author).
[BN 8 Yf 1277].

L'Avocate (1 act), Un Diplomate de seize ans (comédie de salon).
Hyères, Casino, April 1902.

En sortant du couvent (comedy, 1 act).
Middlekerke, 29-8-03.

Ah! les petit pois (fantasy, 2 acts). Adapted from a tale by Ch. FOLEY.
Paris: L. Duc, 1903.
[BN 8 Yth 30249].

L'Habit fait le moine (comedy, 1 act).
Nimes, Eté, 29-6-06.

Brouillés depuis un an (comedy, 2 acts), Un Bon suicide (saynète de salon), Quand l'Amour nous tient, l'Amitié perd ses droits (comedy, 3 acts).

**AST** (Myriam d').

Moeurs de collégiennes (drama, 1 act).
Paris, Théâtre Moderne (Mat.), 28-9-11.

Rêve d'Orient, Pardon des nymphes, Lequel des deux, La Môme, Souper à quatre, La Gitane (one-act comedies). Various co-authors.
Paris, Théâtre Moderne, 1915.

**ASTRUC** (Denise).

Eléonore
Paris, Théâtre de l'Oeuvre, 9-5-67.

Théâtre I: "La Comète" (3 tableaux), "Epona" (3 acts), "Concerto, révélation sur un point obscur de la Genèse" (1 act).
Paris: Debresse, 1977.
[BN EL 8 Y 8754, ASP 8 Y 1595].

**ATHEA** (Brigitte).

Instants de femmes.
[SACD ms. CA 6].

**ATLAN** (Liliane) (pseudonym of Liliane Simone Mauricette COHEN).
1932 -

Monsieur Fugue ou le Mal de terre.
Paris: Seuil, 1967.
Comédie Saint-Etienne, 28-4-67; Lons-le-Suanier, Théâtre Populaire Jurassien, 1971.
[BN 16 Y. 446 (2), ASP 16 Y 1191, SACD, AV].

Les Messies ou le Mal de terre.
Paris: Seuil, 1968.
Avignon, Chapelle des Pénitents-Blancs, Théâtre Ouvert (mise en espace), 26-7-74.
[BN 16 Y. 446 (17), ASP 16 Y 1453, AV, SACD ms. 2887].

La Petite voiture de flamme et de voix.
Paris: Seuil, 1971.
Avignon, Cloître des Carmes, 5-8-71.
[BN 16 Y. 446 (32), ASP 16 Y 1977, SACD, AV].

Les Musiciens, les émigrants.
Paris: Oswald, 1976; Paris: les Quatre-Vents, 1993.
Paris, Palace, 20-1-76; Espace Marais, Sept. 1984.
[BN 16 Yf 2271, ASP 8 Y 5379, AV, SACD ms. 2890].

Leçons de bonheur (play in 4 lessons).
Paris: Théâtre Ouvert (tapuscrit 14), 1980.
Paris, Théâtre Ouvert, Jardin d'Hiver, 23-2-82 (directed by author).
[BN 8 Yf 3263 (14), ASP 8 Y 1955, SACD, AV, TO, SACD ms. 3531].

Même les oiseaux ne peuvent pas toujours planer.
Avignon, Chapelle des Cordeliers, 19-7-1984.

L'Amour élémentaire (poem-monologue).
Toulouse: L'Ether vague, 1985.
[BN 16 Ye 8875].

**ATLAS** (Corinne).
Paris, 1952 -
Director, co-founder of "La Compagnie de la Grande Cuillère" (1973), participated in "Les Téléfériques", a writing studio founded by Madeleine LAÏK.

Pénélope et Ulysse.
Paris, Théâtre Mouffetard (la Grande Cuillère), 1974 (directed by author).

Paris c'est grand.
Paris, Théâtre Le Palace (la Grande Cuillère), 1976 (directed by author).

Les Belles histoires n'ont plus d'issue.
Paris, Théâtre de l'Aquarium (la Grande Cuillère), 1977 (directed by author).

Macadam 4 étoiles.
Paris, Théâtre Oblique (la Grande Cuillère), 1979 (directed by author).

Albert. Co-authored by Michel BOUJENAH.
> Paris, Lucernaire (la Grande Cuillère), 1980 (directed by author).

Anatole. Co-authored by Michel BOUJENAH.
> Paris, Gaîté-Montparnasse, 7-9-81 (directed by Atlas).

Bris de glace, 1983.

Le Coin de l'ombre.
> Paris: Théâtre Ouvert (Tapuscrit 27), 1983.
> [BN 8 Yf 3263 (27), ASP 8 Y 2224, SACD, AV, TO].

Jack Amour, 1984.

La Boîte à frissons. Co-authored by Anna DESREAUX.
> Paris, Petit TEP, 30-5-84.

Rose amère. Original title: Un Sommeil d'homme.
> Paris: Théâtrales (ms. 1300), [1986].
> [AV Fol. AY 203, TH, POI].

**AUBE** (Mme).

L'Ouvrière (lyric drama, 1 act). Music by her son, Lucien AUBE.
> Marseille, Comœdia, Sept. 1914.

**AUBERIVE** (Claire).
Novelist, biographer.

Le Compagnon merveilleux (3 acts).
> Paris: G. Enault, 1937.
> [BN 8 Yth 41495, ARS 8 Th. N. 33972].

C'est pas le mécano (2 acts).
> Cherbourg, private performance, 5-2-39.

**AUCLAIR** (Jocelyne).

J'aimerais bien habiter sur un nuage (children's play).
> Paris, Dix Heures, Sept. 1985.

**AUCLAIR** (*Marcelle* Marie Gabrielle) (Mme Jean PRÉVOST).
Montluçon, 1899 - Paris, 1983.
Journalist, novelist, translator, essayist, biographer, co-founder of *Marie-Claire* (1937); member of the Fémina committee.

Fausse route (dramatic comedy, 3 acts, 4 tableaux).
> Paris, Charles de Rochefort, 18-11-44.

**AUDOUBERT** (Nadine).

Biographer of actress, Dussane, and actor, La Bussière; lecturer and director of a theatrical company, the THEAMU (Théâtre et Musique).

D'un empereur et de son neveu (musical). Music by Julien SKOWRON.

Bourges, 15-8-85.

[SACD ms. 1500].

Un Patron nommé Molière, Jénin fils de rien.

Allons enfants de la comédie (comedy, 10 tableaux), written for the bicentennial of the French Revolution.

[SACD ms. CA 7].

**AUDRY** (Béatrice) (Béatrice Marie Michelle LAILLIER).

Lyon, 1932 -

Actress; journalist, novelist, short story writer, songwriter; founded *l'Agence d'Architecture Intérieure de Graphisme et d'Edition J.L. J. Bertin* in Lyon and the revue *Comédiens-Comédiennes* (1969).

"Un Zoom de trop ou Blaise et Rixa" (1 act), "Fréhel ou A la recherche d'une femme perdue", "L'Après-midi de Jeanne", "La Dame de Burzet ou Comme des amandes sans la peau", "La Craie sous le vinaigre ou Vous pleurez? Non, c'est la pluie" (1 act, 7 tableaux), "A Seize ans, le silence ou Cette femme, ma mère", "Pince, Cousine",

All performed on the radio (1973-1985);

"Mystère de Noël 83",

Performed in a theater, Dec. 24, 1983;

"La Plume", "Blanche est la nuit", "Dieu pour Dieu".

Summaries in Répertoire Théâtrale de la Théâtrothèque de Lorraine 6 (Oct. 1984).

[ARS 4 JoW 1250, SACD Presles].

Un Piano dans la cour.

[SACD ms. CA 7 (dated 1984-86)].

Vous avez dit Marcelle Pichon? (1 act, 2 tableaux).

In Répertoire théâtral de la Théâtrothèque de Lorraine 30 (May 1987).

Metz, Festival de l'acte (reading), October 1986; Paris, Théâtre Essaïon, Théâtre à une voix (reading), 7-11-87.

[ASP 8 JoW 811 (30), AV, POI, SACD ms. TAV 8].

T.G.V. Melody ou le T.G.V. de 21 h 50.
>    Paris: Théâtrales (ms. 1472), 1987.
>    Performed on France Culture.
>    [AV Fol AY 389, TH, POI, SACD ms. CA].

Les Berinoff.
>    Paris: Théâtrales (ms. 1905), 1988.
>    [AV Fol. AY 472, TH, POI].

**AUDRY** (Colette).
Orange (Vaucluse), 1906 - Issy-les-Moulineaux, 1990.
Novelist (prix Médicis 1962); scenario writer, essayist and translator; socialist activist.

Soledad (3 acts).
>    Paris: Denoël, 1956.
>    Paris, Théâtre de Poche, 30-4-56.
>    [BN 16 Yth 1787, ARS Th. N. 38.800, SACD].

**AUGÉ** (Lucy).
Novelist.

La Halte (comedy, 1 act).
>    Paris, Théâtre Michel, 18-5-12.

**AUNE** (Mme A.).

Pour savoir (1 act).
>    Marseille, 10-4-26.

**AUREL** (pseudonym of Marie-Antoinette de FAUCAMBERGE, Mme Cyrille BESSET, then Mme Alfred MORTIER).
Cherbourg, 1882 - 1948.
Novelist, essayist; literary salon; suffragist; Légion d'Honneur (1936).

Pour en finir avec l'amant. Includes:
"L'Insociale" (comedy, 1 act),
>    Paris, Théâtre de la Renaissance, 26-11-19;
"Au delà du pardon" (comédie intime, 1 act),
>    Paris, Société des Editions, 28-12-07;
"La Manie d'aimer" (3 acts), "Nus" (1 act), "Mère?" (2 acts).
>    Paris: Mercure de France, 1908.
>    [BN Rés. p. Yf 231, MD].

**AURICOSTE** (Marianne).

Je m'appelle Rosa Luxembourg.
>    Paris, Théâtron, 1975.

**AUSSARESSES** (Anne).

> Archivoltes.
>> Paris: Théâtrales (ms. 1438), 1987.
>> [AV Fol. AY 391, TH, POI].

**AUTHIER** (Christine).

> Golgotha (10 dialogues). Co-authored by Pierre LEFEBVRE.
> Performed in Saint-Marc-La Lande (Deux Sèvres).
> [SACD ms. 4103].

**AUVRAY** (Annie).

> Mizukiri, les rames dans l'eau.
>> Nice, Théâtre Ouvert, Gueuloir (reading), 19-5-1979.

**AVEZARD** (Nicole).
> Actress.

> Praline et Berlingote. Co-authored by Dominique DELACOSTE.
>> Paris, Crep Théâtre le Grenier, Oct. 1981 (performed by authors).

> Il était une fois Lucienne Beaujon et Gisèle Rouleau. Co-authored by Dominique DELACOSTE.
>> Avignon, Festival-Off, La Tarasque (Couic-Spectacles), 9-7-87 (performed by authors).

> La Vie d'André Colin.
>> Avignon, Festival-Off, Cine-Vox (Théâtre à Bretelles), 9-7-88 (author in cast).

> Les Vamps (comedy). Co-authored by Dominique DELACOSTE.
>> Paris, Palais des Glaces, 11-10-88 (performed by authors).

> Autant en emporte les vamps. Co-authored by Dominique DELACOSTE.
>> Avignon, Festival-Off, Le Paris Comique, 10-7-90 (performed by authors).

**AYME-MARTIN** (Charlotte).
> Novelist.

> La Fille du conquérant (drama, 5 acts).
>> Paris: Ed. du Scorpion (Les Feux de la rampe), 1959.
>> [BN 16 Yf 348 (15)].

**AYMEL** (Jeanne).

Colis postal (comedy, 2 acts).
Le Mans: Répertoire des cercles, 1921.
[BN 8 Yth 36415].

**AZARIAN** (Fernande G.) (also called Claude VALMONT).
? - 1951.

Le Cid chez Richelieu (à propos).
[ASP Rondel ms. 137 (1906)].

Glycère, Courtisane (1 act, verse). Also includes Pan (1 act, verse).
Paris: Société des Auteurs Modernes, 1910.
Paris, Salle Malakoff (Théâtre Astrée), 25-5-12.
[BN 8 Yth 33387, ASP Rf. 50.559, ARS GD 8 37856].

L'Illusion comique (comedy, 2 acts, verse).
Paris, Théâtre Fémina (Théâtre d'Astrée), 4-11-10.
[ASP Rondel ms. 913].

Au cabaret de "La pomme de pin" (à propos), 1911.
[ASP Rondel ms. 192 (4)].

Ne me parle pas d'Allah (1 act).
Théâtre Malakoff, 3-4-12.

La Marche à l'étoile (comedy, 1 act, verse) and Les Pantins, 1913.
[ASP Rondel ms. 914, 915].

L'Eternel Pierrot.
[ASP Rondel ms. 912].

# B

**BABIN** (Marcelle) (see Marc de FONTENELLE).

**BAER** (Marie-Thérèse) (see GIL-BAER).

**BAIL** (Sabine).

Le Mickey à grelots. Co-authored by Colette VANDAELE.
Avignon, Festival-Off, Le Magasin (Les Jumelles), 12-7-89
(authors in cast).

N'en parlons plus.
Avignon, Festival-Off, Le Magasin (Les Jumelles), 12-7-89
(author in cast).

**BAÏLAC** (Geneviève).
Algiers (Algeria), 1922 -
Studied at Conservatoire d'Alger; founded the Centre Régional d'Art
dramatique d'Alger in 1947; director of La Resserre aux Diables,
1970-72, and la Maison de la Culture d'Angers, 1973-74; novelist and
essayist.

Montemor ou la Couronne et le sang (5 acts).
In Avant-Scène Fémina-Théâtre 154 (1957); in Oeuvres libres
134 (July 1957).
Paris, Comédie des Champs-Elysées, 14-5-57.
[BN 4 Y 78 (154), ASP 4 Y 1125, SACD].

La Maison des soeurs Gomez (7 tableaux).
Paris, Théâtre de l'Athénée, 5-2-59.

La Famille Hernandez: Théâtre complet. Includes:
"La Famille Hernandez" (comedy, 3 act) [SACD ms. 1256],
>Algiers, 20-4-57; Paris, Théâtre Charles de Rochefort, 17-9-57 (numerous subsequent performances);

"Le Sac d'embrouilles" (comedy, 4 acts). Adapted from Les Fourberies de Scapin by Molière,
>Algiers, 24-12-59; Paris, Gaîté-Lyrique, 9-4-60;

"Le Retour de la Famille Hernandez" (comedy, 3 acts),
>Paris, Théâtre Gramont, 8-2-63;

"Descends de la voiture, Papa" (vaudeville, 7 tableaux),
>Paris, Théâtre Charles de Rochefort, 1-11-65;

"Et Molière créa l'homme" (semi-classical fantasy),
>Paris, Théâtre Charles de Rochefort, 12-1-66.
>Paris: Club du souvenir, 1966.
>[BN 8 Yf 2984, ASP 8 Y 545].

Cabaret au soleil (divertissement, 3 acts).
>Paris, Théâtre Gramont, 2-12-64.

La Famille Hernandez joue Molière.
>La Resserre aux Diables, Sept. 1970.

Chez Madame Sintès (domestic tragi-comedy). Co-authored by Anne BERGER.
>Paris, La Resserre aux Diables, Oct. 1971.

Patins-coufins et talons rouges (2 parts): "Chez Madame Sintès" (see above) and "Hommage à Molière" (fantaisie).
>Paris, Théâtre Gramont, 19-5-72.

La Famille Hernandez. Contains: "La Famille Hernandez", "Le Sac d'embrouilles" and "Le Retour de la Famille Hernandez".
>Paris: Laffont, 1979 (with photos of Algeria).
>[BN 4 Z 8599 (8)].

Chronique intemporelle du mystère de Jeanne d'Arc et de Thérèse de Lisieux.
>In Jeanne et Thérèse by R. Pernoud, G. Bailac and G. Gaucher. Paris: Seuil, 1984.
>Compiègne, Centre Culturel, 1981; Orléans, Théâtre Municipal, 1982; Paris, Théâtre des Champs-Elysées, 7-5-83.
>[BN 16 Ln$^3$ 173, ASP 8 W 7271, BSG, AV].

**BAILLY** (Dominique).
>One woman shows in various Parisian café-théâtres in the late seventies and eighties.

**BAILLY-GUYARD** (Alphonsine).
Published one novel.

Noble et bâtard (drama, 4 acts, 6 tableaux).
Châtellerault, Théâtre Forain, 22-10-36.

Jusqu'au sublime (drama, 4 acts, 5 tableaux), La Fille aux trois papas (vaudeville, 1 act).
Poitiers, private performances, Oct. 1936.

**BAJOLOT** (Laure).

Pour la Kermesse! (comedy, 3 acts).
In Semaine de Suzette 6:48-50 (20-12-10, 12-1-11).
[BN microfilm m-8017 (1910-1911)].

Chien et chat (saynète, 1 act).
In Semaine de Suzette 25:28 (11-7-29).
[BN microfilm m-8017 (1929)].

**BALASKO** (Josiane) (pseudonym of Josiane BALASKOVIC) (see also Le SPLENDID).
1951 -
Actress (stage and film), film director, scenario writer; member of Le Splendid, one woman shows.

Quand je serai grande, je serai parano.
Paris, Café-théâtre de l'Odéon, April 1974 (author in cast).

La Pipelette ne pipa plus (one woman show).
Paris, Petit théâtre du Splendid, Jan. 1976.

Bunny's bar ou les Hommes préfèrent les grosses.
Paris, Le Sélénite, 28-9-78.

Nuit d'ivresse (2 acts).
Paris: Actes Sud, 1990.
Paris, Le Splendid St-Martin, 9-5-85.
[BN 16 Yf 1893, AV].

L'Ex-femme de ma vie (comedy).
Paris: Actes Sud-Papiers, 1989.
Paris, Le Splendid, 5-10-88 (directed by author).
[BN 16 Y 1051 (158), ASP 8 Y 3778, SACD, AV].

**BALAZARD** (Simone) (JAFFARD).
Algeria, 1935 -
Novelist; doctorate in theater studies; member of the *Commission d'aide à la création dramatique* (1982-84); professor at l'Ecole Normale (Antony); author of a guide to contemporary French theater.

Les Nuits sont fraîches (5 acts).
[SACD ms. 3583/CA 9].

Le Refuge.
Performed on the radio, France Culture, 10-7-69.

Je l'aime plus que vous.
Strasbourg, 5-5-88.
[SACD ms. CA 9].

Un Soir dans la vie d'Agathe (5 acts) and Rose, la Louise.
[SACD mss. CA 9].

Le Réveillon de l'ordinateur (1 act).
St-Louis, amateur performance, 26-5-90.

**BALDE** (Jean) (pseudonym of Jeanne ALLEMAN).
La Tresne (near Bordeaux), 1885 - *id.*, 1938.
Catholic poet and novelist.

Comédie de Watteau (comedy, 1 act, verse).
Paris: Plon, 1927.
Bordeaux, Trianon, 13-2-28.
[BN 8 Yth 38422].

**BALZE** (Jeanne).

La Dame du céans (episode of the 13th century, 1 act).
Paris: Haton-Klotz, 1925.
[BN 8 Yth 37676].

Une Page de la Bible (tableau vivant, 1 scene).
Paris: Haton-Klotz, 1926.
[BN 8 Yth 38056].

**BARBEY** (Anne).
Stockholm, 1933 -
Stage and costume designer, adaptor and scenario writer; video-maker.

Sud-Africa amen, ou l'Or, le sang et les armes.
Honfleur: Oswald (col. Théâtre en France), 1969.
Performed in Lausanne, June 1971.
[BN 16 Y 526 (7), ASP 16 Y 1819].

Constadt.
        Avignon, Festival-Off (Les Quatre Chemins), 1973-74.

Les Miroirs et les mots or Le Salon.
        Avignon, Théâtre Ouvert (reading), 31-7-75; St-Nazaire,
        quinzaine anti-apartheid, 1977.

L'Histoire de Dieuzaide (children's play).
        Marcoussis (Essonne), 1983/4.

Des Trous dans la glace.
        Paris: Théâtrales (ms. 962), [1985].
        Paris, Petit Odéon, 27-5-86.
        [AV, TH, POI, SACD ms. CA 11, TO ms.].

La Grande maison.
        Paris: Théâtrales (ms. 1377), 1987.
        Paris, Théâtre Essaïon, Théâtre à une voix (reading), 13-9-86;
        Odéon, Semaine des Auteurs (reading), June 1987.
        [AV, TH, POI, SACD ms. TAV 10 (dated Autumn 1985)].

Sans amis. Adapted from texts by Emmanuel BOVE. Co-authored by
Jeanne DAVID.
        [SACD ms. CA 10].

Le Voyage à Axezzo.
        Paris: Théâtre Ouvert (tapuscrit 53), 1988.
        [BN 8 Yf 3263 (53), ASP 8 Y 3687, SACD, AV, TO, SACD
        ms. CA 11 (dated summer 1987)].

**BARBEY** (Fabienne).

Famo sapiens (one woman show).
        Cave du Cloître, June 1988.

La Salle des pas perdus (1 act, 17 tableaux).
        [SACD ms. CA 11].

**BARBIER** (Michèle) (Michèle BARBIERO).
Song writer, author of children's radio programs, circus performer.

Les Petits mômes (1 act).
        Théâtre de Nice, 18-6-72.

Dernière heure (divertissement).
        Paris, Le Fanal, 18-8-72.

Les Mounachs (1 act) and Puzzles (drama, 1 act).
        Avignon, 16-7-73.

Marcel sera content (drama, 1 act).
>Avignon, 17-7-73; Paris, Théâtre de la Plaine, 9-4-75.
>[SACD ms. 1933].

Les Matelas de Casa Grande (1 act).
>Avignon, 13-7-74.

Deux contes pour une veillée, 1975.

**BARBIER** (Odile) (see CAFE DE LA GARE).

**BARBILLON** (Jeanne).

Le Portrait du Prince.
>Avignon, Chapelle des Cordeliers, Théâtre Ouvert (reading),
>5-8-75.

**BARBIN** (Adélaïde Herculine).

Mes souvenirs.
>Avignon, Chapelle des Pénitents Blancs, 9-7-85.

**BARBULÉE** (Madeleine).

Jeux dramatiques pour la jeunesse. 1. "Les Fêtes de mai"; 2. "L'Eté de
Saint-Jean"; 3. "Saint-Louis"; 4. "L'Automne". Various co-authors.
>Lyon, Grenoble: Ed. de la France nouvelle, 1942-45.
>[BN 8 Yf 2742 (1-4)].

Capucine ou la Clé des champs (fairytale for children).
>Paris: Bordas, 1946.
>Grenoble, Usine de la viscose (Cie Olivier Hussenot), 7-2-42.
>[BN 8 Yf 2742 (21)].

Jeux dramatiques pour la jeunesse: Novembre, la veillée. Co-authored
by O. HUSSENOT.
>Paris: Billaudot, Bordas, 1950.
>[BN 8 Yf 2742 (5)].

Séraphine (musical comedy, 2 parts). Music by P. PHILIPPE and A.
MARILO.
>Paris: Billaudot (Collection Olivier Hussenot, 46), 1952.
>Paris, Théâtre de la Renaissance, 12-1-50.
>[BN 8 Yf 2742 (46)].

Aurore ou la Fille au cerf (libretto). Music by J.-C. DESCAVES and J. MALRAYE.
> Co-produced by l'Atelier Lyrique de Caen and le Palais des Arts et de la Culture de Brest, April/May 1982.
> [AV ms. 4 AY 415].

**BARDET** (Rosemay) (née BEDEAU) (pseudonyms: Michel BONNE, Michèle SAINT-LÔ).
? - 1977.
Novelist, poet, critic.

> Nuit blanche (comedy, 3 acts).
> > Paris, Potinière, 16-5-53.
> > [SACD ms. 1169].

**BAREL** (France).
1965 -

> Nouvelle société (4 acts).
> > Paris: La Pensée Universelle, 1985.
> > [BN EL 8 Y 15481, AV].

**BARELL** (Renée).

> Le Manteau à coudre.
> > Paris, Lucernaire Forum, 2-4-79.

**BARGUES** (Marie-Lise).

> Et toi, la grande (one woman show).
> > Paris, Lys-Montparnasse, 1983; Avignon, Festival-Off, Battement d'Elles, 7-7-84.

**BARNEY** (Nathalie Clifford).
Dayton, Ohio, 1876 - 1972.
Poet.

> Faune et phono, ou "la Fièvre des foins" (1 act), Salle des pas perdus ou Salle d'attente (1 act, prose)
> > [DOU NCB mss.].

> Une Heure vénitienne (1 act, verse), c. 1906.
> > [DOU NCB ms.].

Actes et entr'actes.
"Equivoque" (2 acts),
>Performed at the author's home, 25-6-06 [DOU NCB ms.];
"Au reflet des lagunes" (1 act, verse); "Autour d'une victoire" (essai fantaisiste, 3 acts, verse) [DOU NCB ms. (act 1)]; "La Double mort" (1 act, verse).
>Paris: E. Sansot, 1910.
>[BN Ye 7816, ASP Rf. 50.737].

Le (or Ce) Mystère de Psyché, ou Adieu à l'amour (comedy, 3 acts). Other titles: "Les Divins complices", "Le Monstre de Psyché, ou Lui ou elle", "Sous l'étoile de Vénus", "Etre double ou le Monstre de Psyché", "Les Etres doubles ou Doubles Emplois".
>[DOU NCB ms. (with envelope dated 1953)].

**BARRAT** (Emma).

Un Ménage moderne (comedy, 2 acts).
>Toulon, 1-6-28.

**BARRAU** (H[ortense]).
Poetry for children.

Amusons-nous bien. Collection of short plays and monologues.
>Paris: Jeandé, 1899; Paris: André Lesot, 1925.
>[BN 8 Yf 1058, ASP Rf. 85106].

Dialogues enfantins. 2 volumes.
>Paris: Delarue, 1895-1901.
>[BN 8 Yf 782 (1-2)].

La Patte dans la pâte (comedy, 1 act).
>Lille: Desclée et De Brouwer, 1896.
>[BN 8 Yth 27461].

Franche gaîté, Bon rire, Bon an! Bonne fête!, Gai! Gai! Rions.... Collections of monologues and short plays for children.
>Paris: Jeandé, 1904-13; republished by Lesot (Paris) (available at BN).

Les Gaufrettes de guerre (patriotic play, 3 acts).
>Paris; C. Klotz, [1916].
>[BN 8 Yth 35708].

Bergerette, Marseillais malin, Mes lunettes (monologues).
>Paris: Lesot, 1927 (available at BN).

**BARREAU** (Marcelle).

> La Fricasse à la luitote or Les Gamines à la luitote.
> Nanterre, Théâtre Ouvert, Gueuloir (reading), 1976.
> [TO ms.].

**BARRÈRE-AFFRE** (Marie).
Prolific novelist.

> La Vestale (tragedy, 2 acts, verse). Music by R. P. MAS.
> Paris: Maison de la bonne presse, n.d.

> La Nonne au palais (mystical poem, 3 acts). Music by R. P. MAS.
> Paris: Maison de la bonne presse, 1927.
> [BN 8 Yth 38225].

**BARRET** (Françoise).

> Les Biscuits d'Alice. Co-authored by Cathy ZAMBON.
> Paris, Espace Marais, May 1984 (directed by Moni GREGO).

**BARTEVE** (Reine) (pseudonym of Reine-Sylva BARTEW, DE-ROUVROY-DE-SAINT-SIMON).
Actress; of Armenian origins.

> Le Pavillon Balthazar.
> "Le Pavillon Balthazar",
> > Paris, Petit Odéon, 3-10-78 (author in cast);
> "L'Armenoche" [SACD ms. 3793],
> > Vincennes, Théâtre Daniel-Sorano, 5-1-76.
> > Paris: Astrid, 1978.
> > [BN 8 Z 52198 (3), ASP 8 Y 1856].

> Ouverture sur mer.
> > Paris, Théâtre de Poche-Montparnasse, 5-6-80.

> L'Orphelinat.
> > Paris: Théâtrales (ms. 614), [1985].
> > Paris, Théâtre de Plaisance, 27-11-84.
> > [AV, TH, POI].

> La Place de la liberté.
> > Performance planned in Verdun, Cie des Trévires, c. 1989.
> > [SACD ms. 3697].

> Charlotte de Robespierre. Adapted from memoirs. Co-authored by Jean-Marie LEHEC.
> > Aulnay-sous-bois, Espace Jacques Prévert, 13-1-90 (performed by authors).

**BARTHES** (Eva).
Poet.

Rien que le bruit de la mer et le vent dans les arbres.
[SACD ms. CA 13].

**BASQUE** (Laure) (pseudonym of Laure BOIS).
Novelist.

Fétiches (comedy, 2 acts).
In La Vie Marseillaise, 9-2-29.
Marseille, Institut Théâtral Gérard de la Roche, 23-12-28.
[BN VER Jo 61734, ASP Rf. 80233].

Jull's salons (comedy, 1 act).
In La Vie Marseillaise, 8-2-30.
Marseille, 3-11-29.
[BN VER Jo 61734, ASP Rf. 80234].

Le Don de toi (dramatic comedy, 3 acts).
Marseille, private performance, 26-4-31.

**BASSET** (Marcelle).

Vice et causes. Includes "L'Ivrogne" (3 acts), "Insatiable Irma" (3 acts), "Pour le bien de Lionel" (3 acts).
Paris: La Pensée Universelle, 1977.
[BN EL 8 Y 8020, ASP 16 Y 3061].

**BASSET D'AURIAC** (Gabrielle).
Novelist, poet, biographer.

Imelda (mystery play, 3 tableaux).
Paris: A. Blot, 1929.
[BN 8 Yth 39314, ASP Rf. 50.904].

**BASSOT** (Nanine) (Anne Marie BASSOT, née BRICE ).
Religious poetry.

L'Elixir merveilleux (comedy, 2 acts, 8 tableaux). Co-authored by Sermaize.
Paris, Vieux Colombier, 22-2-49.

**BATTAILLE** (Marie-Louise) (Jean CALMES).
? - 1966.
Edited a catalogue of Berthe Morisot's works.

Monsieur Jourdan (1 act).
Paris, Palais de Chaillot, 24-12-45.

**BATUT D'HAUSSY** (Mireille).
Actress and director.

Lazare ou l'équation F.
Paris, Calypso, Sept. 1984.

Un Destin qu'Euridice ignore... 2e version and Clémence-Marie des Victoires.
Avignon, Festival-Off, Théâtre Harmonies (Cie Telos), July 1988 (author in cast, director).

**BAUDOÜIN** (Eve) (Eve ASTORG).
? - 1945.
Catholic activist, novelist.

Le Changement de train (comedy, 2 acts, prose).
Paris: G. Enault, 1927.
[BN 8 Yf 2210 (4)].

La Force des autres (drama, 3 acts).
Paris: G. Enault, 1929.
Pau, 5-6-32.
[BN 8 Yth 38795].

Chez Elyane, marchande de modes (comedy, 3 acts). Adapted from novel with the same title (1933).
Paris: G. Enault, 1935.
[BN 8 Yth 40925].

Une Surprise pour M. le Curé (sketch, 1 act).
Paris: G. Enault, 1935.
Montvilliers, 12-2-33.
[BN 8 Yth 41024].

Mariette, fille d'ouvrière (dramatic comedy, 3 acts).
Paris: G. Enault, 1934.
[BN 8 Yth 40435].

Groupement-revue (à propos).
Paris: G. Enault, 1935.
Paris, 25th anniversary of the Missions diocésaines de Midi, Oct. 1933.
[BN 8 Yth 41026].

La Mère que vous avez (comedy, 1 act).
Paris: G. Enault, 1935.
Paris, private performance, 5-2-36.
[BN 8 Yth 41025].

L'Ouvrière de bonheur (dramatic comedy, 2 acts).
    Paris: G. Enault, 1937.
    Elbeuf, private performance, 26-9-37.
    [BN 8 Yth 41427].

**BEAUMONT** (Germaine) (pseudonym of Germaine BATTENDIER, Mme BARDE).
Petit-Couronne (S.-Maritime), 1890 - Montfort-l'Amaury, 1983.
Journalist, novelist (Prix Renaudot 1930), poet; translator; member of the Femina jury; daughter of novelist Annie de Pène (see at this name).

Le Maillot noir (sketch, 3 tableaux). Co-authored by Musidora, Francis VAREDDES.
    Empire, 5-10-17.

**BEAURETOUR** (Baronne de).

La Déesse (Japanese legend, 1 act).
    In La Revue illustrée 9-10 (May 1909).
    Nice, Tour Lascaris, 1909.
    [BN Fol. Z 227, ASP Re. 2390].

Délos (Greek play, 1 act), Les Sept dormants (mystery play, 1 act, 2 tableaux), Querelle d'amoureux (saynète, 1 act, 2 tableaux), Nos maîtres! (saynète, 1 act).
    Nice: l'Eclaireur, 1909-10 (available at BN and ASP).

**BEAUVOIR** (Simone de).
Paris, 1908 - id. 1986.
Philosopher and novelist.

Les Bouches inutiles (2 acts, 8 tableaux).
    Paris: Gallimard, "Manteau d'Arlequin", 1972.
    Bouffes du Nord - Théâtre des Carrefours, 29-10-45.
    [BN 16 Y 224 (112), ASP 8 Y 2540, ARS Th.N. 35327, AV].

**BECKER** (Tania).

Boulouchka-song (one woman show).
    Paris, Théâtre de la Cour des Miracles, 11-9-74.

**BELDO** (Mlle Solange) (Solange BEAUGIRON).

Le Maître (comedy, 3 acts).
    Paris, private performance, 28-6-39.

Feu-follet (comedy, 3 acts).
    Paris, Théâtre Monceau, 4-1-41.

**BELLAC** (Brigitte).
Actress.

Jacques a dit ou Jacques a dit: t'as plus qu'à retourner en enfer!....
Paris, Lucernaire Forum, Dec. 1980.
[SACD ms. CA 15 (dated 1980)].

L'Inconciliabule.
Paris, Lucernaire Forum, 23-2-81.

**BELLAY** (Jenny).
Actress.

Du côté de chez Colette (one woman show).
Paris, Montparnasse, 22-4-80.

A la belle saison.
Paris, Petit TEP, 8-10-82 (author in cast).

Touchez pas au frichti.
Paris, Le Beaubourgeois, April 1983 (author in cast).

**BELLET** (Valérie).
One woman shows in Parisian café-théâtres, late seventies and eighties.

**BELLIER-KLECKER** (Marie) (Mme Marie BELLIER, née KLECKER) (see also French Women Playwrights before the Twentieth Century).

Mozart (saynète-opéra, 4 acts).
Paris: Ollendorff (Théâtre de la jeunesse), 1905.
[BN 8 Yth 31187, OP LIV. 920].

Les Deux fleurs de Savoie (drama-legend, 4 acts).
Paris: Ollendorff (Théâtre de la jeunesse), 1906.
Mornex, Fête de bienfaisance, 20-8-05.
[BN 8 Yth 31848, ASP Rf. 85145].

Le Page vert (drama-legend).
Paris: Olendorff (Théâtre de la jeunesse), 1907.
Mornex (Savoie), Théâtre Champêtre, c.1906.
[BN 8 Yth 32333].

Barbe-bleue (operetta, 4 acts).
Paris: Ollendorff (Théâtre de la jeunesse), 1908.
Lyon, 8-3-08.
[BN 8 Yth 32832].

Jeanne d'Arc (drama, 5 acts).
        Paris: Ollendorff (Théâtre de la jeunesse), 1910.
        [BN 8 Yth 33643].

Saint-Maurice, Primicier de la Légion thébienne (drama, 4 acts, 2 tableaux).
        Paris: Roblot (Théâtre du patronage), [1914].
        Patronage St-Joseph, 10-6-14.
        [BN 8 Yth 35358, ASP Rf. 85148].

La Corbeille de fraises (comedy, 1 act) and La Cruche cassée (saynète villageoise, 2 acts)
        Paris: Albin Michel (Théâtre du jeune âge), 1935.
        [BN 8 Yth 41194-5].

Le Petit poucet (operetta, 4 acts).
        Paris: Billaudot, 1955.
        [BN 16 Yth 2104].

Le Petit chaperon rouge (operetta, 4 acts).
        Paris: Billaudot, 1956.
        [BN 16 Yth 2065].

**BELLON** (Loleh).
    Bayonne, 1925 -
    Actress.

Les Dames du jeudi (comedy). Prix Ibsen 1976.
        In Avant-Scène-Théâtre 607 (1977).
        Paris, Studio des Champs-Elysées, 19-11-76.
        [BN 4 Y 78 (607), ASP 4 Jo 12601, SACD, SACD ms. 660].

Changement à vue (comedy).
        In Avant-Scène-Théâtre 651 (1979).
        Paris, Théâtre des Mathurins, 23-11-78.
        [BN 4 Y 78 (651), ASP 4 Jo 12601, SACD, SACD ms. 614].

Le Cœur sur la main (comedy).
        In Avant-Scène-Théâtre 681 (1981).
        Paris, Studio des Champs-Elysées, 3-10-80.
        [BN 4 Y 78 (681), ASP 4 Jo 12601, SACD].

De si tendres liens (comedy, 1 act).
        Paris: Gallimard (Manteau d'Arlequin), 1984.
        Paris, Studio des Champs-Elysées, 22-9-84.
        [BN 16 Y 224 (162), ASP 8 Y 2624, AV].

L'Eloignement (comedy, 1 act).
>    Paris: Actes Sud-Papiers, 1987.
>    Paris, Théâtre de la Gaîté-Montparnasse, 12-9-87.
>    [BN 16 Y 1051 (87), ASP 8 Y 3065, SACD, AV].

Une Absence.
>    Paris: Actes Sud-Papiers, 1988.
>    Paris, Théâtre des Bouffes-Parisiens, 20-9-88.
>    [BN 16 Y 1051 (134), ASP 8 Y 3676, SACD, AV].

Théâtre: "Les Dames du jeudi", "Changement à vue", "Le Cœur sur la main".
>    Paris: Gallimard, 1986.
>    [BN 16 Yf 1632, MD].

**BELLONE** (Florence).

Les Passagers du bateau ivre.
>    [SACD ms. CA 15].

**BELLOUR** (Marie).
Poet.

Le Voyageur.
>    Paris: Théâtrales (ms. 2043), 1989.
>    [AV, TH].

AnnaPaulaTalla.
>    Paris: Théâtrales (ms. 2270), 1989.
>    Paris, Arcane Théâtre, Oct. 1990.
>    [AV, TH].

**BENEJAM** (Françoise).

L'Oiseau cerf-volant (children's play).
>    Malakoff, Théâtre 71, 1976/7.

**BENOIT** (Michèle).
Literature professor; administrator for the Compagnie de la Cuvette, founded by her husband.

Le Parchemin jauni, La Permanente.

Papa-Saga.
>    In Répertoire théâtral du Théâtrothèque de Lorraine 21/22 (April-May 1986).
>    Paris, Théâtre Essaïon, Théâtre à une voix (reading), 20-5-85.
>    [ASP 8 JoW 811 (1986), SACD ms. TAV 15].

**BERARD** (Germaine).

Toréro et face à main (2 parts). Co-authored by Jacques PROVINS.
Paris, Théâtre de la Potinière, 1-7-64.

**BERCKERLAERS** (Sophie).

Paquet cadeau (1 act).
St-Martin d'Hères (Isère), Couvent des Minimes, 4-9-89.
[SACD ms. 2582].

**BERETTA-PASCALIS** (Jane).

Dans un jardin de Nice (sketch, 1 act).
Nice, Casino Municipal, 12-12-37.

**BERGE** (Catherine).
Translator.

De l'autre côté de la lune - à Lillian Gish.
Paris, Bastille, Oct. 1983.

**BERGER** (Anne) (see Geneviève BAÏLAC).

**BERGER** (Mlle Lya).
Châteauroux, 1877 - ?
Poet, novelist, travel essayist; author of books about women poets.

L'Ame des roses (comedy, 1 act, verse).
Paris: Société française de l'imprim. et de libr., 1904.
Athénée St-Germain, 5-5-04.
[BN 8 Yth 30868, ASP Rf. 51.513, ARS GD 8 27943].

Le Rêve du coeur dormant (drama, 1 act, verse).
Paris: Société française de l'imprim. et de libr., 1905.
Gand, Cercle, 29-12-19.
[BN 8 Yth 31207, ASP Rf. 51.514].

**BERLOVITZ DESBOIS** (Barbara).

Good Bye Paradis Cancan (comedy).
Paris, Théâtre 14, Oct. 1983.

**BERNAGE** (Berthe).
1886 - 1972.
Children's novels.

La Fourmi n'est pas prêteuse, Quand je serai grande, moi! (saynètes).
In La Semaine de Suzette (29-10-25, 10-5-28).
[BN microfilm m-8017].

**BERNARD** (Isabelle).

> La Prostituée divine.
>> Paris, Le Sélénite (Café-Théâtre), 30-10-74.

> L'Eté où il a fait si froid (2 acts).
>> Paris, Kaléidoscope, 13-12 -72.
>> [SACD ms. 700].

**BERNARD** (Jenny) (see LHIERR).

**BERNARD** (Michèle).

> Valse: un tombeau pour Marie (1 act). Co-authored by Joël PAPADOPOULOS.
>> [Paris]: Le Voleur de Talan, 1982.
>> [BN 16 Yf 1498 (1), AV].

**BERNARD-MAUGIRON** (Véronique).

> Il a du bobo Rimbaud. Co-authored by Bernard LABBÉ. Music by Pascal FODOR.
>> Meylan, l'Hexagone, 15-6-89.
>> [SACD ms. 2384].

**BERNHARDT** (Sarah) (Sarah-Rosine BERNARDT).
> Paris, 1844 - *id.*, 1923.
> Actress; director of Théâtre de la Renaissance (1893).

> L'Aveu (drama, 1 act). Original title: Le Supplice d'une mère.
>> Paris: Ollendorff, 1888.
>> Paris, Odéon, 27-3-1888; Le Sélénite, Nov. 1972; Studio des Champs-Elysées, 12-1-74.
>> [BN 8 Yth 2294, ASP Rt. 5861, BHVP, SACD, AN F$^{18}$725].

> Adrienne Lecouvreur (drama, 6 acts).
>> In L'Illustration théâtrale 65 (10-8-07); Paris: Charpentier et Fasquelle, 1908.
>> Paris, Théâtre Sarah Bernhardt, 3-4-07.
>> [BN 8 Yth 32675, ARS 4 Lag. 433, BHVP, SACD].

> Un Coeur d'homme (4 acts). Also includes L'Aveu (see above).
>> Paris: Fasquelle, 1911.
>> Théâtre des Arts, 22-12-09.
>> [BN 8 Yth 34322, ASP Rt. 5862, BHVP].

Du théâtre au champ d'honneur (1 act).
London: William Heinemann, n.d. (with synopsis in English).
London, Coliseum, 17-1-16; Studio des Champs-Elysées, 12-1-74.
[BN 8 Yth 35970, ASP Rt. 5868].

**BERNIER** (Joelle).

Le Bébé de la Mère-Noël.
Brive (Corrèze), 3-12-88.
[SACD ms. 1816].

**BERNIER** (Michèle).
Actress.

C'est ce soir ou jamais, L'Amour c'est comme un bateau blanc. Co-authored and performed by Michèle BROUSSE and Bruno GACCIO.
Paris, Café d'Edgar, May 1982.

**BERNSTEIN** (Carole).
Francophone author originally from New York, lives in Paris.
Novelist.

Jeu d'enfant (1 act) and Spectacle (1 act).
Paris, Petit Odéon, 13-1-68.
[SACD ms. 783, 1909].

**BERQUIER-MARINIER** (Marcelle).

Amour, délices et or.
In Avant-Scène-Théâtre 203 (1-9-70).
Paris, Petit Théâtre de Paris, 25-6-59.
[BN 4 Y 78 (1970, 203), ASP 4 Jo 12601, SACD].

**BERRIAT** (Marie-Annick).

Le Conte de la mère Noël (musical tale). Co-authored by Christiane PICHON.
Paris, Chez Georges, Jan. 1982.

**BERTHET** (Marguerite).
? - 1937.
Teacher, novelist and poet; author of a study on women poets.

La Fête des oiseaux (féerie, 5 acts, 8 tableaux, verse).
Paris: Gastein-Serge, 1912.
[BN 8 Yth 34766, ASP Rf. 52.171, MD].

**BERTHIER** (Mme C.).

>La Grande épreuve des hommes (drama, 5 acts). Co-authored by Mme
>I. FAVIÈRES.
>>Langres, 4-5-29.

**BERTHIER** (Christine).

>Le Grand chariot (14 scenes).
>>Cirque National d'Amiens, 6-12-88.
>>[SACD ms. 1829].

**BERTHOMMÉ** (Luce).
>c. 1947 -
>Actress, director; manager of the café-théâtre Le Bide (1973).

>L'Alcôve tue.
>>Paris, La Microthèque, 1967 (author in cast).

>L'Ours mauve (musical comedy). Music by Alice RIDEL.
>>Paris, Café-théâtre de l'Ile Saint-Louis, July 1968 (author in
>>cast).

>La Noce (4 parts). Co-authored by Christian Le CUILLOCHET.
>>Avignon, 10-7-82; Paris, Lucernaire, 13-10-82.

>Pour Thomas. Co-authored by Christian Le GUILLOCHET.
>>Paris, Lucernaire - Théâtre Rouge, Oct. 1984.

**BERTHON** (Marie).

>C'est à moi! (saynète, 1 act, 1 tableaux).
>>In Semaine de Suzette 17:14 (8-5-21).
>>Darnetal, 24-6-29.
>>[BN micofilm m-8017].

>Les Bavardes (saynète).
>>In Semaine de Suzette 21:20 (18-6-25).
>>[BN micofilm m-8017].

>Les Vacances de la famille Philippon, La Petite danseuse (1-act plays).
>>Performed in Darnetal, July 1927 and 1928.

>Le Meilleur métier (saynète, 1 act).
>>Hazebrouck, 22-3-31.

**BERTIN** (Henry) (pseudonym of Marie POITEVIN).
Paris, c. 1845 - ?
Author of children's books, novels, short stories.

17 children's plays, mostly one-act comedies, published by Librairie théâtrale (Paris), 1887-1911 (available at BN).

J'ai mis un z!! (monologue).
Paris: Brison, 1893; Paris: Lesot, 1926.
[BN 8 Yth 28713].

Pierrot majeur (comedy, 1 act).
In La Revanche de maître Ledru. Paris: Société française d'imprimerie et de librairie, 1900.
[BN 8 Y2 19705].

La Grand'garde (patriotic drama, 1 act).
Paris: P.-V. Stock, 1908.
[BN 8 Yth 32463].

Marmelades de la Mère Michel (comedy, 1 act).
Boulogne-sur-mer, 27-10-12.

**BERTOZZI** (Marie).

L'Embarcadère.
Paris, Deux Portes, 18-4-89 (directed by author).

**BERTRAND** (Suzanne Adrien) (see ADRIEN-BERTRAND).

**BERUBET** (Magdelaine).
1883 - 1970.

Monsieur Sardony. Includes "La Grande recherche" (3 acts, 5 tableaux), "Le Terrier" (3 acts, 9 tableaux);
"Monsieur Sardony" (dramatic comedy, 1 act),
Théâtre de l'Atelier, Salle Pasdeloup, 2-3-22;
Paris: Stock, 1924.
[BN 8 Yth 37465, ASP Rt. 3745, SACD].

Communion des Saints (drama, 3 acts, 10 tableaux).
Théâtre des Arts, 17-11-28.
[ASP Rondel ms. 1020 (20-5-24), SACD ms. 2564].

**BESSETTE** (Hélène).
Novelist.

Le Divorce interrompu (13 tableaux).
Paris: Gallimard (Manteau d'Arlequin), 1968.
[BN 16 Y 224 (65), ASP 16 Y 1335].

**BESSONART** (Catherine).

Fais ta valise on reste ici. Co-authored and performed by Michel
MEURTEROT and Alain SABATIER.
Paris, Tai Théâtre d'Essai, Oct. 1983.

**BETRA** (Giselle) (see Anne AOR).

**BEZANÇON** (Marie-Louise *Henriette*).
Paris, 1875 - ?
Novelist; children's author.

25 children's plays and monologues published individually by Bricon
(Paris), 1896-1902 or Librairie théâtrale (Paris), 1896-1910 (available
at BN and/or ARS).

Dans les nuages!, Paresseux! (monologues for children).
Paris: Delarue, [1896].
[BN 8 Yth 27869-70].

Fâché avec saint Joseph (monologue, prose).
In Journal des demoiselles 15-8-1898.
[BN VER Jo 60258, ASP Rf. 82.189].

Petit théâtre. Saynètes et monologues pour les enfants de 6 à 12 ans.
Paris: Haton, 1901; Paris: Jeandé, 1912; Paris: Lesot, 1931.
[BN microfiche 8 Yf 1216].

Un Brin de mouron, On a mangé Marguerite, Le Crime de Lili, Le
Retour de Jean Le Chanceux, Les Vacances d'Henri, Les Petits mariés
(monologues and saynètes for children).
In Pour chanter et dire 2:8 - 3:7 (1913-1914).
[BN 4 Z 2124].

La Reine Berthe (historical legend, 3 acts).
Niort: Boulord, n.d.
[BN 8 Yth 38176].

Le Voyage de garçonnette (monologue).
Niort: Boulord, n.d.
[BN 8 Yth 41004].

**BIANCHINI** (Marthe).
57 short plays for children, all published by Editions du Cep beaujolais (Villefranche), c. 1950-1958 (available at BN); 87 children's plays declared at SACD, performed throughout France 1946-70.

**BIBEN** (Blanche).

Jean fait un rêve (comedy for children). Music by Alfred GEORGIN.
Paris: Lesot, [1935].
[BN 4 Yth 9322, ASP Rf. 83.191].

**BIDAUT** (Catherine).
1961 -
Actress.

Camille (4 temps).
Seyssel (Ain): Ed. Comp'act, 1988.
[BN 16 Yf 1734, ASP 8 Y 3373, SACD, AV].

**BIEIFNOT** (Véronique).

Manoë. Co-authored by Marc de HOLLOGNE.
Paris, Palais des Glaces, 8-9-87 (performed by authors).

**BIELLI** (Katia).
Actress.

Bruissement d'elles.
Paris, Théâtre des Déchargeurs, Oct. 1982.

**BIELSKI** (Nella).
1940 -
Novelist of Russian origin.

Question de géographie (3 acts). Co-authored by John BERGER.
Marseille: J. Laffitte, 1984.
Marseille, Théâtre de la Criée, 22-11-84; Odéon, 15-4-86.
[BN 16 Y 786 (20), ASP 8 Y 2710, AV].

Le Dernier portrait de Francisco Goya: le peintre joué aujourd'hui. Co-authored by John BERGER.
[Seyssel]: Champ Vallon, 1989.
[BN 8 Yf 3477, ASP 8 Y 4613, AV].

**BIGOT** (Lukelya).

Et si tu avais été renard? (3 acts).
Nîmes: le Méridien, 1980.
[BN 16 Y 895 (1), ASP 8 Y 1896, AV].

**BILAND** (Claudine).

> Le Théâtrésor (prologue, 5 tableaux, epilogue). Co-authored by Brigitte GHISLAIN, Gilles GALLON.
>> Amiens, Théâtre Populaire, 17-12-86.
>> [SACD ms. 799].

**BINET** (Brigitte).
> Actress.

> Loin et longtemps. Co-authored by Christian ROGNANT.
>> Avignon, Festival-Off, Théâtre du Balcon (Théâtre Incarnat), 7-7-84 (performed by authors).

**BIROLLEAU-BRISSAC** (Paulette).
> Author of the history of Blaye.

> L'Indomptable Marie-Caroline (historical drama, 5 acts, 12 tableaux).
>> Bordeaux: Bière, 1965.
>> [BN EL 8 Y. 422, ASP 16 Y 760].

**BLANCHARD** (Catherine).
> Actress.

> Et vogue la galère. Co-authored by Annie GRÉGORIO and Jacques-Henri PONS.
>> Avignon, Festival-Off, Condition des Soies, 15-7-89 (performed by Blanchard and Grégorio).

**BLANCHARD** (Louise).

> Il passait! (comedy, 1 act).
>> Paris: Lesot, 1913.
>> [BN 8 Yth 34906].

**BLANC-PERIDIER** (Adrienne) (Adrienne BOGLIONE, née PERIDIER).
> Born in Mont-de-Marsan (Landes).
> Poet, novelist, children's books, suffragist.

> Le Secret de Cybèle. Signed Adrienne BOGLIONE. 5 plays including: "Le Secret de Cybèle" (comedy, 1 act, verse),
>> Reims, 7-4-35.
>> Paris: Grasset, 1910.
>> [BN 8 Yf 1723, ASP Rf. 52.722, ARS Th. N. 37.503].

> Yamato-Himé (1 act).
>> In Annales Politiques et Littéraires 1530 (20-10-12).
>> [BN microfilm m-4400 (1912)].

Le Dîner de Saint-François (mystery play, 1 tableau), La Fête de mademoiselle (impromptu, 1 act), Le Bon jardinier (comedy, 1 act), L'Adoration des bergers (mystery play, 2 tableaux), La Nuit des poupées (saynète), La Collection des papillons (comedy-ballet, 3 tableaux), La Veille de l'armistice (saynète), Un Jour d'automne au fond des bois (comedy-ballet), L'Arrivée (saynète patriotique), Le Pâtissier étourdi (comedy, 1 act), Veillée de Noël (saynète).

    First published in Semaine de Suzette 1917-21; many republished by Stock (Paris), 1923-26 (available at BN).

L'Enfant de la lune (comedy-saynète, 1 act).
    In Semaine de Suzette 13:16 (17-5-17).
    Petit Théâtre, 21-3-20.
    [BN microfilm m-8017 (1917)].

Mariage de Bleuette (comedy, 1 act).
    In Semaine de Suzette 15:28 (14-8-19).
    Castanet, 30-7-27.
    [BN microfilm m-8017 (1919)].

La Révolution au potager (comedy, 1 act).
    Paris: Stock, 1923.
    Performed at the Lycéum, 1921.
    [BN 8 Yth 37216].

L'Adroite dévideuse (sketch, 1 act).
    Paris: Stock, 1925.
    Fécamp, 14-3-26.
    [BN 8 Yth 37848, ASP Rf. 85172].

Le Rêve du bûcheron (comedy, 1 act).
    Paris: Stock, 1925.
    Cannes, 8-1-28.
    [BN 8 Yth 37849, ASP Rf. 85183].

Le Tribunal des oiseaux (comedy-ballet, 1 act).
    Paris: Stock, 1926.
    [BN 8 Yth 38098, ASP Rf. 85185].

Les Compagnons invisibles (comedy, 1 act).
    In La Revue Française 20:50 (12-12-26); Niort: Boulord (Mon Théâtre), [1933].
    Hénin-Liétard (Pas de Calais), 27-5-34; Paris, Salle Raymond Duncan (Spectacle Yves Renaud), 1935.
    [BN 8 Yf 2535 (3), ASP Rf. 52.611 (folio)].

Sonnet fleuri, sonnet perdu (comedy, 1 act).
>Cette, 11-6-27.

Les Yeux bleus de Lady Margaret (dramatic comedy, 3 acts).
>Paris: Stock, 1928.
>[BN 8 Yth 38778].

Le Masque (comedy, 1 act), Le Coiffeur de tante Aramite (comedy, 1 act).
>In La Revue Française (1928).
>[BN microfilm m-584 (1928), ASP Rf. 52.612-3].

L'Adoration des Mages (3 acts).
>Paris: G. Enault, 1928.
>Journées d'art religieuses, 24-1-29.
>[BN 8 Yth 38767, ARS Th.N. 37244].

La Cagote (dramatic comedy, 1 act).
>In Lisez-moi bleu 15-1-29; Paris: Tequi (Les Tréteaux), [1933].
>[BN 8 Yf 2452 (3), ASP Rf. 52.614, AV].

La Leçon d'astronomie (comedy, 1 act).
>Niort: Boulord (Mon théâtre), [1934].
>Paris, Lyceum, 30-4-30; Radio Tour Eiffel, 15-7-33.
>[BN 8 Yf 2535 (26), ASP Rf. 52.615, ARS Th.N. 37.653].

L'Ecole des gendres ou Amoureux déguisés (comedy, 1 act).
>Paris: Tequi (Les Tréteaux), 1933; Mont-de-Marsan: J. Lacoste, 1953.
>Château de Monbel (Gers), Aug. 1930.
>[BN 8 Yf 2452 (6), ARS Th.N. 37.504].

L'Homme qui porte la terre et le ciel (mystery play, 1 act).
>Paris: Tequi (Les Tréteaux), 1931.
>Salle St-Léon (Journées d'art religieux), 5-2-31.
>[BN 8 Yf 2452 (1)].

Philidor Savoureux (comedy, 1 act).
>Paris: Tequi (Les Tréteaux), 1931.
>[BN 8 Yf 2452 (2)].

Le Voyage à Cythère (comedy, 1 act).
>Paris: P. de Montaignac "les Nouveaux Tréteaux", s.d.
>Paris, Nouveau Théâtre Comœdia (Gala de la Pièce en un Acte), 28-2-31.
>[ARS Th.N. 37.652, BHVP, SACD ms. 1759].

Etoile du cinéma ou la Star (comedy, 1 act).
    In La Revue française 26:30 (26-7-31).
    Paris, private performance, 28-1-34 and 18-4-37.
    [BN microfilm m.584, ASP Rf. 52.616].

Le Colporteur (comedy, 1 act, verse).
    Paris: G. Enault, 1933.
    Salle St-Jean-Baptiste-de-la-Salle, 5-2-33.
    [BN 8 Yth 39952].

La Gaine brisée (comedy, 1 act).
    Studio Féminin, Théâtre du Vieux Colombier, 27-5-33.

Un Mariage d'amour (comedy, 1 act).
    Paris: Stock, 1933.
    Montagnac, Groupe Jeanne d'Arc, 4-6-33.
    [BN 8 Yth 40144, ASP Rf. 52.617].

Baiser de Saadi (comedy, 1 act, verse).
    Paris, Théâtre Michel (théâtre en 1 acte), 7-6-33.

Le Rossignol de la Princesse Azadé (comedy, 1 act) and La Revue d'un
jour d'été (revue, 1 act).
    Paris: Tequi (Les Tréteaux), 1933.
    [BN 8 Yf 2452 (4-5)].

Pierrot aviateur (comedy, 1 act, verse).
    Niort: Boulord, [1933].
    Maredsons (Belgium), 25-7-35.
    [BN 8 Yf 2535 (2), ASP Rf. 85180].

Eternelle histoire (comedy, 1 act) and Bruits de coulisse (sketch, 1 act).
    Malakoff, private performance, 24-6-34.

Florent Bernard, le grand critique (comedy, 1 act).
    Niort: Boulord (Mon Théâtre), [1934].
    Paris, private performance, 11-11-34.
    [BN 8 Yf 2535 (13), ASP Rf. 85177].

La Leçon de sainte Cécile (1 act).
    Niort: Boulord (Mon Théâtre), [1934].
    Rions-des-Landes, private performance, 1-8-35.
    [BN 8 Yf 2535 (21), ASP Rf. 85178].

Le Second festin de Cléopâtre (tragedy, 4 acts).
    Paris: Stock, 1935.
    [BN 8 Yth 40973, ARS Th.N. 37.502].

Reine de beauté (3 acts).
>    Paris: Tequi, Education Intégrale, 1935.
>    [BN 8 Yth 40944, ASP Rf. 85182].

Les Sibylles de la cathédrale (1 act).
>    Niort: Boulord (Mon Théâtre), [1935].
>    Paris, private performance, 5-2-36.
>    [BN 8 Yf 2535(28), ASP Rf. 85184].

Portrait d'ancêtres (comedy, 3 acts).
>    Paris: Tequi, Education Intégrale, 1935.
>    Pré-d'Auge, private performance, 28-4-36.
>    [BN 8 Yth 40943, ASP Rf. 85181, BHVP].

Les Six mille ancêtres de la princesse Parfum-du-Ciel.
>    Niort: Boulord, 1936.
>    [BN 8 Yth 41254].

Ninette en cour d'assises (comedy, 1 act) and Ninette et sa fille (comedy-ballet, prologue and 2 tableaux).
>    Paris: J.L. Lejeune, 1937.
>    [BN 8 Yth 41513-4].

Propriété invisible (comedy, 1 act).
>    In Le Mois Théâtral 25 (Jan. 1937).
>    Lausanne, private performance, 27-11-37.
>    [BN VER Jo 42018, ARS 8 Jo 22.694 (II), SACD].

Dans les bosquets du Roy (comedy, 1 act).
>    Marolles (Seine-et-Oise), 14-8-38.

L'Alliance des blancs et des noirs ou le Rêve d'un joueur d'échecs (comedy-ballet, 3 tableaux).
>    Paris: J.L. Lejeune, [1939].
>    [BN 8 Yth 42129].

Le Marinier (3 acts).
>    In Le Mois théâtral 117 (Sept. 1944); Paris: Théâtrales, 1948.
>    Théâtre du Vieux Colombier, 12-2-51.
>    [BN 16 Yth 653, ARS Th.N. 37.506, BHVP, SACD].

Le Danseur de ma tante (comedy, 1 act).
>    Mont-de-Marsan: J. Lacoste, 1951; in Le Mois théâtral 256 (April 1956).
>    [BN 16 Yth 1193, ARS Th.N. 37.674, SACD].

Le Fidèle amour de l'Empereur Gen-So (5 acts).
Paris: J.L. Lejeune, 1951.
[BN 16 Yth 1200, ARS Th.N. 37.296, BHVP].

La Vendeuse d'oranges et le fou du palais (1 act).
Le Houga: l'auteur, n.d.
[BHVP 8° 620 419].

Le Divorce malencontreux (1 act).
Paris: l'Amicale, n.d.
[BHVP 8° 620 410].

Autour de la passion (2 parts, 9 tableaux).
Mont-de-Marsan: Impr. J. Lacoste, 1957.
[BN 8 Yth 1808, ARS Th.N. 38.993].

Le Pare-feu (3 acts, 5 tableaux).
Paris: Ed. de l'Amicale, 1959.
[BN 16 Yth 2001, ARS Th.N. 39.608].

La Marraine de Musset (1 act).
In Avant-Scène-Théâtre 264 (1962).
Théâtre de l'Oeuvre, 12-1-60.
[BN 4 Y. 78 (264), ASP 4 Jo 12601].

Une Histoire de demain au pays de nulle part (1 act, 2 tableaux).
In Le Mois Théâtral 295 (Jan.-Feb. 1961).
[BN VER Jo 42018, SACD].

**BLASQUEZ** (Adélaïde).
Children's books, novels.

Teleprofundis.
[SACD ms. CA 18].

**BLECH** (Aimée).
1862 - 1930.
President of the *Société Théosophique*, author of theosophical works.

Trois hommes - trois consciences. Includes:
"Trois hommes - trois consciences" (drama, 3 acts),
Paris, Salle Adyar (Théâtre Esotérique), 5-4-24;
"Le Réveil du passé" (dramatic comedy, 3 acts),
Amphithéâtre Adyar, March 1923;
"Tout se paie" (petit drame populaire, 2 acts),
Foyer de la zone (Tr. de la table ronde).
Paris: Impr. l'Emancipatrice, 1926.
[BN 8 Yf 2241, ASP Rf. 52.628].

**BLEHAUT** (Anne).

> Les Femmes veulent savoir (vaudeville, 3 acts). Co-authored by Jacques GLAIZAL.
>> Paris, Théâtre des Arts, 16-3-60.

**BLESKINE** (Hélène).

> L'Espoir gravé.
>> Paris, Théâtre d'Edgar, 1978.

**BLET** (Charlotte Marie) (see DESTEZ-BLET).

**BLIN** (Sophie).

> Le Faucon mal fait. Co-authored by Valérie SCHULMAN.
>> Paris, Espace Gaîté, March 1983.

**BLOCH** (Brigitte) (BLOCH-TABET).

> Auguste l'épouvantail (children's play).
>> Paris, Centre Valeyre (Théâtre de la Lune), 30-3-83.

> Suce-pouce (musical comedy for children).
>> Paris, Espace Marais, Dec. 1984.

> Stretch ou "J'vais t'laisser choire, vieille chaussette" (burlesque comedy-fable, 3 acts) and La Tête de veau (3 acts).
>> [SACD ms. CA 18].

**BLOCH** (Rose).
Social worker.

> Comment les jouets furent inventés (saynète).
>> Villefranche: Ed. du Cep Beaujolais, [1949].
>> [BN 8 Yth 42525].

**BLOCH** (Suzanne).
Poet.

> La Chimère (comedy, 1 act, verse).
>> In L'Eternel Visage. Paris: Jouve, [1913].
>> Paris, Théâtre d'Art-Libre, 14-12-12.
>> [BN microfilm m-4400 (1913)].

**BLOCHET** (Sylvie).

> Figuren. Co-authored and directed by Gérard HALLER.
>> Villeneuve-lès-Avignon, Gare SNCF (Théâtre en hiver), 15-7-87.

**BLONAY** (Simone de).
   Author of *contes*.

   Le Premier sapin de Noël (Alsatian legend, 1 act), Les Quatre saisons
   de la nature et de la vie (Christmas play), Les Peuples qui dormaient
   dans l'ombre ont vu une grande lumière (Christmas play), Par la bonne
   humeur (comedy, 1 act), Dans une vieille armoire (comedy, 1 act), Ce
   message est pour vous (Christmas play), Et le tableau fut achevé
   (Christmas play). All co-authored by Henriette GASTON.
      Paris: Librairie protestante, 1949-57 (available at BN).

   L'Homme qui a vu trois fois Jésus (Christmas tale). Co-authored by
   Henriette GASTON.
      Paris: Librairie Altis, 1960.
      [BN 16 Yth 2221, ASP 16 Y 198].

   Le Nez du bonhomme de neige (impromptu, 1 act). Co-authored by
   Henriette GASTON.
      Clamart: l'auteur, 1966.
      [BN EL 8 Y. pièce 310, ASP 16 Y 1134].

   La Légende du dé à coudre (comedy, 1 act). Co-authored by Henriette
   GASTON.
      Clamart: l'auteur, 1967.
      [BN EL 8 Y. Piece 387, ASP 16 Y 1264].

**BLONDEAU** (Anne).
   Poet.

   La Nuit va être longue, Léonor.
      Paris, Au bec fin, 12-6-74.

   La Vie n'est pas un roman Pénélope.
      Paris, Au bec fin, June 1978.

   Comment est le printemps là-bas?
      Paris, Théâtre des Cinquante, 15-2-88.

**BLONDEL** (Christine).
   Books on the history of science and computer programming.

   Les Enfants de Saturne (comedy, 3 acts).
      [SACD ms. CA 18 (1988)].

**BOCCARA** (Mireille).

   Karako ou la dernière génération (4 acts).
      [AV 4 AY 192 (letter dated 1969)].

**BOCHATON** (Nicole).

> La Vie n'est pas triste (musical comedy).
> Performed 13-4-83.
> [SACD ms. 2593].

> La Rastiquière (musical comedy).
> Evian, 26-5-83.

> Le Zimalaidu (musical comedy).
> Douvaine, 18-4-86.

**BOCQUET-ROUDY** (Anne).
> Born in Juvisy-sur-Orge.
> Studied dance and theater at the Sorbonne; translator/adaptator.

> Pourquoi vive une hirondelle (children's play, 10 tableaux).
> Paris: Magnard (Théâtre de la jeunesse), 1979.
> [BN El 4323 (14), ASP 8 Y 3426, AV, SACD ms. 1507].

> L'Aigrette du soleil levant (children's play). Adapted from a Japanese legend.
> Paris: Magnard (Théâtre de la jeunesse), 1980.
> [BN El 8 Y 4323 (16), ASP 8 Y 3429, AV].

**BOERI** (*Eliane*-Violane) (see Les JEANNE).

**BOERI** (Martine) (see also Les JEANNE).
> One of Les Jeanne.

> Arthur: Carrière, couches-culottes et porte-jarretelles (one woman show). Co-authored by Chantal PELLETIER.
> Paris, Théâtre Grévin, 19-6-87 (directed by Pelletier, performed by Boëri).
> [SACD ms. 3786].

> Et pendant ce temps les japonais travaillent (one woman show). Co-authored by Chantal PELLETIER.
> Paris, Théâtre Déjazet, 7-11-89 (directed by Pelletier, performed by Boëri).

**BOGANOVITCH** (Lisa).

> La Prostitution chez la limace (one woman show).
> Le Manuscript, March 1978.

**BOISVILLIERS** (Camille).
Director of the *Foyer des Arts, Oeuvre d'Entr'aide Artistique et Féministe*; member of the *Ligue nationale contre l'exploitation du travail féminin*; journalist for *La Française*.

Vérité (dramatic comedy, 3 acts, 7 tableaux).
Paris, Théâtre Albert 1<sup>er</sup> (Foyer des Arts), 12-5-34.

Zélie (comedy).
First performed in Paris in 1915; Paris, Théâtre Albert 1<sup>er</sup> (Foyer des Arts), 15-1-39.

**BONACCI** (Anne).

Le Confiseur (1 act). Co-authored by Eliane CHARLES.
In Avant-Scène-Fémina-Théâtre 207 (01-11-59).
Petit Théâtre de Paris, 25-6-59.
[BN 4 Y. 78 (207), ASP 4 Y 2207, SACD].

**BONAFÉ** (Catherine).
Actress, director, member of Lo Teatre de la Carriera.

L'Ecrit des femmes : paroles de femmes des pays d'oc. Includes:
"Saisons de femme" (6 tableaux). Co-authored by Annette CLÉMENT.
"Le Miroir des jours ou le Mitat del camin" (3 tableaux). Co-authored by Marie-Hélène BONAFÉ and Anne CLÉMENT.
"Chants de la Galina" (divertissement musical), "Porte à porte".
All performed by Lo Teatre de la Carriera, 1979-80.
Paris: Solin, 1981.
[BN 16 Yf 1369, ASP 8 Y 1936].

**BONAFÉ** (Marie-Hélène) (see also Catherine BONAFÉ).
Actress, director, member of the Teatre de la Carriera.

Mina. Co-authored by Maeskri MOUSSA.
Arles, Théâtre du pays d'Arles, 21-10-88.
[SACD ms. 2338].

**BONAL** (Denise) (Denise Marguerite MERCIER, née BOUIILLETTE).
Born in Algiers in the twenties, moved to Paris when she was 12.
Actress, director, drama instructor.

J'écris ton nom liberté. Co-authored by Philippe MERCIER.
Rennes, Comédie de l'Ouest, 1964/65; Théâtre National de Strasbourg, 1968/69.

Légère en août (6 tableaux).
>Paris: Edilig (Théâtrales), 1988.
>Paris, Théâtre des Deux Portes (Athévains), 3-12-74.
>[BN 8 Y 1500 (45), ASP 8 Y 3377, SACD].

Les Moutons de la nuit. Grand Prix d'Enghien 1975.
>Paris: Théâtrales (ms. 183), [1985].
>Paris, Théâtre de Poche-Montparnasse, April 1976.
>[AV, TH, POI].

Honorée par un petit monument (13 tableaux).
>Paris: Edilig (Théâtrales), 1982.
>Lyon, Théâtre des Célestins, 22-6-79; Avignon, Salle Benoît XII, 15-7-79; Paris, Théâtre National de Chaillot, 23-4-80 (new version, directed by author and P. Mercier).
>[BN 8 Y 1500 (7), ASP 8 Y 2325, SACD, AV].

J'ai joué à la marelle, figure-toi.
>Caen: Comédie de Caen, 1980.
>[ASP 16 Y 4196].

Portrait de famille (12 tableaux).
>Paris: Edilig (Théâtrales), 1983.
>Besançon, 18-5-83; Avignon, Condition des Soies, 18-7-83 (reading); Paris, Théâtre de l'Est Parisien (Théâtre du Pont Neuf), 15-4-86.
>[BN 8 Y 1500 (17), ASP 8 Y 2289, AV].

Lit vers le thé. Performed under the pseudonym Louis AFTEL.
>Paris, Chapelle de la Salpêtrière, 1984.

Fragment d'une pièce en train de s'écrire.
>Paris, Théâtre de l'Est Parisien, 9-6-87.

Passions et prairies or Entre passions et prairie (5 tableaux).
>Paris: Edilig (Théâtrales), 1988.
>Paris, Théâtre de l'Est Parisien, 22-9-87.
>[BN 8 Y 1500 (45), ASP 8 Y 3377, SACD, AV].

Une Femme sans conséquence, written for the Bicentennial celebration of the French Revolution, 1989.

**BONIFAS** (Berthe).

Minuit (1 scene, verse).
>Neuilly: Ed. de la cause, 1928.
>[BN 8 Yth 38688].

**BONNARD** (Arlette).

La Sente étroite du bout du monde-Hakai. Co-authored by Yves COLLET, Alain ENJARY and Danielle VAN BERCHEYCKE.
Paris, Cartoucherie - Théâtre de la Tempête, June 1987 (performed by authors).

**BONNET** (Adrienne).

Hôtel Azur. Co-authored by Laurence DELPEIRRE.
Paris: Théâtrales (ms. 939), [1985].
Paris, Les Templiers, Feb. 1986.
[AV, TH, POI, SACD ms. CA].

**BONNET des TUVES** (Roselyne).
Actress.

La Légende du lac maudit. Co-authored by Denis CHARBOUILLET.
Avignon, Festival-Off, Hangar à Bateau (Théâtre de la Mezzanine), 6-7-84 (performed by authors).

**BONNEVIDE** (Mlle Yolande).

Le Fléau (dramatic comedy, 4 acts).
Dijon: Impr. le Bauer, 1927 (portrait of author).
Dijon, Société la Flamme, 28-12-27 (author in cast).
[BN 4 Yth 9193].

**BONNOT** (Katy).

Les Dames de coeur qui piquent (3 tableaux). Co-authored by Mathilda LOUFRANI.
Paris, Le Sentier des Halles, 29-4-84.
[SACD ms. 353].

L'Eprouvette. Signed "Bonnot et Loufrani".
Paris, Potinière, 19-6-87 (authors in cast).

**BORRAS** (Elyane) (see Catherine ALLEGRET).

**BOSC** (Denise) (Marie Denise Françoise LIZOT, née DANVIOLET).
Actress.

Bernanos pour une heure. Co-authored by Robert MARCY.
Paris, Saint-Georges, Oct. 1980.

Lettres Sand-Flaubert. Co-authored by Robert MARCY.
Paris, Lucernaire, 2-2-83.

Troubadours de pendule: Sand-Flaubert (8 tableaux). Co-authored by Robert MARCY.
>In Avant-Scène-Théâtre 732 (15-6-83).
>Paris, Lucernaire, 2-2-83.
>[BN 4 Y 78 (1983, 732), ASP 4 Jo 12601, SACD].

Viol au dessus d'un nid de poètes. Co-authored by Robert MARCY.
>Paris, Lucernaire - Théâtre Rouge, July 1990.

**BOSREDON** (Mme Th. de).

Jack! (comedy, 1 act). Co-authored by Alex. HEM.
>Paris: L. Theuveny, 1904.
>Paris, Théâtre Sarah Bernhardt, 29-1-1904.
>[BN 8 Yth 30948].

**BOSSIS** (Gabrielle).
? - 1950.
Author of spiritual dialogues.

Le Charme (social comedy, 3 acts), Les Illusions de Mme Dupont (comedy, 3 acts), La Lionne (comedy, 3 acts), Ame de poupée (comedy, 3 acts).
>Antony: la Vie du Patronage, 1925-28 (available at BN and ASP).

Chanteuse de rue (comedy, 3 acts).
>Paris: O-Gé-O, 1950.
>[BN 16 Yth 840].

Une Vieille fille et treize gosses (comedy, 3 acts).
>Paris: Billaudot (Théâtre pour jeunes filles), 1954.
>[ASP 8 Y 127].

**BOTTON** (Isabelle de).

Raoul, je t'aime (one woman show).
>Paris, Coupe-Chou, Nov. 1978.

**BOÜARD** (baronne S. de) (Madeleine).
Novelist.

Les Deux voies (saynète, 1 act).
>Paris: H. Gontier, 1898.
>[BN 8 Yth 28310].

Zizi-Panpan et Gobinette (comedy-vaudeville, 3 acts). Co-authored by M. BENOIT.
>Le Mans, 5-7-28.

Le Favori de sa majesté (saynète, 1 act).
Paris: Vaubaillon, 1928.
[BN 8 Yth 38884, ASP Rf. 85227].

Friedburga (Merovingian drama, 3 acts).
Paris: Vaubaillon, [1928].
[BN 8 Yth 39253].

La Belle histoire de sainte Marguerite, vierge d'Antioche (Christian drama, 3 acts, 4 tableaux).
Chateau-Gontier: Leclerc, [1932].
[BN 8 Yth 40004].

Noël rouge (3 acts).
Stains, Salle municipale, 7-12-35.

**BOUCAUD** (Jane).

La Manière (comedy, 2 acts, 2 tableaux).
Bordeaux, 26-1-22.

**BOUCHET** (Françoise).

La Passion de Job.
Paris, Théâtre Essaïon, June 1987.

**BOUCHEZ** (Marguerite).
Member of *Les Rosati du Calaisis*.

Les Pinsons (1 act, verse). Co-authored by Jules COURQUIN.
Calais: Société des Rosati du Calaisis, 1918.
Calais, Grand théâtre, 17-11-18.
[ASP Rf. 82022].

**BOUDON** (Suzie).

Pardonner (1 act).
Paris: Stock, 1934.
Amiens, private performance, 1-5-38.
[BN Yth 40930].

Deux petits garçons (saynète).
Niort: Boulord (Mon Théâtre), 1937.
Radio-Paris, 21-12-35.
[BN 8 Yf 2535 (7)].

Petite maman (saynète, 1 act).
>   Paris: Haton, 1935; Paris: Billaudot, 1956.
>   Argenteuil, Association des Dames françaises, 14-4-34.
>   [BN 8 Yth 40872, 16 Yth 2326 (1956)].

A chacun son métier! (saynète, 1 act, prose).
>   Paris: Stock, Delamain, & Boutelleau, 1935.
>   [BN 8 Yth 41041].

La Leçon d'espérance (comedy, 1 act).
>   Paris: Stock, 1935.
>   Draveil (Seine-et-Oise), 14-3-37.
>   [BN 8 Yth 41055, ASP Rf. 85234].

La Farce des caillettes, Conte de Noël (saynète, 1 act), Le Miracle de la Vierge et de l'Enfantelet.
>   Niort: Boulord (Mon Théâtre), [1937-8].
>   [BN 8 Yf 2535 (76, 80, 90)].

**BOUEY** (Antonine).
Novelist and poet; officier de l'Instruction Publique; member of the governing board of the Société des Ecrivains de Province and of the Union des Travailleurs Intellectuels du S.-O.

Après l'épouvante (drama, 3 acts).
>   Lille: Mercure de Flandre, V. Bresle, 1931.
>   Bordeaux, Grand Théâtre, 13-5-30.
>   [BN 8 Yth 39482].

Chagrin de la rose (comedy, 1 act, verse), Une Jeune fille moderne (comedy, 1 act).
>   Bordeaux, Théâtre Franklin, 7-6-31 and 5-6-32.

Vengeance de Chantecler (comedy, 1 act).
>   Bordeaux, private performance, 21-5-33.

**BOUISSOUNOUSE** (Janine) (Mme Janine HÉRON de VILLEFOSSE).
Paris, 1905 - 1978.
Assistant director to A. Cavalcanti; journalist, novelist and biographer.

Chimène ou les Raisons d'avril (comedy).
>   Paris, "Point 50", Maison de la Pensée française, May 1950.
>   [ASP R. Supp. 2961 (summary and excerpt)].

**BOULINAT** (Mme).

Le Voile de dentelle (sketch, 1 act).
>   Tours, private performance, 7-11-37.

**BOULOGNE** (Juliette).

> Eponome et Sabinus (3 acts).
> > In Petit théâtre historique à l'usage des collèges.
> > Paris: Ollendorff, 1900.
> > [BN 8 YF 1190, ASP Rf. 53.291, BHVP].

**BOULVA** (Josette).
Director.

> Ma chère Rose. Co-authored by Marie GASTARD.
> > Paris, Poche Montparnasse, 21-10-87 (co-directed by Boulva).
> > [SACD ms. CA 21].

**BOUNET** (M.F.).

> La Démarieuse (one woman show).
> > Mon Petit Café-Théâtre, 1988.

**BOURCET** (Marguerite).
Dôle (Jura), 1899 - 1938.
Novelist, essayist.

> La Charité de Manoëlle (legend, 1 act, verse), La Bibliothèque de
> Suzette (fantaisie, 1 act, verse), La Poupée mécanique (saynète).
> > In Semaine de Suzette (1920-21).
> > [BN microfilm m-8017].

**BOURÇOIS-MACÉ** (Andrée) (Mme BOURÇOIS, née MACÉ).
Novelist, poet, biographer.

> Deux petits lapins (comedy, 3 acts).
> > Niort: Boulord (Mon Théâtre), [1935].
> > [BN 8 Yf 2535 (38), ASP Rf. 85244].

> Coeurs de gosses (comedy, 3 acts).
> > Paris: G. Enault, 1936.
> > Pau, Théâtre Mal. St-Louis, 7-2-37.
> > [BN 8 Yth 41167].

> Six enfants dans un jardin (comedy, 2 acts).
> > Lyon: Camus, [1939].
> > [BN 8 Yth 41787].

> Un Soir sous la terreur (dramatic comedy, 1 act).
> > Paris: G. Enault, 1951.
> > Saint-Malo, private performance, 23-4-39.
> > [BN 16 Yth 1158, ARS Th. N. 37265].

La Chaîne rose (3 acts).
>    Paris: Vaubaillon, 1946.
>    [BN 16 Yth 298].

Au royaume de la féerie (fantaisie-évocation).
>    Paris: Vaubaillon, 1949.
>    [BN 16 Yth 764, ARS Th. N. 36661].

Le Noël du maquisard (1 act).
>    Paris: G. Enault, 1950.
>    [BN 16 Yth 962, ARS Th. N. 37092].

La Princesse et l'enchanteur (2 acts).
>    Paris: L'Amicale, 1975.
>    [BN El 8 Y pièce 1857, ARS 16 Y 2760].

**BOURDAY** (Micheline).
>    Actress.

Ava (comedy).
>    Paris, Comédie Saint-Martin, 18-10-69.

Les Autruches.
>    Paris, Blancs-Manteaux, Nov. 1977 (author in cast).

Des Phantasmes dans le caviar (one woman show).
>    In Avant-Scène-Théâtre 694 (15-7-1981).
>    Paris, Festival du Marais, 25-6-80.
>    [BN 4 Y 78 (694, 1981), ASP 4 Jo 12601].

La Manipule (one man show).
>    Paris, Fanal aux Halles, 24-8-82.

Les Trois grâces.
>    [SACD ms. CA 21].

**BOUTROUX** (Noémie).

La Giletière (3 acts). Co-authored by René CHIMIER.
>    Paris: Vaubaillon, 1936.
>    [BN 8 Yth 41361].

**BOUVIER** (Caroline).

Arcanes.
>    Avignon, Moulin à paroles (Cie Manivel), 12-7-89.

**BOUVINE(S)** (Marie de).

Les Petites églises (scène rustique, 1 act), Le Conte de fée (dialogue, verse), Le Trèfle à quatre feuilles (dialogue), Mlle Cigale et Mme Fourmi (saynète).
>> In Semaine de Suzette (14-6-17, 11-3-20, 3-3-21, 24-3-27).
>> [BN microfilm m-8017].

**BOVET** (Marie-Anne de) (Mme de BOIS-HEBERT) (pseudonym: MAB) (see also French Women Playwrights before the Twentieth Century).
Metz, 1860 (or 1855) - ?
Journalist, novelist, translator; author of travel literature.

Bien gardée (1 act, verse).
>> Paris: A. Lemerre, 1906.
>> Paris, La Bodinière, 17-1-97.
>> [ASP Rf. 53.668, BHVP].

La Musique adoucit des moeurs (sketch, 1 act), Chassé-croisé (1 act)
>> In Annales Politiques et Littéraires 1504, 1524-1525 (1912).
>> [BN microfilm m-4400 (1912)].

**BRAMSON** (Karen).
Denmark, 1875 - Paris, 1936.
Writer of Danish origin, novelist (wrote almost exclusively in French); Officier de la Légion d'Honneur.

La Puissance du roi (modern drama, 4 acts).
>> Summary in L'Astrée 3 (20-3-1912).
>> Paris, Théâtre Marigny, 24-2-12.
>> [ASP Rt. 3850].

Le Professeur Klenow (drama, 3 acts).
>> In La Petite Illustration 96 (9-6-23).
>> Copenhagen, 1918; Théâtre de l'Odéon, 18-4-23.
>> [BN 4 Yth 8732, ARS 4 Lag. 433].

Le Dictateur (6 tableaux).
>> In Oeuvres libres 53 (November 1925).
>> [BN microfiche 8 Z 21438 (53), ASP Rec 195 (53, 1925)].

Théâtre Complet. 4 volumes.
I. "L'Argent": "Une Famille" (3 acts), "L'Enfer" (comedy), "La Tour de Babel" (6 scenes).

II. "L'Amour": "Le Professeur Klenow", "Méduse" (3 acts);
"Le Bonheur" (comedy, 3 acts),
>> Radio-Paris, 8-8-32; Théâtre des Ambassadeurs, c.1933.

III. "La Foi": "L'Orgueilleux" (3 acts), "L'Homme qui a compris" (8 tableaux);
"Des Yeux qui s'ouvrent" (3 acts),
Odéon, 24-10-25 [SACD ms. 1783].

IV. "La Haine": "Le Dictateur", "Des Félines" (3 acts), "Depuis l'aurore des temps".
Paris: Flammarion, 1929-30.
[BN 8 Yf 2379 (1-4), ASP 16 Y 4471, BHVP].

**BRARE** (*Mercedes* Emma Josèphe) (Mme TORLET).
Published a collection of prose poems.

Hector, La Concierge est dans sa loge (sketches).
Paris: l'auteur, [1947].
[BN 16 Yth 294-5].

**BRAUNSCWIG** (Gabrielle).

L'Heure du tub (comedy, 1 act), Le Soulier (comedy, 1 act).
In Lectures pour tous (Oct. 1921, Jan. 1922).
[BN 8 Z 14580, ARS 4 Jo 11975 (1921-22), ASP Rf. 53.720].

**BRE** (Danielle).

Palerme, Pignan, Port-au-Prince. Co-authored by Nicole VOLTZ.
[SACD ms. CA 22].

**BREGA** (Mlle).

La Jalouse (comedy, 1 act). Co-authored by M. HOFFMANN.
Paris, Grand-Guignol, 19-5-23.

**BREILLAT** (Catherine).
Bordeaux, 1950 -
Novelist, scenario writer.

Les Vêtements de mer. Includes: "Mal" (immoral tragedy, 4 acts), "Erratum" (vaudeville, 2 acts), "Jasmin" (divertissement, 1 act).
Paris: Ed. F. Wimille, 1971.
[BN 8 Z 42274, ASP 8 Y 933].

**BRETECHER** (Claire) (1940- ) (see Dominique LAVANANT).
Author of comic books.

**BRETEUIL** (Martine de).

Born in the Bay of Saint-Aygulf.

Actress and director; manager of the Théâtre de la Potinière (1948-60); founded a café-théâtre at the Hôtel Hérouet (1974); radio and television producer.

Surboum (burlesque fantasy).
Paris, Théâtre de la Potinière, 23-10-59.

Lewis et Alice or La Vie secrète de Lewis Caroll. Co-authored by Michel SUFFRAN.
In Avant-Scène-Théâtre 616 (1977).
Paris, Centre George Pompidou, 2-2-77.
[BN 4 Y 78 (1977, 616), ASP 4 Jo 12601].

A la rencontre de Marcel Proust.
In Avant-Scène-Théâtre 696 (1981).
Paris, Le Plateau, 14-2-79; Paris, Au Bec Fin, 30-9-81.
[BN 4 Y 78 (1981, 696), ASP 4 Jo 12601].

Le Grand écart. Adapted from a novel by Jean COCTEAU.
In Avant-Scène-Théâtre 665 (1-3-80).
Paris, Studio-Théâtre 14, 20-2-80.
[BN 4 Y 78 (665, 1980), ASP 4 Jo 12601].

Elles nous parlaient d'amour (comedy).
Paris, Théâtre le Bourvil, Nov. 1984 (directed by author).

Un Amour. Co-authored by Michel SUFFRAN.
Paris, Petit Théâtre Paris-Centre, Oct. 1986 (directed and performed by Breteuil).

Souvenirs d'amour.
Choisel-Chevreuse, Château de Breteuil, 6-5-90 (author director/member of cast).

Le Jardin secret d'Alice. Co-authored by Michel SUFFRAN.
Paris, Pré Catelan, 1-9-90 (Breteuil director/member of cast).

**BREVANNES** (Yvette).

Business (1 act). Co-authored by René BRÉVANNES.
Paris: Maison française d'art et d'édition, 1920.
[BN 8 Yth 36239].

**BRIVE** (Simone).
　　Author of tales.

　　Les Encagés (3 acts). Co-authored by Pierre DESCLAUX.
　　　　Paris: Editions de "La Route" (revue de l'Effort social), 1913.
　　　　[BN 8 Yth 35059].

**BROKA** (Germaine).

　　Li Piyanisse (comedy, 1 act). Co-authored by Marcel ROELS.
　　　　Liège, Trocadero, 17-9-37.

**BROSSAIS** (Marie-*Claude*).

　　Le Voyage en Namibie.
　　　　[SACD ms. CA 22 (1982)].

**BROSSE** (Maria-Thérèse).

　　Et si c'était vrai... (3 acts).
　　　　[SACD ms. CA 22].

**BROSSET** (Colette).
　　Actress.

　　Le Petit fils du Cheik (2 parts). Co-authored by Robert DHÉRY.
　　　　Paris, Théâtre des Bouffes Parisiens, 23-11-77.

**BROUSSAN-GAUBERT** (Jeanne) (Jeanne-Marianne-Mathilde GAUBERT,
　　née BROUSSAN).
　　Liège (Belgium), 1888 - ?
　　Novelist.

　　Le Plus fou des trois (comedy, 1 act).
　　　　In Politiques et Littéraires 1506 (5-5-12).
　　　　[BN microfilm m.4400 (1912), ASP Rf. 53.943].

　　Son ombre (comedy, 3 acts).
　　　　Paris, Théâtre Antoine (Cercle des Escholiers), 9-5-28.
　　　　[SACD ms. 1792].

**BROUSSE** (Michèle).
　　Actress.

　　Sueur, cravate et tricot de peau. Co-authored and performed by Bruno
　　GACCIO.
　　　　Paris, Café d'Edgar, Sept. 1980.

C'est ce soir ou jamais, L'Amour c'est comme un bateau blanc. Co-authored and performed by Michèle BERNIER and Bruno GACCIO. Paris, Café d'Edgar, May 1982.

**BRU** (Jean).

Daughter of Henri Goublier, composer.

Carnaval (romantic operetta, 2 acts, 11 tableaux). Co-authored by Rosa HOLT. Music by Henri GOUBLIER.
Gaieté lyrique, 24-3-42.
[SACD ms. 1305].

**BRU** (Laurence).

Il n'y a pas d'avion à Orly.
Paris, Petit Casino, 1984 (author/director in cast).

**BRU** (Suzanne) (Magda MONVAL).
Published one novel (1918).

L'Esprit des esprits (comedy, 1 act).
Théâtre Athena, 17-2-32.

**BRUCHER** (Anne-Marie) (see KRAEMER).

**BRUGUIÈRE DE GORGOT** (Andrée).
Poet.

La Légende des Pyrénées (drame antique, 3 acts, verse).
Cahors: Impr. Coueslant, 1921.
[BN 4 Yth 8648].

**BRUN** (Madeleine).

Ministre des finances chez nous (comedy, 1 act).
Millery (Rhône), 6-12-36.

**BRUNET** (Valentine).
Poet, novelist and literary critic.

Les Festins de la gloire.
Toulouse: Impr. Régionale, [1946].
[BN microfiche 16 Yth 249, ASP Rf. 78515].

**BRUNO** (Camille) (see French Women Playwrights before the 20th Century).

**BRUNO** (*Pierrette* Rose Marie) (pseudonym: Pierre-Edmond VICTOR).
Marseille, c. 1936 -
Actress.

Pepsie (comedy, 3 acts). Signed Pierre-Edmond VICTOR.
In Avant-Scène-Théâtre 358 (1-6-66).
Paris, Théâtre Danou, 16-11-65 (Bruno in the leading role).
[BN 4 Y 78 (1966, 358), ASP 4 Jo 12601, SACD].

Le Bon Saint-Eloi (comedy).
Paris, Théâtre de la Potinière, 29-11-69.

L'Arnacoeur (3 acts).
In Avant-Scène-Théâtre 545 (July 1974).
Paris, Théâtre de la Michodière, 11-10-73.
[BN 4 Y 78 (1974, 545), ASP 4 Jo 12601, SACD].

Le Charimari (comedy, 3 acts).
In Avant-Scène-Théâtre 713 (1-7-82).
Paris, Théâtre Saint-Georges, 28-8-81.
[BN 4 Y 78 (1982, 713), ASP 4 Jo 12601, SACD].

Vincent et Margot (comedy). Co-authored by Juliette SAINT-GINIEZ.
Paris, Théâtre de la Renaissance, 10-12-83.

**BRUNOLD** (Florence).

Seule dans un boîte (1977), Presque seule (1979), Fœtus et bouche
cousue (1981).
One woman shows performed in Parisian café-théâtres.

L'Odyssée Bidon (one woman show).
Avignon, Festival-Off, Passage à Niveau, 5-7-85.
[AV ms. Fol. AY 136].

**BRUYERE** (Gaby) (Gabrielle PLANCHE).
? - 1978.
Actress, dancer, singer, published an autobiographical novel (1954).

Cloche de mon coeur (musical comedy, 3 acts, 12 tabelaux). Music by
Georges LIFERMAN.
Paris, Théâtre des Capucines, 28-10-59 (author in cast).
[SACD ms. 1165].

Les Cavaleurs (comedy, 3 acts, 11 tableaux).
Paris, Théâtre de la Potinière, 17-10-64.
[SACD ms. 606].

Ange pur (comedy, 3 acts). Title crossed out on ms.: Le Noir va si bien
à Madame!.
> Paris, Théâtre Edouard VII, 3-12-66.
> [SACD ms. 3792].

La Maison de Zaza (comedy, 3 acts).
> Paris, Théâtre des Nouveautés, 17-9-71.
> [SACD ms. 1917].

**BUD** (Reine) (pseudonym of Marie-Reine PRINTEMS, née JACQUET).
Born in Haute-Savoie.
Novelist; scenario writer.

Journal du mois de Dithyrambe 75. Signed Reine BUD.
> Nantes, Théâtre Ouvert, Gueuloir (reading), 1976.

A Pierrot pour la vie (1 act). Revised version of Journal du mois de
Dithyranbe 75. Signed Reine BUD.
> Limoges, Petit Théâtre de la Visitation, 19-2-80.
> [SACD ms. 1555 (dated 13-4-76)].

La Répétition de province (3 acts). Signed Reine BUD.
> [SACD ms. 1554 (donation 1980)].

Lisa. Signed BUD-PRINTEMS.
> Paris, Théâtre Essaïon, Théâtre à une voix (reading), 9-4-88.
> [SACD ms. TAV].

Le Gratin (1 act). Signed Reine BUD-PRINTEMS.
> Performance planned at Petit Odéon, 30-3-89.
> [SACD ms. 1822 (dated Aug. 1988)].

Mon père est une nuit magnifique.
> [SACD ms. CA].

**BUISSERET** (Marie-Louise).

Poisson d'avril (comedy, 1 act).
> Pâturages (Mons), Farciennes, 25-11-37.

**BUNEL** (Marguerite).

Chacun son poste (3 acts).
> Paris: Vaubaillon (Le Bon Répertoire), [1936]. Dedicated to
> Yvonne ESTIENNE (see at this name).
> Paris, Salle Paroissiale de St-Martin-des-Champs, 24-2-35.
> [BN 8 Yf 2533 (41), ASP Rf. 85340].

Pour lui! (2 acts). Co-authored by Odette FRENOY.
>    Paris, private performance, 10-6-38.

Lien d'amour (comedy, 1 act).
>    Paris: L'Amicale, [1948].
>    Salle Lancry, 18-12-38.
>    [BN 16 Yth 490].

Qui a tiré ? (comedy, 3 acts).
>    Paris: Vaubaillon, [1938].
>    [BN 8 Yth 41526].

Deux en une (comedy, 1 act), L'Aiguille bleue (dramatic comedy, 3 acts), L'Engrenage (drama, 3 acts), Mes tantes le Goadec et l'amour (comedy, 3 acts, 5 tableaux), L'Assassin est à bord (detective play, 3 acts), Cas d'urgence (3 acts, 4 tableaux).
>    Paris: L'Amicale, 1939-1957 (available at BN).

A la rescousse (2 acts, 4 tableaux). Co-authored by Odette FRENOY.
>    Paris: G. Enault, 1940.
>    Paris, Recrutement sacerdotal, 11-6-39.
>    [BN 8 Yth 42122].

Le Glacier des charousses (dramatic comedy, 3 acts).
>    Paris: L'Amicale, 1947.
>    Sables d'Olonnes, private performance, 4-2-40.
>    [BN 16 Yth 530].

Tiassalé (3 acts). Co-authored by Roger RICHARD.
>    Paris: Vaubaillon, [1946].
>    [BN microfiche 16 Yth 175].

Alerte au barrage! (3 acts, 4 tableaux).
>    Paris: l'Amicale, n.d.
>    [AV].

Michel (drama, 3 acts, 4 tableaux).

**BUOR** (Mme de).

Les Cavaliers de Paris (à propos, 1 act).
>    Paris, Mairie du IVe, 28-2-04.

**BUREAUX** (Jane).

Notre première nuit de noces (1 act). Music by Ch. BLIN.
>    Lyon, Cinéma P. Bert, 3-9-18.

Les Petites pousses (3 acts). Co-authored by Raoul ODIN.
> Pamiers: Louis Narbonne, 1924.
> [BN 8 Yth 37376].

Sacrifiée.
> As. Polytechnique, 10-1-26.

**BURON** (Nicole de).
Novelist, scenario writer.

Remarie-toi (comedy).
> Paris, Théâtre Danou, 3-4-79.

**BUSSY** (Jack de) (pseudonym of Jacqueline LISCOÄT).
Novelist.

Un Jeune homme dans l'embarras (comic monologue).
> Paris: Librairie théâtrale, artistique et littéraire, 1920.
> [BN 8 Yth 36126].

**BUSSY** (Madeleine) (called Jean BUSSY).

La Théière (comedy, 1 act).
> Nice, Savoy-Palace, 20-10-40.

# C

**CABAN** (Géva).
1933 -
Novelist; author of short stories and radio plays.

Laios. Music by Roger TESSIER.
Avignon, Théâtre Ouvert (reading by author), 29-7-78;
Villeneuve-lès-Avignon, La Chartreuse, Aug. 1982.
[SACD ms. CA].

Le Pharaon ne meurt jamais (drama, 4 moments).
In Avant-Scène-Théâtre 734 (15 July 1983).
Paris, Théâtre Essaïon, Théâtre à une voix (reading), 15-1-83;
Avignon, Condition des Soies (reading), 27-7-83; Paris,
Théâtre Poche-Montparnasse, Jan. 1984.
[BN 4 Y 78 (734), ASP 4 Jo 12601, SACD, SACD ms. TAV].

Un Oiseau pour Buffon.
In Avant-Scène-Théâtre 834 (1988).
Semur-en-Auxois, Théâtre de l'Orle d'or, 1988.
[BN 4 Y. 78 (834), ASP 4 Jo 12601, POI, SACD ms. CA].

**CABELO** (Edwige).

Miroirs.
Paris, Cithea, March 1985.

Chrysalide.
Paris, Guichet-Montparnasse, March 1986.

Le Puits enchanté (children's play).
Paris, Sentier des Halles, Oct. 1989.

**CADET** (Catherine).

Voyages en cartes postales ou des Après-midi de Marguerite (3 journées).
[POI ms. (April 1987)].

**CADIEU** (Martine).
Poet, novelist, translator.

Solea (3 acts).
[SACD m. 1811].

**CAEN** (Evelyne).

Pièces de théâtre: "Les Diables ont peur" (tragedy-ballet, 1 act), "Vivre en peur" (melodrama, 1 act), "Pain du silence" (melodrama, 1 act), "Les Fourmis" (théâtre absurde, 1 act).
Marseille: Ed. de la Grisière, 1971.
[BN 16 Ye 5750 (86), ASP 16 Y 2169].

**CAFÉ DE LA GARE**.
Café-théâtre troupe including Odile BARBIER, Marie-Christine DESCOUARD, SOTHA (see also at this name).

Un Millier de choses vues, jouées, dansées par le Café de la gare (1969), Allume, j'étouffe (1971), Une Pitoyable mascarade (1977).
Café-théâtre shows collectively authored and performed by the Café de la Gare.

**CAHEN** (Mme. G.) (Gisèle CAHEN, called Gisèle AYRENS, Mme HUET DE PAISY, † 1968?).

Maternité volontaire (1 act, prose).
Submitted to Théâtre de l'Odéon, 1909.
[ASP RF. 54.061 (summary)].

**CAILLAUD** (Sylvie).
Born in Lyon.
Actress, director; one of the founders of the Théâtre du Nain Jaune.

L'Evocation de l'Illustre Théâtre.
Performed by the Théâtre du Nain Jaune.

Ballade des ombres du temps jadis (4 tableaux).
N.p.: Théâtre du Nain Jaune, n.d.
Saint Jean de la Ruelle, Théâtre du Nain Jaune, 30-11-79 (author/director in cast).
[ASP 8 Y 1806].

**CAILLOL** (Pierrette) (A. LINOU).
>
> Born in Marseille.
> Actress (stage and film) and drama instructor.
>
>> Un Ami viendra ce soir. Co-authored by Yvan NOÉ et COMPANEEZ.
>> Théâtre de Paris, 1945.
>>
>> L'Homme sans visage (3 acts).
>>> [SACD ms. 304, 1210].
>>
>> L'Homme qui se taisait (1 act, 4 tableaux).
>>> In Avant-Scène-Théâtre 279 (1-1-63).
>>> Paris Salle des Conservatoires, 21-12-60.
>>> [BN 4 Y. 78 (279), ASP 4 Jo 12601, SACD, SACD ms. 304].

**CALDERONI** (Gabrielle).
>
>> Hubert ou la Politique d'une victime.
>>> [SACD ms. CA 27 (1980)].

**CALEL** (Alida).
>
> Novelist, poet.
>
>> Jeanne-Rose (1 act, verse). Co-authored by Pierre CALEL.
>>> Gourdon (Lot): A. Lafforgue, 1931.
>>> Paris, Pré-Catelan.
>>> [ASP 8 Y 2364].
>>
>> Le Pélerin (1 act, verse) and Jeanne-Rose (1 act, verse).
>>> Gourdon: Impr. de Oberthur, 1947.
>>> [BN 16 Y 65].

**CALLIAS** (Suzanne de).
>
> ? - 1964.
> Novelist, illustrator, journalist; feminist, pacifist.
>
>> Le Chevalier de Jeanne d'Arc (action, 12 tableaux). Co-authored by
>> Jeanne PAULHAN.
>>> Sèvres: Impr. A.C., [1945].
>>> [BN microfiche 8 Z 29640 (1)].

**CALVET** (Anne).
>
>> Splendeur et misère de l'indien (montage dramatique). Co-authored by
>> Christian DAUMAS.
>>> Paris, Croq'diamants, Feb. 1980.

**CALVEZ** (Léone).

Bécassine vue par les Bretons (dramatic comedy, 4 acts). Co-authored by Henri CAOUSSIN.
> Pleyer-Christ: Ed. Ronan, [1937].
> Performed in Plouvorn, 26-12-36, by the Chorale de Notre-Dame de Lambader.
> [BN 4 Yn 7].

La Lune de Landerneau (comedy, 3 acts).
> Paris: Livres Nouveaux, [1938].
> Rouen, private performance, 25-5-39.
> [BN 8 Yth 41733, ARS Th. N. 34363].

**CAMBOULAS** (Albertine).

Pour apprivoiser les femmes (comedy, 1 act).
> Vitry-centre (Seine), 10-12-21.

**CAMBRY** (Adrienne) (née Madeleine DELPHIEN or DELPHIEU).
> ? - 1939.
> Novelist; manuels on *savoir vivre* (letter writing, engagements).

Petite dot (comedy, 3 acts), 1903.

Les Rayons X (comedy, 1 act).
> Asnières, 14-4-07.

Simple hasard (comedy, 1 act).
> St-Denis, Théâtre Municipal, 3-10-09.

Le Mendiant (drama, 1 act), Le Dilemme (drama, 3 acts).
> Paris, Théâtre Molière, 16-4-10 and 26-11-10.

Escarmouche (saynète), La Rose (saynète), En panne (comedy, 1 act), Le Gérondif (saynète, 1 act), Entre confrères (sketch, 1 act).
> In Annales Politiques et Littéraires (1912-1913).
> [BN microfilm m-4400 (1912-13)].

Nous marions Hélène (1 act).
> In Lisez-moi bleu 111 (1-7-28).
> [BN 8 Z 18808, ASP Rf. 54.150].

Essayage (comedy, 1 act).
> In L'Almanach de la mode du jour, 1923.
> Alençon, 3-11-13.
> [ASP Rf. 84.028].

**CAMILLE** (Georgette).
Translations from English.

Collier de l'amoureuse (comedy, 1 act).
Paris, Théâtre Albert 1er, 19-4-24.

**CANDOTTI-BRESSON** (Ginette).
Actress.

Québécoise à vendre ou la Revanche de Petit-Canada. Co-authored by
Jocelyne SAINT-DENIS.
Paris, Lucernaire Forum, Nov. 1979 (performed and directed
by authors).

**CANION** (Nathalie).

Elle est belle la vie, faut l'aimer.
[SACD ms. CA 28].

**CANIVET** (Diane).
Librarian.

L'Année de la peste (3 acts).
[ASP ms. MY 29 (Dec. 41-Aug. 45)].

**CANTAGRIVE** (Mme Anda).
Novelist.

Jadis et aujourd'hui (comedy, 2 acts).
Bordeaux, Trianon, 16-2-27.

**CAPELLE** (Anne).
Novelist.

Les Araignées.
Paris: Belfond (col. "Café-théâtre"), 1969.
[BN 16 Y. 495 (2), ASP 16 Y 1503].

Le Ténèbre.
Paris: Actes Sud-Papiers, 1988.
Paris, Théâtre Marie Stuart, 2-11-88.
[BN 16 Y 1051 (133), BSG, AV].

Le Manipulateur disloqué.
[SACD ms. CA 28].

**CAPRILE** (Anne) (also called Antony CAPA).
Actress and director (student and partner of Jean Vilar); manager of the Théâtre du Vieux Colombier (1971-73); author of adaptations and scenarios; puppeteer and cartoonist.

Les Guss (dramatic comedy, 3 acts, 4 tableaux).
　　　　Paris: Editions Galilée, 1982.
　　　　Paris, Théâtre du Vieux Colombier, 16-4-70.
　　　　[BN 8 Y 1576 (1), ASP 8 Y 2154, AV, SACD ms. 744].

Le Jugement (dramatic comedy, 4 acts).
　　　　Paris: Editions Galilée, 1986.
　　　　[BN 8 Y 1576 (3), ASP 8 Y 2680, BSG, AV].

**CAPRON** (Marcelle).
Novelist.

Tabique Taboque (comedy, 1 act).
　　　　In La Petite Illustration, 869 - théâtre 436 (30-4-1938); in Avant-Scène-Théâtre 330 (15-3-1965).
　　　　Enghien, Salle des Fêtes, 30-6-35; Grand Guignol, 28-2-36.
　　　　[BN 4 Yf 371 (2), ARS 4 Lag. 433, SACD].

Le Gâteau des Rois (3 acts).
　　　　Performed on the radio at Théâtre Edouard VII, 3-12-46.

**CARBET** (Magdeleine) and **CARBET** (Claude).
Co-authored novels, poetry and books about La Martinique.

Dans sa case (comedy, 1 act).
　　　　Paris, private performance, 6-5-38.

**CARBUCCIA** (Virginia).

Si vous saviez Messieurs (one woman show).
　　　　Paris, L'Epicerie, May 1985.

**CARIOU** (Colette).
Published one novel (1948).

Mon ami Pierrot (3 acts). Co-authored by Georges de TERVAGNE.
　　　　Paris: Nagel, 1945.
　　　　Paris, Théâtre de l'Humour, 22-12-44.
　　　　[BN 16 Yf 30 (10)].

**CARMAGNOLE** (La).
Feminist theater troupe of eight women founded in 1985.

Sans condition (1975), Femmes soyez des hommes (1976), Féminine
de rien (1977).
Collectively authored and performed by La Carmagnole.

La Vie en pièces.
Collectively authored and performed by La Carmagnole in
Paris, rue Dunois, Feb. 1979.

**CARON** (Claude) (pseudonym of Marie Rose Antoinette PECQUERIAUX).
Author of numerous works for radio and television.

Le Haut de la montagne (3 acts, 4 tableaux).
Paris, Théâtre de la Madeleine (Escholiers), February 1948.

Désir du soleil (dramatic comedy, 3 acts).
Vichy, Casino, 10-6-50.

Un Inconnu est mort, Merveilleusement seule (3-act comedies).
Nice, Casino municipal, 23-4-55 and 29-11-58.

Dites-le nous en revenant (comedy, 3 acts).
Enghien, 19-10-68.

Le Réveil du démon (1 act), Le Bourreau sans victime (3 acts), Jérôme
ou les Trois visites (3 acts), Leur pauvre vérité (3 acts, 4 tableaux).
[SACD mss.].

Les Bras en croix (3 acts). Grand Prix d'art dramatique, 1952.
Radio Française, 1-5-51.
[SACD ms. 1212, 1834 (longer version)].

**CARONE** (Catherine).

Banco (comedy, 3 acts), Un Amour de cheval (2 acts) and Maman rose
(comedy, 2 acts).
[SACD ms. CA 28-29].

**CARRE** (Marie).
Books about religion.

Les Deux royaumes ou Comment jouer à qui perd gagne (2 acts),
Mélousaël ou les Trois ingénues (4 acts), Le Secret du roi (3 acts).
[SACD ms. CA 29].

**CARRÉ** (Mme Michel) (née PESCHERARD) (also signed Mme PESCHERARD).

Monsieur est servi (comedy, 1 act). Co-authored by Eugène MICHEL.
    Paris, Théâtre des Capucines, 28-11-02.

Jeanne d'Ascain (comedy, 3 acts).
    Paris, Victor Hugo (Théâtre des Escoliers), 27-1-04.

L'Emprise (comedy, 4 acts).
    Paris: Librairie théâtrale, 1904.
    [BN 8 Yth 31208, ASP Rf. 54.449].

La Fugue (comedy, 1 act).
    Paris: Librairie Théâtrale, 1905.
    [BN 8 Yth 31138, ASP Rf. 84.411].

Les Petits papiers (revue satirique et bon enfant, 1 act).
    Paris: Ed. Herbette, n.d.
    Théâtre Herbette, 18-1-07.
    [ASP Rf. 84.036].

Mauvaises raisons (monologue).
    Paris: Stock, 1909.
    Performed by Mlle Renée Du Minil of the Comédie française.
    [BN 8 Yth 33110].

Ce plein coeur (comedy, 3 acts).
    Paris, Comédie Royale, 22-4-11.

**CARREL** (Christine).

La Sortie (1 act), Le Dîner (1 act), La Revendication (1 act). Co-authored by Jean-Patrick CARREL.
    [SACD ms. CA 29].

**CARRER** (Catherine).
    Actress.

Il était une fois. Co-authored by Rapaëline CHAUVIÈRE and Martine COSTES.
    Paris, La Roquette, 4-12-81 (performed by authors).

**CARRETIER-MADON** (Charlette).
    Author of novels, short stories and tales.

Théâtre du débutant. 13 plays in 3 volumes.
    Pujaut: chez l'auteur, [1983-84].
    [BN Fol. Yf 226, ASP Fol. Y 140 (1-3), BSG].

**CARRICART** (Justine).

> Dénouement (comedy, 1 act).
> > Asnières, Eden Théâtre, 28-1-33.

> Moi aussi (comedy, 1 act).
> > Lyon, Théâtre de l'Horloge, 19-6-33.

> Remplacement (comedy, 1 act). Attribution uncertain.
> > Lyon, Théâtre de l'Horloge, 11-6-34.

> La Maison du vice (comedy, 2 acts).
> > Montauban, Théâtre municipal, 10-1-35.

> Rencontre (comedy, 1 act). Attribution uncertain.
> > Lyon, Théâtre de l'Horloge, 19-6-36.

**CARRIERES** (Jane de).

> Le Jeu introuvable (saynète).
> > In Semaine de Suzette 17:18 (2-6-21).
> > [BN microfilm m-8017 (1921)].

**CARRIL** (Ann).

> Il faudra toujours dire tout ce qu'on a vécu.
> > Paris, Ecole de l'acteur Florent, Aug. 1978 (performed by author).

**CARTIER-BRESSON** (Marie).

> Nos aïeux (1 act).
> > Antony: La Vie du patronage, 1926.
> > [BN 4 Yth 8952, ASP Rf. 85357].

**CASAMIEN** (Madeleine).

> Les Deux versants (drama, 3 acts). Co-authored by Louis CASAMIEN.
> > Paris, Théâtre des Arts, 11-4-13.

**CASEVITZ** (Thérèse).
> ? - 1970.
> Novelist, poet, journalist; suffragist; active member of diverse political associations.

> Les Bijoux de la morte (dramatic comedy, 1 act, 2 tableaux).
> > Paris, Théâtre Caumartin, 31-5-32.

**CASEY** (Marie-Pierre).

> Peinture sur soi (one woman show).
>> Paris, Théâtre du Tourtour, Nov. 1987.

**CASHMAN** (Natasha).
> Actress.

> Nous passerons tous la dernière audition. Co-authored by Sylvie
> LAPORTE.
>> Avignon, Festival Off, Condition des Soies (Cie Entreprise),
>> 9-7-88; Paris, Cinq Diamants, 17-3-89 (performed by
>> authors).

**CASSAN** (Marguerite).
> Actress, novelist and short story writer; scenario writer.

> Il s'appelle peut-être Dupont.
>> Paris, Théâtre Essaïon (Festival du Marais), 11-6-82.

**CASSOT** (*Cécile* Christine).
> Vaux-sur-Vienne, 1853 - Paris, 1913.
> Novelist.

> Hubert Lecoq (drama, 5 acts).
>> Paris, Théâtre des Capucines, 10-9-07.

> Comédies gaies et d'amour.
> "L'Héritage" (comedy, 3 acts), "Une Femme" (comedy, 1 act),
>> Théâtre du Little Palace, 1908;
> "Bigame" (comedy, 1 act),
>> Salle des Fêtes du Journal, March 1911.
>> Paris: H. Daragon, 1912.
>> [ASP Rf. 54.481].

**CASTAY** (Bernadette).

> Seulement les jours (action dramatique en 7 moments).
>> [SACD ms. CA 30 (1982)].

**CASTELAIN-CASTEX** (Mme).

> Le Purgatoire de Dagobert (comedy). Signed M. Castelain-Castex.
> Other titles: "Dagobert au Paradis", "Dagobert dans l'Ile de la Fée
> Lumière".
>> Paris: A. Lesot, 1933.
>> Radio-Paris, 14-1-33 (prologue only); Radio-Paris, 13-5-33 (2
>> acts); Sotteville-les-Rouen, 16-9-34 (3 acts).
>> [BN 8 Yth 40189, ASP Rf. 85359].

Bouqui (comedy, 1 act).
Poitiers, 26-4-34.

Rêve de François (1 act).
Radio-Paris, 14-10-34.

**CASTELLY** (Hélène).

Dansons ma femme! (2 acts).
Tonnerre, 11-1-25.

**CASTEX** (Mme CASTELAIN) (see CASTELAIN-CASTEX).

**CASTEX** (Renée) (see Mary ESCAFFIT).

**CASTILLO** (Isabelle de) (CASTILLO-MARTINEZ).

La Femme de Don Juan (comedy, 3 acts, 6 tableaux).
Théâtre du Casino d'Enghien, 10-11-51; Paris, Théâtre
Edouard VII, 5-12-51.

**CASTILLON DU PERRON** (Marguerite).
Historian, biographer and novelist.

Au bord du Canal (4 acts).
[SACD ms. CA 30].

**CATROUX** (Elisabeth).
Actress.

Sous le lustre. Co-authored by Caroline CHOMINKI and Dominique
VALADIÉ.
Paris, Chaillot, 21-11-81.

**CATUGNO** (Marie-Paule).
Café-théâtre performer.

La Mordue signe. Co-authored by Isabelle GANZ.
Paris, La Baie de Naples, Café-théâtre des Boulevards, Nov.
1978 (performed by authors).

**CATULLE MENDES** (Jane) (or Jane Catulle MENDES) (pseudonym for her
first poems: Claire SIDON).
Poet, novelist, lecturer; vice-president of the jury for the Prix Fémina
(1936); member of the Ligue des Droits de l'Homme.

Noël à Paris (comedy, 4 acts). Co-authored by Pierre HUMBLE.
Paris, Théâtre de la Madeleine (Théâtre du petit monde), 21-
11-33.

España (ballet, 1 act). Music by E. CHABRIER.
>Paris: Messein, 1911.
>[ARS GD 8 29100].

Les Sept filleuls de Janou (intermède héroïque, 1 act, verse). Co-authored by Guillot de SAIX.
>In Annales Politiques et Littéraires 1711 (9-4-1916); Saint-Flour: Ed. de "La Haute-Auvergne", [1921].
>Paris, Théâtre Sarah Bernhardt, 21-12-15.
>[BN 8 Yth 36475, ASP Rf. 61.397, ARS GD 8 45153].

Chant de Schéhérazade.
>Paris, Théâtre des Champs-Elysées, 19-11-21.

Le Rustre imprudent (ballet, 1 act). Co-authored by Henry JACQUES. Music by Maurice FOURET. Choreography by Leo STAATS.
>Paris: Menestrel, Heugel, 1932.
>Paris, Opéra, 10-12-31.
>[OP LIV. 944].

La Bataille de Moscou (dramatic poem, 1 act).
>Paris: Les Presses continentales, n.d.
>Paris, Pleyel, 25-2-45.
>[BN 8 Yth 43119, SACD].

**CAULIN-RECOING** (Jacqueline).
>Scenario writer.

Dieu soit loué je pars and Le Naufrage de l'Amiral Buquin (ms. dated 1986).
>[SACD ms. CA 30-31].

Les Surques.
>Paris, Théâtre Essaion, Théâtre à une voix (reading), 31-3-84.
>[SACD ms. TAV 31].

**CAUPENNE** (Alberte).

L'Homme aux marionnettes (melodrama, 3 acts).
>Lavardac, 22-4-36.

**CAUSSE** (Françoise).

La Grise.
>[SACD ms. CA 31 (1987)].

**CAVALCANTI** (Mme Laurent).

> Les Amazones (2 acts).
>> Paris, Théâtre Michel (La Halte), 24-5-11.

**CAYATTE** (Jane).

> Papa s'débauche (comedy, 3 acts). Co-authored by F. LACOSTE, Maurice MOREAU.
>> Cannes, 30-10-25.

> En plein dans...l'dos (comedy, 3 acts).
>> Bobino, 10-10-28.

**CAZEAUX** (Odette).

> Le Fiancé au rabais, Le Portrait de Madame (monologues).
>> Paris: L'Edition théâtrale, [1910].
>> [BN 8 Yth 33831, 33861].

**CAZENAVE** (Geneviève).

> Personnages orageux.
>> Paris: Théâtrales (ms. 1090), [1985].
>> [AV, TH, POI].

**CELARIE** (Clémentine).
Actress, café-théâtre performer, one woman show.

> Femmes en kit à monter soi-même. Co-authored by Magali LEIRIS.
>> Paris, Café de la Gare, July 1985 (performed by authors).

> Marcella ou le Nouveau caprice de Clémentine Célarié (one woman show). Co-authored by Christophe REICHERT.
>> Paris, Espace Européen, Sept. 1989.

**CELERIER** (Agnès).

Cahier.
>> Avignon, Théâtre Ouvert (reading by author), 16-7-78.

La Dune.
>> Paris, Théâtre Ouvert, Jardin d'hiver (mise en voix), 8-6-82.
>> [TO ms.].

Leçon de musique.
>> Paris, Théâtre Ouvert, Jardin d'hiver (mise en espace), 6-3-84.
>> [TO ms.].

**CELLI** (Rose).
>   Born in Algeria.
>   Novelist (Prix Minerva 1933) and translator.

>   L'Enfant voilé (drama, 3 acts).
>>      Paris, Théâtre Albert 1$^{er}$ (Expo. de l'Art dramatique), 2-4-32.

**CENDRE** (Martine).

>   Dix de der (monologue).
>>      [SACD m. 419].

**CENILLY** (Mme Lenoir).

>   Paire de gants (comedy, 1 act).
>>      Paris, Théâtre Américain, 28-1-36.

>   Court-circuit (comedy, 1 act).
>>      Paris, Théâtre Michel, 12-3-36.

**CERISE** (pseudonym of Marie-Paule GUY).
>   1948 -
>   One woman shows performed in Parisian café-théâtres, late seventies and eighties.

**CESAIRE** (Ina).
>   Fort-de-France, 1941 -
>   Ethnologist; daughter of Aimé Césaire.

>   Mémoires d'Isles : Maman N. et Maman F.
>>      Paris: Editions Caribéenes, 1985.
>>      Paris, Théâtre de Bagneux (Théâtre du Campagnol), 19-4-83.
>>      [BN 16 Z 23942 (3), ASP 8 W 7708].

>   L'Enfant des passages ou la Geste de Ti-Jean.
>>      Paris: Editions Caribéennes, 1987.
>>      [BN 16 Z 23942 (4)].

**CESVET** (Chrystelle).

>   Un Rire à éclore.
>>      [SACD ms. CA 32].

**CHABERT** (Alexandra).

>   Fréquence brouillée (one woman show).
>>      Paris, Théâtre 7, 9-4-84.

**CHAINAYER** (Suzanne).

Ophélia (1 act, verse).
Paris, Théâtre Albert 1<sup>er</sup>, 4-4-27.

**CHALEM** (Denise).
Born in Cairo, c. 1953.
Actress.

A cinquante ans elle découvrait la mer (dramatic comedy).
In Avant-Scène-Théâtre 671 (1980); Actes Sud-Papiers, 1985.
Aubervilliers, Théâtre de la Commune (Théâtre Ouvert), 5-5-
79 (reading); Paris, Petit Odéon, 4-3-80 (author in cast).
[BN 4 Y 78 (1980, 671), ASP 4 Jo 12601, SACD, AV].

La Nuit de cristal.
Avignon, Condition des Soies, 21-7-83 (reading).
[AV ms. Fol. AY 445].

Selon toute ressemblance (comedy, 4 acts).
Paris: Actes Sud-Papiers, 1986.
Paris, Théâtre de la Gaîté-Montparnasse, 10-9-86 (directed
and performed by the author).
[BN 16 Y 1051 (43), ASP 8 Y 2826, SACD, AV].

Couki et Louki sont sur un bateau (comedy, 2 acts).
Paris: Actes Sud-Papiers, 1987.
Paris, Théâtre de l'escalier d'or, 3-3-87.
[BSG, ASP 8 Y 4296, SACD, AV].

**CHAMBON BESSEGUET** (Mme J. de).

Mouche (comedy, 1 act).
Paris, Théâtre Albert 1<sup>er</sup>, 22-4-24.

**CHAMORELLE** (Julia).
Novelist, translator.

Une Sainte (dramatic comedy, 1 act).
Paris, Théâtre de Poche-Montparnasse, 10-2-61.

**CHAMPAGNE** (Elise).
Poet.

La Farce du pommier.
Ponçay-Bressoux: La Pomme de Pin, 1949.
[BN 16 Yth 1739].

Les Talismans or L'Envers vaut l'endroit (3 acts, 1 tableau).
Liège: Ed. de l'Essai (Essai-Théâtre), 1963.
[BN 8 Yf 2964].

**CHAMPION** (Jeanne).
Novelist.

Les Masques (1 long act).
[AV 4 AY 305 (1969)].

Les Echassiers (3 acts).
[AV 4 AY 306 (1970)]

**CHAMPNIERS** (Colette de).
Children's novels and tales.

Jadis (saynète, 1 act).
Bordeaux, Alhambra, 8-12-35.

**CHANGAL** (Mme).

En veux-tu, en voilà (comedy, 1 act).
Paris, Théâtre Michel, 18-5-12.

**CHANTELOUP** (Marylise).

Michu blues (one woman show). Music by Charly CONGREGA.
Pralognan, Salle des Fêtes, Office du Tourisme, 3-4-88
(performed by Chanteloup).
[SACD ms. 1576].

**CHAPELAN** (Madeleine).

Le Mestre de latin (comedy, 3 acts).
Bayonne, 19-11-29.

**CHAPELLE** (Jeanne).

Alerte aux nues (1 act).
Paris, L'Etincelle, 21-12-39.

**CHAPSAL** (Madeleine).
1925 -
Novelist and translator; journalist for *L'Express*.

Un Flingue sous les roses. Collection of 11 plays.
Paris: Gallimard, 1985.
[BN 16 Yf 1597, BSG, SACD, AV].

Quelques pas sur la terre.
"Gloria rentre à la maison" (8 acts);
"Combien de femmes pour faire un homme?" (15 tableaux),
          France Inter, Les Tréteaux de la nuit, 25-11-85;
"Quelques secondes d'atrocité" (6 acts).
          Paris: Gallimard, 1989.
          [BN 16 Yf 1836, ASP 8 Z 26852, BSG, AV].

**CHARASSON** (*Henriette*-Angèle-Alexa) (Mme René JOHANNET).
     Le Havre, 1894 - Châteauroux, 1972.
     Poet, journalist, literary critic, lecturer; biographer; author of essays
     and short stories; member of *L'Action française* (1915); Officier de la
     Légion d'Honneur.

     En chemin de fer, Une Robe de soie, Séparation.
          In Petite Illustration 652 - théâtre 337 (9-12-33).
          Paris, Grand Guignol, 30-9-33.
          [BN 4 Yf pièce 237, ARS 4 Lag. 433].

     Autour d'un berceau (lyric and dramatic sketch, 1 act).
          Paris: G. Enault, 1944.
          Performed on radio, Poste Paris P.T.T., 13-5-39.
          [BN 16 Yth pièce 94, ARS 8 Th. N. 35.406].

     Dix comédies à une voix. 10 plays including:
     "Le Chemin de fer" (comedy, 1 act).
          Paris, Grand Guignol, 30-9-33.
          Paris: G. Enault, 1949.
          [BN 16 Yf 178, ARS Th. N. 36.726; ASP Rf. 54.682 ].

     Le Saut du diable (comedy, 3 acts). Prix Paul Hervieu from the
     Académie française.
          Angoulème: Impr. Coquenard, 1932.
          Paris, Théâtre Michel, 22-5-31.
          [BN 8 Yth 40867, ASP Rf. 54.677 (folio) , SACD ms. 1864].

     Les Réalités invisibles (1 act).
          In Etudes: Revue catholique d'intérêt général 20-8-32.
          Lille St-Maurice, 29-10-32.
          [BN D 2929, ARS 8 Jo 21691, ASP Rf. 54.680].

     Quinze couples (comedy, 3 acts, 14 tableaux). Co-authored by
     Rachilde, Kamke, Achard, Bastia, Ramel, F. de He.
          Paris, Grand Guignol, 30-9-33.

En chemin de fer (1 act).
> Paris: G. Enault, 1934.
> [BN 8 Yth 10669].

Séparation  (1 act).
> Paris: G. Enault, 1934.
> Paris, Grand Guignol, 30-9-33.
> [BN 8 Yth 40502, ASP Rf. 54.682 ].

Une Robe de soie (see above).
> Paris: G. Enault, 1934.
> [BN 8 Yth 40583].

Madame est sans bonne (comedy, 1 act).
> Paris: G. Enault, 1934.
> [BN 8 Yth 40673].

Bal masqué (comedy, 3 acts).
> Paris: G. Enault, 1936.
> Lausanne, Savigny, 2-1-37.
> [BN 8 Yth 41178].

Ruptures (1 act).
> Paris: G. Enault, 1938.
> [BN 8 Yth 41817, ARS 8 Th. N. 34212].

L'Amour et quelques couples. Collection of plays.
> Paris: Flammarion, 1946.
> [BN 16 Z 1443, ARS Th. N. 35583].

**CHARBONNIER** (Claire Lise).
Born in Morocco.
Poet, adaptor; co-director of the Compagnie Charbonnier-Kayat.

No Pasaran.
> Compagnie Charbonnier-Kayat, 1962.

La Semaine des sept jeudis. Co-authored by Guy KAYAT.
> Malakoff, Place du Onze-Novembre (Charbonnier-Kayat), 18-6-65.

Pour un chant de colombe.
> Compagnie Charbonnier-Kayat, 1966.

Dans l'ordre ou dans le désordre.
> Maison des jeunes de la Porte de Vanves (Charbonnier-Kayat), 1966; Théâtre Récamier, March 1966.

La Guerre entre parenthèses. Co-authored by George
FELDHANDLER. Music by François TERRAL.
>    Malakoff, Théâtre de l'Antenne Culturel (Charbonnier-
>    Kayat), 17-2-67.

Leçons pour une récréation.
>    Malakoff, Théâtre de l'Antenne Culturel (Charbonnier-
>    Kayat), July 1967.

Rosa Rosis.
>    Malakoff, Mai Culturel, Théâtre 71 (Charbonnier-Kayat), 5-
>    5-71.

Célébration (des deux orphelines) en forme de récupération (du Second
Empire). Co-authored by François CAZAMOYO and Bernard
MATHIEU.
>    Malakoff, Théâtre 71 (Cie Charbonnier-Kayat), 14-3-73.

Le Retour des deux orphelines dans la IIIe République face à la
révolution prolétarienne qui commence demain matin. Co-authored by
François CAZAMAYO.
>    Malakoff, Théâtre 71 (Charbonnier-Kayat), 12-3-76.

L'Echelle des valeurs a perdu ses barreaux.
>    Malakoff, Théâtre 71 (Charbonnier-Kayat), 1980.

Cent minutes pour cent ans.
>    Malakoff, Théâtre 71, 16-11-83.

**CHARBONNIER** (Hélène) (also CHARBONNIER-JOLY).
Co-authored a book on acting methods.

Le Jeu de la mère malade (comedy, 1 act).
>    Rabat (Maroc), 19-3-38.

**CHARIVIT** (Mary de).

Supplices de la pitié (comedy, 3 acts).
>    Bordeaux, Alhambra, 26-12-25.

**CHARLES** (Eliane) (see Anna BONACCI).

**CHARON** (Marie-Bénédicte).

Comme à la fin d'une danse.
>    Paris, Théâtre Campagne Première, June 1978.

**CHARPENTIER** (Nicole).

Microb' Images.
Paris, Espace Gaieté, Oct. 1986.

**CHARRY** (Gabrielle).
? - 1964.

Mon curé au château (3 acts).
Saint-Malo, 1-11-25; Printania, 22-8-31.

Mon curé à Paris (3 acts).
Pont-Audemer, 24-9-27.

Les Riches de nos jours (3 acts).
Valençay, 25-1-28.

Jouir! (3 acts).
Boulogne-sur-Seine, 25-8-28.

Le Chasseur du rat mort (comedy, 3 acts, 4 tableaux).
La Charité (Nièvre), 12-2-30.

Mon Curé Cardinal (3 acts, 5 tableaux).
May 1930; performed by "Les Pinsons" in July 1932.

Benjamine (3 acts).
Rouen, 6-6-30.

Marius à Buenos-Ayres [sic] (3 acts).
Nogent-le-Rotrou, 20-12-30.

Gosse de l'assistance (3 acts).
Les Pinsons, 23-7-32.

Revue de la crise du rire (3 acts).
Bourges, 5-11-33.

Mari...ane...rit... (3 acts). Co-authored by G. ULRICH.
St-Giles, Fémina, 4-8-35.

C't' amour de gosse (sketch, 1 act).
Sète, Casino Municipal, 10-8-35.

L'Ordonnance (comedy, 3 acts). Co-authored by G. ULRICH.
Saint-Gaultier (Indre), 10-3-38.

Deux de la cannebière (3 acts). Co-authored by G. ULRICH.
Bourges (St-Florent), 25-11-38.

La Ruée vers l'amour (3 acts), Je l'ai tué (sketch, 1 act).
Cosme-d'Allier, Dec. 1938.

Le Cuistot du 4e (comedy, 3 acts), Le Déshonneur de la fille (drama, 3
acts), L'Evadé (drama, 3 acts). Co-authored by G. ULRICH.
Cosme d'Alliers, Théâtre Forain, Dec. 38.

**CHARTIER** (Claire).

Ordureries ou le Plaisir des maux (tragedy, 5 tableaux) and Sonia.
[SACD ms. CA 35].

**CHASSAGNE-TOURNEUR** (Marcelle).

Micro-circus (saynète, 1 act). Co-authored by J. O. MERCIER.
Bordeaux, Théâtre de l'Alhambra, 4-3-34.

**CHASTAIN** (Sylvie).

Dieu aime les clowns.
Paris, Grand Hall Montorgeuil, Jan. 1984.

**CHATELLARD** (Louise).
Novels.

Argent!... tu me fais courir (comedy, 5 acts).
Paris: La Pensée Universelle, 1980.
[BN EL 8 Y 11332, ASP 16 Y 4135, AV].

**CHATOT** (Françoise).
Actress and director; co-founder of the Compagnie Permanente de
l'Action Culturelle du Sud-Est (1971); co-director of the Théâtre
Gyptis in Marseille.

La Faille.
First performed in 1980; Paris, Théâtre Essaïon (Théâtre de
recherche de Marseille), Jan. 1981 (author in cast).

**CHAUVEL** (Denise).
Books about pre-school education and voice therapy.

Pièces et saynètes pour les enfants.
Paris: Retz, 1988.
[BN EL 8 Y 19620, POI].

**CHAUVIERE** (Claude) (pseudonym of Marcelle MICHEL, stage name: Maria MAUBAN).
Marseille, 1924 -
Actress (stage and film).

Le Fils d'Achille (comedy, 3 acts).
In Paris-Théâtre 186 (1962); Paris: La Vie médicale, 1963.
Nice, Casino municipal, 12-3-59; Paris, Théâtre des nouveautés, 9-3-62 (performed under the pseudonym Claude Chauvière); Théâtre de l'Ambigu, 3-5-62 (performed under her stage name, Maria Mauban).
[BN 8 Yf 2777 (186), ARS usuel, AV].

**CHAUVIÈRE** (Rapaëline) (see Catherine CARRER).

**CHAVANON** (Agnès).

Le Colporteur (one woman show).
Avignon, Festival-Off, Médiathèque Ceccano, 10-7-84.

Alice au pays des suicides (one woman show).
Avignon, Festival-Off, Maison IV de Chiffres, 23-7-87.

**CHAWAF** (Chantal).
1943 -
Novelist.

Chair chaude.
Paris: Mercure de France, 1976.
Paris, Lucernaire, 1978.
[BN 16 Yf 1128, ASP 8 Y 1498].

**CHAZEL** (Marie-Anne) (see also Le SPLENDID).
Actress; member of Le Splendid.

Je vais craquer. Collectively authored and performed by Christian CLAVIER, Gérard JUGNOT and Thierry LHERMITTE.
Paris, Au vrai chic parisien, Dec. 1973.

**CHAZEL** (Nicole).

Ecrits sur la porte (monologue).
[SACD ms. CA 35].

**CHEDID** (Andrée) (née Andrée SAAB).
>Cairo, 1920 -
>Francophone poet/novelist of Lebanese parents, in France since 1946.

>Bérénice d'Egypte (3 acts).
>>Paris: Seuil (Théâtre), 1968.
>>France Culture, Carte blanche, 5-2-64; Tournai (Belgium), Maison de la Culture (L'Athénée Jules Bara), 16-5-83.
>>[BN 16 Y. 446 (8), ASP 16 Y 1306, AV, IMEC ms.].

>Les Nombres (drama, 15 tableaux).
>>Paris: Seuil (Théâtre), 1968.
>>France Culture, Carte blanche, 7-8-66; L'Atelier, Théâtre du lycée de Sainte-Foy-la-Grande, 12-5-71.
>>[BN 16 Y. 446 (7), ASP 16 Y 1305, AV, IMEC, IMEC ms., AV ms. 4 AY 291].

>Le Personnage.
>>In Avant-Scène-Théâtre 401 (15 April 1968).
>>Performed on the radio, Théâtre de l'étrange serie, 1966, and on television, 11-8-70; Caen, l'Abreuvoir (Cie des 3 coups), May 1972.
>>[BN 4 Y. 78 (401), ASP 4 Jo 12601, SACD, IMEC].

>Le Montreur (2 périodes, 8 tableaux).
>>Paris: Seuil (Théâtre), 1969.
>>Cap d'Ail (Alpes-Maritimes), Centre Méditerranéen du Cité Club universitaire, 13-7-69; numerous subsequent performances in France and abroad, including the Comédie Française, 18-1-71.
>>[BN 16 Y. 446 (19), ASP 16 Y 1507, SACD, TF, AV, IMEC].

>Le Dernier candidat (1 act).
>>In Avant-Scène-Théâtre 515 (1-4-73).
>>Performed on radio, Inter-Variétés, Coups de Théâtre, 24-4-69; Caen, Le Vaugueux (Café-Théâtre), 3-12-74.
>>[BN 4 Y. 78 (1973, 515), ASP 4 Jo 12601, IMEC].

>Néfertiti et le rêve d'Akhnaton. Adapted from Chedid's novel. Co-adapted by Jean-Marc STRICKER.
>>Paris, Théâtre de la Plaine, 13-1-78.

>Théâtre: "Bérénice d'Egypte", "Les Nombres", "Le Montreur".
>>Paris: Flammarion, 1981.
>>[ASP 16 Y 4206 (1), SACD, AV, IMEC].

Echec à la reine (partie en 9 jeux).
>Paris: Flammarion, 1984.
>Paris, Théâtre du quai de la gare (Cie l'Accord), 22-2-84.
>[BN 16 Yf 2319, ASP 8 Y 2783, AV, IMEC, IMEC ms.].

Grammaire en fête (children's play). Adapted from Chedid's book.
>Avignon, Festival Off, Théâtre Tremplin, 10-7-90.

**CHELIGA** (Marya) (see French Women Playwrights before the 20th Century).

**CHENUS** (Sylvie).
1949 -
Actress, artistic director of the Théâtre Troll.

Querelles intestines (cannabalistic comedy), 1984; Les Mémoires de Mademoiselle Clairon (historical comedy), 1985; Inédits de cabaret (acrobatic comedy), 1986; L'Amour au bestiaire (ethnological comedy), 1989; 5, rue de l'Absence (drama), 1990.

**CHESTA** (Jacqueline).
Journalist, television producer, actress.

Vous descendez à la prochaine (one woman show).
>Paris, Au Bec Fin, June 1982.

Les Dieux sont tombés sur la secte. Co-authored by Pierre WAUTERS.
>Paris, Le Sentier des Halles, 6-2-85 (Chesta in cast).

**CHEVREL-HEBERT** (Sylvia).

La Ferraillère (one woman show).
>Paris, L'Ecume, 1-5-85.

**CHEVROT** (Michèle).

Suzanne Lenglen la diva du tennis (sport-spectacle). Co-authored by Rachel SALIK.
>Paris, Carré Silvia Monfort, May 1987 (directed by Salik).

Olympe de Gouges (historical and musical fantasy).
>Avignon, Festival Off, Caserne des Pompiers (Cie Rachel Salik), 12-7-89.

**CHOISY** (Maryse) (Mme Maxime CLOUZET).
Saint-Jean-de-Luz, 1903 - Paris, 1979.
Novelist, reporter/essayist, poet, psychologist; founder/editor in chief of *Psyché* (1946); founded the *Alliance Mondiale des religions* (1965).

Un Mois chez les hommes-filles (sketch, 1 act, 1 tableau).
>Paris, Concert Mayol, 26-6-30.

**CHOMINKI** (Caroline) (see Elisabeth CATROUX).

**CHUTAUX** (Danièle).

> La Fontaine secrète (10 tableaux).
>> [SACD m. 3618].

**CIXOUS** (Hélène).
> Oran (Algeria), 1937 -
> Novelist (Prix Médicis 1969), feminist theoretician and literary critic.

> La Pupille.
>> In Cahiers Renaud Barrault 78 (1971).
>> [BN 16 Y 178 (1971, 78)].

> Portrait de Dora.
>> Paris: des femmes, 1976.
>> Petit Orsay, 26-2-76.
>> [BN 16 Yf 1090, ASP 8 Y 1363, POI].

> Le Nom d'Oedipe: Chant du corps interdit.
>> Paris: des femmes, 1978.
>> Avignon, Cour d'honneur du Palais des Papes, 26-7-78.
>> [BN 16 Yf 1218, ASP 16 Y 3794].

> La Prise de l'école de Madhubaï.
>> In Avant-Scène-Théâtre 745 (1984).
>> Paris, Petit Odéon, 13-12-83.
>> [BN 4 Y. 78 (1984, 745), ASP 4 Jo 12601, SACD].

> L'Histoire terrible mais inachevée de Norodom Sihanouk, Roi du Cambodge (5 acts).
>> Paris: Théâtre du Soleil, 1985.
>> Cartoucherie - Théâtre du Soleil, 11-9-85.
>> [BN 16 Yf 1616, ASP 8 Y 2585, SG, SACD, AV].

> L'Indiade ou l'Inde de leurs rêves (5 acts).
>> Paris: Théâtre du Soleil, 1987.
>> Paris, Cartoucherie - Théâtre du Soleil, 30-9-87.
>> [BN 16 Yf 1723, ASP 8 Y 3103, AV].

> Je me suis arreté à un mètre de Jérusalem et c'était le paradis.
>> Paris, Théâtre Ouvert, Jardin d'Hiver (mise en voix), 7-6-82.
>> [TO ms.].

> Théâtre: "Portrait de Dora", "La Prise de l'école de Madhubaï".
>> Paris: des femmes, 1986.
>> [BN 16 Yf 1656, BSG, AV].

**CLADEL** (Judith) (see French Women Playwrights before the 20th Century).

**CLAIR** (Hélène) (Hélène PAMARON, née LAUCK).

> Rendez-vous blanc (comedy, 1 act).
> > Paris, Mathurins (Gala de la Pièce en un Acte), 1931.

**CLAIR** (Odile).
> c. 1959 -
> Actress.

> Etats de couple (1 act). Co-authored by Marc PHÉLINE.
> > In Festival de l'Acte de Metz 1985, Dix pièces en un acte.
> > Paris: Papiers, 1985.
> > Metz, Théâtre Municipal (Festival de l'Acte), 19-9-85.
> > [ASP 8 Y 2505, SACD, AV, POI, SACD ms. CA].

> Les Dieux de l'amour (1 act).
> > In Douze jeunes auteurs sept jours d'atelier.
> > Metz: Théâtrothèque de Lorraine, 1986.
> > [ASP 4 Y 2127].

> A moman pour la vie (one woman show).
> > Paris, Cave du Cloître, June 1989.
> > [SACD ms. CA].

**CLAIRVAL** (Aline).

> Black et white (comedy, 1 act).
> > Paris, Théâtre des Mathurins, 4-4-03.

**CLAIRVAL** (Cécile).

> Mon chéri (1 act).
> > Paris: Editions O-Gé-O, [before 1943].

> Le Petit (comedy, 3 acts).
> > Paris: Editions O-Gé-O, [c. 1943].
> > [BN microfiche 16 Yth 48].

> Le Jeu de notre père (2 tableaux).
> > Paris: Coeurs vaillants et âmes vaillantes de France
> > (Collection Feu et Flamme 8), 1947.
> > [BN 16 Yth 596].

> Une Maison de tout repos (comedy, 3 acts).
> > Paris: Editions O-Gé-O, [1947].
> > [BN 16 Yth 429].

Logements à louer (social play, 1 act).
> Paris: Editions Fleurus, [1953].
> [BN 8 Yth 42630].

La Boule de neige (comedy, 1 act).
> Paris: Billaudot, 1955.
> [ASP 8 Y 101].

**CLAISSE** (Madeleine).

Pour vivre heureux (comedy, 1 act).
> St-Omer, Comité des fêtes des sœurs de N.D. des Apôtres, 9-12-32.

Mutchachos (comedy, 1 act).
> La Roche-sur-Yon, 29-1-33.

Légende du chardon d'Ecosse (comedy, 1 act).
> Saint-Omer, 18-4-34.

Et moi (comedy, 1 act).
> St-Nicolas du Port, 29-4-34.

**CLAPIER** (Genina).
Book about Serbia.

Les Cheveux courts (comedy, 1 act).
> Châtillon, 24-7-27.

**CLAR** (Fanny) (Mme L. DILIGENT).
Paris, c. 1880 - ?
Journalist, pacifist, socialist, suffragist, novelist, author of children's books.

L'Appât de la gloire (comedy, 9 tableaux).
> In Le Pelican, 15-10-21.
> Union des Familles, 28-3-31.
> [BN VER Jo 35864, ASP Rf. 54.853].

Les Souliers d'or (tale, 1 act).
> In Le Soir Aug. 26- Sept. 2 1929.
> [BN Per. micr. D-407, ASP Rf. 54.853].

Nous allons jouer. Collection of plays for children.
"Le Canard avocat" (1 act),
> Dreux, 21-6-30;
"La Condamnation des animaux";
"La Consultation" (comedy, 1 act),
> Amiens, private performance, 13-10-35;

"Une Place à prendre" (comedy, 1 act),
    Effrat (P. de D.), private performance, 1-3-36;
"Zizi" (comedy, 1 act) and "Le Charlatan avisé" (comedy, 1 act),
    Bransles (Seine-et-Marne), private performance, 6-6-37;
"La Vache qui alla dans un pré" (comedy, 1 act),
    Etrepy-sur-Saulx, 29-1-39;
"Quand la terre fut fatiguée" (comedy, 1 act),
    Blainville-sur-l'eau, private performance, 29-2-36;
"Au royaume de Kartrabo" (comedy, 1 act),
    Ferrières, 18-7-37.
    Paris: Editions de l'Ecreuil, 1935.
    [BN 8 Yf 2600].

**CLAUDE-GESVRES** (Mme) (or Mme Claude GESVRES).
Director.

Renoncement (drama, 1 act).
    Paris, Théâtre Albert 1$^{er}$ (Spectacle Yves Renaud), 25-4-35.

**CLEMENT** (Anice) (see Josianne ARIBY).

**CLEMENT** (Anne).
Actress, director.

L'Ecrit des femmes : paroles de femmes des pays d'oc. Includes:
"Saisons de femme" (6 tableaux). Co-authored by Catherine BONAFÉ.
    Lo Teatre de la Carriera, June 1979;
"Le Miroir des jours ou le Mitat del camin" (3 tableaux). Co-authored
by Marie-Hélène BONAFÉ and Catherine BONAFÉ.
    Lo Teatre de la Carriera, March 1980;
    Paris: Solin, 1981.
    [BN 16 Yf 1369, ASP 8 Y 1936].

L'Estrangier.
    Paris: Solin and Teatre de la Carriera, 1981.
    Arles, lo Teatre de la Carriera, November 1981.
    [BN EL 8 Z 2152, ASP 8 Y 2186, AV].

Médée and Trufetta et d'autres histoires arabes.
    Les Ateliers du Vidourle, c. 1984.

Vidourlade (musical). Co-authored by René Hure.
    Les Ateliers du Vidourle, c. 1984.

Voyage à côté d'un âne.
    Pades le Lez, Centre Dramatique Occitan du Languedoc.

La Sainte.
>Pades le Lez, Centre Dramatique Occitan du Languedoc, May 1986.

Le Neveu de Voltaire.
>Avignon, Festival Off, Roseau Théâtre (Gargamela/Théâtre des Antipodes), 10-7-90 (directed by author).

**CLERMONT** (Mme Camille).
Published a novel and *souvenirs* of WWI.

Un Honnête homme (1 act).
>Paris: C. Joubert, 1903.
>Théâtre des Mathurins, 20-5-03.
>[BN 4 Yth 7421, ARS GD 8 48429].

Ames sauvages (4 acts). Co-authored by M. SEVERIN-MARS.
>In Comœdia 1923 (6-1-13) (portrait of authors).
>Paris, Théâtre Réjane, 6-5-12.
>[BN Pér. micr. D-69, ARS GD 8 48289, BHVP].

Les Passionnés.

**CLERMONT** (Louise).
Biographer of Emile Clermont.

Sainte Clotilde (5 acts, verse).
>Paris: Librairie Théâtrale, artistique et littéraire, 1920.
>[BN 8 Yth 36111, ASP Rf. 85399].

Elisabeth de Hongrie, duchesse de Thuringe (5 acts, verse).
>Paris: Intitut Saint-Pierre, 1925.

Perceval (5 acts, verse).
>Paris: Institut Saint-Pierre, 1925.
>Paris, Institut Saint-Pierre, 19-2-25.
>[BN 8 Yth 37711].

**CLET** (Christine) (JAWUREK).

Le Dernier chapitre (comedy, 3 acts).
>Paris, Théâtre Verlaine, 28-10-49.

**CLINCHARD** (Juliette) (see SAINT-GINIEZ).

**CLOSETS** (Chantal des).

Drôle de voyage (children's play).
>Paris, Café d'Edgar, Feb. 1982.

**CLUZEL** (*Magdeleine* Eugénie) (BRAVO).
? - 1977.
Traveler, essayist and lecturer.

Le Droit de vivre (drama, 1 act).
Paris: Editions du Scorpion, 1958 (photos of performance).
Paris, Nouveau Théâtre de Poche (Cie J. Chavert), 4-2-58.
[BN 8 Yth 43097].

**COHEN** (Irène) (COHEN-TOMALA).

Les Séparés and Mes yeux sans paupières ou les Lemmings ne se suicident pas.
[SACD ms. CA 37].

**COHEN** (Nathalie).

Le Silence des tritons.
[SACD ms. CA 37].

**COHENDY** (Christiane).
Actress.

Archéologie. Co-authored by D. EMILFORK and F. LEIDGENS.
Paris, Lucernaire Forum, 15-3-80 (directed by Cohendy).
[SACD ms. 3846].

**COLEMAN** (Marguerite) (née Marguerite MOURIER).
? - 1941.
Poet, essayist and novelist.

L'Emeraude (comedy, 1 act).
Paris, Athénée, 22-2-30.

**COLETTE** (Gabrielle Sidonie COLETTE, Mme de JOUVENEL) (First novels originally signed Willy, then Colette Willy, finally Colette).
Saint-Sauveur-en-Puisaye (Yonne), 1873 - 1954.
Novelist.

En camarades (comedy, 2 acts). Co-authored by Alexandre ARNAUX.
In Mitsou. Paris: Fayard, 1919.
Paris, Théâtre des Arts, 22-1-09.
[BN Rés. P Y$^2$ 1994, ASP Rf. 55.223, SACD].

L'Orage (scene).
In Annales Politiques et Littéraires 1560 (18-5-13).
[BN microfilm m-4400 (1913)].

Dialogue de bêtes (1 act).
>    Radio Tour Eiffel, Feb. 1932; Théâtre St-André des Arts
>    (Maison des Jeunes), 31-5-73.

Gigi (2 acts, 5 tableaux). Co-adapted by Anita LOOS from Colette's
novel.
>    In France-Illustration 158 (1954); in Avant-Scène-Théâtre
>    759-760 (15-12-1984).
>    Paris, Théâtre des Arts, 22-2-54.
>    [BN 8 Z 21438 (325), ASP R. Supp. 3904, ASP 4 Jo 12601,
>    SACD].

La Seconde (4 acts). Co-adapted by Léopold MARCHAND from
Colette's novel.
>    In Paris-Théâtre 49 (June 1951).
>    Paris, Théâtre de la Madeleine, 23-1-51.
>    [BN 8 Yf 2777(49), ASP R. Supp. 3016 (r.c.p.)].

Chéri (comedy, 4 acts). Co-adapted by Léopold MARCHAND from
Colette's novel.
>    Paris: Librairie Théâtrale, 1922; in Paris-Théâtre 49 (June
>    1951).
>    Paris, Théâtre Michel, 13-12-21.
>    [BN 8 Yth 36917, ASP 4 Y 1275, ASP Rf. 2777(49), SACD].

La Vagabonde (comedy, 4 acts). Co-authored by Léopold
MARCHAND from Colette's novel.
>    In L'Illustration théâtrale (14-4-23); Paris: Flammarion, 1923.
>    Paris, Théâtre de la Renaissance, 20-2-23.
>    [BN 4 Yth 8727, ARS 4 Lag. 433, SACD].

L'Enfant et les sortilèges (lyric fantasy, 2 acts). Music by Maurice
RAVEL.
>    Paris: Durand, 1925; in Avant-Scène-Opéra 127 (Jan. 1990).
>    Monte-Carlo, 21-3-25.
>    [BN 8 Yth 37643, BHVP, OP LIV. 54, SACD].

Oeuvres complètes. Volume 13 includes "Chéri", "La Vagabonde",
"L'Enfant et les sortilèges", "En camarades", "La Décapitée" (féerie-
ballet).
>    Paris: Editions du Club de l'honnête homme, 1975.
>    [BN 8 Z 43875].

Théâtre: "Chéri", "La Vagabonde", "La Décapitée", "L'Enfant et les sortilèges."
>Paris: Fayard, 1989.
>[BN 8 Yf 3476, ASP 8 Y 3902, BSG, AV].

**COLIN** (Alice).

Rêve de vierge (comedy, 1 act).
>Olympia, 14-10-18.

**COLIN** (Mme J).

Rome sous Néron (drama, 5 acts, 5 tableaux).
>Paris: Chamuel, 1900.
>[BN 8 Yth 29596].

**COLINE** (Constance) (pseudonym of Mme Colette CLEMENT, née MAYER).
Born in Paris.
Doctor; novelist and translator/adaptor.

Septembre (4 acts, 5 tableaux).
>In Oeuvres libres 207 (September 1938).
>Théâtre du Vieux Colombier, 9-4-38.
>[BN microfiche 8 Z 21438 (207), ASP Rec. 195 (207, 1938), SACD].

Isabelle d'Afrique (2 parts). Co-authored by Lucienne FAVRE.
>Paris, Théâtre Montparnasse, Rideau de Paris, 29-4-39.

Le Chien de pique (comedy, 3 acts, 5 tableaux).
>In France-Illustration 48 (10-12-49).
>Paris, Théâtre Gramont, 8-10-49.
>[BN 4 Z 4049 (48), ARS Th. N. 36.691, ASP R. Supp. 2713, SACD].

Le Plus bel amour du monde (2 acts, 4 tableaux), 1951.
>[SACD ms. 1206].

Regrets éternels (dramatic comedy, 3 acts, 1 prologue, 1 epilogue).
>Paris, Théâtre de l'Oeuvre, 25-9-57.

**COMBAZ** (Jeanne).
Poet.

L'Arabe des neiges (monologue).
>Grenoble: Théâtre-action, n.d.
>[ASP Fol. Y 209].

**COMBIER** (Mlle P.).
Actress.

En coup de vent (comedy, 1 act). Co-authored by J. THÉNARD.
Paris: Librairie théâtrale, 1909.
Théâtre des Capucines, 23-11-08 (performed by authors).
[BN 8 Yth 33268, ASP Rf. 73.125, ARS GD 8 29410, BHVP, SACD].

Pour son programme (comedy, 1 act). Co-authored by J. THÉNARD.
Paris: Librairie Théâtrale, 1911.
Théâtre des Capucines, 14-12-09 (performed by J. Thénard).
[BN 8 Yth 34202, ARS GD 8 29010, BHVP, SACD].

Consultation (comedy, 1 act). Co-authored by J. THÉNARD.
Paris: Librairie théâtrale, 1911.
Théâtre des Capucines, 16-11-09.
[BN 8 Yth 34192, ARS GD 8 28798, BHVP].

**COMBOULOT** (Jeanne).

Redivorcées! (monologue), Mari fidèle (lever de rideau).
Toulon: Impr. R. Tissot, [c. 1902].
[ASP Rf. 55.277-8].

**COMIGNAN-GAILLARDE** (Mme).

Le Grand pardon de Kerguinir (1 act), La Pierre tremblante de
Tréguinc (4 acts, verse), Yann Naour et Maï Kéralez vers l'an 1645 (1
act, verse). Breton legends.
Vannes: Impr. Commelin-Grébus, 1908-09 (available at BN
and/or ASP).

**COMNÈNE** (Marie-Anne) (pseudonym of Marie-Anne STEPHANPOLI DE
COMNÈNE, Mme Benjamin CRÉMIEUX).
Cargèse (Corsica), 1887 - 1978.
Novelist and translator.

Clorinde ou le Mariage interrompu (comedy, 1 act, 3 tableaux).
In Avant-Scène-Théâtre 280 (15-1-63).
[BN 4 Y. 78 (289), ASP 4 Jo 12601, SACD].

**COMPANEEZ** (Nina) (pseudonym of Nina Hélène KOMPANEITZEFF).
1937 -
Scenario writer, film director (television and cinema).

Le Sablier.
In Avant-Scène-Théâtre, 772 (15-6-85).
Paris, Théâtre Antoine-Simone Berriau, 20-10-84 (directed by author).
[BN 4 Y 78 (772), ASP 4 Jo 12601, SACD].

**COMTET** (Sophie).
Actress, director.

Tête d'épingle.
Avignon, Festival Off, Cheval Fou - Le Paris (Art "Y" Show), 23-7-88.

**CONDAMIN** (Mme).
Novelist, poet.

L'Ermite à la grotte (comedy, 1 act, verse).
Paris: Librairie théâtrale, 1906; Villeneuve-La-Garenne: L'Emulation française, 1912.
Performed in 1912.
[BN 8 Yth 31916, ASP Rf. 55.280].

**CONDÉ** (Maryse).
Born in Point-à-Pitre (Guadaloupe).
Novelist, professor and literary critic.

Le Morne de Massabielle.
Puteaux, Théâtre des Hauts-de-Seine, 1970.

Dieu nous l'a donné (5 acts).
Honfleur: P.J. Oswald (Théâtre africain, 17), 1972.
[BN 16 Yf 722 (17), ASP 16 Y 2253].

Mort d'Oluwémi d'Ajumako (4 acts).
Paris: P.J. Oswald (Théâtre africain, 25), 1973.
Paris, Théâtre Maurice Ravel (Théâtre A), 10-7-85; Centre Mandapa, 17-6-86.
[BN 16 Yf 722 (25), ASP 16 Y 2602].

Pension les Alizés (5 tableaux).
Paris: Mercure de France, 1988.
Pointe à Pitre, Centre des arts, 14-4-88.
[BN 16 Yf 1783, ASP 8 Y 3772, SG, AV].

**CONTI** (Mme H.).

>L'Ennemi (comedy, 3 acts).
>>Submitted to Théâtre de l'Odéon, 1907.
>>[ASP Rf. 55293 (summary)].

**COPPIN** (Marie-Claire)
>c. 1965 -

>Les Amazones (scénario de space opéra, 4 tableaux).
>>Paris: La Pensée Universelle, 1985.
>>[BN EL 8 Y 15194, AV].

**CORBE** (Joselyne).

>L'Orage.
>>Paris, Le Tintamarre, June 1987 (directed by author).

**CORDELIER** (Jeanne).
>Novelist.

>Camille des anges (4 acts).
>>[SACD ms. CA 40].

**CORDRIE** (Lorette).
>Actress, active in political theater, member of the troupe Théâtre de l'Opprimé (1980).

>Faut-il jeter bébé avec l'eau du bain? (1981), A force de planter des clous dans le ciel (1982).

>Ressac.
>>Paris, Essaïon, Théâtre à une voix (reading), 15-10-83.
>>[SACD ms. TAV 41].

>J'ai bien connu Antigone (dated 1987), Je t'aime Antigone (dated 1989), Au fond des grèves, La Vierge d'Irlande.
>>[SACD ms. CA 40-41].

**CORLAY** (Anna Christina).

>Lavarides.
>>Paris, Théâtre de l'Ephémère, 12-5-88.

**CORNU** (Anne)

>La Mort de ce théâtre. Co-authored by Christian BENEDETTI.
>>Avignon, Salle Benoît XII, 20-7-82.

**CORNU** (Francine).

> Psycha-psycho ou C'est normal.
>> Paris, Au Bec fin, April 1976 (author in cast).

**CORTEZ** (Mme Claude) (pseudonym of Maria Augusta MATHIEU).

> L'Adroite épreuve (comedy, 1 act).
>> Paris, Théâtre Albert 1er (Spect. Yves Renaud), March 1936.

> Victoire dans la lune (comedy, 1 act).
>> Nice, private performance, 2-4-38.

**COSNIER** (Colette) (HELARD-COSNIER).
Novelist and author of biographies and historical essays; Doctorate in French literature, in 1972, taught at the Institut d'Etudes Théâtrales à la Sorbonne; member of the commission "Théâtre et Enseignement".

> Le Village ensorcelé (children's comedy, 3 tableaux).
>> Paris: Magnard (Théâtre de jeunesse 2), 1971.
>> [BN EL 8 Y 4323 (2), ASP 16 Y 2069, POI].

> Marion du Faouët la catin aux cheveux rouges. Signed Colette HELARD-COSNIER.
>> Paris: Oswald, 1975.
>> [AV T HEL M].

**COSTES** (Martine) (see Catherine CARRER).

**COTTÉ** (Cécile).
Actress.

> L'Eau est un corps qui brûle (10 tableaux).
>> Seyssel (Ain): Editions Comp'act (L'Acte même), 1989.
>> [BN 16 Yf 1816, ASP 8 Y 3863, SG, AV].

**COUDRET** (Françoise).

> Les Convives (3 acts).
>> Paris: la Pensée Universelle, 1972.
>> [BN EL 8 Y. 4716, ASP 16 Y 2198].

**COULLET-TESSIER** (Antonine).
Novelist, poet.

> Lève-toi et marche (comedy, 3 acts).
>> Paris, Comédie de Paris, 21-1-57.

**COULTON** (Stella).

>Egorgement de Madame Praslin (drama, 2 acts). Co-authored by José de BERYS.
>>Paris, Grand Guignol, 21-4-39.

**COUPAT** (Françoise).

>La Petite fugue.
>>Dijon, Centre Social Fontaine d'Ouche, 4-12-79 (solo performance by author).

**COURPON** (Mme S.B. de) (see French Women Playwrights before the Twentieth Century).

**COURTNAZ** (Sylvie).

>Sale quart d'heure pour Speedypanik et Coolsweety. Co-authored by José-Luis AGUIRRE, Hermine KARAGHEUZ and Annick MEVEL.
>>Paris, Centre culturel des Amandiers, 22-11-76.

**COURTON** (Michèle).

>Le Directeur de théâtre (1 act). Co-authored by Tito SEREBRINSKY.
>>[SACD m. 1568].

**COUSIN** (Corinne).
Actress and singer.

>Le Boa voit rouge.
>>Paris, Au Bec Fin, 18-1-84 (author in cast).

>La Prima donna (1975), Pulcherie (1976), Madame Nana (1977), La Revanche de Nana (1980), Le Boa voit rouge (1984), De Belleville à Byzance (1986).
>>One woman shows performed in Parisian café-théâtres.

**COUSIN** (Myrhiam).

>Cyrnée (4 acts).
>>Ajaccio, Casino Municipal, 18-6-37.

**COUVERT** (Marie).

>Fin de tournage. Co-authored by Cécile HUSTIN and Anna VALVERDE.
>>Paris, Hotel Lutetia, Nov. 1986 (performed by authors).

**CREFF** (Catherine).

    Les Aventures de Pilo et Nino (1 act).
        Messein, Salle des fêtes, 1-12-85.
        [SACD ms. 891].

**CRESPELLE** (Marcelle) (J.-M.-M. SOUWEINE, née TENSTAPPER).
Novelist.

    Léone (comedy, 3 acts).
        Paris, Théâtre du Vieux Colombier, 5-2-54.

    Force majeure (dramatic comedy, 2 acts).
        Paris, Théâtre des Arts, 5-5-59.

**CRISENOY** (Maria de).
    1882 - 1965.
    Novelist and biographer.

    La Première place (children's play).
        In Semaine de Suzette 20:34 (25-9-24).
        [BN micofilm m-8017 (1924)].

    L'Héritière (comedy, 4 acts).
        Paris: G. Enault, 1937.
        [BN 8 Yth 41491, ARS 8 Th. N. 33999].

    Anniversaire ou Conscience de Gilberte (comedy, 3 acts).
        Paris: G. Enault, 1938.
        Amboise, private performance, 15-1-39.
        [BN 8 Yth 41781, ARS 8 Th. N. 34152].

**CROUZET** (Laurence).

    Une Mouche dans la tête (one woman show).
        Avignon, Festival Off, Cinevox-Athanor, 9-7-87.

**CROZET** (Charlotte).
    Translator, novelist.

    Une Valise trop lourde à porter.
        [SACD ms. CA 43].

**CRUPPI** (Mme Jeane) (see DARTIGUES).

**CUILLE-SAUVY** (Lucie).
Nurse in Perpignan during the First World War.

Les Papillons merveilleux (féerie, 4 acts, verse), La Bibliothèque rose (féerie, 3 acts, 7 tableaux), Avant la gloire (pièce à grand spectacle, 3 acts, 7 tableaux).
Performed in Perpignan at the Théâtre Municipal.

Théâtre de jeunesse. Les Contes bleus (féerie, 5 acts, 7 tableaux).
Perpignan: Impr. de L'Indépendant, 1911.
Perpignan, Théâtre Municipal.
[BN 8 Yth 34598].

Aux temps olympiens (5 acts, 7 tableaux).
Perpignan: Impr. L'Indépendant, 1933.
Perpignan, Théâtre Municipal, 11-6-32.
[BN 8 Yth 40026].

Les Petites Robinson (4 acts), Bouquets de Paris (comedy, 3 acts).
Performed in Perpignan, 6-6-36 and 8-5-37.

L'Offrande à Thalie (théâtre de salon). Includes:
"L'Autre vue" (1 act, verse),
Perpignan, Hôpital complémentaire n° 42, 7-1-17;
"Trop de filles" (comedy, 2 acts),
Perpignan, private performance in the author's family home;
"L'Anneau d'or" (1 act, verse),
Prades, Villa des Pyrénées; Perpignan, Théâtre l'Eldorado.
Paris: Lesot, 1938.
[BN 8 Yf 2722].

**CUNY** (Marie-Antoinette) (pseudonym: Roger de MOUBLOND).
? - 1971.
Author of fables and tales.

Féminisme (comedy, 1 act).
Vitry-sur-Seine, 29-6-29.

Le Bois enchanté (allegory, 1 act, 6 tableaux).
Paris, Châtelet, 30-6-29.

Mur mitoyen (2 acts).
Paris, private performance, 25-11-34.

Un Mufle (comedy, 1 act).
Patronage, rue Ferdinand Berthoud, 19-12-31.

**CURRAT** (France).

> Les Deux papillons.
>> In La Raison d'être: Théâtre by Jean-Louis BERNARD,
>> France CURRAT and Basile-Jean GONNORD. Paris: J.L.
>> Bernard, 1987.
>> [BN EL 8 Y pièce 6282, ASP 8 Y 3696].

# D

**DAESCHLER** (Dominique).
Novelist.

Rosa Luxembourg (4 acts).
Paris: Ed. Caractères, 1982.
[BN 16 Yf 1468 (7), ASP 16 Y 4441, SACD ms. CA].

**DALBRAY** (Muse) (pseudonym of Georgette Celine GITENET, née CORSIN; also called Camille BRAY).
Paris, c. 1903 -
Actress (stage, radio, television), novelist, poet, storyteller; author of television plays; co-founded the Théâtre de la Paix in 1932 with her husband, Tristan Sévère.

A l'ombre de Jaurès (1 act). Co-authored by Raymond GITENOT.
Paris: Impr. de H. Richard, 1928.
Performed on the anniversary of the death of Jaurès, 21-7-28.
[BN 8 Ye pièce 8825].

Objections (comedy, 1 act).
Moulins, Théâtre Municipal, 13-12-36.

Liberté, liberté chérie (jeu de massacre, 5 tableaux). Co-authored by Raymond DESTAC.
St-Etienne: Ed. Impr. Nouvelles, 1936.
[BN 8 Yth 40996].

Allons au devant de la vie (comedy, 5 acts). Co-authored by Raymond DESTAC.
>Paris: Ed. du Centre laïque des Auberges de Jeunesse, n.d.
>Paris, Arènes de Lutèce, 8-7-37.
>[BN 16 Yth 1295 (autographed copy)].

Le Peuple souverain (satirical comedy, 5 acts).
>Paris, private performance, 3-5-37.

C'était un pauvre lampiste (comedy, 5 acts).
>Lons-le-Saulnier, Théâtre Municipal, 8-1-38.

Que la route est jolie (3 acts). Co-authored by Tristan SÉVÈRE.
>Paris: Billaudot, 1947.
>Lille, Rassemblement International des Auberges de Jeunesse, 11-8-39.
>[BN 16 Yth 393, ARS Th. N. 35849].

Tragédie d'absence (1 act).
>In Les Nouvelles littéraires 942 (23-8-45); In Avant-Scène-Théâtre 323 (1-12-64).
>Paris, Palais de Chaillot, 11-11-46 (author in cast).
>[BN 4 Y 78 (323), ASP 4 Jo 12601, SACD].

Evolution.
>Paris, Studio Féminin.

La Grand'geste du temple (3 acts, 10 tableaux).
>[SACD ms. 2035].

Théâtre. Co-authored by Tristan SÉVÈRE.
"On prend les autres et on recommence ou les Enfants de Vérone" (12 tableaux),
>Performed on the radio;
"Fra Sylvère" (7 tableaux),
>Cloître de St-Maximin, 2-7-75; Théâtre Mouffetard, 13-1-88.
>Paris: Société française du livre, 1973.
>[BN 16 Yf 1262, ASP 16 Y 2728, SACD, AV].

Cuir d'Asnettte (children's play).
>Paris, Ranelagh, Oct. 1981.

Si j'avais su le jour et l'heure.
>Paris, Lucernaire, Jan. 1984 (performed by author).

Le Grand physiquin (1 act).
>Paris: Les Cinq diamants, 1985.
>[ASP 8 Y 3083, AV].

Si Peau d'âne m'était conté (8 tableaux).
> Paris: Les Cinq diamants, 1986.
> [BN EL 8 Y 15597 (210), AV].

Le Rêve passe (1789).
> [SACD ms. CA].

Caracol Bistécol, Jean-Jean le petit roi, Sacripan le grand archer, On demande un vandale (1 act), Dieu (fantasy, 1 act), L'était un pauvre lampiste (satire, 5 acts), Couples (fantasy, 3 tableaux), Bidouille, homme de lettres (comedy bouffe, 3 acts), C'est pour mon bien (comedy, 1 act), J'suis timide (bouffonnerie, 1act), Des mots (comedy, 1 act), Dimanche (1 act), La Tour foudroyée (fresque historique, 12 tableaux), Le Dictateur meurt dans son lit (5 acts), Marche à côté (5 acts).
> Children's plays, some published by Les Cinq diamants.

**DAL FARRA** (Catherine).

Annoncez-vous.
> Paris, Guichet Montparnasse (Th. du Corbeau), Dec. 1989.

Une Femme complaisante.
> [SACD ms. CA (2 versions) 46].

**DALLY** (Claudine).

Do, ré, mi, pas folle (one woman show).
> Paris, Aire Libre Montparnasse, March 1980.

**DALRET** (Gabrielle).

Mozart ou le Requiem inachevé (2 acts).
> Paris, Théâtre du Tertre, 02-4-74.
> [SACD ms. 2000].

L'Alternative, L'Aveuglée.
> [SACD ms. CA].

**DANA** (Annie).

Eblouie.
> Paris, Théâtre Ouvert, Jardin d'hiver (reading), 10-6-80.
> [TO ms.].

Odysséa.
> [SACD ms. CA 46].

**DANARD** (Yveline).

La Triste histoire de la séquestrée de Poitiers ou la discrétion il est vrai est encore une vertu. Co-authored by Micheline ZEDERMAN.
    Paris: GIE, 1979.
    Toulouse, La Gamberge, 1979.
    [BN EL 4 Y pièce 209, ASP 4 Y 2197, SACD ms. CA 46].

**DANCENY** (Robert) (pseudonym of Mme DANSEART, née LŒWENSTEIN).
? - 1929.

    Chiffon (comedy, 3 acts). Co-authored by René PETER.
        Paris: Société d'éditions littéraires et artistiques, 1905.
        Paris, Théâtre de l'Athénée, 4-11-04.
        [BN 4 Yth 7637].

**DANGENNES** (Berthe) (pseudonym of Mme BLANCHARD) (other pseudonyms: Yoritomo-Tashi, John Dick, Sankara, Xanthès).
Novelist, poet, author of books on *savoir vivre* and popular philosophy; founder of *La Halte,* an association of women playwrights (1910-12).

Fête de charité (1 act). Co-authored by Eddy LEVIS.
    Paris: Librairie théâtrale, 1908.
    Paris, Théâtre des Capucines, 26-12-07.
    [BN 8 Yth 32700, ARS GD 8 28729].

Le Fétiche (comedy, 1 act). Co-authored by Eddy LEVIS.
    Paris: G. Ondet, 1908.
    Paris, La Scala, 29-5-08.
    [ARS GD 8 29455, ASP Rondel ms. 2040].

Quand l'amour s'amuse (comedy, 1 act). Co-authored by Eddy LEVIS.
    Mevisto, 20-1-09.

Inconscient péage (croquis parisien), A fleur de chair (1 act), Le Veilleur (drama, 1 act), La Prêtresse de Kypris.
    Paris, Théâtre Michel (La Halte), 1910-12.

Ce cher marquis (comedy, 1 act). Co-authored by Eddy LEVIS.
    Paris, Théâtre Michel (La Halte), 2-12-11.

Métamorphoses (comedy, 2 acts, verse). Co-authored by Guillot de SAIX.
    Théâtre de Verdure, Pré-Catelan (matinée), 5-7-13.

Pèlerinages (fantasy, 1 act, 2 tableaux). Co-authored by Jeanne LANDRE.
    Théâtre de Verdure, Pré-Catelan, September 1913.

**DANGEVILLE** (Henriette) (see Jean SERY).

**DANIEL** (Mlle).

> Antoinette Stewart (1 act).
> > Submitted to Théâtre de l'Odéon, 1909.
> > [ASP Rf. 55986 (summary)].

**DANIEL** (Véronique).

> Il était une fois Molière (children's play).
> > Paris, Comédie de Paris, Jan. 1983.

> Tout doit disparaître. Co-authored by Thierry HECKENDORN.
> > Avignon, Festival-Off, Atelier 13 (Atelier Véronique Daniel),
> > 7-7-84 (performed and directed by authors).

**DANTAN** (Geneviève).

> Le Retour du drapeau (saynète patriotique).
> > In Semaine de Suzette 15:43 (27-11-19).
> > [BN microfilm m-8017 (1919)].

**DAOUDI** (Yvane or Ivane) (Yvane Nelly KAROUBY).
> ? - 1994.
> Actress.

> Co-starring.
> > Avignon,Théâtre Ouvert, 13-7-78 (reading).
> > [TO ms.].

> La Bicyclette de l'an neuf. Includes "La Bicyclette de l'an neuf" and
> "La Star des oublis",
> > Paris, Petit Odéon, 18-11-78 (author in cast).
> > Paris: Actes Sud-Papiers, 1990.
> > [BN 16 Yf 1954, ASP 8 Y 4323, BSG, SACD, AV].

> Les Termes Vénitiens.
> > Paris, Théâtre de l'Athénée, 6-2-79.

> Brighton soupir.
> > Performed on France Culture.

> Si on couchait nos désirs à coup de dynamite (1980), Le Cheval
> romantique (1982), Africa beau (1983), Le Parfum des balles perdues,
> Rage (1984).
> > [SACD mss. CA 47].

Mathilda ou Mathilda, jusqu'au larmes.
　　　Performed on France Culture.
　　　[SACD ms. CA 47 (dated 1980)].

My sweet destiny... obsession.
　　　Paris, Théâtre Essaïon, Théâtre à une voix (reading), 26-3-83.
　　　[SACD ms. TAV 47 (dated 1982)].

Un Soir de pluie après la Toussaint.
　　　Paris: Théâtrales (ms. 400), [1985].
　　　[AV, TH, POI].

Je m'appelle Mathilda jusqu'aux larmes, Un Mariage à petit prix, A
toute vitesse la vie, Le Temps gourmand.
　　　Paris: Théâtrales (ms. 401), [1985].
　　　[AV Fol. AY 240, TH, POI].

Un si joli petit voyage.
　　　Reading at the Maison de la Culture de Saint-Nazaire.

Le Chant du départ.
　　　Paris, Arles: Actes Sud-Papiers, 1990.
　　　Théâtre de Nice, May 1990; Paris, Théâtre de la Ville, 25-11-
　　　90.
　　　[BN 16 Yf 1918, ASP 8 Y 4150, BSG, AV].

Une Grande période de douceur, Teltow kanal, Une Heure anglaise,
Yeux voilés, Destin Cayenne.

**DARBON** (Sophie).
　　　c. 1948 -
　　　Actress (stage, film and television), published one novel (1968).

Réveillon à deux, written before 1967.

Le Cerceau (comedy).
　　　Aix-en-Provence, 26-11-68; Paris, Maison de l'Etudiant, rue
　　　Faubourg St-Jacques, 21-3-69; Studio des Champs-Elysées,
　　　19-1-70 (author in cast in all productions).

Rencontre pour un square.
　　　Paris, Maison de l'Etudiant, rue Faubourg St-Jacques, 21-3-
　　　69; Studio des Champs-Elysées, 19-1-70 (author in cast).

Des Balles et des ballons (children's play).

Un Soir de demi-brume, written in 1972.

Le Thé du chien (comedy, 1 act), D'autres pas (comedy, 1 act).
Théâtre de Nancy, 9-4-75 (author in cast).

Deux sur la Tamise (comedy).
Paris, Théâtre La Bruyère, 13-12-75 (author in cast).

Maître, divorçons (comedy, 1 act).
Alfortville, Casa Léo Lagrange, 30-9-86.
[SACD ms. 853].

L'Heure des visiteurs (1 act), Des Glaçons en forme de coeur (comedy)
[SACD ms. 745 and ms. CA 47].

**DARGENT** (Renaude) (pseudonym of Maryse DARGENT-CAGLIARDI).

Le Cou dans la corde ou Hello! Westmont ? Westmont ne répond plus
(4 acts).
[SACD m. 4116].

**DARGET** (*France* Thérèse Louise) (SAVARIT).
Journalist and poet.

Coeur de neige (comedy, 1 act, verse).
Paris: Ed. de l'Idée, 1918.
[ASP Rf. 56.010].

Sainte Odile d'Alsace (legend, 3 acts, verse).
Niort: Boulord, [1923]; Strasbourg: F. X. Le Roux, 1947.
Paris, Trocadéro, 19-12-20.
[BN 8 Yth 37275, ASP Rf. 56.011, ASP Rondel ms. 1236].

Le Retour des Rois Mages (conte de Noël, 1 act, verse).
Niort: Boulord, [1925].
[BN 8 Yth 37571].

Les Thermophyles (grande scène dramatique, 1 act, verse, avec
intermèdes sportifs). Music by Edouard MIGNAN.
Bonneville (Haute-Savoie) : Impr. Plancher, 1946.
Théâtre de la Nature (Arènes) de Vallières-Royan, 28-7-29.
[BN 8 Yth 42956, SACD ms. 2448].

La Cité Lacustre (prehistorical drama, 5 acts, verse).
Performed in Bordeaux, "sur notre première scène".

L'Ombre sur le mur (tale, 3 acts, verse).

**DARGYL** (Germaine).

> L'Amour à répétition (comedy bouffe, 1 act).
>> Paris: G. Ondet, 1913.
>> Paris, Gaîté-Rochechouart, 18-10-12.
>> [BN 8 Yth 35130].

> L'Amour bredouille (operetta, 1 acts). Music by Raoul SOLER.
>> Théâtre de Verdure, Pré-Catelan, 14-8-13.

**DARLAN** (Eva) (see Les JEANNE).
Actress, director (café-théâtre), one of "les Jeanne".

> A force d'attendre l'autobus.
>> Paris, Aux 400 coups, 24-9-77 (author in cast).

**DARMAGNAC** (Geneviève).

> La Captive souveraine (dramatic comedy, 4 acts).
>> [SACD m. 176 (1947)].

**DARMAN** (Nadine).
Actress.

> Porte close.
>> Paris, Théâtre de l'Est Parisien, Dec. 1982 (performed by author).

**DARMON** (Annie).

> Le Petit poids.
>> [SACD ms. CA 48].

**DARTIGUES** (Louise) (Mme Jean CRUPPI).
Novelist, essayist and lecturer; active in women's education.

> Répudiée (3 acts).
>> Paris: E. Fasquelle, 1908; in La Nouvelle Revue 15-10-08.
>> Paris, Théâtre Antoine, 1-10-08.
>> [BN 8 Yth 32855, ASP Rf. 56.050, ARS GD 8 27627].

**DARVY** (Claude).
1936 -

> Simone Weil 1909-43.
>> Paris, Lucernaire - Théâtre Noir, 4-9-85 (directed by author).

**DASTE** (Catherine) (ALLWRIGHT).

1937 -

Director; author of studies on children's theater; founded a children's theater company, La Pomme Verte (1970), and the Compagnie de la Folie Méricourt (1981); director of the Théâtre d'Ivry (1985).

Les Musiques magiques (children's play).
Comédie de Saint-Etienne, 1960 (directed by author).

Cyclomène le triste (children's play).
Comédie de Saint-Etienne, 1961.

L'Arbre sorcier - Jérôme et la tortue (children's play). Written collectively with school children from Sartrouville.
Cirque Montmartre (Théâtre du Soleil), 24-3-68; Avignon, Théâtre Municipal, 1-8-69 (directed by Daste).

Glomoël et les pommes de terre (children's play). Written collectively with school children from Ménilmontant.
Aubervilliers, Théâtre de la Commune, 15-12-68; Sartrouville, La Pomme Verte, 1971 (directed by author).

Tchao et Lon-né (children's play). Written collectively with school children from Sartrouville.
Sartrouville, Théâtre de Sartrouville (La Pomme Verte), 1969 (directed by author).

Les Loups (play for adolescents), Il était une île (children's play written collectively with school children).
Petit -T.N.P, salle Gémier (La Pomme Verte), 15-6-70 (directed by author).

Jeanne l'ébouriffée (children's play).
Sartrouville, Théâtre de Sartrouville (La Pomme Verte), 1972.

Visage de sable. Written collectively with high school students.
Sartrouville, Théâtre de Sartrouville (La Pomme Verte), 1977.

Les Dames de Julietta, Jérôme dans le gouffre.
Malakoff, Théâtre 71 (La Pomme Verte), 1978.

Aux limites de la mer. Co-authored by Armando LLAMAS.
Sartrouville, Théâtre de Sartrouville (La Pomme Verte), 1980.

**DAUMALE** (Pauline) (Marie-Paule CATUOGNO).
Actress, dancer.

Concours de circonstances.
Paris, Théâtre Fontaine, 24-6-88 (author in cast).
[SACD ms. 3802].

**DAURIAN** (Mme).

Le Destin (comedy, 1 act).
Rouen, Théâtre Français, 25-1-1900.

**DAVE** (Arlette).

Dans la loge de Molière (3 acts).
In Avant-Scène-Théâtre 93 (1954).
Paris, Théâtre de la Potinière, 1954.
[BN 4 Y 78 (93), ASP 4 Jo 12601, SACD].

**DAVENNES** (Suzie).

Les Rois mages (comedy, 1 act).
In Semaine de Suzette 6:45 (8-12-10).
[BN microfilm m-8017].

**DAVID** (Jeanne) (see Anne BARBEY).

**DAVID** (Jeanne Maxime-) (see MAXIME-DAVID).

**DAVIDSON** (Rosine).

La Case de Juliette.
Reading on France Culture, Théâtre Ouvert, 1980.
[TO ms.].

**DAVIES** (Mme D.J.) (née MIRAULT).

Quatre comédies enfantines.
Cahors: Impr. A. Coueslant, [1913].
[BN 8 Yf pièce 642].

**DAVY** (Marie-Madeleine).
c. 1921-
Author of books of spiritual inspiration.

Une Femme pas comme les autres (5 acts).
[MD ms.].

**DAZIL** (Mme Claude) (née Jeanne MICHEL).
Born in the Camargue, c. 1909.
Pharmacist, novelist.

La Dernière répétition (1 act).
Paris, Théâtre des Mathurins, 1931.

Plaisirs d'amour (comedy, 3 acts).
Paris, Théâtre des Arts, 24-11-33.

Valse tendre (3 acts).
[SACD ms. 3177].

**DEBRAND** (Nicole)

Pièce pour une femme seule (monologue).
Paris: Théâtrales (ms. 214), n.d.
[AV Fol. AY 270 (ms. dated 1979), TH, POI].

**DECERCLE** (Michelle) (pseudonym: Dania LIVERES).

La Chaïelle (musical tale, 9 acts).
[SACD m. 3596].

**DECHARME** (Lucia).
Poet, novelist, and author of philosophical essays.

St Jean Népumucène ou le Tyran Wenceslas (historical and
psychological drama, 5 acts, 14 tableaux).
Paris, Bibliothèque de la Société Philotechnique, 1911.
[BN 8 Yth 34019, ASP Rf. 56.163].

**DECOUTURES** (Marie).

Fausse route (comedy, 3 acts).
Paris, Théâtre des Arts, 3-6-37.

**DECROCK** (Lucie).
Published one novel (1932).

L'Auréole (3 acts).
Marseille, Radio-Marseille P.T.T., 19-11-31.

Corde au cou (comedy, 1 act).
Paris, La Potinière, 30-11-33.

**DEFRENAN** (Mme).

La Vraie légende de sainte Odile d'Alsace.
Niort, private performance, 24-4-37.

**DEGAY** (Annie).
Numerous children's plays performed in Paris at the Théâtre des 400 Coups and le Point Virgule, c.1979-88.

**DEGAY** (Catherine).
Numerous children's plays performed in Paris, primarily at Les Blancs-Manteaux, c.1971-90.

**DEGROOTE** (Annie) (SANEROT-DEGROOTE).
Born in Hazebrouck (French Flanders).
Actress, novelist.

Gran'Tintin a disparu (children's play). Co-authored by Danièle GUEBLE.
Paris, Le Sentier des Halles, Feb. 1983.

**DEGUY** (Madeleine).

Les Condamnés (2 acts).
Paris: Plon, 1945.
Paris, Noctambules (Cie des Mysmedons), 14-12-50.
[BN 16 Z 930 (1), ARS Th. N. 35.541, ASP R. Supp. 2964].

**DEHARME** (Lise).
Paris, 1902 - 1979.
Poet, author of short stories and novelist; founder/editor in chief of the literary revue *Le Phare de Neuilly* (1932-33); published memoirs.

Paris Magie (ballet). Music by Germaine TAILLEFERRE.
Paris, Opéra-Comique, May 1949.

La Caverne (15 short dialogues).
Troyes: Librairie bleue, 1984.
[BN 16 Z 26139 (1), ASP 8 Y 2772].

**DEÏLOF** (Marguerite).

Pièces de théâtre pour la jeunesse.
"La Collaboration" (comedy, 1 act),
Sèvres, private performance, 27-2-35;
"Triomphe d'une vocation" (comedy, 1 act),
Thann, 1-7-34;
"Un Noël au Château de Morfontaine" (comedy, 1 act),
Thann (Haut-Rhin), 16-2-35.
Paris: Editions de la Jeune Académie, 1933.
[BN 8 Yf 2584].

Aux prises avec la candeur (comedy, 1 act).
> Paris: Editions de la Jeune Académie, 1935.
> [BN 8 Yth 41861].

**DE LACOSTE** (Dominique) (see Nicole AVEZARD).

**DELAKIAN** (Christine) (DELAKIAN-BORDES).

Scandalis.
> [SACD MS. CA 53].

**DELAMARRE** (Renée) (Mme Gabriel AROUT).

Le Préféré (3 acts). Signed Renée DELAMARRE.
> Paris, Charles de Rochefort, 10-2-52.

Appelez-moi maître (comedy, 2 acts, 6 tableaux). Signed Renée and Gabriel AROUT.
> In Paris-Théâtre 113 (Oct. 1956).
> Paris, Théâtre des Ambassadeurs, 15-3-56.
> [BN 8 Yf 2777 (113), SACD].

Dressage de férocité. Signed Gabriel and Renée AROUT.
> Paris, Théâtre du Tambour Royal, 15-9-89.

**DELAROCHE** (Catherine).

1900 fou ou les Confidences dans un boudoir (musical comedy).
> Paris, Petit Casino, Sept. 1972.

**DELARUE-MARDRUS** (Lucie).
Honfleur, 1874 - 1945.
Novelist, poet, essayist, biographer, journalist; member of the jury of the Prix Femina; co-president of the Académie féminine des lettres.

La Rivale marine (drama). c. 1901.

Sapho Désespérée (drame antique or poème tragique, 2 acts, verse), written in Carthage, summer 1904.
> Orange, Théâtre Antique d'Orange, 7-4-6; Paris, Théâtre Femina, c. 1912-14 (under the title Phaon Vitorieux).
> [SACD ms. 2455].

La Prêtresse de Tanis (1 act, verse).
> Tunis: Société Anonyme de l'Impr. rapide, 1907.
> Théâtre Romain de Carthage, 2-4-07 (performed by actors of the Comédie française).
> [ASP Rf. 81.678].

Reine de mer (3 acts, verse).
> Théâtre de Verdure, Pré-Catelan, 21-6-07; La Petite Scène, 22-4-34 (performed under the title Thorborge, Reine de mer).

Deux lunes de miel (1 act).
> Rouen, 26-6-20.

La Belle visite (1 act) and La Quatrième Eve (drama, 3 acts).
> Paris, Théâtre Albert 1er, 24-2-26 and 27-11-32.

**DELASTRE** (Mme Louise-André) (see ANDRE-DELASTRE).

**DELAUNAY** (Constance).
Novelist and author of short stories.

La Donna (2 tableaux) and Olympe dort (2 tableaux).
> Paris: Gallimard, 1977.
> Paris, Petit Odéon, 12-3-85.
> [BN 16 Yf 1183, ASP 16 Y 3697, SACD, AV].

Rose ou la Confidente (2 acts).
> Paris: Gallimard (Manteau d'Arlequin), 1984.
> [BN 16 Y 224 (158), ASP 8 Y 2411, AV, SACD ms. CA].

Les Rideaux (4 tableaux).
> Paris: Gallimard (Manteau d'Arlequin), 1988.
> Paris, Théâtre Paris-Villette, 14-1-89.
> [BN 16 Y 224 (186), ASP 8 Y 3701, BSG].

**DELAVIGNE** (Marcelle).

La Grandeur du nain (fantasy).
> Paris: les Livres nouveaux, [1939].
> [BN 8 Yth 41868, ARS Th. N. 34249].

**DELAY** (Florence).
1941 -
Novelist (Prix Fémina 1983), translator; professor of Comparative Literature at the Sorbonne; actress.

Merlin l'enchanteur, Gauvin et le chevalier vert, Lancelot du lac. Co-authored by Jacques ROUBAUD.
> Marseille: J. Lafitte (approches "répertoire" 4-6), 1979.
> Marseille, Nouveau Théâtre national (Cie Marcel Maréchal), 1979.
> [BN 16 Y 786 (4-6), SACD].

Graal Théâtre: I. Co-authored by Jacques ROUBAUD.
"Perceval le Gallois",
        Avignon, Festival-Off, La Caserne des Pompiers, 11-7-86;
"Gauvin et le chevalier vert", "Lancelot du lac", "L'Enlèvement de Guenièvre".
        Paris: Gallimard, 1977.
        [BN 16 Yf 1181, ASP 8 Y 1582, AV].

Graal Théâtre : II. Co-authored by Jacques ROUBAUD.
"Joseph d'Arimathie", "Merlin l'enchanteur".
        Paris: Gallimard, 1981.
        [BN16 Yf 1181 (2), ASP 8 Y 1582 (2), AV].

**DELBO** (Charlotte).
Vigneux-sur-Seine, 1913 - Paris, 1985.
Assistant to Louis Jouvet, member of the Jeunesse Communiste before WWII; arrested in March 1942 for her activities in the resistance and sent to Auschwitz-Birkenau and later to Ravensbrück; author of books about the war.

La Sentence (3 acts).
        Honfleur: Oswald (Théâtre en France), 1972.
        [BN 16 Y 526 (16), ASP 16 Y 2263].

Qui rapportera ces paroles? (tragedy, 3 acts).
        Paris: Oswald (Théâtre en France), 1974.
        Paris, Théâtre Cyrano, 14-3-74.
        [BN 16 Y 526 (31), ASP 16 Y 2603].

Maria Lusitani (3 acts) and Le Coup d'état (5 acts).
        Paris: Oswald (Théâtre en France), 1975.
        [BN 16 Y 526 (44), ASP 16 Y 3024, AB].

**DELORE** (Elisabeth).

Préhistoires.
        Paris: Théâtrales (ms. 1306), [1986].
        [AV, TH, POI].

**DELORE** (Thérèse).
Poet.

L'Emoi (comedy, 1 act, 2 tableaux, verse).
        Paris: Albert Messein, 1913.
        [BN 8 Yth 42399, ASP Rf. 56.378].

**DELORS** (Elisabeth).

>Inukuo.
>>[SACD ms. CA 56].

**DELPIERRE** (Laurence) (see Adrienne BONNET).

**DELPIT** (Cécile).

>Barbanchu (children's play, 3 acts).
>>In Semaine de Suzette 7:18-19 (June 1911).
>>[BN microfilm m-8017].

**DELRUE** (Françoise).

>Derniers entretiens avec Zulma Coley (6 entretiens et épilogue).
>>Lille, Théâtre Bardane, 23-9-88.
>>[SACD ms. 1560].

**DEMARET** (Mme).

>Système D (sketch, 1 act).
>>Private performance, 9-1-38.

**DEMARET** (Martine).

>La Boîte noire (one woman show).
>>Avignon, Festival-Off, Atelier 13, 7-7-84.

**DEMONGEOT** (Anne).

>Débarrasse.
>>Avignon, Chapelle des Cordeliers, Théâtre Ouvert (reading),
>>2-8-74.

**DEMONVIL** (Renée) (DEMONVIL-FULD).

>Ma vie, ma mort, et mon mariage (comedy, 3 acts). Co-authored by
>Forge MENOT.
>>L'Oeil de Paris, 2-9-31.

**DEMORIS** (Emmanuelle).

>Les Dionysiennes (5 stations). Co-authored by Alain ALOUAL
>DUMAZEL.
>>[SACD m. 4035].

**DENISELLE** (Yvonne).

>Mirage (comedy, 3 acts).
>>Cannes, Casino, 12-2-36.

**DENNIS** (Jeanne M.) (also printed DENISS or DENNISS).
Wrote children's serial novels for La Semaine de Suzette.

La Veillée de Noël (saynète).
In Semaine de Suzette 3:24 (18-7-7).
[BN micofilm m-8017].

**DEPPING** (Jeanne G.).

Le Retour de Josette (comedy, 1 act).
Paris: Librairie théâtrale Georges Gudet, 1924.
[ASP Rf. 85484].

**DERAIN** (Catherine).
Actress, composer.

Katiouchka (one woman show)
Paris, Café d'Edgar, Dec. 1980.

Pour une infinie tendresse. Co-authored by Pavel TABUIRNO.
Paris, Lucernaire, Feb. 1982 (solo performance by Derain).

La Répétition de Jeanne.
Paris, Lucernaire, May 1984 (author in cast).

La Femme rebelle.
Paris, Théâtre des Ateliers de l'Eure, Nov. 1987 (author in cast).

**DERIVOT** (Mme).

La Corde de l'arc (3 acts). Co-authored by Gabrielle PEGUE.
Cavaillon, Le Palace, 18-3-38.

**DERKENNE** (Françoise).
Author of Christian books.

Mystères pour Noël et Pâques (jeux liturgiques et mise en scène).
Paris: Seuil, 1948.
[BN 4 Yf 389].

**DERONZIER** (Valérie).

Nocives.
Paris: Théâtrales (ms. 2176), 1989.
[AV Fol. AY 524, TH].

**DERVIN** (Sylvie).
Novelist, translator; café-théâtre performer.

Conte à rebours (pièce historico-comique).
Paris, Le Sélénite, Dec. 1978.

Une Poule sur le mur (comedy).
Neuilly, L'Athletic, 17-4-84.

**DESAMY** (Marie-Louise).
Published a novel (1958).

La Dame au Perroquet (bouffonnerie, 1 act), Au pays de Bretagne (2 acts), La Colombe immolée (patriotic drama, 4 acts), Une Pluie de roses, hommage et gage d'amour à sainte Thérèse de l'Enfant-Jésus (1 act).
Orléans: H. Moutier, [1931-36] (available at BN and ASP).

**DESBATS-LASSERRE** (Marie).

Le Mur mitoyen (comedy, 1 act, verse), Page et Marquise (comedy, 1 act, verse), Il faut tirer à la courte paille (comedy, 1 act, verse), Le Clos amoureux (comedy, 1 act, verse), Un Mariage à la fraise (comedy, 1 act, prose), Entre deux amours (saynète, 2 acts).
Published by F. Montégut et A. Deguili (Alger), 1907-08; most performed in Bordeaux (available at ASP).

Ce que fait faire l'amour (comedy, 1 act, prose).
Alger: Impr. Agricole et commerciale, 1908.
[ASP Rf. 80991].

**DESBOIS** (Barbara Berlovitz ) (see BERLOVITZ DESBOIS).

**DESCHAMPS** (Sophie).

Babiboum.
Paris, Théâtre du Tourtour, 15-1-87 (author in cast).

**DESCLOS** (Jeanne).

L'Heure exquise (comedy, 3 acts).
Paris, Théâtre Michel, 23-12-19.

**DESCOUARD** (Marie-Christine) (see CAFÉ DE LA GARE).

**DESERT** (Hélène).

La Fête de Maman (comedy, 1 act).
Yvetot: Théâtre aux champs, 1945.
[BN 8 Yf 2753].

**DESMART** (Gabrielle).

> La Rançon du feu (comedy, 3 acts).
> > Théâtre Esotérique, 2-2-24.

**DESORMIERE** (Catherine).

> Dans la lumière parfaite.
> > Paris: Théâtrales (ms. 1431), [1986].
> > [AV, TH, POI].

> Poisson tu bouges.
> > [SACD ms. CA 58].

**DESPRES** (Marguerite).
Novelist and author of short stories and poetry.

> L'Amour immolé (4 acts, verse) and La Punition (3 acts, verse).
> > Saint-Etienne: Impr. Dumont, 1978.
> > [BN EL 8 Y 9765, ASP 16 Y 3750].

**DESREAUX** (Anna) (see Corinne ATLAS).

**DESROCHES** (Marie Claire) (pseudonym of Marie BESSET).
Poet.

> Mademoiselle Amandine (4 acts).
> > In Conte, Nouvelle, Légende, Théâtre.
> > Les Sables d'Olonne: Impr. A. Pinson, 1976.
> > [BN EL 8 Y 7924, ASP 8 Y 1354].

**DESTEZ-BLET** (Madame Charlotte Marie).

> Le Thé de l'adultère and Deux tasses de thé (comedies, 1 act).
> > Ct. le Peletier, 24-9-15.

> La Mémoire du coeur (comedy, 1 act).
> > Paris, Théâtre Albert 1$^{er}$ (Spectacle Yves Renaud), 28-4-34.

> Pas de fumée sans feu (comic opera, 1 act). Co-authored by G. PETEL.
> Music by Marcelle CHADAL.
> > Paris: Durand, 1935.
> > Paris, Studio musical, 18-4-35.
> > [BN 8 Yth 40866].

**DESTY** (Suzette) (pseudonym of Suzanne Victoria SCHENK, née DESTIGNY).
Children's novels and poetry.

Raccommodages (comedy, 1 act).
Paris, Théâtre Fémina, 14-5-21.

Taïna ou l'Extraordinaire famille Dupont (comedy, 3 acts).
Paris, Théâtre Charles de Rochefort, 28-9-41.

**DES VARENNES** (Françoise) (pseudonym of Françoise PIGNAL).
Poet (Prix François Coppée 1949).

Lulli ou le Marmiton musicien (comedy, 1 act, 1 tableau, verse).
Paris Flammarion (Théâtre pour les Jeunes), 1949.
[BN 16 Yf 144 (3)].

La Fée Urgèle (lyric scene). Adapted from Théodore de Banville.
Paris: Firmin-Didot, 1957.
[BN 4 Ye 774].

**DETALLE** (Anny).

Le Figuier de Marthe.
[SACD ms. CA 61].

**DEVIGNES** (Geneviève).
Novelist, poet, art historian.

Mousse de campagne (regionalist play, 2 acts).
Paris, Théâtre Albert 1$^{er}$, 8-5-32.

L'Oeuf du mulet (farce, 2 tableaux).
Paris: Ed. des Champs-Elysées, 1949.
[BN 16 Yth 780].

**DEYROLLES** (Catherine).

Entre la nuit et l'aube (1 act, 2 tableaux).
[SACD ms. CA 62 (1982)].

**DHALY** (Régine).

Premier cambriolage (comedy-vaudeville, 1 act), La Dame ... et le valet (comedy, 3 acts).
Romainville, 8-12-34 and 11-7-36.

**DHOTEL-VELLIET** (Claudine).

Iblis ou le Compagnon de Dieu (lyric dialogue). Co-authored by Richard GOFTON. Music by Richard GOFTON.
    Lille: C. Dhotel-Velliet, 1988.
    Performed at Seclin, 18-3-88.
    [BN 16 Yf pièce 175, ASP 8 Y 3690, AV 8 AY 1884].

Nausicaa (dramatic tale, 3 acts).
    Séclin, Association "Le Pont du Nord", Jan. 1990.
    [SACD ms. 2054].

**DIDIER** (Arlette).

Les Neuf péchés capitaux.
    Paris, Le Sélénite, April 1981.

Allo Jean-Baptiste.
    Garches, Centre Culturel, 1-3-86.

**DIDIER** (*Marie* Eustasie).
    ? - 1939.

Le Meilleur des deux (Bourbon comedy in patois, 1 act, 3 tableaux).
    Moulins: Crépin-Leblond, 1935.
    [BN 8 Yth 41146, ASP Rf. 76949].

Petit théâtre rustique du vieux Bourbonnais. 9 comedies and saynètes.
    Moulins: Crépin-Leblond, 1955 (published posthumously).
    [BN 16 Yf 333].

**DIEMER** (Marie).
    ? - 1938.
    Catholic philanthropist, novelist; pioneer of social service in France; Chevalier de la Légion d'Honneur (1934).

Héliodora (1 act, verse). Co-authored by J. BACH-SISLEY.
    Lyon, Celestins, 21-1-4.

L'Aube et le soir de sainte Geneviève (2 tableaux).
    Théâtre de la Chimère, 30-5-23.

Le Mystère de sainte Geneviève (3 acts, verse).
    Paris: Editions Spes, 1935.
    Théâtre de la Chimère, 31-5-23.
    [BN 8 Yth 41176, ARS 8 Th. N. 33.870].

**DIETRICH** (Léone).
? - before 1964.

L'Eloge du mensonge (dramatic comedy, 1 act).
In Lectures pour tous Feb. 1934.
Théâtre Albert 1<sup>er</sup> (Discobole), 21-6-33.
[BN 8 Z 14580, ARS 4 Jo 11975 (1934)].

Le Jeu de l'amour et de la guerre. Co-authored by Lucien DABRIL.
In Lisez-moi bleu 109 (20-6-1950): 87-94.
[BN 8 Z 18808 (1950)].

Amours contrariées (3 acts). Co-authored by Lucien DABRIL.
In Psychopathologie et l'amour by Lucien Dabril.
Paris: Nouvelles Editions Latines, 1964.
[BN 8 Yf 2931 (3)].

Les Harangueuses (2 parts, 5 tableaux). Adapted from Aristophanes.
Co-authored by Lucien DABRIL.
In Aventures burlesques et dramatiques by Lucien Dabril.
Paris: Nouvelles Editions Latines, 1964.
[BN 8 Yf 2931 (4)].

L'Honneur des Dupont. Co-authored by Lucien DABRIL.
In Avant-Scène-Théâtre 445 (15-3-1970).
[BN 4 Y 78 (445), ASP 4 Jo 12601].

De zéro à vingt. Co-authored by Lucien DABRIL.
In Avant-Scène-Théâtre 580 (1-2-1976).
[BN 4 Y 78 (580), ASP 4 Jo 12601].

**DIEULAFOY** (*Jane*-Henriette-Paule-Rachel MAGRE, Mme Marcel).
Toulouse, 1851 - Langlade (Haute-Garonne), 1916.
Travel reporter, lecturer and novelist; organised a *théâtre de salon* in
her home; Légion d'Honneur.

Le Théâtre dans l'intimité. Co-authored by M. DIEULAFOY.
"Naïs", "La Sulamite", "Farce nouvelle du pâte et de la tarte" [ASP
RON ms. 101], "Farce nouvelle du cuvier", "Défiance et malice ou le
Prêté rendu"
Paris: Ollendorff, 1900.
[ARS GD 8 3277].

Parysatis (lyric drama, 3 act with prologue). Music by SAINT-SAËNS.
Béziers: 1902; Paris: Félix Juven, 1902.
Théâtre en plein air des arènes de Béziers, 17-8-02.
[BN Fol. Yf pièce 20, ASP Rf. 81178, ARS GD 8 27252, OP
(musical score)].

**DIGUET** (Any).

Rue noire.
Paris, Cartoucherie - Atelier de l'Epée de Bois, 15-12-83 (co-
directed by author and Roger Blin).
[SACD ms. CA 62].

Gaston H.
Paris, Guichet-Montparnasse, 22-4-86.
[SACD ms. CA 62 (dated 1984)].

**DI ROMA** (Sylvie).
Actress, stage designer, director, adaptor; co-founder of Théâtre à
Suivre (1981).

Clepsydre.
Performed in a village in the Var, July 1984 (directed by
author).

Les Petits pains de Madame Levain (children's play, 2 parties).
Paris: Magnard (Théâtre de la jeunesse), 1985.
[BN El 8 Y 4323 (25), ASP 8 Y 3436, AV].

**DIXON** (Mona).

Dernier amour de Lucrèce Borgia (1 act, verse).
Paris, Salle Raymond Duncan (Spectacle Yves Renaud),
March 1935.

**DODART** (Mlle).

Le Guet-apens (drama, 3 acts).
Bordeaux, 16-5-15.

**DOLLEANS** (Léonie) (see Jean PROIX).

**DOLLEME** (Marianne).

Jeunesse (1 act).
Paris, Salle Iéna, 13-4-46.

Echec au malin (historical legend, 3 acts, 5 tableaux).
> Paris: Editions de l'Amicale, 1953.
> Paris, Compagnons de Gringoire, 21-1-51.
> [BN 16 Yth 1949].

**DON SIMONI** (Germaine).

Les Revenants de la Rocheverdie (comedy, 1 act).
> Paris: Ed. du Bon Répertoire, [1929].
> Pt St-Vincent, private performance, 4-11-27.
> [BN 8 Yth 38857, ASP Rf. 85520].

**DOREL** (Mlle Eva).

Scène de ménage (comedy, 1 act).
> Toulon, Grand Théâtre, 30-4-20.

François d'Assise (pièce épisodique, 4 acts, 5 tableaux).

**DORELLE** (Cécile).

Les Jeudis de tante Ernestine (comic monologue), Mademoiselle Amphitrite (saynète sentimentale pour jeune coquette), Mademoiselle Toc-Toc (comic monologue).
> Paris: Stock, 1909 (available at BN).

**DORIAN** (Jacqueline).

La Crinière apprivoisée (3 parts).
> Paris: Boisse, Certitudes (cahiers poétiques), 1980.
> [BN El 4 1661 (6), AV].

Savez-vous faire cuire un oeuf ? - Sylphide (dramatic comedy).
> Paris, Cithéa, 23-9-86 (directed by author).

**DORIAN** (Tola) (née MALZOV, princesse MECHTCHERSKI, then Mme Charles).
Russia, 1850 - 1918.
Poet, novelist.

Mater (drama, 1 tableau).
> Paris: Stock, 1896.
> [ASP Rf. 57.232].

Mineur et soldat (drama, 1 tableau). Co-authored by MALALÄYDE.
> Paris: Stock, 1896.
> Théâtre Libre, 16-3-1896.
> [ASP Rf. 57.233, ARS GD 8 32665, BHVP].

L'Ensorceleuse (modern drama , 4 acts).
　　　Paris, Impr. H. Richard, 1902.
　　　[ASP Rf. 57.234].

Théâtre.
"Domitien" (tragedy, 5 acts, prose);
"Le Précurseur" (lyric drama , 6 tableaux),
　　　Théâtre Libre, June 1900;
"Georges Carel" (dramatic poem , 1 act).
　　　Paris: E. Pelletan, 1902.
　　　[BN 8 Yf 1313, ASP Rf. 57.231].

Les Miséreux (drama, 5 acts).
　　　Eden Concert, 29-1-05.

La Revanche de l'aigle (historical drama, 5 acts).
　　　Le Mans: Impr. Monnoyer, 1905.
　　　[BN Nains 128, ASP Rf. 57.235, ARS GD 8 2776].

Madame Borderline (1 act).
　　　Théâtre en liberté, 1905.
　　　[AN F$^{18}$13 70$^A$].

Nos salariés (drama, 5 acts).
　　　Théâtre Molière, 8-5-06.

Sous les armes (drama, 1 act).
　　　Eden Concert, 5-3-09.

Le Semeur de la mort (drama, 10 tableaux).
　　　Paris: Beaudelot, 1910.
　　　[BN Z Barrès 18736, ASP Rf. 57.236].

**D'ORIMONT** (Valentine D[avid]).
　　　Poet.

Mélococomanie (comedy, verse), Orpheline (pièce à dire), Restons au village (comedy, 1 act, verse).
　　　Performed in Narbonne, Perpignan, Marseilles before 1910.

Tendre querelle (comedy, 1 act). Prix Vallabrègue, Jeux Floraux du Languedoc de 1908.
　　　In Le Petit poète-Gazette des salons 1-6-10.
　　　[BN Fol. Ye 41, ASP Rf. 80673].

**DORIN** (Françoise) (pseudonym: Frédéric RENAUD).
1928 -
Novelist.

Comme au théâtre (comedy, 3 acts). Signed Frédéric RENAUD.
    In Avant-Scène-Théâtre 446 (1-4-70).
    Paris, Théâtre de la Michodière, 2-2-67.
    [BN 4 Y 78, ASP 4 Jo 12601, SACD].

La Facture (comedy, 2 acts, 4 tableaux).
    In Avant-Scène-Théâtre 416 (15-12-68).
    Paris, Théâtre du Palais Royal, 20-9-68.
    [BN 4 Y 78, ASP 4 Jo 12601, SACD].

Les Bonshommes (comedy, 4 acts).
    In Avant-Scène-Théâtre 459 (1-11-70).
    Paris: Théâtre du Palais Royal, 17-9-70.
    [BN 4 Y 78, ASP 4 Jo 12601, SACD].

Un Sale égoïste (comedy, 4 acts).
    In Avant-Scène-Théâtre 446 (1-4-70).
    Paris, Théâtre Antoine, 31-1-70.
    [BN 4 Y 78, ASP 4 Jo 12601, SACD, SACD ms. 2226].

Monsieur Pompadour (comedy-operetta, 30 tableaux). Music by
Claude BOLLING. Choreography by Arthur PLASSCHAERT.
    Paris, Théâtre Henri Varna-Mogador, 8-12-71.

Le Tournant (comedy, 4 acts).
    In Avant-Scène-Théâtre 555 (1-1-75).
    Paris, Théâtre de la Madeleine, 7-1-73.
    [BN 4 Y 78 (1975, 555), ASP 4 Jo 12601, SACD].

Le Tube (comedy, 2 acts).
    Paris: Flammarion, 1975; in Avant-Scène-Théâtre 572 (1-10-75).
    Paris, Théâtre Antoine, 13-9-74.
    [BN 16 Yf 1024, ASP 4 Jo 12601, SACD, AV].

L'Autre valse (comedy, 3 acts).
    In Avant-Scène-Théâtre 583 (15-3-76); Paris: Laffont, 1978.
    Paris, Théâtre des Variétés, 30-9-75.
    [BN. 4 Y 78, ASP 4 Jo 12601, SACD ms. 566].

Si t'es beau, t'es con (comedy).
>    In L'Autre valse. Paris: Laffont, 1978.
>    Paris, Théâtre des Arts-Hébertot, 15-9-77.
>    [BN 16 Yf 944 (3), ASP 8 Y 1613, 8 Y 4204].

Le Tout pour le tout (comedy, 4 acts).
>    In L'Intoxe. Paris: Flammarion, 1980; in Avant-Scène-Théâtre 729-730 (1-5-83).
>    Paris, Théâtre du Palais Royal, 22-10-78.
>    [BN 16 Yf 1358, ASP 4 Jo 12601, SACD, SACD ms. 2225].

L'Intoxe (comedy, 2 tableaux).
>    Paris: Flammarion, 1980; in Avant-Scène-Théâtre 729-730 (1-5-83).
>    Paris, Théâtre des Variétés, 3-10-80.
>    [BN 16 Yf 1358, ASP 4 Jo 12601, SACD].

L'Etiquette (comedy, 3 acts).
>    In Avant-Scène-Théâtre 729-730 (1-5-83); Paris: Flammarion, 1983.
>    Paris, Théâtre des Variétés, 14-1-83.
>    [BN 4 Y 78 (1983), ASP 4 Jo 12601, SACD, AV].

Les Cahiers Tango (comedy).
>    Paris: Flammarion, 1988.
>    Paris, Théâtre Antoine-Simone Berriau, 15-1-88.
>    [BN 16 Yf 1738, ASP 8 Y 3641, SACD, AV].

Théâtre, 2 volumes.
I. "Le Tournant", "Les Bonshommes".
II. "Comme au théâtre", "La Facture", "Un Sale égoïste".
>    Paris: Julliard, 1973.
>    [BN 16 Yf 944 (1-2), ASP 8 Y 1051 (1-2)].

Théâtre. Contains: "Si t'es beau, t'es con" and "L'Autre valse".
>    Paris: R. Laffont, 1978.
>    [BN 16 Yf 944 (3)].

L'Age en question (2 parts).
>    Paris, Variétés, 10-6-86.
>    [SACD ms. 2340].

La Valise en carton (musical comedy). Co-authored by P. AURIAT.
>    Paris, Casino de Paris, 16-9-86.

**DORTIZ** (Elisabeth).

> Caroline ou une autre vie. Co-authored by Jean-Marie SERIEYSSOL.
> Toulouse, Théâtre Ouvert, Gueuloir (reading), 1977.

**DORTZAL** (Jeanne).
> Nemours (Algeria), 1878 - 1943.
> Actress, poet.

> Stenio (1 act, verse).
> > Paris:E. Sansot, 1908.
> > [BN 8 Yth 33395, ASP Rf. 57.255].

> Perce Neige et les 7 gnomes (tale, 4 acts, verse). Music by
> MASSENET.
> > Paris: E. Sansot, 1909.
> > Paris, Fémina, 7-2-09.
> > [BN 8 Yf 1667, ASP Rf. 57.256, ARS GD 8 29787].

> Une Bonne leçon (comedy for children, 1 act, verse).
> > In Figaro de la Jeunesse 28-7-10.
> > [BN VER Jo 68231, ARS GD 8 48307].

> Les Cloches de Port-Royal (à propos, 1 act).
> > Paris: Stock, 1912.

**DOTTIN** (Florence).

> Pas de veine pour Dracula Co-authored by Luc CHAUMAR.
> > Paris, Le Sentier des Halles (Cie en Morceaux), April 1985
> > (directed by Dottin).

> Divas sur canapés (musical comedy). Co-authored by Luc CHAUMAR.
> > Paris, La Sentier des Halles, 3-5-88 (authors in cast).

**DOUET** (Danièle).
> Café-théâtre performer.

> C'est où les îles Baléares ? Co-authored by Sylvie FOLGOAS.
> > Paris, Dix heures, May 1982.

**DOUNY** (Alice) (see YNUOD).

**DOURLIAC** (Mme Arthur) (H. A. DOURLIAC) (pseudonym of Henriette COUILLARD).
Paris, 1860 - 1936.
Novelist.

Il y a deux siècles, Le Treizième pâté (children's plays, 1 act).
In Semaine de Suzette (1919-20).
[BN microfilm m-8017 (1919-20)].

Simplet (comedy, 1 act).
Niort: Boulord, n.d.
St-Pons, 22-2-22.
[BN 8 Yth 41573].

Veuve la verdure (comedy, 1 act).
Niort: Boulord, n.d.
Crucey, 17-12-22.
[BN 8 Yth 38058].

Le Renard blanc (saynète, 1 act).
Niort: Boulord (Mon Théâtre), [1935].
[BN 8 Yf 2535 (26)].

**DOUTÉ** (Isabelle).
Café-théâtre performer.

Tu m'as tué Caroline.
Paris, Crep Théâtre le Grenier, Sept. 1982 (performed by author).

Infini Express.
Paris, Dix Heures, July 1983 (performed by author).

**DOUTRELIGNE** (Louise) (Claudine FIEVET).
Roubaix, 1948 -
Actress, director; co-founded Théâtre du Quotidien with Jean-Paul Wenzel in 1975; member of the Théâtre de la Rose des Vents at Villeneuve d'Acq; co-founder of the Compagnie Fiévet-Paliès.

Marianne attend le mariage. Signed Claudine FIEVET. Co-authored by Jean-Paul WENZEL.
Paris: Stock/Théâtre Ouvert, 1975.
Paris, Beaubourg, Théâtre Ouvert, 1976.
[ASP 16 Y 2796].

Ainsi soit-il (1977).
Paris, Atalante (Ecrit-dit), Feb. 1986.

Détruire l'image (1 act).
>Paris: Théâtre Ouvert (Tapuscrit 8), 1979.
>Paris, Centre Culturel de la Communauté française de Belgique (mise en voix), 8-12-79; Paris, Petit Odéon, 17-2-81.
>[BN 8 Yf 3263 (8), ASP 8 Y 1882, SACD, AV, TO].

Une Femme neutre, 1980.

Quand Speedoux s'endort. Includes:
"Qui est Lucie Syn' ?" (comedy, 1 act),
>Paris, Rencontres Théâtrales (reading); Théâtre de l'Est Parisien, 1979; Comédie de Caen, 1983;
"Quand Speedoux s'endort",
>Paris, Théâtre Ouvert, Jardin d'Hiver (mise en voix), 8-6-82; Villeneuve d'Ascq, Théâtre de la Rose des Vents, 8-5-83 (directed by author).
>Paris: Edilig/Théâtrales, 1983.
>[BN 8 Y 1500 (19), ASP 8 Y 2403, AV].

Les Onze lettres d'Elise Mahler (récit pour deux voix de femmes).
>Paris: Théâtrales (ms. 632), [1985].
>Performed on the radio, France Culture, 1981; Paris, Théâtre Essaïon, Théâtre à une voix (reading), 12-5-84; Paris, Petit Odéon, 1985.
>[AV, TH, POI, SACD ms. TAV].

Au bord.
>Paris, Théâtre Ouvert, Jardin d'Hiver (mise en voix), 8-6-82.
>[SACD ms. 3809, TO ms.].

Crocq' amour (comedy, 1 act).
>In Festival de l'Acte de Metz 1985. Dix pièces en un acte.
>Paris: Papiers, 1985.
>Metz, Théâtre Municipal, Festival de l'acte (Cie Fiévet-Pailès), 21-9-85 (author in cast).
>[ASP 8 Y 2505, SACD, AV, POI].

Petit' pièces. Adapted from Quand Speedoux dort, Qui est Lucie Syn'?, and Vu de dos.
>Paris, L'Atelante (Cie Fievet-Pailès), 21-2-86.

Petit' pièces intérieures.
>Paris: Papiers, 1986.
>Paris, Théâtre 18, 17-9-86.
>[BN 16 Y 1051 (53), ASP 8 Y 2881, SACD, AV].

L'Ill (opera).
>    Limoges, Grand Théâtre municipal, March 1986.

Térésada (7 acts). Original title on ms. Teresa d'Avila.
>    In Avant-Scène-Théâtre 808 (15-4-87).
>    Limoges, C.D.N. du Limousin, 7-6-87; Avignon, Festival-Off, Chapelle de l'Oratoire, 26-7-87.
>    [BN 4 Y 78 (1987, 808), ASP 4 Jo 12601, AV ms. Fol. AY 444 (dated 18-12-84)].

Femme à la porte cochère.
>    Paris: Actes Sud- Papiers, 1988.
>    Avignon, Chartreuse (reading), 1988; Paris, Théâtre Renaud-Barrault, 19-10-88.
>    [BN 16 Y 1051 (41), ASP 8 Y 3675, SACD, AV].

Conversations sur l'infinité des passions.
>    Paris:Ed. des Quatre Vents, 1990.
>    Limoges, Compagnie Fievet-Palies, Festival International des Francophonies, 5-10-89; Paris, Hotel Lutétia, 13-11-90.
>    [BN 16 Yf 1892, AV].

**DRAI** (Martine).
>    c. 1955 -
>    Novelist, adaptor; actress and director.

Alias.
>    In Avant-Scène-Théâtre 793-794 (July 1986).
>    Paris, Théâtre Essaïon, Théâtre à une voix (reading), 16-5-83; Paris, Théâtre National de Chaillot, Grand Foyer, 22-1-86 (directed by A. Vitez, performed by author).
>    [BN 4 Y 78, ASP 4 Jo 12601, SACD, SACD ms. TAV].

Un Amoureux pour la vie.
>    Paris: Théâtrales (ms. 1704), 1987.
>    Public readings at Essaïon de Paris, La Chartreuse de Villeneuve-lès-Avignon, 1988, and the Centre Culturel du Languedoc-Roussillon, 1988.
>    [AV, TH, POI, SACD ms. TAV]

A la septième heure de la pleine lune (oriental play).
>    First performed privately in 1987 in the Paris region; La Rochelle, Maison de la Culture, October 1988.

Robinette et le professeur (combat, 1 prologue et 6 manches).
Cergy-Pontoise, Théâtre des Arts, 11-12-90 (author/director in cast).
[SACD ms. 3498].

Lézardes.
Paris: Théâtrales (ms. 2856), 1990.
[AV, TH].

**DRENOVAC** (Jelica).

Dieu existe, mais évidemment, je n'y crois pas (comedy, 3 acts).
[SACD m. 1235].

**DRIOT** (Annie).
Café-théâtre performer.

J'ten prie, pas devant le carreau. Co-authored by Guy LARRAS.
Paris, Au Petit Casino, Sept. 1979.

**DUBARRY or DU BARRY**(Eugénie).

Les Enfants nantais (drama, 4 acts).
Paris: Librairie de l'oeuvre de saint Paul, 1894; Paris: Bricon et Lesot, 1909.
[BN 8 Yth 26882, ASP Rf. 85539].

Un Jour d'héroïsme ou Episode de l'enfance de sainte Thérèse (3 acts).
Paris: Colombier, 1894; Paris: Bricon et Lesot, 1913.
[BN 8 Yth 26624, ASP Rf. 85550].

Une Représentation au Palais Cardinal (comedy, 3 acts), Le Tout au sujet d'un caniche (comedy, 2 acts), Le Petit Poucet (comedy, 3 acts), Sainte Geneviève (drama, 3 acts).
Paris: Vic et Amat, 1896-97 (available at BN).

La Mission d'Eliézar (5 acts), La Boîte d'allumettes (monologue), Les Hevétiennes (drama, 3 acts), Au clair de la lune (comedy, 1 act, 1 tableau), Jeanne d'Arc (drama, 5 acts), Josette (comedy, 2 acts), La Soeur de Tasse (4 acts), Tarcisius ou le Martyr de l'Eucharistie (3 acts), Le Rêve de Mignan (comedy, 1 act), Geneviève de Brabant (drama, 3 acts), Le Croisé (drama, 3 acts, verse), La Victoire de Clovis (3 acts), Le Sacre de saint Louis (drama, 3 acts), Sicut dixit (drama, 3 acts, verse), Judith (biblical drama, 5 acts), Le Lendemain de Noël (pastoral, 3 acts), L'Hôtel de Béthanie (evangelical scene), Sur le chemin.
Paris: Bricon et Lesot, 1899-1917 (available at BN and/or ASP).

Christine de Suède (4 acts, verse).
>Paris: Bricon et Lesot, 1907.
>Paris: L'Athénée St-Germain, 3-2-07.
>[ASP Rf. 85537].

Saynètes et monologues pour jeunes filles.
>Paris: Bricon & Lesot, 1909.
>[BN 8 Yf 1687, ASP Rf. 85535].

L'Obstacle (1 act).
>Paris:chez l'auteur, 1912.
>[BN 8 Yth 34476].

Les Filles de Racine (3 acts).
>Paris: R. Haton, 1920.
>[BN 8 Yth 36378, BHVP].

La Fille de Jaïre (evangelical drama, 3 acts).
>Paris: R. Haton, 1924.
>Bon Théâtre de Paris, 4-2-23.
>[BN 8 Yth 37464, ASP 8 Y 26, BHVP].

Christophe Colomb (3 acts).
>Paris: R. Haton, 1927.
>Paris, Bon Théâtre, March 1924.
>[BN 8 Yth 38294].

La Légende de sainte Odile (3 acts).
>Paris: R. Haton, n.d.
>[ASP Rf. 85543].

**DUBOIS** (Edmée).

Le Noël de Jeanne d'Arc (children's play).
>In Semaine de Suzette 14:48 (2-1-19).
>[BN microfilm m-8017].

**DUBOIS** (Jane).

Choix d'une profession (comedy, 1 act).
>Paris: Stock, Delamain et Boutellau, 1933.
>[BN 8 Yf pièce 929].

**DUBOIS** (Pascale).

Les Caméléons. Co-authored by René COLIN.
>Paris, Collège Néerlandais, Jan. 1989.

**DUBOSC** (Isabelle).

L'Ile irréelle (dramatic vaudeville, 1 act).
In Avant-Scène-Théâtre 429 (1969).
[BN 4 Y. 78 (429, 1969), ASP 4 Jo 12601].

**DUBRAY** (Lucie).

Par correspondance.
Paris: Gustave Ficker, 1911.
[ASP Rf. 84.125].

**DUBREUILH** (Simone).
Paris, 1912 - id., 1960.
Film critic for *Libération* and RTF.

Ce pauvre Gulliver ou Jonathan Swift (dramatic comedy, 3 acts).
Paris, Comédie de Paris (Théâtre d'Essai), 9-5-56.

Le Naufrage ou Miss Ann Sanders (comedy, 6 tableaux).
In Avant-Scène-Femina-Théâtre 191 (15-2-59).
[BN 4 Y 78 (191), ASP 4 Y 1912, SACD].

L'Heure du thé (comedy, 1 act).
In L'Avant-Scène-Fémina-Théâtre 211 (1-1-60).
[BN 4 Y. 78 (211), ASP 4 Y 973, SACD].

Une Demande en mariage (comedy, 1 act).
In Avant-Scène-Fémina-Théâtre 222 (15-6-60).
Paris, Théâtre de l'Alliance Française, 9-5-60.
[BN 4 Y. 78 (222), ASP 4 Y 70, SACD].

**DUCATE** (Claudine).
1950 -
Editor in chief of a magazine, LAS (Littérature, Art, Spectacle).

Elle est à tuer.
Paris, Théâtre Essaïon, Théâtre à une voix (reading), 23-4-83.
[SACD ms. TAV 65].

**DUCCESCHI** (Maria).
Cognac, 1958 -
Actress and director; founded the Marteau Compagnie.

Et dire qu'on ne peut aimer ça (un sale goût pour l'honneur) (1 act).
In Douze jeunes auteurs sept jours d'atelier.
Metz: Théâtrothèque de Lorraine, 1986.
[ASP 4 Y 2127].

Fou tout rien.
>Avignon, Festival-Off, Espace Athanor (Le marteau Compagnie), 11-7-86 (directed by author).

Les Péripatéticiens. Co-authored by Anca VISDEI.
>Avignon, Festival-Off, Cinevox-Athanor (La Marteau Compagnie), 9-7-87 (directed by Ducceschi); Paris, Edgar, Oct. 1987.

Tue moi, c'est dimanche.
>[SACD ms. CA 65].

**DUCHAND** (Michèle).

Ah c'tte nana! (one woman show).
>Avignon, Festival-Off, Externat Saint-Charles, 13-7-89.

**DUCOS** (Dominique).
1955 -

Une Belle journée d'août 1913.
>Théâtre de Gennevilliers, 10-11-87 (directed by author).

**DUCRET** (Mlle Louise).
School teacher.

Le Compliment perdu et retrouvé (à propos-saynète).
>Paris: Sulzbach, 1898 (dedicated to Marie Guerrier de Haupt).
>[BN 4 Yth 6621].

Le Jour de l'an à la pension, Une Répétition générale ou Madame Harpagnon, Un Secret de Polichinelle, Cécile, ou l'Ange au foyer (comedies for boarding school girls).
>Paris: Gallet, 1902 (available at BN).

**DUCROT** (Janine) (see Marie ALIX).

**DUHAMELET** (Geneviève).
Paris, 1890 - *id.*, 1980.
School teacher; Catholic novelist and biographer.

La Servante (miracle, 1 act, 2 tableaux).
>Paris: G. Enault, 1928.
>Moulins, 27-4-25.
>[BN 8 Yth 38776, ASP Rf. 85581, ARS Th. N. 38104].

La Barbichette (comedy, 1 act). Co-authored by Georges DOCQUOIS.
>Paris: G. Enault, 1930.
>[BN 8 Yth 39668, ASP 8 Y 3190].

Jouons l'Evangile. 7 plays in 2 volumes.
>Paris: G. Enault, 1950.
>[BN 16 Yf 184 (1-2), ARS Th. N. 36.843-3].

**DUMAS** (Catherine).

Connaissez-vous Vanessa ? (1 act).
>In Douze jeunes auteurs, sept jours d'atelier.
>Metz: Théâtrothèque de Lorraine, 1986.
>[ASP 4 Y 2127].

. L'Amnésique, Bodil et les tricheurs, Faut-il tuer Rosencrantz?.
>[SACD ms. CA 66].

**DUMEZ** (Nicole).
>Actress.

Aqui-libre.
>Paris, Communauté française de Belgique, 23-2-83
>(performed by author).

**DUMONT** (Ghislaine).

Album au nom de la mère, du père et du fils.
>Paris: Théâtrales (ms. 829), [1985].
>[AV, TH, POI].

West End C°.
>Villejuif, Théâtre Romain Rolland, April 1985 (directed by
>author); Paris, L'Epicerie, May 1986.

**DUMONT** (Laurence-D[enise]).
>c. 1919 -

Aucilla Domini.
>Paris, au Rideau Prétextes, 1943.

Croix ensevelie. Original title: Pire que Dieu. Written in 1942-43.
>Paris, Théâtre de l'Humour, 26-10-53.

**DUPAS** (Andrée).

Le Jeu du gâteau et du velours, Dany, Bébert et Cie and Un Savant de
province.
>Paris: Ed. du Scorpion (Les Feux de la Rampe), 1965.
>[BN El. 8 Y. 124 (3), ASP 16 Y 357].

**DUPIN** (Mme).

> Judas (5 acts, 6 tableaux).
>> Submitted to Théâtre de l'Odéon, 1909.
>> [ASP Rf. 57718 (summary)].

**DUPLEX** (Henriette).
Novelist, poet and biographer.

> Don Juan aux enfers (dramatic comedy, 3 acts).
>> In La Gazette Litteraire 8:7 (1-4-34).
>> [BN 4 Z 2824, ASP Rf. 57.729].

> L'Armée de Condé (drama, 5 acts, verse).
>> Lille: Mercure Universel, 1934.
>> [BN 8 Yth 40447, ASP Rf. 57.730, BHVP].

**DUPONT** (Juliette).

> Chair à plaisir (3 acts). Co-authored by Gelin NIGEL.
>> Tours, Théâtre Français, 14-11-06; Moulin Bleu, 04-8-22.

> Chair ardente (études de moeurs, 3 acts), La Demoiselle du trottoir (comedy, 1 act), La Câlineuse (4 acts).
>> Lille, Kursall, Nov. 1906.

> Le Marchand de vierges (3 acts).
>> Béziers, Var., 18-4-07.

> La Vendeuse d'amour (comedy, 3 acts).
>> Toulouse, Apollo, 21-3-10.

**DUPORTAL** (Marguerite).
? - 1946.
First woman to become a *docteur ès lettres* (1914) at the Sorbonne; art historian.

> Une Querelle dans le ménage d'Arlequin.
>> Paris: La Grande Revue, 1905.
>> [BN microfiche m. 9669].

> Le Théâtre de salon. 6 plays including:
> "La Confession de Pierrette" (comedy, 1 act),
>> Dinard, Vélo-club, 20-2-24.
>> Paris: Librairie des Saints-Pères (du Bon Théâtre), 1912.
>> [BN 8 Yf 1852, ASP Rf. 84.136].

Théâtre au pensionnat. 4 plays.
> Paris: Librairie de Saints-Pères, 1912.
> [BN 8 Yf 1847, ASP Rf. 85603].

Le Serment de Loïc (1 act, prose).
> Paris: G. Ondet, 1925.
> Etampes, Feb. 1925.
> [ASP Rf. 85606].

Le Barbier du nouveau seigneur (comedy, 1 act, prose).
> Paris: A. Lesot, 1925.
> Trévoux, 27-2-27.
> [BN 8 Yth 37773].

La Légende de saint Eloi (Catholic play, 1 act, verse).
> Mamers: G. Enault, 1926.
> [BN 8 Yth 37982].

Elisabeth ou le Miracle des roses (2 acts, verse).
> Paris: G. Enault, 1927.
> [BN 8 Yth 38339].

Le Sachet (saynète, verse).
> Paris: G. Enault, 1928.
> Paris, Salle de l'Epicerie, 16-3-30.
> [BN 8 Yth 38770].

Portraits de famille (chronique de 1929) (1 act, prose).
> Paris: G. Enault, 1929.
> Toulon, private performance, 1-6-30.
> [BN 8 Yth 39012, ASP Rf. 85605].

Et alors il advint... (comedy, 1 act).
> Paris: P. Téqui, 1933.
> [BN 8 Yf 2452 (8)].

Régine Savernier (1 act).
> Paris: P. Téqui, [1933].
> Chanu (Oise), 14-5-33.
> [BN 8 Yf 2452 (9)].

Les Théories de M. Pertuchat (1 act, prose).
> Niort: H. Boulord (Mon Théâtre), [1934].
> [BN 8 Yf 2535 (11), ASP Rf. 85607].

Les Vertus en congé (comedy, 1 act).
> Paris, private performance, 21-10-34.

Le Dilemme (3 acts).
>   Paris, private performance, 4-2-36.

Nuit de Noël (poème dialogué, 1 tableau).
>   Paris: G. Enault, 1937.
>   [BN 8 Yth 38771, ARS 8 Th. N. 34122].

L'Héritage de l'oncle Antoine (operetta, 1 act).
>   Paris: G. Enault, 1938.
>   [BN 8 yth 41776].

L'Offrande à sainte Anne (1 act, prose).
>   Paris: Haton, n.d.
>   [BN 8 Yth 37674, ASP Rf. 85604].

**DUPOYET** (*Pierrette* Annie).

La Matriarche (one woman show).
>   Paris, Théâtre campagne première, 1977.

La Foraine (one woman show).
>   Performed in Paris before 1984.

Laisse tomber la neige (one woman show).
>   Avignon, Battement d'Elles, 7-7-84.

Chutt! (one woman show).
>   Paris: Papiers, 1986.
>   Avignon, Théâtre de Mazouing, 6-7-85.
>   [BN 16 Y 1051 (3), ASP 8 Y 2670, SACD].

L'Enfer (one woman show).
>   Paris: Papiers, 1986.
>   Avignon, Le Mazouing, 12-7-86.
>   [BN 16 Y 1051 (56), ASP 8 Y 2878, SACD].

Tartine (one woman show).
>   Avignon, Le Mazouing, 9-7-87.

Madame Guillotin (one woman show).
>   Paris: Actes Sud-Papiers, 1989.
>   Avignon, la Tâche d'Encre, 10-7-88.
>   [BN 16 Y 1051 (150), ASP 8 Y 3789, BSG, BHVP, SACD].

Toro (one woman show).
>   Avignon, Le Mazouing, 13-7-89.

Coté Rimbaud (one woman show).
>Paris: Acte Sud-Papiers, 1991.
>Avignon, Théâtre Tremplin, 10-7-90.
>[BN 16 Yf pièce 210, ASP 8 Y 4518].

**DURAND** (Anne).
Author of a book about Camus.

Les Malentendus (3 acts).
>Colombes: Impr. Cary, 1961.
>Performed in Algérie, 1956-57.
>[BN 16 Yth 2182].

**DURAND** (Martine).

Jus d'carreau (monologue).
>Paris, Arcane Théâtre, 11-5-90 (directed by author).

**DURAS** (Marguerite) (pseudonym of Marguerite Germaine M. DONNADIEU).
Born in Giadine (Vietnam), 1914 -
Novelist, filmmaker, and director.

Théâtre I.
"Les Eaux et forêts",
>Théâtre Mouffetard, 14-5-65; revised version, Studio des Champs-Elysées, Oct. 1965 [SACD ms. 2074];
"Le Square" (3 tableaux),
>Paris, Studio des Champs-Elysées, 19-9-56; revised version, Théâtre Daniel Sorano, 15-1-65 [SACD ms. 2224];
"La Musica",
>Paris, Studio des Champs-Elysées, 1965.
>Paris: Gallimard, 1965.
>[BN 16 Yf 626 (1), ASP 16 Y 747 (1), SACD, AV].

Les Viaducs de la Seine-et-Oise (dramatic comedy, 2 parts).
>Paris: Gallimard (Le Manteau d'Arlequin), 1959; in Paris-Théâtre 198 (1963).
>Marseille, Théâtre Quotidien, 21-4-60; Paris, Théâtre de Poche-Montparnasse, 15-2-63.
>[BN 16 Y. 224 (23), ASP 8 Y 471, AV].

Les Papiers d'Aspern (3 acts, 5 tableaux). Co-authored by Robert ANTELME. Translation of Michael Redgrave's adaptation of a short story by Henry James.
>In Paris-Théâtre 172 (1961).
>Paris, Théâtre des Mathurins, 4-2-61.
>[BN 16 Y 244 (172, 1961), ASP 8 Y 445].

Miracle en Alabama. Translation-adaptation of William Gibson's *The Miracle Worker*.

> In Avant-Scène-Théâtre 279 (1963).
> Paris, Théâtre Hébertot, 10-9-61.
> [BN 4 Y. 78 (279, 1963), ASP 4 Jo 12601, SACD].

Théâtre III.

"La Bête dans la jungle". Translation of James Lord's adaptation of *The Beast in the Jungle* by Henry James.

> Paris, Théâtre de l'Athénée, 12-9-62;

"Les Papiers d'Aspern" (see above);

"La Danse de la mort". Translation-adaptation of *Dödesdansen* by August Strindberg.

> Paris, Théâtre du Palais de Chaillot, 21-2-70.
> Paris: Gallimard, 1984.
> [BN 16 Yf 626 (3), ASP 16 Y 747 (3), BSG, SACD, AV].

Des Journées entières dans les arbres.

> In Avant-Scène-Théâtre 348-349 (Jan. 1966).
> Paris, Théâtre de L'Odéon, 1-12-65.
> [BN 4 Y 78 (348-349, 1966), ASP 4 Jo 12601, SACD].

Théâtre II.

"Suzanna Andler",

> Paris, Théâtre des Mathurins, 6-12-69;

"Des Journées entières dans les arbres" (see above);

"Yes, peut-être" and "Le Shaga",

> Paris, Théâtre Gramont, 5-1-68;

"Un Homme est venu me voir".

> Paris: Gallimard, 1968.
> [BN 16 Yf 626 (2), ASP 16 Y 747 (2), SACD, AV].

L'Amante anglaise.

> Paris: Théâtre National Populaire, 1968; in Avant-Scène-Théâtre 422 (15-3-69).
> Paris, Théâtre national de Chaillot (Salle Gémier), 16-12-68.
> [BN 16 Y. 443 (4), ASP 16 Y 1493, SACD, AV].

Détruire dit-elle.

> Paris: Editions de Minuit, 1969.
> Paris, Centre Culturel de la Barbière, 13-4-82.
> [BN 16 Y$^2$ 48668, BSG 8 Y SUP 40107].

Abahn Sabana David.
    Paris: Gallimard, 1970.
    Paris, Biothéâtre, 22-1-76.
    [BN 16 Z 7515 (2780].

Home. Transalation-adaptation of a play by David Storey.
    Paris: Gallimard, 1973; in Avant-Scène-Théâtre 792 (1986).
    Paris, Café de la Gare, 28-5-86; Rond-Point, 11-6-86.
    [BN 16 Y 482 (52), ARS 16 Y 2413, AV].

India Song (texte, théâtre, film).
    Paris: Gallimard, 1973.
    Belgium, Anvers, 12-4-85.
    [BN 16 Yf 945, ASP 8 Y 1085, AV].

Eden Cinéma.
    Paris: Mercure de France, 1977; Actes Sud-Papiers, 1988.
    Paris, Théâtre d'Orsay, 25-10-77.
    [BN 16 Yf 1176, ASP 16 Y 3693, SACD, AV].

Le Navire Night.
    Paris: Mercure de France, 1979.
    Paris, Théâtre Edouard VII, 23-3-79.
    [BN 16 Y2 43991].

Agatha.
    Paris: Ed. de Minuit, 1981.
    Paris, Théâtre Essaïon, 20-9-83.
    [BN 16 Yf 1372, ASP 16 Y 4186, SACD].

Véra Baxter ou les Plages de l'Atlantique.
    Paris: Albatros, 1984.
    Paris, Théâtre 18, 3-11-81.
    [BN 8 V 78166 (23), BSG].

Aurélia Steiner (version scénique).
    In Didascalies 3 (April 1982).
    Bruxelles, Ensemble Théatral Mobile, 27-4-82; Paris, Galerie
    Créatis, 1983; Petit Odéon, 7-3-89.
    [BN 4 Yf 548 (3), ASP 4 Jo W 1478(3)].

Savannah Bay.
    Paris: Ed. de Minuit, 1982.
    Paris, Théâtre du Rond-Point, 27-9-83 (directed by author).
    [BN 16 Yf 1440, ASP 16 Y 4349, SG 8 Y SUP 33842, SACD
    P39, AV T DUR S].

La Musica Deuxième or Musica Musica.
> Paris: Gallimard, 1985.
> Paris, Théâtre du Rond-Point, 20-3-85.
> [BN 16 Z 26657, BSG, SACD, AV].

La Mouette (4 acts). Adaptation-translation of Tchekhov's play.
> Paris: Gallimard, 1985.
> Marseille, Théâtre de la Criée, 23-1-85; Théâtre de Boulogne-Billancourt, 1985.
> [BN 16 Ym 4980, ASP 8 Y 2633, BSG].

**DURATTI** (Marie).

Rendez-vous en noir (1 act). Co-authored by Michel THOMAS.
> Yutz, 16-11-81.
> [SACD ms. 366].

**DUROU** (Danielle).

Une Alarme.
> [SACD ms. CA 67].

**DURRY** (Marie-Jeanne) (née WALTER).
Paris, 1901 - 1980.
*Docteur ès lettres* (1933), professor of French literature; director of the Ecole normale supérieure de Sèvres (1956); literary critic and historian; poet; Officier de la Légion d'Honneur.

Eden (5 acts).
> Paris: Seghers, 1970.
> Performed on the radio, France Culture, 16-3-66.
> [BN 16 Yf 833, ASP 16 Y 1822].

**DURVIN** (Dominique).

Le Lavoir. Co-authored by Hélène PRÉVOST.
> In Avant-Scène-Théâtre 795 (1986); Paris: Ed. des Quatre vents, 1991.
> Avignon, Festival-Off, Le Lavoir (Théâtre la Basoche), 11-7-86; Paris, Nouveau Théâtre Mouffetard, 11-12-87.
> [BN 16 Yf 2038, ASP 8 Y 4625, AV].

Le Salon. Co-authored by Hélène PRÉVOST.
> Avignon, Festival-Off, Roseau Théâtre (Théâtre de la Basoche), 9-7-88 (directed by Durvin).

**DUTHEIL** (Mme Paul).
>    Published a novel (1897).

>    Le Dernier "jour" de l'hôtel de Rambouillet (comedy, 1 act).
>>        Paris: Cornély (Théâtre blanc), 1904.
>>        [ASP Rf. 85609, ARS GD 8 29606].

>    La Belle au bois dormant (féerie, 4 tableaux), La France illustrée (allegorical play), Une Revue de femmes célèbres (comedy, 3 acts), La Paresse (divertissement, 3 acts), La Fête de Sainte-Catherine à l'Institut pédagogique de Trois Etoiles (comedy-vaudeville).

**DUVERNON** (Eve *Solange* Terrasson-) (pseudonym: Sidonie BABA).
>    Poet.

>    Le Marchand d'idées (tale, 3 acts, 4 tableaux).
>>        Paris, Comédie Caumartin, 19-3-32.

# E

**EBRARD** (Mme) (pseudonym: Françoise DELILLE).

Ruban bleu (comedy, 1 act).
Paris, Théâtre Michel, 27-2-37.

**ECORCE** (Marie).
One woman shows performed throughout the eighties in Paris and Avignon.

**EGRET** (Marie-Françoise).
1947 -

L'Opossum. Includes "L'Opossum" (1 act),
Rennes, Maison de la Culture, 14-2-75; Nanterre, Théâtre des Amandiers, 17-4-75;
"Squelette doré" (1 act).
Paris: Oswald (Théâtre en France), 1975.
[BN Y. 526 (43), ASP 16 Y 3026, AV].

Bathory Erzsebet.
Nanterre, Théâtre des Amandiers, 17-10-78.

Villa Trottia.
Paris: Théâtrales (ms. 1116), [1985].
[AV, TH, POI].

La Mare, Les Automobiles, Sumetro (unpublished plays).

**EHRET** (Odile).
Adaptor.

L'Education des filles.
Avignon, Théâtre Ouvert, Gueuloir (reading), 18-7-76;
Festival d'Avignon, July 1978.

La Petite soeur.
Festival d'Avignon, July 1979.

La Papesse ou la Légende de la Papesse Jeanne et de sa compagne
Bartolea.
Paris: Limage Théâtre, 1982.
Poitiers, 23-11-82; Cartoucherie, Théâtre de la Tempête, April
1983.
[ASP 8 Y 2246, SACD, AV].

Soir de grève.
Avignon, Théâtre Ouvert, Gueuloir (reading), 22-7-78; Paris,
Croq'diamants, Sept. 1980.
[TO ms.].

Ulrich Helger.
Paris: Théâtrales (ms. 966), [1985].
Paris, Théâtre Ouvert, Jardin d'Hiver (mise en voix), 8-6-82;
Théâtre de l'Epicerie, 1987; Roseau Théâtre, 27-4-87.
[AV, TH, POI].

Fêtes.
Paris: Théâtrales (ms. 2205), 1989.
Radio France Culture, 1984.
[AV, TH].

Roissy.
Paris, Théâtre de l'Eure, Oct. 1986.

**EMERY** (Francine).

Embarcadère.
Villejuif, Théâtre Romain Rolland - XIe Rencontres Charles
Dullin (l'Aurige Théâtre), 7-11-85.

**ENIA** (Blanche).
? - 1946.

Sex appeal (3 acts). Co-authored by P. SABATIER.
In Oeuvres libres 157 (July 1934).
Paris, Théâtre de la Renaissance, 29-5-31.
[BN microfiche 8 Z 21438 (157), ASP Rec. 195 (157, 1934)].

Antoinette Plaquerent (5 tableaux), 1933.

L'Impasse (3 acts).
> Paris, Théâtre des Mathurins, 6-5-36.

Aime-moi.
> Radio Nationale, 1943.

**EPINOCH** (Judith) (see Eulalie PICCARD).

**ERBÉ** (Madeleine) (pseudonym of Rose BRUNON).
> c. 1900 -

> La Voie sacrée (3 acts, prose), Les Roses rouges (3 acts, prose).
> Marseille: Barlatier, 1918-9.
> [ASP Rf. 80.343-4].

**ESCAFFIT** (Mary).

> Son filleul (sketch, 1 act, 1 tableau), Rirette... au front (sketch, 1 act, 1 tableau), Courage et patrie (1 act). Various co-authors.
> Toulouse, 1917-19.

> Au palais des roses (sketch, 1 act). Co-authored by Paul de MAX.
> Lourdes, 28-9-20.

**ESPINASSE** (Catherine).
> Actress, director.

> Eliza là-bas.
> Paris, L'Envol (Cie Théâtrale 80), Sept. 1982.

> ABu.
> Paris, Théâtre 3 sur 4, 28-2-84 (author/director in cast).

**ESSE** (Florence).

> Tranches de quai. Co-authored by Isabelle KANCEL.
> Paris, Le Grenier, Nov. 1990 (Kancel in cast).

**ESTIENNE** (Yvonne).
> ? - 1975.
> Essays, novels, biographies of Catholic inspiration.

> Le Vieux loup de mer (comedy, 2 acts).
> Antony: La Vie du Patronage, 1925.
> Epernay, 30-10-32.
> [BN 4 Yth 8957, ASP Rf. 85633].

Ça suit (social drama, 3 acts).
> Paris: Ligue Patriotique des Francaises & G. Enault, 1932.
> Grandvillars, 24-4-32.
> [BN 8 Yth 39643, ASP Rf. 58.142, ARS Th.N. 37.242].

La Combe aux oiseaux (dramatic comedy, 3 acts).
> Paris: G. Enault 1934.
> Paris, private performance, 20-1-34.
> [BN 8 Yth 45048, ASP Rf. 85631].

Une Drôle d'histoire (comedy, 3 acts).
> Paris: G. Enault, 1936.
> Paris, private performance, 23-2-36.
> [BN 8 Yth 41148, ARS 8 N.F. 33.775].

Ce que jeune veut... (comedy-revue, 5 tableaux). Music by A. FREY.
> Paris: G. Enault, 1937.
> [BN 8 Yth 41489, ARS 8 Th.N. 33.994].

Jésus-Christ d'aujourd'hui (social drama, 3 acts).
> Paris: G. Enault, 1938.
> [BN 8 Yth 41823 (1939), ARS 8 Th.N. 34211].

Elle et toi (2 acts, 2 tableaux).
> Paris: G. Enault, 1939.
> Journées d'art religieux, 18-2-39.
> [BN 8 Yth 41983, ARS 8 Th.N. 34.337].

Du feu! (2 acts).
> Chaille le Marais (Vendée), 23-2-41.

La Septième fille de tante Louise (comedy, 3 acts).
> Paris: G. Enault, 1947.
> [BN 16 Yth 623, ARS Th.N. 36.112].

**ESY** (pseudonym of Mme TOUCHARD).
> Novelist.

Jehanne la bienheureuse (historical play, 3 acts, 15 tableaux).
> Tours: A. Cattier, 1909.
> [ASP Rf. 87.611].

Sainte Geneviève, Patronne de Paris (5 acts, 4 tableaux).
> Tours: A. Cattier, 1909.
> [BN 8 Yth 33210].

**ETCHERELLI** (Claire).
Novelist (Prix Fémina 1967).

Germinal de l'An III.
In Acteurs-auteurs 71 (July 1989).
Gennevilliers, Théâtre de Gennevilliers (Tréteaux de France),
7-4-89.
[BN VER 4 Jo 39622, BSG, SACD].

**EVIAN** (Paule).

Médardine (1 act).
In Je sais tout LXXXVII (15-4-1912).
Performed by Mlle Yola de Nyss, Comte A. de Fleurius and
Comte G. de Chamberet.
[BN 8 Z 17063].

**EYMERY** (Francine).
Actress.

Rendez-vous sous les feux d'artifices. Co-authored by Serge ALVAREZ
and Jean-Pierre GIRARD.
Avignon, Club de Bridge (Aurige Théâtre), 11-7-86 (Eymery
in cast).

**EYNARD** (Alcide).

Français d'Amérique (comedy, 3 acts).
Valence: J. Céas et fils, 1919.
Bourg, 29-5-19.
[BN 8 Yth 35976].

**EYQUEM** (Mlle Marie Thérèse) (Marc THEAULT-D'EBLY).
Teste-de-Buch (Gironde), 1913 - 1978.
Politician particularly active in the area of women's sports; president of
the *Mouvement Démocratique Féminin* (1962-72); active member of
the Socialist Party; novelist.

Sainte Louise de Marillac (mystery play, 5 acts, 8 tableaux).
Etampes: Impr. La Semeuse, 1934.
St-Etienne, private performance, 7-4-35.
[BN 8 Yth 40481].

Nos grand-mères sur la terre et nos ... (comedy, 2 acts) and Sainte
Louise et ses petites filles (historical play, 2 acts).
Paris, private performance, 22-3-36.

France (3 acts).
Paris, Salle Pleyel, 21-1-40.

Notre Dame de Chartres (mystery play, 5 tableaux).
>       Paris: Editions Spes, 1946.
>       Chartres, Parvis de la Cathédrale, 21-7-46.
>       [BN microfiche 16 Yth 267, ARS Th.N. 35.607].

Iole.
>       Théâtre d'Enghien, July 1951; Paris, Cité Universitaire, July
>       1951.

# F

**FABIEN** (Michèle).
Adaptations/translations.

Sara Z.
Paris: Théâtrales (ms. 330), [1985].
Paris, Théâtre Ouvert, Jardin d'Hiver (mise en voix), 9-6-82.
[AV, TH, POI].

Tausk.
Paris: Actes Sud-Papiers, 1987.
Mons, Maison de la Culture, 22-9-87.
[BN 16 Y 1051 (90), ASP 8 Y 3059, SACD].

Jocaste.
Bruxelles: Ensemble théâtral mobile, 1981.
Bruxelles, 29-9-81; Paris, Petit Odéon, Feb. 1983.
[ASP 4 JoW 1478 (1), SACD].

Notre Sade (pièce à plusieurs séquences).
In Didascalies 8 (June 1985).
Bruxelles, Ensemble théâtral mobile, 3-6-85.
[BN 4 Yf 548 (8), ASP 4 JoW 1478 (8), SACD ms. 456].

Claire Lacombe and Berty Albrecht.
Paris: Actes Sud-Papiers, 1989.
Sceaux, les Gémeaux, 9-3-89; Paris, Artistic Athévains, 18-5-
89 (performed together under the title Des Françaises).
[BN 16 Y 1051 (170), ASP 8 Y 3825, SACD, AV].

Atget et Bérénice.
> Paris: Actes Sud-Papiers, 1989.
> Arles, Maison de la Roquette, 1-7-89.
> [BN 16 Yf pièce 170, ASP 8 Y 3884, SACD, AV].

**FABRANCY** (Mme) (Françoise Antoinette AURAN, née BOUDET) (see Germaine NAMUR).

**FABRE** (Mireille).

Avrio.
> [AV 4 AY 210 (July 1965)].

**FABRE** (Monique).

Des Petits cailloux dans les poches (lecture imaginaire avec Virginia Woolf). Co-authored and directed by Anne-Marie LAZARINI.
> Paris, Théâtre Oblique, 7-7-78.

Un Silence à soi (esquisse d'un portrait de Virginia Woolf par elle-même).
> Paris, Artistic-Athévains, March 1980 (performed by author).

Le Deuil éclatant du bonheur ou Prélude à Katherine Mansfield.
> Paris, Artistic-Athévains, 24-5-83.

**FACHAN** (Zoé).

Essayez... c'est pas sorcière!
> Paris, Théâtre d'Edgar, July 1981.

**FADET** (Suzanne).

L'Hostellerie des baisers (comedy, 3 acts).
> Lagny, 13-4-24.

Amour au bal musette (drama, 5 acts).
> Exels. Concert, 10-7-26.

Mon coquin (drama, 5 acts).
> Boulogne, 24-7-26.

Une Femme a tué (comedy, 5 acts). Co-authored by J. GUILLOT.
> Romorantin, Théâtre municipal, 29-3-33.

Elle a tué (drama, 5 acts, 5 tableaux).
> Valençay, Tournée Ulrich, 21-11-37.

**FALAISE** (Claude).
>1904 -
>Novelist.

>>Mariage d'atout (comedy, 1 act).
>>>Paris: Editions O-gé-O, [1939].
>>>Paris, private performance, 11-12-37.
>>>[BN 8 Yth 41859].

>>Le Sublime kimono de la princesse Fleur de Lotus (comedy, 1 act), La Camarade soeur Véronique (dramatic comedy, 3 acts), Robes blanches (dramatic comedy, 3 acts), Prix unique (dramatic comedy, 2 acts).
>>>Paris: Ed. O-gé-O, c. 1939 (available at BN).

>>L'Infante aux yeux clos (comedy, 3 acts).
>>>Paris: Editions O-gé-O, [1947].
>>>[BN 16 Yth 430].

>>Message urgent, Idées à vendre, L'Enfant bleu (three-act comedies).
>>>Paris: Fleurus, 1950-53 (available at BN).

>>Bonheur, chemise et fantaisie (comedy bouffe, 1 act, 7 tableaux).
>>>Paris: Billaudot, 1956.
>>>[ASP 8 Y 37].

**FALLET** (Nicole).
>Actress, director.

>>Les Trois Grâces, 1985.

>>Dépôt-vente.
>>>Paris, Théâtre Essaïon, Théâtre à une voix (reading), 21-2-77.
>>>[SACD ms. TAV 71].

**FARAZZI** (Patricia).
>Novelist, translator.

>>Stella Memoria. Music by Michel VALENSI.
>>>Paris: Bordas, 1986.
>>>Paris, Lucernaire Forum (Théâtre Noir), June 1983.
>>>[BN 8 Z 62118].

**FAURE** (Françoise).
>Café-théâtre performer.

>>Refrains.
>>>Paris, Dix heures, 15-9-80 (author in cast).

Popote.
>Paris, Blancs-Manteaux, Jan. 1982 (author in cast).

**FAURE** (Gabrielle) (pseudonym of Marie-Rose DEGOUMOIS).
1917 -
French professor at the Université de Lausanne; translator, novelist;
author of short stories and radio plays.

Heureux qui comme Ulysse ou le Couple parfait (1 act).
>In Avant-Scène-Théâtre 333 (1-5-65).
>[BN 4 Y. 78 (333), ASP 4 Y 224, SACD, SACD ms. CA 72].

L'Ordinateur.
>Lausanne, Théâtre Ouvert, Gueuloir (reading), 1976.
>[SACD ms. CA 72].

Le Tombeau d'Agamemnon.
>Paris: Théâtrales (ms. 345), [1985].
>Paris, Essaïon, Théâtre à une voix (reading), 23-10-82.
>[AV, TH, POI, SACD ms. TAV 72].

Les Corps sont au roy (drama).
>[AV ms. Fol. AY 49].

L'Homme, actionnaire privé, Le Square de Babel, Le Tram, Le
Labyrinthe, La Reconstitution, Saint-Sylvestre, Le Prisonnier de
Nantes.
>[SACD ms. CA 72].

**FAURE** (Renée G.) (AMBLARD).
Paris, 1918 or 1919 -
Actress (stage, film, television); *sociétaire* of the Comédie française.

Chair à plaisir ou Sous l'emprise du mal (4 acts).
>Abbeville, Municipal, 24-12-31.

**FAURENS** (Clara) (Clara CLARKE).
?- 1947.

L'Elève du conservatoire (comic sketch).
>Paris, Théâtre Marigny, 5-2-13.

**FAVIER** (Solange).

Si seulement on savait mourir.
>[SACD ms. CA 73].

**FAVIERES** (Mme I.) (see Mme. C. BERTHIER).

**FAVRE** (Lucienne) (pseudonym of Lucienne FAURE).
1896 - 1958.
Novelist (Prix Fémina 1929), wrote primarily about Algeria.

Prosper (legend, 13 tableaux).
Alger: Baconnier, [1935].
Paris, Théâtre Montparnasse, 27-11-34 (directed by Gaston
Baty); Théâtre de la Renaissance, 17-12-48.
[ASP 16 Y 1633, SACD ms. 2208].

Isabelle d'Afrique (2 parts). Co-authored by Constance COLINE.
Paris, Théâtre Montparnasse (Rideau de Paris), 29-4-39.

**FAVRE-JAUME** (Christiane).
Novelist.

Nous les monstres (drama, 3 acts).
Paris, Théâtre du Tertre (Cercle Paul-Valéry), 2-5-55.

**FAYARD** (Colette).
1938 -
French professor; author of novels, short stories and a book about
puppets; worked with the Comédie de Saint-Etienne 1982-83.

De quels yeux je me chauffe (3 acts).
First performed on Radio Suisse Romande, June 1984;
Festival d'Avignon, 1984.

Filatures.
In Encres vives 113 (July-Aug. 1984).
Grenoble, Maison de la Culture, March 1986.
[ARS 4 Jo 13071].

Le Principe d'incertitude, variations sur "La Marquise d'O" (3 acts).
Festival de Créations Contemporaines, Théâtrales (reading),
Nov. 1984.

Le Ciel restera couvert sur la moitié nord du pays (3 acts).
Centre Dramatique National, Comédie St-Etienne, 1985.

Le Landeau (monologue).
Paris: Théâtrales (ms. 1022), [1985].
Radio Suisse Romande, 1986.
[AV, TH, POI].

Effacement.
Paris: Théâtre Ouvert (Tapuscrit 46), 1987.
[BN 8 Yf 3263 (46), ASP 8 Y 3040, TO, SACD ms. CA 74].

**FELINE** (Bernadette de).
Teacher; poet, novelist.

La Mercuriade ou les Enfants de la mer.
Grenoble, Théâtre Ouvert, Gueuloir (reading), 1976.

**FELS** (Andrée).
?- 1973.

Dans le temple et dans la forêt (drama, 2 acts).
Antony: Ed. de la Vie du patronage, [1927].
[BN 4 Yth 8970, ASP Rf. 85646].

Le Pays (drama, 3 acts).
Paris: A. Lesot, 1928.
[BN 8 Yth 38629].

Sainte Jehanne la rayonnante (drama, 3 tableaux).
Paris: A. Lesot, 1931.
Nancy, 31-5-31.
[BN 8 Yth 39746].

Le Christ est vivant (1 act, 3 tableaux).
Nancy: Vagner, 1933.
[BN 8 Yf pièce 890].

Le Feu (drama, 1 act) and La Marseillaise (2 acts).
Nancy, private performance, 11-11-38.

Le Jeu du chapelet ou Mystère joyeux (3 acts).
Paris, Théâtre St-Louis, 13-11-38.

Mademoiselle Colifichet modes (comedy, 1 act).
Paris: A Lesot, 1930.
St-Germain-du-Plain, private performance, 13-11-38.
[BN 8 Yth 39338, ASP Rf. 85647].

Madame la mode (comedy, 1 act).
Lille, private performance, 18-12-38.

Jeu de la bergerie (comedy, 1 act), L'Enfant à l'hostie (drama, 1 act).
Nancy, Théâtre de la Passion, June 1939.

La Ronde des heures (1 act).
Toulon-s-Arroux, 16-4-39.

Jeu de la clé d'or (comedy, 2 acts) and Les Noces de Cana (1 act).
Nancy, private performance, 9-5-39.

La Même hôtellerie (1 act).
>Summary in Catalogue analytique de pièces à rôles mixtes.
>Paris: L'Amicale, 1964.
>St-Jean de Luz, 24-12-39.
>[ARS 16 W 671].

A dozen short plays (tales, divertissements) published by Jeux de la Cie Notre-Dame (Nancy) c. 1946-50 (available at BN).

Un Conte norvégien (5 scenes).
>Strasbourg: Müh-Le Roux, 1949.
>[BN 16 Yth 1307].

**FERDELIA** (pseudonym of Fernande Marie Suzanne HEZELY, née DELIA, also called Ferdelia HEZELY).

Danseur mondain (sketch, 1 act), Mariage anglais (1 act).
>La Bocca, Variétés Cinéma, 6-11-35 and 1-4-36.

**FERRONI** (Jacqueline) (née AUDIBERTI).

L'Habilleuse (3 acts, 2 tableaux).
>[SACD m. 1258].

**FERRAN** (Marthe).

Divertissement provençal (saynète, 1 act).
>Tours, Hôtel de Ville, 24-2-36.

**FERNY BESSON** (Mme) (pseudonym of Mme Fernande BESSON).
1906 -
Actress; novelist.

Fatigue (comedy).
>Paris, Théâtre de l'Humour, June 1946.

**FERRIER** (Jeanne Paul).
Novelist.

Fin de bail (comedy, 1 act, prose).
>Paris: Tresse, 1881.
>Charleville, 27-6-04.
>[BN 8 Yth 23637, ASP Rf. 58.594, ARS GD 8 33082].

Une Visite domiciliaire (monologue).
>Paris: Tresse et Stock, 1893.
>[BN 8 Yth 26339].

Le Lézard (comedy, 1 act), Bureau de placement (comedy, 1 act), Le Noël d'Elise (monologue), Les Exploits du Docteur Popol (comedy), Les Joujoux (comedy), Le Billet de logement (comedy), Voleux [*sic*] d'Parisien! (comedy).
    Paris: Librairie théâtrale, 1899-1901 (available at BN).

Notre candidat (comedy, 1 act).
    Paris: Librairie théâtrale, 1899.
    St-Martin de Ré, 21-8-07.
    [BN 8 Yth 28749, ARS GD 8 30632].

Le Verso (comedy, 1 act).
    Paris: Stock, 1901.
    Paris, Nouveautés, 15-2-1900.
    [BN 8 Yth 29752, ASP Rf. 58.596].

Pas de politique (comedy, 1 act). Co-authored by Jenny THENARD.
    Paris: Librairie théâtrale, 1900.
    [BN 8 Yth 33614, ASP Rf. 58.595].

L'Honneur du capitaine (comedy, 1 act).
    Paris, Nouveautés, 24-7-01.
    [AN F$^{18}$1240].

Monsieur Baptiste (comedy, 1 act).
    Paris, Palais Royal, 8-3-02.

Mystère de la Nativité (8 tableaux).
    Paris: Maison de la bonne presse, [1902].
    [BN 8 Yf 1259].

Ne divorçons pas! (comedy, 1 act, prose).
    In Madame et Monsieur (suppl. n° 77) 1906.
    Monaco, B.-Arts, 15-3-02.
    [ASP Rf. 58.598, ARS GD 8 39082].

Polichinelle (comedy, 1 act, verse).
    Paris: C. Lévy, 1906.
    Paris, Théâtre des Variétés, 15-2-06.
    [BN 8 Yth 31619, ASP Rf. 58.597, ARS GD 8 26760, AN F$^{18}$817].

La Cornette (comedy, 3 acts). Co-authored by Paul FERRIER.
    Paris: Librairie théâtrale, 1910.
    Paris, Athénée, 8-10-09.
    [BN 8 Yth 33609, ASP Rf. 42.059, ARS GD 8 29784].

Les Passe-temps de la reine (comedy, 1 act).
        Paris: Librairie Théâtrale, 1910.
        Nice, 16-4-16.
        [BN 8 Yth 33614, ARS GD 8 30614].

Noël (lyric drama, 3 acts). Music by F. D'ERLANGER.
        Paris: Ricordi, [1911].
        [BN 8 Yth 33907, ARS GD 8 29072].

Yvonic (comedy, 3 acts, verse). Co-authored by Paul FERRIER.
        In La Petite Illustration 30 (20-9-1913).
        Paris, Comédie Française, 20-8-13.
        [BN 4 Yth 8442, ARS 4 Lag. 433, SACD].

Visite de charité (comedy, 1 act). Co-authored by Jenny THENARD.
        Bordeaux, 19-3-16.

Les Amis de Jésus (biblical drama, 3 acts). Music by Marion ERNST.
        St-Mandé, 20-3-21.

Autre passion (3 acts).
        Vincennes, 9-4-22.

Le Coeur décide (comedy, 3 acts). Co-authored by Pierre GOURDON.
        Mamers: G. Enault (Théâtre du bien faire), 1927.
        Roubais, Henin Lietard, 19-1-24.
        [BN 8 Yf 2210 (3)].

Derrière la vitre (comedy, 3 acts).
        Vrai Théâtre, 22-11-25.

**FEUGAS** (Françoise).

Ville aveugle.
        [SACD ms. CA 75 (1987)].

**FEYDER** (Vera) (pseudonym of Jacqueline FEDERMAN).
Novelist, poet.

Emballage perdu.
        Paris: Stock, 1978; Paris: Papiers, 1986.
        Avignon, Théâtre Ouvert (reading), 20-7-75; Liège, Théâtre du Nouveau Gymnase, Feb. 1977; Paris, Théâtre des Mathurins, 1-6-82.
        [BN 16 Yf 1193, ASP 16 Y 3711, BSG, SACD, AV].

Le Chant du retour.
Paris: Actes Sud, 1989.
Arras, Théâtre Municipal, 20-4-89; Châtenay-Malabry, Théâtre du Campagnol, 26-5-89.
[BN 16 Y 1051 (169), ASP 8 Y 3819, BSG, SACD, AV].

Le Menton du chat.
Paris: Actes Sud-Papiers, 1988.
Verviers (Belgium), 26-5-90.
[BN 16 Y 1051 (106), ASP 8 Y 3637, BSG, SACD, AV].

Derniers télégrammes de la nuit.
Paris: Actes Sud-Papiers, 1989.
Performed in 1988.
[BN 16 Yf 1833, ASP 8 Y 3855, BSG, SACD, AV].

**FEYRE** (Jeanne) (pseudonym).

Au nom de l'amour (comedy, 3 acts).
Paris: Ed. du Scorpion (Feux de la Rampe), 1961.
[BN 16 Yf 348 (45), ASP 16 Y 244].

**FIEVET** (Claudine) (see DOUTRELIGNE).

**FINKELSTENE** (Debora).

Les Juifs à la guerre (drama, 4 acts).
Théâtre Lancry, 21-6-32.

La Famille Kauffmann (drama, 3 acts).
Paris, private performance, 23-6-38.

**FINOT** (Claudine) (or FINOT-SAXE).
Actress, director of the Théâtre La Bruyère.

Le Parapluie à images (suite de scènes en 2 divertissements). Signed Mme C. H. FINOT.
Paris, Théâtre La Bruyere, 11-11-43.

**FLAMMARION** (Thérèse).
Social studies teacher in Metz; author of a book about la Lorraine.

Jouer la Révolution: Corentin dans la tourmente (12 tableaux). Co-authored by Nicole RICHARD.
Nancy: Presses Universitaires de Nancy, 1988.
Metz, Collège Barbot (Projet d'Actions Educatives Bicentenaire 1789).
[BN EL 8 Y 19172, POI].

**FLEURY-DUVAL** (Agnes).

> Le Jeu de la vierge aux mains de lumière (jeu, 4 acts).
> > Paris: Présence Mariale, 1948.
> > [BN 8 Yth 42479].

**FLOCH** (Isabelle).

> Floch'Story (one woman show).
> > Paris, Nouveau Théâtre Colette Lefebvre, Sept. 1985.

**FLORAN** (Mary) (pseudonym of Mme Marie LECLERCQ).
Born in Abbeville (Somme).
Novelist.

> Une Carte de visite (comedy, 2 acts), Les Yeux fermés (comédie de salon, 1 act), Hypnotisé! (comédie de salon, 1 act).
> > Paris: Edition Théâtrale, 1910 (available at BN); Les Yeux fermés performed in Nancy, 13-1-12.

**FLORESS** (Isadora).

> Hélène et l'amour ou la Vérité d'Aphrodite (1 act).
> > In Avant-Scène-Théâtre 389 (15-10-1967).
> > [BN 4 Y. 78 (389), ASP 4 Y 332, SACD].

**FLORESTINE** (Mme) (pseudonym of Blanche BARTHOLONY).

> Le Plaisant accident (comedy, 1 act).
> > Paris, Théâtre Antoine (Spec. Yves Renaud), 24-1-35.

**FOLGOAS** (Sylvie) (see Danièle DOUET).

**FOLVER** (Luccia) (Laura Emilie BROSSARD, née FERON).

> La Chambre du va-t-et-vient! (comedy bouffe, 1 act).
> > Paris: E. Benoit, 1920.
> > [BN 4 Yth 8585, ASP Rf. 59.035].

**FONT DIDION** (Monique).

> Les Gugus.
> > Paris, Maison de l'Asie (Cie du Crâne), Feb. 1984.

**FONTAINE** (Brigitte).
  c. 1940 -
  Actress, singer and songwriter.

  Maman, j'ai peur. Co-authored by RUFUS. Music by Jacques
  HIGELIN.
    Paris, La Vieille Grille, 6-10-66 (performed and directed by
    authors and composer); Studio des Champs-Elysées, 12-4-67.
    [SACD ms. 2352].

  L'Inconciliabule.
    Paris: Editions Tierce, 1981.
    Malaucène, L'Eau Salée, July 1980.
    [BN 16 Yf pièce 103, ASP 8 Y 1975, AV].

  Les Marraines de Dieu (comedy). Co-authored by Laïla DERRADJI.
    Paris, Lucernaire - Théâtre Noir, Nov. 1985.

  Acte II.
    Paris, New Morning, 1982; Paris, Espace Kiron, 3-3-87
    (author in cast); Avignon, Festival-Off, 20-7-87.

**FONTANGE** (Mlle J.M.) (patronym of Janine Marie Odette LOTA).

  La Dactylo (3 acts).
    In L'Echo Dec. 1912.
    [BN VER Jo 14015, ASP Rj. 377].

  Le Beau rêve (dramatic comedy, 3 acts).
    Paris: La Maison française d'art et d'édition, 1921.
    Paris, Comédie des Champs-Elysées, 27-5-20.
    [BN 8 Yth 36391].

**FONTENAY** (Mireille de).

  Mademoiselle soupe au lait and Mademoiselle Petit-Paon (saynètes).
    In Semaine de Suzette 19:33 (13-9-23), 21:42 (26-11-25).
    [BN microfilm m-8017 (1923, 1925)].

**FONTENELLE** (Mlle Marc de) (Marcelle BABIN).
  Maine-et-Loire, 1881 - ?
  Pharmacist, lecturer, author of short stories, novelist.

  Mariage imprévu or Mariage par ruse (comedy-operetta, 1 act). Co-
  authored by Gabrielle ROGER. Music by Gaston PERDUCET.
    Paris, Tour Eiffel, 24-3-07.

Rêve dans le passé (operetta). Co-authored by Gabrielle ROGER. Music by Gaston PERDUCET.
> Paris, Musée Grévin, 1-8-07.

Idylle en Bretagne (comic opera). Co-authored by Gabrielle ROGER. Music by Gaston PERDUCET.
> Paris: à la Chanson parisienne, 1912.
> Argenteuil, 26-11-11; Paris, Théâtre de la Tour Eiffel.
> [BN 8 Yth 34470, ARS GD 8 28791].

La Fiancée (drama, 1 act). Co-authored by TRAVERSI.
> Paris, Théâtre Réjane, 4-7-16.

Le Soupçon and Déception (comedies).
> Performed by the Cercle des Annales in Monte-Carlo.

Le Secret, Mère indigne, Evolution (comedies).

**FORAS** (Comtesse Marie-Max de).

Blessures (comedy, 2 acts).
> Thonon-les Bains: Impr. J. Masson, 1902.
> [ASP Rf. 80937].

**FORDYCE** (Mlle) (née Paulette MARCHAL).
? - 1971.
Actress.

Corps à corps (comedy, 3 acts).
> Paris, Théâtre de l'Oeuvre, 3-10-32.

**FOREST** (Charletty).

Suggestion (3 acts). Co-authored by Gabriel du BOURG.
> Toulouse, Fr., 12-4-04.

**FOREST** (Olga).
Actress.

Le Maître des Parfaits ou l'Homme qui avait tué Dieu (2 parts).
> Paris: G.E.P. (Théâtre 3), 1971.
> [BN EL 4 Y 336 (3), ASP 4 Y 483].

Les Sardines grossissent.
> Avignon, L'Ame-Lierre (Cie du Soleil Bleu), 15-7-84 (author in cast).

La Dame est folle ou le Billet pour nulle part (comedy).
> Avignon, L'Ame-Lierre (Cie du Soleil Bleu), 22-7-84); Paris, Théâtre Essaïon, April 1985 (author in cast).

**FOREZ** (Bathilde).

>   Auprès de la fontaine (saynète).
>>      In Semaine de Suzette 19:23 (5-7-1923).
>>      [BN microfilm m-8017 (1923)].

**FOREZ** (Rachel du).

>   Une Heure chez Boileau (comedy, 1 act).
>>      Enghien, Casino, 13-5-39.

**FORNEY** (Jeanine).

>   Tu m'aimes ? (one woman show).
>>      Paris, L'Ecume, Oct. 1982.

**FOSSIER** (Joële).
>   Actress, director.

>   Take it like a man, madam!
>>      Paris, Fanal, 2-3-76.

>   Chu, chu, chus des anges.
>>      Paris, Marie-Stuart, 15-4-82 (author/director in cast).

>   La Maison jaune.
>>      Paris: Aeolus, 1990.
>>      Paris, Le Calypso, 8-11-83 (directed by author).
>>      [BN 16 Yf 1949, ASP 8 Y 4319, AV].

>   La Hallebarde.
>>      [SACD ms. CA 77 (dated 1984)].

**FOUCHER** (Michèle).
>   1941 -
>   Chemist, actress, director.

>   La Table.
>>      In Avant-Scène-Théâtre 636 (15-10-1978).
>>      Strasbourg, Théâtre National de Strasbourg, Nov. 1977;
>>      Saint-Denis, Théâtre Gerard Philippe, 26-9-78.
>>      [BN 4 Y. 78 (636), ASP 4 Y 1085, SACD].

>   En souffrance... paroles d'hommes.
>>      Avignon, Roseau théâtre - Le Paris (Théâtre Ensemble du
>>      Nord), 9-7-87.

**FOUILLÉE** (Mme Alfred) (pseudonym: G. BRUNO).
Educational books.

Le Triomphe de l'idéal (4 acts).
Paris: Belin, 1922.
[BN 8 Yth 36703].

**FOURNERY-COQUARD** (Mme).

Fabriola (5 acts, 5 tableaux).
Nancy, 6-7-13.

**FOURNIER** (Christiane).
Best known for her novels and articles about Indochina; founder of *La Nouvelle Revue Indochinoise.*

Chères! (2 tableaux).
In L'Ermitage 25 (March 1928).
[BN 8 Z 23070, ASP Rf. 59.211].

**FOURNIER** (Denise-Marie) (pseudonym of Mme BRINGUIER).

A Syracuse.
[SACD ms. CA 77 (1976)].

**FRANCE** (Jeanne) (pseudonym of Jeanne-Marie-*Gabrielle* BERNARD, Mme GOMIEN; other pseudonym: G. de la CHÂTAIGNERAIE).
Buis-les-Baronnies (Dauphiné), 1848 - ?
Author of children's books, novels, poetry.

Théâtre de salon. 5 one-act comedies including:
"Soupçonnée" (comedy, 1 act),
Limoges, 6-4-1889; Paris, Athénée-St-Germain, 8-1-1900;
"La Fiancée de Luc" (comedy, 1 act, prose),
Langres, 13-7-1891.
Paris: Société libre d'édition des gens de lettres, 1896.
[BN Yf 867, ASP Rf. 84.169].

Rêve d'une heure, La Grotte enchantée, La Nouvelle Marguerite (comedies, 1 act). Co-authored by A. MAGNIER.
Paris: Société libre d'édition des gens de lettres, 1896.
[BN Yf 866, ASP Rf. 42.608].

Celles qui pleurent: le Meilleur de tous (saynète).
In Revue de France Oct. 1898.
[BN 8 Yth 28629].

Le Calvaire (3 acts).
        Paris: Bibliothèque de l'Association, 1899.
        [BN 8 Yth 28901, ASP Rf. 59.402].

Celles qui pleurent (saynètes). 15 saynètes including:
"Apprentie de la vie" and "Deux fois sacrifiée",
        Performed together before 1900.
        Paris: Metterez, 1900.
        [ASP Rf. 59.408].

Notre Noëlla (comedy, 1 act). Co-authored by Alphonse FRANCE.
        Paris: Bibliothèque de l'Association, 1901.
        [BN 8 Yth 29613].

Petits drames ignorés: Avec tous les atouts (5 parts), Petits drames
ignorés: Celles qu'ils aiment (saynètes), Les Oeuvres des autres
(saynète, 4 parts), Envieux et enviés (saynètes), Comédiennes
(saynètes), Petits drames ignorés: Celles qui font pleurer (saynètes).
        Nancy: Ed. de "France-semeuse", 1902-12 (available at BN).

**FRANCET** (Jeanne).
        c. 1959 -

Attention: éclats de coeur! (4 acts).
        Paris: la Pensée universelle, 1985.
        [BN EL 8 Y 14623, AV].

**FRANCCHINO** (Mireille).

L'Appareil photo (children's play).
        Château de Vincennes, Th. National des Enfants, May 1973.

**FRANCOLLET** (Gerboise) (see Françoise GERBAULET).

**FRANCONI** (Iseult) (or Yseult).

La Sorcière (drama, 1 act, 5 tableaux).
        Paris, Petite Scène, 18-5-35.

**FREDERIC** (Claire).

La Mezzanine (farce, 4 tableaux).
        [SACD ms. CA 77].

**FREDERIC-FRIE** (Jacqueline).
        Poet.

Et toi, qui es-tu?.
        Paris, Théâtre d'Orsay (reading), 8-2-75.

**FRÉMONT** (Mme M.).

> Théâtre du pensionnat pour les jeunes filles.
> > Paris: Oeuvre de la première communion des orphelins-apprentis, 1900.
> > [BN 8 Yf 1191].

> A dozen comedies for children published individually by l'Oeuvre de la première communion des orphelins-apprentis, F. Blétit (Paris, Auteuil), 1900-1913 (available at BN).

**FRENOY** (Marguerite-Marie-Louise) (see Jean de LOUSSOT).

**FRENOY** (*Odette*-Nathalie-Charlotte) (see Guy de LOUSSOT).

**FRIZAT** (Catherine).

> Coups de Feel (spectacle). Music by Paul BOUCHARA.
> > Paris, Le Tintamarre, 28-7-87.

**FROMENT** (Marguerite).
Novelist.

> La Belle Madame Hesselin (5 acts). Also attributed to Tola DORIAN.
> > Nouveau Théâtre, 17-3-1899.
> > [AN F$^{18}$1243].

> La Collerette de l'oncle Pierrot (3 acts), Une Journée sans maman (1 act), Une Bonne recette (1 act).
> > Paris: Larousse, [1909].
> > [BN 8 Yth 33004-6].

> La Pupille de Monsieur Noël (children's play, 3 acts).
> > In Semaine de Suzette 15:48-50 (Jan. 1920).
> > [BN microfilm m-8017 (1920)].

**FRONTARD** (Marthe) (Mme ENGAMMARE).
Poet.

> Viviane (conte, 2 acts, verse). .
> > Rouen: Impr. Lecerf fils, 1919.
> > Forêt de Rouvray, la Grotte du Diable, 21-7-18.
> > [BN 8 Yth 35975, ASP Rf. 79468)]

> Le Mariage de Karen (tale, 3 acts, verse).
> > Rouen: Impr. Lecerf, 1926.
> > [BN 8 Yth 38120, ASP Rf. 79469].

**FURRER** (Jeanne Paul).
Poet; vice-president of *La Halte* (association of women playwrights).

Bébé (saynète, 2 tableaux).
> Levallois-Perret: Impr. Schneider, 1904.
> Performed privately.
> [ASP Rf. 59.645].

L'Avocate (20th-century dialogue, 1 act).
> Saint-Flour: Impr. E. Matthieu, n.d.
> Performed privately.
> [ASP Rf. 76854].

L'Oncle Jean.
> Théâtre Grévin, before April 1911.

Cerises et diamants (comedy for children).
> Performed before April 1911.

La Poupée (drama, 2 acts), Hors les ombres (1 act, verse), Le Gros lot.
> Paris, Théâtre Michel (La Halte), c. 1911.

La Potiche (comedy, 1 act).
> Dourdan, 26-1-13.

Le Clown (1 act).
> Paris, Théâtre Michel (Théâtre de la Grimace), 26-6-13.

La Bonne du docteur (1 act).
> La Ferté-Macé, 9-8-13.

Le Gars (drama, 1 act).
> Salle Villiers, 4-5-14.

# G

**GABORIAUD** (Rolande).

> Découverte (1 act, verse).
>> Aurillac: Impr. du Cantal, 1978.
>> Lyon, Salle Rameau, January 1945.
>> [BN EL 8 Y pièce 2512, ASP 16 Y 3785, AV].

**GAGET** (Hugette).

> Contre-pieds (comedy, 3 acts).
>> In Théâtre III by Serge MARLAND and Huguette GAGET.
>> Paris: Editions de l'Aigle, 1993.
>> Paris, Théâtre Essaïon, Théâtre à une voix (reading), 6-3-82.
>> [BN 8 Yf 3575 (3), SACD ms. TAV 80].

**GAILDRAUD** (Martine).

> La Fille métallique.
>> [SACD m. 3683].

**GAILLARD** (Sylvia and Valérie).

> Première (musical comedy).
>> Paris, Cinq Diamants, 12-12-89 (performed by authors).

**GALEA** (Claudine).
Marseille, 1960 -
Actress; founded a theater, La Minoterie.

> Marie 89. Co-authored by Bernadette ROLLIN.
>> Paris, Théâtre du Bel-Air, 10-11-88.

Les Chants du silence rouge.
> In Paroles du silence rouge by Claudine Galea and Claude Ber. Le Revest-les-Eaux: Cahiers de l'égaré, 1990.
> Paris, Quinzaine de l'Odéon (reading), Feb. 1991; Villeneuve-lès-Avignon, 25-7-92; Théâtre National de Marseille - La Criée, 16-10-93.
> [BN 16 Yf 2020, AV, SACD ms. 2857].

**GALIMBERTI** (Marina).
> Actress.

Ballade à califourchon sur la lune (children's play).
> Paris, Café d'Edgar, March 1982.

**GALLAIRE** (Fatima) (GALLAIRE-BOUREGA).
> Algeria, 1944 - .
> Short story writer, novelist; Prix Arletty 1990 for Francophone theater.

Haou Jitiou. Signed Fatima GALLAIRE-BOUREGA.
> Paris: Théâtrales (ms. 1427), [1986].
> [AV, TH, POI].

Princesses, ou Ah! vous êtes venus... là où il y a quelques tombes.
> Paris: Editions des Quatre-Vents, 1988.
> Paris, Théâtre Essaïon, Théâtre à une voix (reading), 15-3-86; Nanterre, Théâtre des Amandiers, 14-5-91.
> [BN 16 Yf 1769, ASP 8 Y 3457, AV, SACD ms. TAV].

Témoignage contre un homme stérile (1 act).
> In Avant-Scène-Théâtre 815 (1987).
> Metz, Théâtre de Metz, 21-10-87.
> [BN 4 Y 78 (1987, 815), ASP 4 Y 12601].

Laya, ma maison. Adapted from a novel by André MIGUEL.
> Sceaux, 12-6-87 (under the title Majnun et Laya); Casablanca, Théâtre Universitaire, 1988.

Chinguetti ou la Cité des vents. Adapted from a Moroccan tale.
> Vitry, Théâtre des Ombres, June 1988.

Haroun Ar-Rachid, prince de Bagdad. Liberally adapted from "A Thousand and one nights." Written at the request of Théâtre de la Goutte d'eau.

Position de travail (3 parts).
> In Avant-Scène-Théâtre 874 (15-7-1990) (excerpt).
> Paris, Guichet Montparnasse, 24-10-89; Avignon, Le Moulin
> à paroles (Théâtre d'elles), 10-7-90.
> [BN 4 Y 78 (874), ASP 4 Jo 12601, SACD ms. CA 80].

Les Circoncis or La Fête virile (3 parties).
> Paris: Ed. des Quatre-vents, 1992.
> Reading at the Théâtre Essaïon.
> [BN 16 Yf pièce 225, BSG 8 Y SUP 50390 (1), ASP 8 Y
> 5062, AV T GAL F, SACD ms. CA 80].

Les Insoumis de Villeurbanne (1 act).
> [SACD ms. CA 80].

**GALVIN** (Monique).

Maman Gargantua (one woman show).
> Paris, Au Bec Fin, July 1979.

**GALZY** (Jeanne).
1883 - Montpellier, 1977.
Novelist (Prix Fémina 1922), biographer.

La Revanche de Boileau (à propos, 1 act, verse).
> Théâtre de l'Odéon, 30-3-11.
> [BN ms 192 (11), ASP Rondel ms. 1617].

La Tribu (3 acts), 1912.

La Passante (1 act, verse).
> [ASP Rondel ms. 1615 (Vichy 1913)].

Cassandre (tragedy, 5 acts).
> Montpellier, 7-11-21.

Perséphone (légende antique, 3 tableaux).
> Paris: Stock, 1924.
> Montpellier, 18-6-22.
> [BN 8 Yth 37325].

La Grand'Rue. Adapted from novel by the same title.
> Montpellier, 26-12-52.
> [SACD ms. 2631].

**GANZ** (Isabelle) (see Marie-Paule CATUGNO).

**GARANGER** (Carmen).
Published a novel (1956) and a collection of poems (1951).

La Captive ou la Chaîne de primevères (dramatic comedy, 3 acts).
Aurillac: Ed. du Centre, 1959.
[BN 16 Yth 2111].

**GARAY-THIERRY** (Adriana).

Théâtre. "Le Couple", "Le Doute", "Les Voyageurs", "L'Enfer", "Le Téléphone", "La Misère et la fête", "La Nuit dérisoire", "Josif Vissionovitch Staline" (évocation dramatique), "Les Paysans espagnols", "La Bouillabaisse" (farce, 3 acts).
Estillac: A.C.L.T., 1982.
[BN 16 Yf 1410, SACD, AV].

Les Jouets (comedy, 3 acts).
[SACD ms. CA 84 (dated 1982)].

**GARDILLIONNE** (Mme A. de).

Le Dernier rêve du duc d'Enghien.
Bouffes du Nord, 1905.
[AN F$^{18}$1165].

**GARIN** (Sylvie).
1950 -

Diable aux trois cheveux d'or (1 act). Co-adapted by Guy LAURENT from GRIMM.
Orly, 6-4-81.

Un Amour de clowns (1 act). Co-authored by Gérard DUBOIS and Christophe MOUCY MONCEVICIUS.
Villeneuve la Garenne, 26-4-84.
[SACD ms. 505].

L'Enfant du soleil.
Paris, Tourtour, 1-2-86.

Clown o'clock.
Performance planned in St-Gervais, 18-7-88.

**GARNIER** (Huguette).
Novelist, journalist.

La Femme qu'on désire (comedy, 1 act).
In Gringoire, 28-2-30.
[BN Pér. micro. D.40, ASP Rf. 59.869].

**GASSELIN** (Mme).

> Pèlerin d'amour (1 act).
> > Salle Douai, 29-6-02.

**GASTARD** (Marie) (see Josette BOULVA).

**GASTAUD** (Elyane).
> Poet, translator.

> Le Conte du genévrier (légende barbare pour la scène, 4 acts),
> Genofeva ou la Sphinx barbare : chant intime sur deux modes
> antiques, 1964-1965 (4 acts).
> > Lyon: Gastaud, 1972 (available at BN and ASP).

> Le Professeur malgré lui (comedy, 3 acts).
> > [SACD ms. CA 85 (Lyon/Les Bois, 29-8-77)].

> Un Ange passe... (comedy, 1 act), Yseult aux blanches mains:
> tapisserie d'un long hiver (6 chants).
> > Lyon: Ed. du vingt mars, 1989 (available at BN, ASP, AV).

**GASTICE** (Mme A.).

> Un Mari (saynète).
> > Paris, Nouveau Théâtre Comœdia, 6-6-31.

**GASTON** (Henriette) (see Simone BLONAY).

**GAULARD** (Mlle L.).

> L'Aveu (comedy, 3 acts). Possibly co-authored by André MOUEZY
> (name of co-author crossed out on ms.).
> > [ASP Rondel ms. 1628].

**GAUTHRON** (Germaine).

> Le Test de l'amour (3 acts).
> > Paris: La Pensée Universelle, 1981.
> > [BN EL 8 Y 9589 (368), ASP 8 Y 2601, AV].

**GAUTIER** (Judith) (see French Women Playwrights before the 20th Century).

**GAUTIER** (Martine).

> Le Voyage dans le placard.
> > [SACD ms. CA 85].

**GAUTIER** (Yvonne) (other names: Vonet GILLE, Yve MIRENE).
Poet; published souvenirs.

Le Matin de Faust (dramatic legend, 2 acts, 10 tableaux). Co-authored by François DEREYNE.
Paris: Ed. de la Revue Moderne, 1960.
[BN 16 Yth 2185].

L'Amour de toi ou le Palimpseste (comedy, 3 acts). Co-authored by François DEREYNE.
Paris, Théâtre Charles de Rochefort, 10-10-62.

Patrocle (fresque dramatique). Adapted from the Illiad. Co-authored by François DEREYNE.
Paris: Ed. de la Revue moderne, 1972.
Nice, Opéra de Nice, 15-1-66.
[BN EL 8 Y 5419, ASP 16 Y 2389].

**GAUTRON** (Micheline).
Actress; song lyrics writer, poet.

Médis et Alyssio (opera libretto, 2 parts). Music by Georges DELARUE.
Strasbourg: Théâtre municipal, 1975.
Strasbourg, Opéra du Rhin, 14-3-75.
[BN 16 Yf pièce 98].

Mi et Mo sont dans le même bateau. Co-authored by Monique TUPIN.
Collection of 6 plays.
N.p., n.d.
Bordeaux, Théâtre Germinal, Nov. 1979.
[SACD ms. 3666].

Images, images (tragédie à couplets).

Fins de siècles (comedy, 1 act).
[SACD ms. CA 85].

**GEESTELINK** (Marguerite).
Novelist, journalist.

L'Appel de la terre (drama, 1 act).
Bois-Colombes, 7-4-29.

Le Droit du père (2 acts).
Bois-Colombes, 15-3-36.

**GENDRE** (Mme Ad.).

> Fleur des champs (social play, 4 acts). Co-authored by A. GENDRE.
>> Barbézieux: Association barbézilienne de coopération péda-
>> gogique, 1927.
>> Performed at the Théâtre Municipal de Barbézieux.
>> [BN 8 Yth 38361].

> Quiemence a t-ine auto (comedy, 2 acts). Co-authored by A.
> GENDRE.
>> Guimps, Salle de fêtes, 4-5-30.

**GENESTOUX** (Magdeleine de).
> ? - 1942.
> Author of children's books.

> Le Cirque Piccolo (comedy, 3 acts, 4 tableaux). Co-authored by Pierre
> HUMBLE.
>> Paris, Fémina (Petit Monde), 19-3-25.

**GENEVIEVE** (Janine).
> Literature teacher in Privas.

> Le Pathe et les psy .
>> [AV Fol. AY 20].

> Rouge ou verte.
>> [AV 4 AY 386 (letters dated 1980].

**GENEVOIS** (Sylvine).
> Poet.

> Le Feu sous la cendre (comedy, 1 act, verse).
>> In L'Astrée 25-10-1912.
>> [BN micro. 8 Z 2018, ARS 8 Jo 21922, ASP Rt. 3850 (5)].

**GENOVESE** (Andréa).

> La Transparence.
>> Lyon, Théâtre de l'Agora, 14-3-89.
>> [SACD ms. CA 86].

> La Queue de l'oie.
>> Lyon, Théâtre des Clochards Célestes, 5-6-90.
>> [SACD ms. CA 86].

Becquerêves 89.
>Lyon, Salle Paul Garcin (Le Forum), 19-4-90; Paris, Espace Maurice Ravel, 27-11-90.
>[SACD ms. CA 86].

**GENTAL** (Mary).

>Minuit Quartier Monceau (drama, 1 act), Renouveau (comedy, 1 act).
>Dunkerque, April 1921.

**GENTELLES** (Marie de).
Novelist; author of a number of books of Christian inspiration.

>Les Deux robes (comedy, 3 acts).
>Paris: Desclée et De Brouwer, 1903.
>[BN 8 Yth 30414].

**GENTET** (Elisabeth).
La Flêche, 1958 -
Actress, director; author of radio plays.

>Tu crois qu'il va faire de l'orage?
>Paris, Tréteaux de l'Ile St-Louis, 1979 (directed by author).

>Tête de bois.
>Paris, Dix Heures, 25-3-85 (directed by author).

>Adèle Hugo ou j'ai marché sur la mer (14 tableaux).
>Paris: Compagnie Picrokole, 1987.
>Saint-Denis, Théâtre Gérard Philippe, 29-5-87; Avignon, Moulin à Paroles, 9-7-87.
>[AV 8 AY 1633].

>Mort naturelle.
>Metz, Concours de l'act, 17-10-87.

>Wilde, Oscar, chambre 14, c. 1987.

**GEORGE** (Mme A.D.).

>Plutus et le troisième sexe (comedy, 3 acts).
>Paris, Salle Pleyel (Le Tremplin), 22-2-33.

**GEORGE** (Edith).
Poet.

>Le Concours (comedy, 2 acts, 12 tableaux). Co-authored by André GEORGE.
>Paris: Ed. Théâtrales Art et comédie, 1985.
>[ASP 8 Y 3229].

**GEORGE** (Luce).

La Vraie beauté and Veillée de Noël en 1932 (children's plays).
Lyon: Camus (coll. des dramaturges catholiques 53), 1933.
[BN 8 Yth 40023 (53)].

**GEORGES** (Aimée).
Published a novel (1963).

L'Etat-Gabarit.
Paris: Ed. du Scorpion (Les Feux de la Rampe), 1963.
[BN 16 Yf 348 (66)].

**GEORGES-SCHREIBER** (Isabelle) (or Isabelle Georges SCHREIBER, née
Isabelle Fanny SAUPHAR, also called I. DESBORDES and Irène
SERVAN).
? - 1974.
Novels for young girls.

La Sève (comedy, 3 acts).
Paris, La Madeleine (Cercle des Escholiers), 21-1-31.
[ASP Rondel ms.].

Une Affaire exceptionnelle.
In Avant-Scène-Fémina-Théâtre 197 (15-5-1959).
[BN 4 Y 78 (197), ASP 4 Y 959].

L'Enfant de la route (1 act).
In Avant-Scène-Fémina-Théâtre 214 (15-2-1960).
Paris, Théâtre de l'Oeuvre, 12-1-60.
[BN 4 Y 78 (214), ASP 4 Y 1099].

Lune et l'autre (1 act, verse).
In Avant-Scène-Théâtre 281 (1963).
Paris, Théâtre de l'Oeuvre, 11-1-62.
[BN 4 Y 78 (281), ASP 4 Jo 12601].

Dialogue des inconnus (1 act, verse).
In Avant-Scène-Théâtre 315 (15-7-1964).
[BN 4 Y 78 (315), ASP 4 Jo 12601].

**GERARD** (Mlle Claude).

Francis Francette (1 act).
Théâtre Arlequin, 18-5-35.

**GERARD** (*Rosemonde*-Louise-Rose) (Mme Edmond ROSTAND).
1871 - 1953.
Poet and author of books about E. Rostand and Mme de Genlis.

Un Bon petit diable (féérie, 3 acts, vers). Co-authored by Maurice
ROSTAND.
>    In Illustration théâtrale 202 (10-2-12); Paris: Fasquelle, 1912.
>    Paris, Théâtre du Gymnase, 22-12-12.
>    [BN 4 Yth 8354, ASP Rf. 85690, ARS 4 Lag. 433, BHVP,
>    SACD, TF].

La Marchande d'allumettes (lyric tale, 3 acts). Co-authored by Maurice
ROSTAND. Music by Tiarko RICHEPIN.
>    In La Petite Illustration 53 - Théâtre 33 (7-3-1914); Paris:
>    Fasquelle, 1914.
>    Paris, Opéra-Comique, 25-2-14.
>    [BN 4 Yth 8472, ARS 4 Lag. 433, BHVP, SACD, OP 2380
>    (musical score)]

La Robe d'un soir (4 acts, verse). Music by Claude CORBREUSE.
>    In La Petite Illustration 258 - Théâtre 148 (26-9-1925); Paris:
>    E. Fasquelle (26), 1925.
>    Paris, Théâtre de l'Odéon, 29-5-25.
>    [BN 8 Yth 36053, ASP Rf. 60.208, ARS 4 Lag. 433, BHVP,
>    SACD].

Au Prince charmant (1 act).
>    St-Honoré-les-Bains, 24-7-27.

Les Papillotes (1 act, verse).
>    In La Petite Illustration 557 - Théâtre 287 (26-12-1931).
>    Paris, Théâtre de l'Odéon, 4-11-31.
>    [BN 4 Lc2 1549 (4), ASP Rf. 60215, ARS 4 Lag. 433, SACD,
>    TF].

Les Masques d'amour (verse plays). Includes "Les Papillottes";
"La Tour Saint-Jacques" (1 act),
>    Comédie Française, 28-1-28; Théâtre Comœdia, 4-6-32;
"A quoi rêvent les vieilles filles" (2 acts, verse). Co-authored by
Maurice ROSTAND.
>    Brides-les-Bains., 24-8-27; Bruxelles, Théâtre du Parc, 6-12-
>    28, Université des Annales, 20-1-33 (author in cast).
>    Paris: Fasquelle, 1934.
>    [BN 8 Yf 2563, ASP Rf. 60.216].

L'Accordeur (comedy, 1 act).
>Paris: Ed. Smyth, n.d.
>Grand-Guignol, 11-12-28; Presles, private performance, 28-2-34.
>[ASP 60.214 (microfiche 91/1825)].

Le Féminisme (conférence dialoguée, 1 act). Co-authored by Maurice ROSTAND.
>Grenoble, Radio Grenoble, 17-8-32.

La Suite à demain (3 acts, verse).
>[SACD ms. 2008].

**GERBAULET** (Françoise) (pseudonym : Gerboise FRANCOLLET).
Niort, 1948 -
Responsible for children's activities at the Théâtre de Sartrouville.

L'Horloger d'eau (children's play).
>Théâtre de Sartrouville, 1980.

Une Histoire d'ours (children's play).
>Théâtre de la Chenille, 1981.

Grabouillages (children's play).
>Free Théâtre, 1982.

Douce-violence.
>Free Théâtre, 1983.

Juliette ou la misérable (monologue). Staging of Victor Hugo's letters to Juliette Drouet.
>Paris: Brocéliande éditions, 1986.
>Ivry, Théâtre des quartiers d'Ivry, 9-1-86 (directed by author).

Trente février, un mercredi. Signed Gerboise FRANCOLLET.
>Corbeil-Essonnes: Centre d'Action culturel Pablo Neruda, 1989.
>Corbeil-Essonnes, C. A. C. Pablo Neruda, 20-4-89 (directed by author).
>[BN EL 8 Y 21290, ASP 8 Y 4027, AV].

**GERMAIN** (Andrée).

Sacrifice d'amour (comedy, 3 acts).
>Charleville, 15-8-20.

L'Espionne de Guillaume II (drama, 5 acts).
>Sedan, 25-12-20.

Batard du Boche ou la Belle Ardenaise (drama, 5 acts, 7 tableaux).
        Hautmon, Kursaal, 25-4-21.

Folle aventure (comedy, 3 acts).
        Nancy, Eden, 16-7-21.

L'Aventure d'un gamin de Paris (5 acts, 8 tableaux).
        Charleville, 1-4-23.

La Gosse des ruines (drama, 5 acts, 7 tableaux).
        Belfort, 26-7-24.

Bobette veut faire l'amour (sketch, 1 act).
        Déjazet, 26-11-24.

Miche jeune fille d'aventures (comedy, 3 acts).
        Dom, 4-3-28.

Poutke ou la Rosière de Koeyenverembeeck (comedy-vaudeville, 3
acts).
        Tirlemont, 19-5-32.

L'Amour et la haine (drama, 5 acts).
        Cornimont (Vosges), 27-8-33.

**GERMAIN** (Jocelyn).

Vercingétorix.
        Paris: La Pensée universelle, 1982.
        [BN EL 8 Y 11822, SACD, AV].

**GERSHMAN** (Judith).
Born in New York, moved to Paris in 1977.
Director.

Blackout, 1980.

Contretemps,.
        Paris, Petit T.E.P. (directed by author); American Center, 15-
        2-83 (new version).

La Vallée de l'ombre de la mort. Adapted from Malcolm Lowry's One
Flew over the Cuckoo's Nest.
        Paris, Théâtre des Athévains, 1982.

L'Epouvante.
        Paris, Théâtre 13, 13-4-84 (co-directed by author).

Une Grande raison qu'il fait nuit c'est que le soleil n'y est pas.
        Aubervilliers, Salle Le Corbusier, Jan. 1986.

Soleil nuit.
>    Paris: Théâtre Ouvert (Tapuscrit 41), 1986.
>    [BN 8 Yf 3263 (41), ASP 8 Y 2649, SACD, AV, TO].

Promenade de nuit, 1987.

Lettres de la vie.
>    Paris, Théâtre 14 Jean-Marie Serreau, 27-4-88 (directed by author).

Feux artificiels.
>    Paris: Théâtrales (ms. 2113), 1989.
>    [AV, TH, SACD ms. CA 88].

**GESVRES** (Mme Claude) (see Mme CLAUDE-GESVRES).

**GEVIN-CASSAL** (Olympe).
Born in Basel (Switzerland) in 1860 of French parents.
Author of children's books.

Le Malade imaginaire (comedy).
>    Paris: Juven, [c. 1922-1925].
>    [BN 8 Yth 36938].

**GHISLAIN** (Brigitte) (see Claudine BILAUD).

**GIL-BAER** (Marie-Thérèse) (Marie-Thérèse BLOCH, Mme Gilles BEER) (novels signed Marcel BRÉA, Jacques TRAJAN, Ludovic MERNI).
Born in Geneva, died between 1968-1973.
Professor of diction; involved with the Universités Populaires; feminist, pacifist; novelist, journalist; founded the *Société d'éducation par l'art* (1912) and *La Citoyenne* (1929).

La Haine (1 act).
>    Paris: Lib. du Parti Socialiste et de *L'Humanité*, 1919.
>    [BN 8 Yth 36013].

Oh! La musique (comedy, 1 act).
>    Paris: A. Lesot, 1928.
>    [BN microfiche 8 Yth 38631].

Le Nom (comedy, 3 acts).
>    Salle des Sociétés Savantes, 16-12-30 (organized by the feminist association, "La Citoyenne").

**GILLIER** (Michelle).

L'Insoumise (4 acts). Co-authored by P. FRONDAIE, E.-P. ROBERT.
>    Paris, Théâtre Antoine, 4-10-22.

**GILODI** (Solange).
Alsatian poet.

Le Grand Bailli (historical play).
Colmar: Alsatia, 1958.
Comédie de Radio-Strasbourg, 20-11-56.
[BN 16 Yth 2039].

**GIORGETTI** (Florence).

La Fille des Beatles et d'une mini-jupe (one woman show).
Performed in 1966.

Poubelle girl (one woman show). Co-authored by Alain SACHS.
Paris, Le Splendid, Sept. 1978.

**GIRARD** (Mary).
Translator.

En 1920... (domestic drama). Co-authored by Maxime GIRARD.
Paris, Théâtre Fémina (Cercle du Théâtre d'Astrée), 4-4-10.

**GIRARDET** (Yvonne et Suzanne).

Le Secret du mari (comedy, 1 act).
Théâtre d'Astrée, 25-5-12.

**GIRAUD** (Mad. H).
Children's books.

J'achète biquette (comedy, 1 act).
In Semaine de Suzette 26:12 (20-3-1930).
[BN microfilm m-8017 (1930)].

**GOBERN** (Martine).

Marilyn je t'aime (one woman show).
Paris, Studio Bertrand, Dec. 1983.

**GOUBY** (Ghislaine).

Ma mémoire, un soir (1 act).
[SACD ms. CA 91].

**GOULINAT** (Mlle Anne-Marie).
Poet.

Printemps (1 act, verse).
Lourmarin-de-Provence: les Terrasses de Lourmarin, 1930.
Les Tréteaux mondains, 11-5-30.
[BN microfiche 8 Z 21521 (III, 6)].

Le Fugitif (1 act) and La Chine rompue (3 acts, verse).
Paris, Théâtre Albert 1<sup>er</sup>, 11-2-34.

Fantaisies dramatiques. 6 verse plays including:
"Au clair de la lune" (1 act, verse),
Performed privately, 10-11-28;
"Papillon d'argent" (1 act, verse),
Paris, Théâtre Antoine (Spectacle Yves Renaud), 30-1-35.
Paris: Ramlot, Chanth, 1937.
[BN 8 Yf 2644].

Le Collier de Schéhérazade (fantasy, rhythmical prose).
Paris, Albert 1<sup>er</sup> (Spectacle Yves Renaud), June 1935.

L'Héliotrope (comedy, 1 act).
Tours, private performance, 19-2-38.

Quatre hommes condamnés (12 tableaux).
Paris, Petit Théâtre de paris, 3-11-60.

La Quêteuse de lumière (dramatic poem).
Paris: Ed. du G.E.P (Théâtre 2), 1970.
Inter-Club, Assoc. Culturelle de Théâtre d'Essai, 13-5-70.
[BN EL 4 Y 336 (2), ASP MY 14].

Au seuil du crime (4 acts).
[SACD ms. CA 42].

**GOYAU** (Juliette HEUZEY, Mme George) (pseudonym: Jules-Philippe HEUZEY).
? - 1939.
Novelist, biographer.

Blandine (religious drama, 4 acts).
Paris: Spes., 1933.
Nancy, Théâtre de la Passion, 3-4-33.
[BN 8 Yth 40041].

**GRAGNON** (Mme M.).

Aventure (comedy, 1 act, verse).
Submitted to Théâtre de l'Odéon, 1906.
[ASP Rf. 61.040 (summary)].

**GRAIL** (Marie-Claude).

Chambre à louer, Exorcisme.
[AV mss.].

**GRAMACCINI** (Mlle)

> Nous ne sortirons pas dimanche (1 act). Co-authored by G. NERVAL.
> > Paris, Salle Gaveau, 23-2-26.

**GRAMONT** (Antonia-Corisande-*Elisabeth* de) (marquise de CLERMONT-
TONNERRE).
Nancy, 1875 - Paris, 1954.
Published memoirs, literary studies, essays and translations.

> Diane de Poitiers (opera-ballet). Libretto by Elisabeth de GRAMONT.
> Music by Jacques IBERT.
> > First performed by Ida Rubinstein in 1934 (choreography by
> > Fokine); Paris, Opéra, January 1947 (choreography by Marcel
> > Bargé).

**GRAMONT** (Louise de).

> Première querelle (saynète).
> > Paris: Librairie théâtrale, 1907.
> > Paris, Salle des fêtes du Journal, 12-7-06.
> > [BN 8 Yth 32253, ASP Rf. 86528].

> Petites confidences (saynète, 1 act).
> > Paris: Librairie théâtrale, 1908.
> > Paris, Salle Ponthieu, 4-7-07.
> > [BN 8 Yth 32641].

> Quand nous serons mamans (saynète).
> > In Semaine de Suzette 17:38 (20-10-1921).
> > [BN microfilm m-8017 (1921)].

**GRANDJEAN** (Evelyne).

> Pourquoi pas moi? Co-authored by Catherine ALLÉGRET.
> > Paris, Choupe-Chou, 1976 (performed by authors).

> Qu'elle est verte ma salade (spectacle comique). Co-authored by Pierre
> DESPROGES.
> > Paris, Aux 400 coups, Jan. 1978 (performed by authors).

> Un Oeil plus bleu que l'autre (3 parts).
> > Paris, Gaîté-Montparnasse, 20-1-1990.
> > [SACD ms. 3905].

**GRAND'MAISON** (Marie de) (pseudonym of Marie-Félicie DUFOUR, veuve
MELCHIOR).
Author of children's books and ten children's plays published in
Semaine de Suzette (1905-15) (available at BN).

**GRANGE** (Josane).

> La Rue sans nom (comedy, 1 act). Co-authored by H. CORDREAUX,
> H. GIGNOUX.
>> Paris, Noctambules, 3-2-49.

**GRAWITZ** (Madeleine) (see GRAY).

**GRECH** (Jehan) (pseudonym of Eudoxie LERAY).
> Châteaubriant, 1853 - ?.

> Jeanne d'Arc (drama, 5 acts).
>> Paris: J. Bricon, [1894].
>> [BN 8 Yth 26710, ASP Rf. 85706].

> Over 30 comedies and historical dramas of Catholic and patriotic
> inspiration published by Haton (Paris), 1896-1928 and Klotz (Paris),
> 1914-1930 (available at BN).

> Théâtre pour jeunes filles. 4 plays for children.
>> Paris: Bloud et Barral, [1898]; Paris: Haton, [1913].
>> [BN 8 Yf 967].

> Que jouer ?: Collection of 5 plays.
>> Paris: Klotz, [1924].
>> [BN 8 Yf 2166].

> Papillon bleu (operetta, 1 act).
>> Paris: Billaudot, [1956].
>> [BN 16 Yth 2108].

**GREEMBACH** (Mme Gab. DESMART) (Mme DESMART GREEMBACH).

> La Gitane (sketch, 1 act).
>> La Potinière, 3-3-23.

**GREENE** (Lila).

> Démons. Music by Lucien ROSENGART.
>> Paris, Bastille, 12-6-84 (performed by author).

**GREGO** (Moni) (pseudonym).
> Sète, 1948 -
> Actress, director; scenario and script writer; film maker; drama
> instructor.

> Des Mots sur la planche (political cabaret).
>> Performed on tour by the Compagnie Théâtrale de la Mer,
>> 1973 (directed by author).

La Ballade du pauvre V.V. (spectacle Van Gogh).
        Compagnie Théâtrale de la Mer.

Noël Bloc 79.
        Nancy, 12-12-79.

Les Basses terres.
        Thionville, 12-5-81.

Nouvelles de la rue (drama, 1 act).
        Paris, 12-11-83.

L'Antigone. Adapted from Sophocles.
        Lille, Centre Dramatique du Nord, 10-6-80.

La Statue.
        Paris, G.R.E.P.A.N.G. (reading).
        [SACD ms. CA 140].

Un Aller simple (monologue). Title on manuscrit: La Traversée ou Un
Aller simple.
        Paris:   Théâtrales   (ms.   584),   [1985];   [Dourgne]:   Club
        Stendhal, 1991.
        Paris, Théâtre Essaïon, Théâtre à une voix (reading), 14-1-83;
        Poitiers, Théâtre du Trèfle.
        [BN 16 Yf 2411, AV, TH, POI, SACD ms. TAV 140].

Les Enfants du Sphinx (37 séquences).
        [POI ms., SACD ms. CA 140].

Leïla.
        Paris: Théâtrales (ms. 1487), 1987.
        Festival de Herisson (Les Fédérés), 1986.
        [AV, TH, POI, SACD ms. CA 140].

Le Jardin.
        Avignon, Festival-Off, T.2.G. (Théâtre du Trèfle), 11-7-88;
        Poitiers, 22-9-88.
        [SACD ms. CA 140 (April 1988)].

L'Album. Co-authored by Y. REYNAUD.
        Avignon, July 1988.

Les Amants imaginaires.
        Avignon, 20-7-89.

Je t'aime toujours... plus ou moins.
        Boulogne-sur-mer, 5-2-88.
        [SACD ms. 4074].

Le Bal masqué.
> Bezon, 26-10-90.

Les Petites peurs.
> Paris, Espace Hérault, 6-12-90 (author in cast).
> [SACD ms. CA 140].

Les "Originaux", autoportrait ou modèles pour une autobiographie.
Performed.
> [POI ms.].

Célébration, Entre deux, La Piquée du Bosphore, Edmée, La Vie est
diverse, Noir Paris, Temps de parole.
> All performed.

Quelque chose à quelqu'un, Aurora, Cours du soir, Paroles exquises.

**GREGORIO** (Annie) (see Catherine BLANCHARD).

**GRENAT** (Isabelle and Charlotte).

Mieux vaut star que jamais.
> Paris, Les Lucioles, March 1983 (performed by authors).

Il n'est jamais trop star.
> Paris, Le Grenier, June 1983 (performed by authors).

**GRESAC** (Mme Fred.) (Fredericka GRESAC-MAUREL).
? - 1943

La Passerelle (comedy, 3 acts). Co-authored by Francis de CROISSET.
> In Théâtre by F. de Croiset. Paris: Flammarion, 1925.
> Paris, Vaudeville, 31-1-02.
> [BN 8 Yf 2009, AN F$^{18}$778].

La Troisième lune (comedy, 3 acts). Co-authored by Paul FERRIER.
> Paris, Vaudeville, 7-5-04.

**GREVILLE** (Mme Henry) (see French Women Playwrights before the
Twentieth Century).

**GREZE** (Anne-Marie).

Tisanes et bouillon (4 acts).
> Pontivy: Impr. Auffret et le Nohen, n.d.
> Guern, Salle Polyvalente (Cie AR UN DRO), 23-3-85
> (directed by author).
> [BN EL 8 Y pièce 4107, ASP 8 Y 2530, AV T GRE T].

**GREZES-RUEFF** (Isabelle).

L'Appâtoir (17 tableaux). Co-authored by Jean-Claude BASTOS, Jean-François PUJOL.
>> Honfleur: Oswald (Théâtre en France), 1973.
>> Toulouse, Théâtre du Grenier, 18-5-71.
>> [BN 16 Y 526 (27), ASP 16 Y 2334].

**GRIMAL** (Françoise).

Les Cenci (dramatic comedy, 5 acts).
>> Paris, Théâtre de l'Alliance française, 12-9-59.

**GRIMAULT** (Lucette).
Actress and director.

Dame au chapeau rose (1981), Nez vert (1981), Des Roulottes d'or pour grand-pépé (1981), Le Château d'un songe (1982), Le Petit bout de la queue du chat (1985), Le Chevalier au temps des petites filles modernes (1985), Rendez-vous sur la lune (1986), Un Secret de Polichinelle (1987), Le Petit monde de Jeannot (1988), L'Incroyable aventure de Kin Liang (1989).
>> Children's plays performed in Paris at the Théâtre Astral.

**GRIMBERT** (Martine).

Haute fidélité. Co-authored by Claude LULÉ and J.-Luc SCHWARTZ.
>> Paris, Centre International de Séour de Paris, Feb. 1983.

**GUEBLE** (Danièle) (see Annie DEGROOTE).

**GUEDJ** (Attica).
Actress, director, translator/adaptor.

Ma vie est un enfer, mais je ne m'ennuie pas (one woman show).
>> Paris, Lucernaire, 25-11-80.

Tchoufa.
>> Paris, Lucernaire, June 1982 (author/director in cast).

Les Trois filles de Madame Akoun and Merci pour tout.
>> [SACD ms. CA 93].

**GUEDJ** (Edith).
Actress.

Vegetal Palace. Co-authored by Martine VACHER. Includes "La Soif Ricane" by Renée Vivien.
>> Paris, L'Envol, Nov. 1982 (directed and performed by authors).

**GUEDY** (Fabienne).

> Théâcre (one woman show). Co-authored by Jean-Luc DEBATTICE.
> Paris, L'Epicerie, April 1985.

> Le Monde du show-bizz au pays du Star Trek (one woman show).
> Paris, Au Bec Fin, May 1987.

**GUERFI** (Florence).

> Les Elles et eux. Co-authored and performed by Jacques BLOT.
> Paris, Le Radeau de la Méduse, 16-12-83.

**GUERIN** (Mlle Isabelle).

> Le Miracle des roses, épisode de la vie de sainte Rosaline (1 act), Petit
> Poucet et Chat Botté (1 act, verse), Liseron et giroflée (1 act), Les
> Narcisses (1 act), Le Bal de Suzette, Le Troubadour de la Madone (1
> act), Légende de la rose de Jéricho (1 act), Au gui l'an neuf (1 act), Les
> Oeufs de Pâques (1 act), Les Aventures de Ginette (1 act, verse), Le
> Petit marchand de marrons.
>> Children's plays published in Semaine de Suzette (1921-26).
>> [BN micofilm m-8017].

> L'Emmanuel (2 acts).
>> Avignon, private performance, 31-12-37.

**GUERINEAU** (Clotilde).

> L'Amourante ou le Deuil du papillon.
>> [SACD ms. CA 93].

**GUERRA** (Alicia).

> Un Monde sourd (1 act), Une Femme comblée (1 act).
>> Paris, Café-théâtre l'Absidiole, 11-6-67and 7-5-68.
>> [SACD ms. 2092-93].

> Bébéchéri et la petite fille perverse (1 act).
>> In Avant-Scène-Théâtre 536 (1-3-1974).
>> Paris, Mini-Théâtre le Troglodyte, 18-4-73.
>> [BN 4 Y. 78 (1974, 536), ASP 4 Y 634].

> Le Piège ou l'Eléphant rose (1 act), Le Rêve ou A quoi rêve Bébéchéri
> (1 act).
>> [SACD ms. 2094-5].

**GUERRIER** (Marcelle) (née Louise PERROT).

Un Jour de pluie (comedy, 1 act). Co-authored by François de TERAMOND.
Paris: les Meilleurs scènes, [1935].
[BN 8 Yf 2573 (5), ARS Th. N. 34460].

Ces demoiselles Montegraine (comedy, 1 act). Co-authored by François de TERAMOND.
Paris: les Meilleurs scènes, [1935].
Poste Radiophonique de la Tour Eiffel, 26-5-34.
[BN 8 Yf 2573 (9), ARS Th. N. 34461].

Journaux de modes (comedy, 1 act). Co-authored by François de TERAMOND.
Paris: les Meilleurs scènes, [1935].
Roubaix, private performance, 25-8-37.
[BN 8 Yf 2573 (13)].

La Vie n'est pas une rigolade (comedy, 1 act).
La Bocca, private performance, 15-10-38.

**GUESNIER** (Germaine).

Danse pendant le festin (musical drama, 1 act). Music by M.F. GAILLARD.
Arts Décoratifs, 26-5-25.

L'Intrigue espagnole (comedy, 3 acts). Co-authored by Fernande LEDOUX. Music by Paul BASTIDE.
Vichy, Casino des fleurs, 22-7-25.

Rabelais et son quart d'heure (comedy, 1 act).
St-Lignère, Th. Verdure, 12-7-36.

**GUESS** (André) (pseudonym of Mme AUBIER).

Cinquante mille dollars (1 act, prose).
Paris: Librairie théâtrale, 1910.
Paris, Théâtre des Arts, 6-6-09.
[BN 8 Yth 33605, ASP Rf. 61.312, ARS GD 8 29107].

Joie de mentir (comedy, 1 act).
Douai: Gaulois, n.d.
Bordeaux, 5-6-10.

Feu Brown (comedy, 1 act, prose).
>Tamines: Duculot-Roulin et Librairie Théâtrale, 1925.
>Paris, Théâtre Michel, 10-11-10.
>[ASP Rf 61.317].

La Halte et le passant (saynète).
>Paris, Théâtre Michel (La Halte), 22-5-11.

Georget (1 act).
>Paris, Les Escholiers, 10-6-14.

Petits Princes (saynète, 1 act, verse).
>In Annales Politiques et Littéraires 1728 (6-8-1916).
>Performed in England.
>[BN microfilm m-4400 (1916), ASP Rf. 61.313].

Le Parrain (comedy, 1 act, verse).
>Paris: Librairie Théâtrale, 1928.
>Vichy, Grand Casino de Vichy, 29-8-18.
>[BN 8 Yth 38674, ASP Rondel ms. 1696].

Avant la lettre (saynète, 1 act, verse).
>Paris: Librairie Théâtrale, 1922.
>Paris, Théâtre Albert 1er, 26-11-20.
>[BN 8 Yth 36518].

Glycère (comedy, 1 act, verse).
>In Annales Politiques et Littéraires 1992 (28-8-1921).
>Paris, Théâtre de Verdure du Pré-Catelan, 3-7-21.
>[BN microfilm m.4400 (1921), ASP Rf. 61.314-315].

Un Médium (comedy, 1 act).
>Paris: Georges Oudet et Duculot (Belgique), n.d.
>[ASP Rf. 61.316].

En quarantaine (comedy, 2 acts), Ninoch (comedy, 1 act), Une Lettre difficile (saynète, verse).
>Published by Duculot (Tamines).

**GUEUGNIAUD** (Rosine).

Au rivage des dieux : la bataille de Salamine (animation théâtrale).
>Paris: Magnard (Théâtre de la jeunesse), 1972.
>[BN 8 Yb. 1728, AV].

Le Facteur.
>Avignon, Théâtre Ouvert (reading), 16-7-76.
>[TO ms.].

Le Tournesol.
Paris, Théâtre de la Cité Internationale, 2-10-79.

**GUIBERT-SLEDZIEWSKI** (Elisabeth).

Nowy Swiat.
[SACD ms. CA 94 (1982)].

**GUIGNARD** (Marianne).
Illustrator.

Les Chemins de traverse (3 acts).
Théâtre Babylone, 1953.

**GUIGON** (Michèle).
c. 1940 -
Actress, director.

Strapontin.
Avignon, Cloître des Célestins, 2-7-84 (author in cast).

Marguerite Paradis ou l'Histoire de tout le monde.
Avignon, Salle Benoît XII, 7-7-85; Bobigny, Maison de la
Culture de la Seine-St.-Denis, Nov. 1985 (both performances
co-directed and performed by author).

Etat d'amour.
Avignon, Chapelle des Pénitents Blancs (Théâtre du P'tit
Matin), 21-7-86; Paris, Théâtre de la Villette, 18-11-86
(author in cast in both performances).

**GUILBERT** (Mme M.).
Sedan, 1856 - ?

Mademoiselle reçoit (comedy, 2 scenes), Paysanne et citadine (comedy,
1 act), Le Bluff (scene, 1 act), Dans la loge (comic scene), Les Belles
relations! (comedy, 2 acts), Mademoiselle Etourneau (monologue),
Une Vieille fille dans du coton (comedy, 1 act), La Demoiselle de
compagnie (comedy, 2 acts), Une Chaude alerte (scene), La Bourriche
mystérieuse (comedy, 1 act).
Paris: Librairie théâtrale, 1910-1912 (available at BN).

Le Budget d'Odette (comedy, 1 act), L'Indiscrétion (comedy, 1 act).
Paris: H. Gautier, 1912.

Le Sacrifice de Monique (comedy, 1 act).
Paris: G. Ondet, 1925.
[ASP Rf. 85723].

**GUILBERT** (Marie-Cécile).

> Si le père Noël était mon grand-père, Père Noël, rase-toi (monologues).
> Villefranche: Editions du Cep beaujolais, [1949].
> [BN 8 Yf 2771 (37-38)].

**GUILLAUD** (Martine).
> c. 1965 -
> Actress, member of the troupe Mundial Sisters with her sister,
> Véronique.

> Boustifilles. Co-authored by Véronique GUILLAUD.
> > Paris, Centre Culturel du Marais, Dec. 1982 (authors in cast).

> Recorps. Co-authored by Véronique GUILLAUD.
> > Paris, Centre Culturel du Marais (Mundial Sisters), Nov.
> > 1984.

> Rodéo (one woman show).
> > Paris, Marais-Plus, Oct. 1986.

**GUILLAUD** (Véronique) (see also Martine GUILLAUD).
> c. 1960 -
> Member of the troupe Mundial Sisters with her sister, Martine.

> Roman rock à l'heure du thé (spectacle de théâtre-image).
> > Paris, Centre Culturel du Marais, May 1983.

> Taxi (musical).
> > Paris, Studio des Ursulines, May 1987 (author director and
> > member of cast); Avignon, Caserne des Pompiers, July 1987.

**GUILLAUME** (Lucette).

> La Carotte de Dindenmuche.
> > Paris: La Pensée universelle, 1987.
> > [BN EL 8 Y 16885, AV].

**GUILLEMIN** (Léontine).

> Le Prince Cornosky (comedy, 1 act), Ménage moderne (comedy, 1 act),
> Les Hussards de l'amour (1 act). Various co-authors.
> > Nîmes, Casino, 1903-04.

> Neuvième escadron (military play, 1 act). Co-authored by Louis
> AUTIGEON, Henri UCHAN.
> > Paris, Gaîté Montparnasse, 22-4-04.

**GUILMINEAU** (Marie).
>Director.

>>Gilles X Maréchal de Rais.
>>>Paris, Grand Hall Montorgeuil (Théâtre du Vertige), 15-2-83 (directed by author).

>>La Place au soleil.
>>>Paris, Grand Hall Montorgueil (Théâtre du Vertige), May 1984 (directed by author).

**GUIMARRA** (Evelyne).

>>Brèves inquiétudes dans une chaise longue. Co-authored by J.-L. GRAPPIN.
>>>Paris, Roseau Théâtre, 6-1-87 (Guimarra in cast).

**GUIO** (Julie).
>Actress, composer.

>>Menteur (musical play for children).
>>>Avignon, Théâtre du Balcon (Julie et Bastien), 12-7-89 (author in cast).

**GUITTY** (Madeleine) (Madeleine Marguerite GUICHARD).
>Corbeil, 1871 - 1936.
>Actress.

>>Qu'a-t-on fait de Victorine? (vaudeville), Le Macaroni (comedy, 1 act), Tableau à vendre (vaudeville). Co-authored by Paul BONHOMME.
>>>Published by C. Joubert (Paris), 1911-12 and performed in Paris at the Chansonia (available at BN and ARS).

>>22, rue de Vénus (drama, 2 acts), Cette pauvre Elisa (comedy, 1 act).
>>>Paris, Grand-Guignol, 3-6-22 and 1-7-26

**GUYOT** (Mme A.).

>>Idylle romaine (1 act, 8 tableaux). Co-authored by Mme THENOZ-DUBREUCQ.
>>>Colies Scolaires, 5-11-26.

**GYP** (see French Women Playwrights before the Twentieth Century).

# H

**HABAULT** (Sylvie).
Actress, illustrator.

Le Jardin des veuves. Co-authored and directed by Guy FAUCON.
Avignon, Ecole Saint-Ruf, 14-7-86 (authors/directors in cast).

**HAMEL** (Marthe) (patronym: Marthe DROMPT).
Poet.

Mauvaise humeur du Père Noël (1 act, 9 tableaux). Co-authored by
Salomon BAUDIN.
Paris, private performance, 6-1-35.

**HAMONIC** (Yvette).
Actress, director.

Palissade swing (children's play).
Avignon, Caserne des Pompiers (Théâtre de l'écume), 12-7-89
(author/director in cast).

**HANKES-DRIELSMA de KRABBÉ** (see KRABBÉ).

**HARBOUR** (Marie).
Actress.

Fish out of water.
Paris, Théâtre Edgar, Sept. 1980.

**HARRIS** (Mme).

> L'Animé (drama, 4 acts).
>> Submitted to Théâtre de l'Odéon, 1909.
>> [ASP Rf. 61914 (summary)].

**HARRY** (Myriam) (pseudonym of Mme Emile PERRAULT).
> Jerusalem, 1875 - 1958.
> Novelist, traveller and essayist; first recipient of the Prix Fémina (1913); co-president of the *Académie féminine des lettres.*

> Jeunesse (drama, 3 acts). Co-authored by Max KALBE.
>> Théâtre de l'Application, 23-1-03.

**HATIER** (Martine Frédérique).

> Baucis ou la Mémoire hantée (dérision en douze points).
>> [SACD ms. CA 95 (Paris, 22-11-82)].

**HATTE** (Louise).

> Le Courrier de Mademoiselle Anaïs (comedy, 2 acts, 4 tableaux). Co-authored by Pierre DIDIER.

> Croquemitaine (1 act, 4 tableaux).

> La Nouvelle Sous-Préfète (comedy, 3 acts). 1$^{er}$ Prix du Concours 1937 du "Théâtre au Village".
>> Paris: J.L. Lejeune, 1937.
>> Pantin, 11-10-36; Paris, Cercle Militaire, 7-5-37.
>> [BN 8 Yth 41457, ARS 8 Th. N. 34.610].

**HAUTERIVE** (Anne *Marie* Joséphine GRANDSAIGNES d').
> Neuf-Brisach (Haut-Rhin), 1840 - ?
> Novelist.

> L'Habit ne fait pas le moine (comedy-proverb, 1 act).
>> Paris: Delagrave, [1901].
>> [BN 8 Yf 1206].

> Fruits confits (comedy, 3 acts).
>> Paris: Gautier, [1901].
>> [BN 8 Yth 29879].

**HEBERT** (Isabelle).

> Les Noces de verre (musical comedy). Music by Michel FRANTZ. Choreography by Lydie CALLIER.
>> Paris, Le Fanal, 18-3-70.

Juan de nulle part (2 parts).
>    [AV ms. 4 AY 276].

**HELARD-COSNIER** (Colette) (see COSNIER).

**HELD** (Jacqueline).
>    Poitiers, 1936 -
>    Professor of Child Psychology and Pedagogy at l'Ecole Normale
>    d'Instituteurs in Orléans; author of children's books.

>    L'Autre de Starros: à la découverte d'une très ancienne et très nouvelle
>    planète. Co-authored by Claude HELD.
>    >    Paris: Magnard (Théâtre de la Jeunesse), 1980.
>    >    [BN EL 8 Y 4323 (17), AV].

**HÉLIODORE** (Alice).
>    Poet, published one novel (1942).

>    Les Libertines (3 acts, verse).
>    >    Grenoble: La Vie Alpine, 1929.

>    Le Nid (comedy, 1 act, verse).
>    >    Paris: La Caravelle, 1930.
>    >    Bordeaux, Salle Franklin, 26-10-30.
>    >    [BN 8 Yth 39355, ASP Rf. 77792].

**HELLE** (Charles) (Mme de BIEDERMANN).

>    Les Frères Lambertier (3 acts). Co-authored by Auguste VILLEROY.
>    >    Paris, Théâtre de l'Odéon, 16-12-11.

**HENDRYS** (Angèle).

>    Le Magnat (3 acts).
>    >    [AV 4 AY 353 (letter dated 1966)].

**HENNET DE GOUTEL** (Geneviève).

>    Le Miracle des fuseaux (15th-century legend, 2 acts).
>    >    Paris: Haton, 1908.
>    >    [BN 8 Yth 32875].

>    Le Mystère des Saints-Dormants (13th-century legend, 1 act).
>    >    Paris: Klotz, n.d.
>    >    Paris, Théâtre de l'Athénée-Saint-Germain, 27-4-13.
>    >    [BN 8 Yth 37642].

>    La Nuit de cristal (Christmas dream, 3 acts).
>    >    Paris: Haton, [1923].
>    >    [BN 8 Yth 36951].

**HENON DE LAVAULT** (Lily) (patronym: Alice Gabrielle HENON, also called Alice HENON DE LAVAULT).
Novelist, poet.

Faust au couvent (dramatic comedy, 3 acts).
        Paris: G. Enault, 1945.
        [BN 16 Yth 131].

**HENRY** (Hélène).
Adaptation of the Divine Comedy and translations from Russian.

Hélène et Constantin (tragedy, 4 acts, verse).
        Les Sables d'Olonne: ed. Henri Pinson, 1984.
        [BN 16 Yf pièce 119, ASP 8 Y 3217, AV T HEN H].

**HENRY-ROSIER** (Marguerite).
Novelist, poet, essayist, biographer.

Le Songe d'une nuit d'hiver.
        Performed in Paris.

L'Enchantement d'un soir d'été.
        Maisod (Jura), Théâtre de Verdure.

La Nuit du poète, Le Fugitif, Rouget de Lisle.
        Performed on radio.

La Dame du lac (2 acts, 4 parts).
        Paris: G. Enault, 1938.
        Paris, private performance, 21-11-37.
        [BN 8 Yth 41818].

**HERA-MIRTEL** (Mme).
Worked in advertising, lecturer at Université Populaire de Montmartre.

Après le voile (dramatic comedy, 3 acts, verse).
        Paris, Théâtre des Arts, 5-3-10.

**HERAN** (Danièle) (pseudonym of Danielle LE HÉRAN, épouse BERTHIER).
Saint-Germain-en-Laye, 1939 -
Novels and short stories.

Le Narbre de vie (dramatic comedy, 3 tableaux).
        [SACD ms. 2114/CA 96].

Amélia (3 acts).
        Paris, Théâtre de l'Aire libre, 17-5-80.
        [SACD ms. 2227].

La Maison d'Orlando (musical comedy for children, 2 acts). Music by
Jacques DEBRONCKART.
    Paris, Théâtre de l'Aire Libre, 5-11-80.
    [SACD ms. 553].

**HERSCHER-CLEMENT** (Jeanne) (née CLEMENT).
Vincennes, 1878 - Givry, 1941.
Musician, composer.

    La Mort de souper (1 act). Co-authored by Roger SEMICHON.
    Paris, Théâtre Montmartre, 6-11-22.

**HERTER-EYMOND** (Jeanne).
Poet.

    Une Lettre à Jésus (monologue for children).
        Pais: Librairie Théâtrale, 1900.
        [BN 8 Yth 29281].

    Le Passage à niveau (comedy, 1 act, verse).
        Paris: Bibliothèque générale d'édition, 1907.
        [BN microfiche 8 Yth 32102].

    Théâtre. Collection of 5 plays.
        Paris: Jouve, 1929 (published posthumously).
        [BN 8 Yf 2355].

    Libre (2 acts), Le Credo de l'aïeule (1 act, verse).

**HERVÉ** (Christiane).

    Black-Out ou l'Essai au théâtre (1 prologue, 1 act).
        Massy, Centre culturel, Dec. 1984.
        [SACD ms. 922].

**HERVÉ** (Geneviève).

    La Barre.
        Paris, Nashville, March 1977.

**HESPEL** (Marie-Charlotte) (see Marie-Louise HESPEL).

**HESPEL** or **HESPEL-VANDEWALLE** (Marie-Louise).

    Soeur Anne... Je vous vois venir ou un P.D.G. peu ordinaire (detective
comedy, 3 acts). Co-authored by Jean de MARECHELLES.
        Paris: Théâtre populaire familial, 1981.
        Beaulieu-sur-mer, Les Trois cinq de Beaulieu, 6-12-81.
        [BN 16 Yf 1458, ASP 16 Y 4325, AV].

Les Roses meurent aussi (detective comedy, 3 acts), Adam qu'as tu fait là ? ou l'Arche de Rull (comedy, 4 acts). Co-authored by Jean de MARCHENELLES.
> Vence: Théâtre populaire familial, 1982 (available at BN, ASP, AV).

Marianne et son député ou être candidat est parfois dangereux, Quand te tues-tu tonton ? ou Où as tu mis ton nez Cléopâtre (comedy, 4 acts), Ces dames sont aux anges ou qui m'a passé la corde au cou (comedy, 4 acts).
> Vence: Théâtre populaire familial, 1982 (available at BN, ASP, AV).

Le Cousin inconnu, Radio locale, Moustic's congrès, Classe de neige (dramatic comedy for children, 3 acts), Rentrée des classes. Co-authored by Marguerite-Marie VANDEWALLE.
> Lille: les Auteurs-éditeurs (théâtre), 1984.
> [BN EL 8 Y 15412 (2-4, 7-8)].

Ma femme n'est pas ma femme ou le Chanoine s'accroche aux branches (comedy, 3 acts). Co-authored by Pierre NIRASCOU and J. de MARCHENELLES.
> Lille: les Auteurs-éditeurs, 1984.
> [BN EL 8 Y 15412 (5), ASP 8 Y 3419, AV].

La Nuit du dernier message ou Eteignez vos lampions! (dramatic comedy, 3 acts). Co-authored by Jean de MARCHENELLES.
> Lille: les Auteurs-éditeurs, 1984.
> [BN EL 8 Y 15412 (6), ASP 8 Y 4085, AV].

Adolf?... connais pas! (comedy, 3 acts).
> [SACD ms. CA 96].

La Preuve par neuf ou l'Inspecteur est dans le bain. Co-authored by J. de MARCHENELLES.
> N.p.: Théâtre Populaire Familial, n.d.
> [SACD CA 96].

Dites-le avec des flirts ou les Trois arlésiennes (comedy, 3 acts). Co-authored by Marie-Charlotte HESPEL.
> Paris: Art et comédie, 1990.
> [BN EL 8 Y 26117].

La Môme et le milord (musical comedy, 3 acts).
> Paris: Art et comédie, 1990.
> [BN EL 8 Y 26118].

**HEUZEY** (Juliette) (see George GOYAU).

**HILY** (Hélène).

Le Gâteau de Célesta (children's play, 3 tableaux), Dec. 1964; La Chambre seconde (1 act), Aug. 1965; Les Huîtres (1 act), April 1966; L'Homme et l'autre (radio play, 1 act), Jan. 1968.
[SACD mss.].

**HINSCHBERGER** (Claire).

L'Interrupteur (3 tableaux).
Paris: Actes Sud-Papiers, 1986.
Metz, Festival de l'acte (Théâtre Ouvert de Luxembourg), 19-10-86.
[BN 16 Y 1051 (55), ASP 8 Y 2886, SACD, AV].

**HIRSCHFELD** (Marthe).
Published a collection of poems.

Reubeni (comedy, 5 acts).
Strasbourg: Heltz et Cie, 1930.
Strasbourg, 19-3-29.
[BN 4 Yth 9150].

L'Aigle de nuit (6 acts, verse).
Strasbourg: Impr. Alsacienne, 1930.
Strasbourg, 15-5-30.
[BN 8 Yth 39523].

**HITIER** (Marie-*Elisabeth* BOISSERIE, Mme Pierre).

L'Ombre perdu (11 tableaux).
Uzerche: chez l'auteur, 1966.
[BN 8 Yf 2990, ASP 8 Y 575].

**HOLT** (Rosa).
? - 1946.
Poet.

Le Retour d'Ivering (dramatic comedy, 3 acts, verse).
Paris, Théâtre de l'Oeuvre, 27-6-22.

Songe d'une nuit de mars (tragedy, 4 acts, verse).
Paris: Editions Adyar, 1924.
[BN 8 Yth 37414].

La Merveilleuse histoire d'Izeline (mystery play, 4 acts, verse).
    Paris: Editions Adyar, 1925.
    [BN 8 Yth 37767, ASP Rf. 62.610].

Le Maître (tragédie d'intérieur, 4 acts, verse).
    Paris: Editions Adyar, 1928.
    [BN 8 Yth 38711, ASP Rf. 62.611].

Monsieur de Chateaubriand (musical comedy, 3 acts). Music by Henri
JAMIN.
    Paris: Librairie Théâtrale, 1933.
    Théâtre de Monte-Carlo, 4-12-31.
    [BN 8 Yth 40298].

Jazz-Band (lyric sketch, 1 act, verse).
    Paris: Librairie théâtrale, 1932.
    [BN 8 Yth 39943].

Orphée (cyclical tragedy, 6 acts, verse).
    Paris: Jouve, 1936.
    [BN 8 Yth 41401].

Carnaval (romantic operetta, 2 acts, 11 tableaux). Co-authored by Jean
BRU. Music by Henri GOUBLIER.
    Gaieté lyrique, 24-3-42.
    [SACD ms. 1305].

**HOMSY** (Mathilde) (see French Women Playwrights before the 20th Century).

**HONORE** (Mme Sergine F.) (or F. Sergine).

La Bonne du docteur, Le Reflet, Rien ne sert de courir, Tout ce qui
brille n'est pas d'or.
    One-act comedies performed in Châtelaillon Casino, 1937-38.

**HOST** (Anne-Marie).

Miracle des roses de sainte Elisabeth de Hongrie (children's play, 2
acts, verse).
    In Semaine de Suzette 17:11 (13-4-1911).
    [BN microfilm m-8017].

**HOUDYER** (Paulette).
Novelist.

Les Monstres (3 acts, 8 tableaux).
[SACD m. 1306].

**HOUIX** (Colette).

Le Banquet d'une frustrée (3 acts).
Avignon, Chapelle des Cordeliers, Théâtre Ouvert (reading by author), 22-7-75.
[POI ms. (dated 1973), SACD ms. CA 98].

Les Déserteurs (3 acts), 1980; La Vérité voilée (3 acts), 1984; La Fabuleuse (1 act), 1986.
[POI mss.].

L'Etau (12 scenes).
Paris: Théâtrales (ms. 238), [1985].
[AV Fol. AY 323, POI].

**HOUSTICQ** (Denise).
Poitiers, 1910 -
Theological studies in Paris; evangelist at Berck-sur-Mer (1935-1940); director of a bible school in Paris (1942-1948); author of short stories, children's books and essays on education.

La Fiancée d'Olivétan (1 act). Prize from the Commission d'Evangélisation de l'Eglise Réformée Vaudoise.
In Le Mois théâtral 167 (Nov. 1948).
[BN VER Jo 42018, SACD].

L'Offrande des enfants, L'Autre maître, Les Complices, La Nouvelle convertie.

**HUET** (Laurence).
Director.

Le Dit de la pierre.
Paris, Espace Marais (Théâtre de l'Envers), 27-6-84 (directed by author).
[SACD ms. CA 98].

Dédalicare.
Paris, Roseau Théâtre (Théâtre de l'Envers), 12-5-89 (directed by author).

**HUG** (Mme).

> Napoléglon (parody, 1 act, 3 tableaux). Co-authored by Harry BLOUNT, TREBLA.
>> Paris: E. Deplaix, 1900.
>> Paris, Gaîté Rochechouart, 13-4-1900.
>> [BN 8 Yth 29446, AN F$^{18}$1470].

> Corruption de prince (parody, 1 act). Co-authored by Harry BLOUNT, Paul LETOMBE.
>> Paris, Eldorado, 14-4-1900.

> La Mère Lemeec (drama, 1 act). Co-authored by Harry BLOUNT, Fabrice LEMON.
>> Auxerre, 9-2-01.

> Son amant (comedy, 1 act). Co-authored by TREBLA, BLOUNT.
>> Besançon, Kurs., 19-5-01.

> Chacun chez soi (comedy, 1 act). Co-authored by Edmond BARBE, John CROISSIER.
>> Caen, 22-11-10.

> Un Pepin et 3 riflards (1 act). Co-authored by BLOUNT, MALLEBRAY.
>> Chansonia, 3-11-17.

> Une Pauvre parente (comedy, 1 act), Le Vrai père (comedy, 1 act). Co-authored by BLOUNT.
>> Chansonia, 1-10-20 and 18-12-25.

> P'tit Phy-Phy (2 acts, 4 tableaux). Co-authored by BLOUNT.
>> Amiens, Alh., 1-4-21.

> La Petite soeur (1 act), Un Vrai lapin (comedy, 3 acts), Mam'zelle sans le sou (comedy, 1 act). Co-authored by BLOUNT.
>> Fauvette, 1923-1925.

> Ses premières amours (comedy, 1 act). Co-authored by BLOUNT.
>> Vernon, 26-2-27.

**HUGARD** (Jane).
> Poet.

> L'Enfant mort (drama, 3 acts).
>> Paris, La Licorne, 27-5-22.

**HUGO DE NEUVILLE** Clémence) (Clémence Valentine Emilie HUGOT).

> Sainte réussite (comedy, 2 acts).
>> Nice, Théâtre des Arts, 23-4-34.

**HUPPERT** (Caroline).
> c. 1951 -
> Director (film, television, stage).

> Les Enfants gâtées.
>> Paris, Théâtre Essaïon, 19-3-76.

**HUSTIN** (Cécile) (see Marie COUVERT).

# I

**INGOLD** (Jacqueline).

Les Voyantes (comedy, 3 acts).
Le Vaudoue (S.-et-M.): l'auteur, 1963.
[BN 16 Yf 540, ASP 16 Y 191].

**ISNARD** (Janine).

Plus on est de fous, plus on rit (burlesque show). Co-authored by Armand ISNARD. Music by Pierre PORTE.
Paris, Théâtre Charles de Rochefort, 23-5-75.

**ISREAL** (Madeleine) (Mme André BERRY).
Novelist and poet.

Don Juan aux enfers (dramatic poem, 3 acts).
Expo 1937; Théâtre d'Essai, 24-10-37.

**IVRAY** (Mme Jehan d') (pseudonym of Jeanne Françoise PUECH).
1863 - 1940.
Novelist and essayist; Chevalier de la Légion d'Honneur (1939).

Ottavio (1 act).
Paris, Théâtre Michel (La Halte), 2-12-11.

En tournée (1 act).
Paris, Salle Raymond Duncan (Spectacle Yves Renaud), 23-2-35.

# J

**JACQUES** (Marguerite) (see Pauline VALMY).

**JACOB** (Catherine).

> Bienvenue au club (one woman show).
>> Paris, Marie-Stuart, Nov. 1985.

> Attention pour noces et banquets. Co-authored by Jacques BONNAFFÉ.
>> Paris, Jardin d'Hiver, 12-10-88 (performed by authors).

**JACOB** (Frances).

> Le Chasseur d'étoiles (4 acts).
>> Paris: Paragraphes littéraires, 1973.
>> [BN EL 8 Y 5726, ASP 16 Y 2478].

**JACOBSEN** (Catherine).

> La Nécropsie d'une vierge (dramatic poem, 4 mouvements).
>> [SACD ms. CA 100 (Paris, May 1983)].

**JACQUET** (Elisabeth).
> 1963 -

> Villa toscane.
>> [SACD ms. CA 100].

**JAQUET** (Julie).

> Une Maille à l'endroit, une maille à l'envers (monologue).
>> Paris, Le Sélénite, Dec. 1976 (performed by Polia Janska).
>> [SACD ms. 2089].

**JACQUET** (Christine).
    Novelist.

    Rose, épines de la passion. Co-authored by Christine VAN de PUTTE
    and Brigitte ROÜAN.
        Paris, Plaisance, March 1980.

**JACQUEY** (Betty).
    Published poems and short stories.

    La Grande flambée (1 act).
        Niort: Nicolas-Imbert, 1968.
        [BN EL 8 Y. 1797].

**JAGER-SCHMIDT** (Mme V.-A.) (née Valentine THOMSON).
    ? - 1944.
    Author of biographies and a book on good housekeeping.

    Koukouli (3 acts). Co-authored by André JAGER-SCHMIDT.
        Théâtre de l'Avenue, 18-11-24.
        [ASP Rondel ms. 1812, SACD].

    Charly (comedy, 3 acts).
        In Oeuvres libres 48 (June 1925).
        Paris, Théâtre Michel, 23-9-23; Etoile, May 1925.
        [BN microfiche 8 Z 21438 (48), ASP Rec. 195 (48, 1925)].

    La Poupée française (3 acts, 5 tableaux). Co-authored by André
    JAGER-SCHMIDT.
        Paris, Théâtre Danou, 12-3-27.
        [ASP Rondel ms. 1813, SACD 2719].

    La Famille heureuse (4 acts). Co-authored by André JAGER-
    SCHMIDT.
        Paris, Odéon, 18-4-29.
        [SACD ms. 2718].

    La Course au sac (comedy, 3 acts, 5 tableaux).
        [SACD ms. 3059].

**JAHAN** (Odette) (Soeur Marie-Antonia, servante de l'agneau de Dieu).
    School teacher; poet, novelist, essayist and translator.

    Tartuffe aura-t-il raison ? (drama, 5 acts).
        Paris: La Tour du Guet (préface de Paul Fort), 1951.
        [BN 16 Yth 1139].

Le Drame de Pilate (1 or 4 acts).
> Brest: Odette Jehan, 1974.
> [BN EL 8 Y 9078, ASP 8 Y 1166].

**JANIER** (Gabrielle).
Published one novel (1958).

Messieurs les nurses (comedy, 4 acts).
> Paris: Editions de la Revue Moderne, 1963.
> [BN 16 Yf 535, SACD].

**JANS** (Marthe).
Novelist.

Republica allegra (comédie valdotaine, 5 tableaux).
> Bourg-St-Maurice (73), 19-6-75.
> [SACD ms. 2250].

**JANVIER** (Elisabeth) (patronym of Elisabeth SAVATIER).
? - 1991.
Translator, novelist.

Les Anges.
> Paris: Editions des Femmes, 1982.
> Avignon, Chapelle des Pénitents blancs, 27-7-82.
> [BN 16 Yf 1473, ASP 8 Y 2245, SACD, AV].

La Dernière répétition de Freshwater de Virginia Woolf.
> Paris, Fondation Deutsch de la Meurthe (Babylon Théâtre), Oct. 1984.

**JANY** (Mme Claude).

Ginerva (drama, 3 acts). Co-authored by Jacques DUROSIER.
> Paris, Théâtre Albert 1$^{er}$ (Spectacle Yves Renaud), 27-3-36.

**JAQUES** (Brigitte).
Switzerland, 1946 -
Actress, director, theater manager.

Elvire-Jouvet 40: sept leçons de L.J. à Claudia sur la seconde scène d'Elvire du _Dom Juan_ de Molière
> Paris: Beba Théâtre, 1986.
> Théâtre National de Strasbourg, 8-1-86 (directed by author);
> Paris, l'Athénée-Louis Jouvet, 1-6-86.
> [BN 8 Yf 3429, ASP 4 Y 2042].

**JARRAUD** (Dominique).
> c. 1949 -
> Artist, actress.

> Eclairage indirect (1 act).
>> In Douze jeunes auteurs sept jours d'atelier.
>> Metz: Théâtrothèque de Lorraine, 1986.
>> [ASP 4 Y 2127].

**JASPAR** (Nicole).
> Director.

> Sept femmes nommées Sarah (musical).
>> Avignon, Théâtre de l'Etincelle (Cie de l'Embuscade), 12-7-89 (directed by author).

**JAVELLE** (Régine).
> Actress.

> Les Aventures de Pantaleone et Camisole. Co-authored by Marc JAVELLE.
>> Avignon, Montclar Recontres M.P.T. M-Nord (Le Groupe Arthus), 11-7-84 (performed by authors).

> Raz-de-marée (children's play).
>> Avignon, Maison du Théâtre pour enfants (Groupe Arthus), 9-7-88.

**JEAN** (Marie-France).

> Microtimbus (one woman show).
>> Paris, Le Grenier, March 1984.

> La Marotte (one woman show).
>> Paris, Théâtre de la Porte de Gentilly, 22-9-86.

**JEAN-CHARLES** (Jehanne) (pseudonym of Jehanne Piston d'EAUBONNE, Mme CHARLES).
Author of novels, short stories and a cookbook.

> Eugénie Kopronime ou la Vie en jaune (2 parts). Co-authored by René EHNI.
>> Ambassadeurs, 9-2-72.
>> [SACD ms. 703].

**JEAN DE LÉTRAZ** (Simone) (or Simone Jean de LÉTRAZ).

> Lolo (comedy, 3 acts).
>> Paris, Palais Royal-Jean de Lestraz, September 1956.

**JEANJEAN** (Anne-Marie).

> Via Scavi.
>> Montpellier: Textuerre & l'Atraal, 1982.
>> Montpellier, Salle Urbain, 12-6-81; Paris, Centre Culturel Suédois, 6-1-82.
>> [ASP 4 Y 1269].

**JEANLOZ** (Mme J.).

> La Châtelaine d'Aigremont (alpine legend, 4 acts). Co-authored by Lucien LANGLOIS.
>> Leyson, Théâtre du Nord, 3-12-38.

**JEANNE** (Les). Collective name for Martine BOËRI (c.1950-1992), Eliane BOËRI, Eva DARLAN (actresses) and Chantal PELLETIER (author).

> Je te le dis Jeanne, c'est pas une vie qu'on vit.
>> Paris, Blancs-Manteaux, 12-3-76.
>> [SACD ms. 320, 2350].

> Jeanne, ma soeur Jeanne, ne vois-tu rien venir ?
>> Paris, Bouffes Parisiens, 21-9-83.
>> [SACD ms. 2383].

**JEAN-PROIX** (Léonie) (pseudonym of Léonie DOLLEANS). ? - 1962.

> Silences (1 act).
>> Tremplin, 24-4-32.

> Crépuscule (1 act).
>> Paris, Radio Tour Eiffel, 15-10-32.

> Bicolore (2 tableaux).
>> Rideau Gris (Club théâtral d'avant-garde), Salle Massilia, 27-10-33.

> Une Belle journée (comedy, 1 act).
>> Tours, private performance, 20-11-38.

**JELINEK** (Henriette).
Novelist, scenario writer.

> Le Gentil liseron ou le Triomphe de Tartuffe (2 acts).
>> [AV 4 AY 336].

**JEROME** (Marie).

> Un Fou comme un autre (1 act) and Le Vieil horloger (children's play).
> [SACD ms. CA 103].

**JEZEQUEL** (Anna) (née CREISSEL).
> Gironde, 1872 - 1937.
> Philanthropist, feminist, protestant pacifist.

> La Preuve : enquête du sénat américain (1 act).
> > Marseille, private performance, 29-12-35.

**JOBERT** (Sylvie) (see Colette ALEXIS).

**JOIGNET** (Marcelle).
> Children's novels.

> Les Fiançailles d'Héliette (1 act, verse).
> > Paris: Nos Chansons Françaises, n.d.
> > Tours, 9-5-29; Tours, Salle Balzac, 16-3-30.
> > [BN 16 Yth 1614].

> L'Escalier du monastère (dramatic comedy, 2 acts).
> > Tours, Salle Ste-Marie, 8-2-31.

> Catherinette (comedy, 1 act, prose).
> > Paris: Vaubaillon (Le Bon Répertoire), [1935].
> > Tours, private performance, 26-5-34.
> > [BN 8 Yf 2533 (65)].

> Sainte Germaine de Pibrac (miracle, 1 act, 2 tableaux, verse).
> > St.-Pierre-des-Corps, private performance, 25-11-34.

> Parlez français, mon gendre! (comedy, 1 act).
> > Troyes: Editions de l'est dramatique, 1936.
> > Reims, private performance, 4-4-36.
> > [BN 8 Yf 2475 (7)].

> Le Moulin maudit (comedy, 2 acts). Co-authored by André CHENAL.
> > Paris: L'Amicale, [1936].
> > [BN 8 Yth 41121].

> Les Aoûtats (comedy, 1 act).
> > Tours, private performance, 17-1-37.

> Quelle barbe! (comedy, 1 act). Co-authored by André CHENAL.
> > Orléans: H. Moutier, n.d.
> > Pontieux, private performance, 17-4-37.
> > [BN 8 Yth 41916].

La Solitude de M. Descartes (1 act, verse).
Paris: Editions Théâtrales, 1940.
Tours, 20-11-37.
[BN 16 Yth 116].

Corbeille de Nice (comedy, 1 act).
Alfortville, 7-5-39.

La Reine de Bois-Gentil (comedy, 3 acts, 4 tableaux).
Paris: Vaubaillon (Le Bon Répertoire), [1941].
[BN 8 Yf 2533 (91)].

**JOLIAT** (Yvette).

Un Evêché pour une danseuse (6 tableaux).
Delémont: Rassemblement jurassien, Impr. Boechat, 1965.
Delémont, Funambules, 10-9-65
[BN 8 Yf 3083, ASP 16 Y 2491].

**JOLIGEON** (Laure).

Les Baisers (1 act, 3 tableaux). Co-authored by Salomon BAUDIN.
Paris, private performance, 18-12-37.

**JOLIN** (Sylvie).

Savoir se laisser prendre sans se laisser surprendre. Co-authored and
performed by Claudie SARROUY.
Paris, L'Ecume, Avril 1984.

**JOLLIVET** (Simone) (pseudonym of Simone-Camille SANS; also called
Simone SANS-JOLLIVET).
Albi, 1903 - 1968.
Actress; translations/adaptations.

L'Ombre (tragedy, 2 acts). Signed Simone-Camille SANS.
Paris, Théâtre de l'Atelier, 26-1-32.

La Princesse des Ursins (3 acts, 10 tableaux).
Paris, Théâtre de la Cité, 16-1-42.

**JOLY** (Christine).

Les Lumières sont trop fortes (one woman show).
Nanterre, Maison de la culture, 1981.

**JOLY** (Fanny).
> c. 1955 -
> Worked in advertising; wrote children's books, translations; co-authored one woman shows and one man shows, notably for her sister, Sylvie Joly.

> Triple mixte (comedy). Co-authored by Alfred GENOU.
>> Paris, Fontaine, 17-4-85.

> Celluloïd (3 acts).
>> Paris: Actes Sud-Papiers, 1987.
>> Paris, Théâtre Essaïon, Théâtre à une voix (reading), 7-3-87;
>> Comédie de Paris, 11-5-87.
>> [BN 16 Y 1051 (79), ASP 8 Y 2975, BSG, SACD, AV,
>> SACD ms. 459].

> Les Trois coups. Six plays for children.
>> Paris: Centurion, 1988.
>> [BN EL 4 Y 4714, POI].

**JOLY** (Sylvie).
> Numerous one woman shows throughout the seventies and eighties.

**JONUXI** (Nora) (pseudonym of Pauline DURAND).
> ? - 1946.
> Radio plays.

> La Rançon (dramatic comedy, 2 acts).
>> Marseille, Eldorado Théâtre, 7-5-13.

> Pour la France (2 acts).
>> Marseille, Châtelet, 4-5-15.

> Veillée tragique (1 act).
>> In La Race 1-3-1917 (cast list), 16-3-1917.
>> Marseille, Châtelet, 4-5-15.
>> [BN Fol. Z 1109, ASP Rf. 80414].

> Patriotisme (drama, 1 act). Co-authored by Jean JACQUINET.
>> Marseille, St.-Just, 9-7-16.

> Petites fleurs bleues (comedy, 1 act).
>> Marseille, 7-10-16.

> Bluff (sketch, 1 act). Co-authored by Musidora.
>> St-Jean-de-Luz, Magie-Ciné, 15-8-24.
>> [SACD ms. 2735].

Une Femme trop parfaite (sketch, 3 acts). Co-authored by Musidora.
　　Macon, Marivaux, 8-1-25; Dijon, 12-1-25.
　　[SACD ms. 2734].

L'Auréole (comedy, 1 act).
　　Senas, 31-8-27.
　　[SACD ms. 2733].

L'Ensevelie (3 acts, 4 tableaux).
　　Paris: Editions Théâtrales, 1939.
　　Paris, Théâtre des Deux Masques, 26-3-38.
　　[ASP Rf. 62.962].

Anniversaire (comedy, 1 act). Co-authored by Jean BAGATELLE.
　　Paris, Théâtre des Deux Masques, 4-4-38.

Un Orage (comedy, 3 acts).
　　[ASP Rondel ms. 1826].

L'Appel de l'amour (3 acts, 10 tableaux). Original title crossed out on
ms.: "La Peur du scandale".
　　[SACD ms. 3057].

**JOUBERT** (Emilienne).

Coeur de femme (4 acts).
　　Nancy: Impr. de M. Vagner, 1905.
　　Lorient, Grand Théâtre Municipal, 9-3-05.
　　[BN 8 Yth 31465].

Simple histoire (comedy, 1 act).
　　Cambrai, 26-3-06.

**JOURDAN** (Juliette).
　　Author of tales.

Décorée ? (comedy, 1 act).
　　Antony: Ed. de la Vie au Patronage, [1926].
　　[BN 8 Yth 8919, ASP Rf. 85773].

**JOURVILLE** (Mme de) (pseudonym of Mme Adélaïde Perrin-Solliers
　　DUPONT-DELPORTE, douairière).

Dans le monde. Comédies de salon.
　　Paris: Perrin, 1903.
　　[BN 8 Yf 1308].

Pièces pour l'adolescence.
>Paris: Mignard, [1914].
>[BN 8 Yf pièce 718].

**JOUSSON** (Laurence).

Notre terre (22 scenes).
>Châteauroux, 25-4-90.
>[SACD ms. 3976 (dated June 1989)].

**JOUTEL** (Mlle Henriette).

J'étais un bandit ou Sa vraie vie (comedy, 4 acts).
>Maisons-Alfort, private performance, 27-3-37.

**JOYEUX** (Odette) (Mme Philippe AGOSTINI).
Paris, 1917 -
Actress, novelist, biographer, author of short stories.

Le Château du carrefour (2 acts, 4 tableaux).
>Paris: Gallimard, 1951.
>Paris, Théâtre des Mathurins (Rideau de Paris), 6-12-50
>(author in cast).
>[BN 16 Yth 971, SACD].

L'Enfant de Marie (comedy).
>Bruxelles, Théâtre du Parc, 24-10-52.

Gabrielle et Cie.
>Paris, Théâtre Monceau, 1953.

**JULIAN** (Charlotte).

Le Plus beau métier du monde. Co-authored and performed by Stone.
>Paris, Aux 400 coups, 4-2-80.

**JULIEN** (Mme G.).

Le Tournant (1 act).
>Submitted to Théâtre de l'Odéon, 191?.
>[ASP Rf. 63064 (summary)].

**JUMELLES** (Les) (Jill and Vivianne LUCAS).
Two-women-shows performed in café-théâtres in the late seventies and
early eighties.

**JUNOD** (Huguette).
>    Poet.

>>    Je danse sur vos coeurs (1 act). Co-authored by Sylvie MANDIER.
>>        Lyon, Salle Genton, 6-10-86.
>>        [SACD ms. 858].

**JUSSEAU** (Mme).

>>    Jeunes et vieux (sketch, 1 act).
>>        Paris, Salle Lancry, 20-3-32.

**JUY** (Nicole).
>    Actress.

>>    Angle mort (musical, 6 séquences).
>>        Paris, Espace Marais, 13-5-80.

**JYL** (Laurence).
>    Novelist, author of television scenarios and an essay on Mme
>    d'Aulnoy; daughter of playwright, Yves Jamiaque.

>>    Les Voisins du dessus (comedy, 2 parts).
>>        Paris, Renaissance, 28-9-85.
>>        [SACD ms. 2800].

>>    Un Beau suédois. Other title: Un Suédois ou rien (comedy, 2 parts).
>>        Paris, Théâtre Fontaine, 18-1-90.
>>        [SACD ms. 2802].

# K

**KADAH-THEYS** (France).
>Paris, 1945 -
>Actress; active in theater for children and adolescents.

>>Les Jumeaux de Naples (13 scenes).
>>>Paris: Magnard (Théâtre de la jeunesse), 1986.
>>>[BN EL 8 Y 4323 (27), ASP 8 Y 5275, AV].

>>L'Affaire Abraham.
>>>Paris, Théâtre Essaïon, Théâtre à une voix (reading), 26-9-87.
>>>[SACD ms. TAV 105].

>>Abou Kir et Abou Sir (15 sequences). Adapted from an Arabian tale. Co-authored by Nabil KADAH.
>>>Paris: Magnard (Théâtre de la Jeunesse), 1989.
>>>[BN EL 8 Y 24021].

**KAMPMANN** (Alice) (Mme André SUARES, née KAMPMANN).
>Novelist.

>>Vérité (drama, 1 act), Obsession (dramatic pantomime).
>>>Paris, Studio des Champs-Elysées, 1933.

**KANCEL** (Isabelle) (see Florence ESSE).

**KAPLAN** (Nelly) (pseudonym: BELEN).
>Buenos Aires (Argentina), 1934 -
>Moved to France in 1954; film director; novelist.

>>Visages de Lilith.
>>>Paris, Lucernaire Forum, 1980.

**KARAGHEUZ** (Hermine).
    1938 -

    Sale quart d'heure pour Speedypanik et Coolsweety. Co-authored by
José-Luis AGUIRRE, Sylvie COURTNAZ and Annick MEVEL.
        Paris, Centre culturel des Amandiers, 22-11-76.

    De quelle falaise, dites-vous ?
        Paris, Théâtre Essaïon, Festival du Marais, 10-6-82.

**KARSENTI** (Pascale).
One woman shows performed in Paris and Avignon in the eighties.

**KARSENTY** (Ghislaine).

    La Pirouette du soleil.
        Tours, Théâtre Ouvert, Gueuloir (reading), 1977.

**KATZ** (Claudine).

    Des Idoles les appels liquides.
        Strasbourg, Théâtre Ouvert, Gueuloir (reading), 1976.

**KELEN** (Jacqueline).
Producer for France Culture; novelist, biographer and essayist.

    Rachel ou la Nuit des mandragores (biblical drama, 5 épisodes).
        Puiseaux: Pardès (Destins de femmes), 1988.
        [BN 16 Yf 1801, ASP 8 Y 3769, AL].

    Psyché ou la Chambre de cristal (5 episodes).
        Puiseaux: Pardès (Destins de femmes), 1988.
        Performed on the radio, France Culture, March 1988.
        [BN 16 Yf 1807, ASP 8 Y 3795, AV].

**KENN** (Muriel).

    Derrière vous... il y a quelqu'un (one woman show).
        Paris, Blancs-Manteaux, June 1987.

    Croissant de lune et café crème.
        [SACD ms. CA 106].

**KERGAËL** (Yvonne de).

    Les Poupées de Marie-France (monologue) and Les Gaffes de Marie-
France (saynète).
        Paris: Flammarion (Soirées honnêtes), 1925.
        [BN 8 Yf pièce 9, ASP Rf. 85776].

**KERGONAN** (Claire de).

Le Secret du bonheur (dramatic comedy, 3 acts).
Fougères: Impr. de Garlan, [1948].
[BN 16 Yth 502].

**KERLANE** (Anne).

Absences (6 tableaux).
[SACD ms. CA 107].

**KERMA** (Hélène).

La Gonade.
[SACD ms. CA 107 (May 1988)].

**KERMOR** (Mireille).
Poetry.

La Mouette blanche, ou Yves Trégoff (dramatic and lyric play, 4 acts).
Rouen: Leprévost-Chénot, 1903.
Paris, Grand-Guignol, 31-5-03; Rouen, Théâtre français, 20-8-03; Dieppe, 10-12-22 (2 acts).
[BN 8 Yth 30571, ARS GD 8 29705].

Nouvelle bonne de Madame Desbois (comedy, 1 act).
Le Havre, 12-2-28.

Guy et Crapotte (sketch, 1 act).
Dieppe, private performance, 27-5-34.

Fils du pêcheur (sketch, 1 act).
Dieppe, Salle des Fêtes, 11-12-34.

Le Baptême de Magali (saynète, 1 act). Co-authored by P. AMBLARD.
Dieppe, private performance, 7-7-35.

La Pupille de Madame (comedy, 1 act).
Dremons (Marne), 26-2-38.

**KERN** (Anne-Brigitte).
Translator, essayist.

Les Fiancées de K ou l'Eternel masculin.
Paris, Grand Théâtre de la Cité Internationale Universitaire (Théâtre d'aujourd'hui), 22-1-81.

**KEVORKIAN** (Laurence).

La Fantastique et truculente histoire de la terreur. Co-authored by Jerôme PRADON.
[SACD ms. CA 161 (1989)].

**KHAZNADAR** (Françoise).

Le Champ (11 tableaux).
Paris: Oswald (Théâtre en France), 1973.
[BN 16 Y 526 (21), ASP 16 Y 2381].

**KHYV** (Françoise).

Le Daudet.
Paris, Arlequin, April 1989 (directed by author).

**KIEKEM** (Mme A.).

La Vipère (comedy, 4 acts).
Submitted to Théâtre de l'Odéon, 191?.
[ASP Rf. 63183 (summary)].

**KLEIN** (Johanne).

Silences (comedy, 1 act).
In Avant-Scène-Théâtre 328 (1965).
Paris, Théâtre de la Madeleine.
[BN 4 Y. 78 (328), ASP 4 Y 219, SACD].

Coré (mystère profane).
[AV ms. Fol. AY 65 (letter dated 1968)].

Le Laitier (1 act).
In Avant-Scène-Théâtre 426 (1969).
[BN 4 Y 78 (426), ASP 4 Jo 12601].

**KOLLMANNSBERGER** (Marie-Jo).

Ecrivez-moi vite qu'il est revenu (children's play). Co-authored by Micheline ROUGERON.
Paris, Dix Heures, Feb. 1982.

**KOSTROVA** (Mme).

Cendres mortes (comedy, 2 acts).
Châtelaillon, Casino, 19-11-38.

**KOURILSKY** (Laurence).

> Kou par kou (one woman show).
>> Paris, Lucernaire - Théâtre Noir, Jan. 1987.

**KRABBÉ** (Marguerite HANKES-DRIELSMA de).
Novelist.

> Cambriolage de coeur (1 act).
>> Performed in Paris at the Théâtre Cluny.

> Lady Isabelle : fantaisie de clair de lune (2 acts).
>> Paris: Grasset, 1927.
>> [BN 8 Yth 38346].

> Homo Duplex : légende d'un coeur perdu (4 acts).
>> Paris: Grasset, 1928.
>> [BN 8 Yth 39175, ASP Rf. 63.288].

**KRAEMER** (Anne-Marie) (Anne-Marie BRUCHER).
Metz, 1943 -

> Déménagement.
>> In Avant-Scène-Théâtre 639 (1978).
>> Avignon, Théâtre Ouvert, Gueuloir (reading), 14-7-77;
>> Avignon, Théâtre Ouvert (mise en espace), 14-7-78;
>> Thionville, Théâtre Municipal de Thionville, 1-12-78;
>> Cartoucherie de Vincennes, 18-9-79.
>> [BN 4 Y 78 (639, 1978), ASP 4 Jo 12601, SACD].

> Une Mouche de novembre . Signed Anne-Marie BRUCHER.
>> Paris: Théâtrales (ms. 1627), 1987.
>> [AV, TH].

**KRYSINSKA** (Marie) (see French Women Playwrights before the Twentieth Century).

**KUFFLER** (Eugénie).

> Lady Piccolo et le violon fantôme (opera-myth, 3 acts). Co-authored, directed and performed by Philippe DROGOZ.
>> Avignon, Cour de l'Oratoire, 22-7-76.

# L

**LA BARGE** (Bernadette) (pseudonym of Bernadette MATHEZ).
1933 -
Novelist; radio plays.

La Visiteuse (1 act).
In <u>Avant-Scène-Théâtre</u> 371 (1967).
Paris, Théâtre de la Madeleine, 21-9-66.
[BN 16 Y. 78 (371), ASP 4 Y 302, SACD ms. 2229].

**LACHAZE** (Geneviève).

Le Poème de la forêt (comedy, 1 act).
Marseille, Salons Massilia, 1-5-32.

La Querelle des fleurs (saynète, 1 act, verse), Songe d'une mousmé
(Japanese tale, 1 act, verse), Nous n'irons plus au bois (comedy, 1 act),
En mesure (comedy, 1 act).
Marseille, private performances, 1934-38.

**LACHNER-GAUBERT** (Suzanne).

Pomponius-Vecellio ou le Fils de Titien (tragi-comedy, 4 acts, verse).
Rouen: Impr. Laine, 1958.
[BN 8 Yth 43107, ASP 8 Y 306].

La Vocation de Duguay-Trouin (comedy, 1 act, verse).
Rouen: Impr. Laine, 1965.
[BN 8 Yth 43113, ASP 8 Y 417].

**LACOUR** (Mme Marie Léopold-) (née Marie-Rachel JOURDAN).
Royan (Charente-Inférieure), 1859 -
Journalist; author of poetry and tales.

Vlasta (opera libretto). Co-authored by Mme Paul POIRSON.

Sylvaine et Gaël (comic opera libretto). Co-authored by Mme P.
POIRSON.

L'Héritage de Pierrot (pantomime, 2 acts).
Paris, Théâtre de l'Application (Les Escholiers), 20-5-1892.

Le Rendez-vous ou Plus forte que la mort, Les Morts aimés, Nuit
d'hyménée! (pantomimes).
All accepted to be performed by the Escholiers, c. 1895-1896.

Don Juan aux enfers (ballet-pantomime, 1 act). Music by Henri JOSÉ.
Casino de Paris, 29-11-1897.
[AN F$^{18}$14 51].

La Chambre des aïeux (fantomime irrévérencieuse, 1 act, 10 tableaux).
In Les Saisons (Autumn 1921).
[MD Dos LAC].

Un Pauvre bûcheron (1 act).
In La Pensée sur la Côte d'Azur n.d.[c. 1923].
Paris, Odéon, 20-12-23.
[BN VER Jo. 50976, MD Dos LAC ].

La Sérénade inutile (saynète).
In La Pensée sur la Côte d'Azur [c. 1929].
[BN VER Jo. 50976, MD Dos LAC].

**LA CROIX DE MANS** (Anne-Marie).

Alexis où que soit la vie (3 acts).
Paris: Institut d'Histoire des Conflits Contemporains, 1985.
[BN 16 Yf 1778, BHVP, AV].

**LACROSIL** (Michèle).
Novelist.

Les Marchands du temple.
Paris, Essaïon, Théâtre à une voix (reading), 12-12-81.
[SACD ms. TAV].

**LADMIRAULT** (Mme Emile-Louise).
Published a collection of poetry (1926).

Myrdhin (dramatic legend, 4 acts). Co-authored by Albert FLEURY.
[ASP Rondel ms. 1957 (1902-09)].

**LA FRÉGEOLIÈRE** (vicomtesse Alix de Bernard de) (née de BEAUREGARD).
Author of religious books (saints' lives, mass for children).

La Mère Michel et son chat (comedy, 2 acts).
[Lille]: Desclée, de Brouwer et Cie, [1903].
[BN 8 Yth 30439].

**LA FUYE** (see ALLOTTE DE LA FUYE).

**LAHAYE** (Michelle).
1910 - 1979.
Actress, adaptor.

Georges (comedy, 1 act).
Paris, private performance, 18-6-38.

Son voile qui volait. Adapted from a Hungarian play.
Paris, Théâtre Antoine, 6-10-42.

La Monnaie du Pape (comedy, 2 acts, 5 tableaux).
Paris, Théâtre Daunou, 15-6-46.

Pitié pour les pythies (1 act).
Paris, Théâtre Agnès Capri, 23-2-51.

Eventail de lady Windermere (drama, 4 acts). Adapted from O. Wilde.
Paris, Théâtre Hébertot, 14-12-55.

La Dame de coeur (2 acts).
Vittel, Casino, 30-7-60.

Adolphe. Adapted from Constant's novel.
Paris, Théâtre l'Atelier, 5-6-1971.

**LAIK** (Madeleine).
Born in Oran (Algeria).
Doctor of Psychology; founded a writing workshop for adolescents "les Téléfériques" in 1980; scenario writer.

Madame Sarah.
Paris: Théâtre Ouvert (Tapuscrit 21), 1982.
Paris, Théâtre Ouvert, Jardin d'hiver (mise en voix), 11-6-82.
[BN 8 Yf 3263 (21), ASP 8 Y 2218, SACD, AV, TO].

Transat. Revised version of Madame Sarah.
>    Paris: Théâtre Ouvert (Enjeux), 1983.
>    Paris, Théâtre Ouvert, Jardin d'hiver, 19-4-83.
>    [BN 16 Yf 1530, ASP 8 Y 3043, SACD, AV, TO].

Double commande. Contains "Double commande" and
"Les Voyageurs",
>    La Rochelle, Théâtre de la Ville-en-bois, April 1986.
>    Paris: Théâtre Ouvert (Tapuscrit 37-38), 1985.
>    [BN 8 Yf 3263 (37-38), ASP 8 Y 2469, SACD, AV, TO].

La Passerelle.
>    Paris: Théâtrales (ms. 1471), [1986]; Paris: Edilig, 1987.
>    Poitiers, Salon des auteurs, April 1986; Festival d'Avignon,
>    1986; Paris, Café de la danse, January 1989.
>    [BN 8 Y 1500 (38), ASP 8 Y 3010, SACD, AV, TH].

Didi bonhomme (monologue).
>    In La Passerelle. Paris: Edilig, 1987.
>    Numerous readings: Montluçon, Les Fédérés, April 1987;
>    Poitiers, Jeux d'écritures, April 1987; Festival d'Avignon, July
>    1987; Boissy-Saint-Léger, Forum, March 1989.
>    [BN 8 Y 1500 (38), ASP 8 Y 3010, SACD, AV].

Chambre à part.
>    Paris: Théâtrales (ms. 2266), 1989.
>    Public reading, Boissy-Saint-Léger, Forum, March 1989.
>    [TH].

Toute ressemblance.
>    Paris: Théâtre Ouvert (Tapuscrit 54), 1988.
>    France Culture (Nouveau Répertoire Dramatique), 1989.
>    [BN 8 Yf 3263 (54), ASP 8 Y 3688, SACD, AV].

**LAIS** (Marie).

Coeurs d'Alsace (drame d'actualité, 4 acts, 3 tableaux).
>    Angers: Ecole Notre Dame de Lourdes, 1946.
>    [BN 8 Yth 42391].

Mon coeur est à toi (drame d'actualité, 4 acts).
>    Angers: Ecole Notre Dame de Lourdes, 1946.
>    [BN 16 Yth 216].

Petite Rose (drame d'actualité, 5 tableaux).
>    Angers: l'auteur, 1948.
>    [BN 16 Yth 459].

**LALANDE** (Mme D.).

>
> Deux frères (1 act).
>> Submitted to Théâtre de l'Odéon, 1911.
>> [ASP Rf. 63427 (summary)].

**LALANDE** (Françoise).
Novelist.

>
> Alma Mahler.
>> Paris: Actes Sud-Papiers, 1989.
>> Avignon, Théâtre du Cheval Fou (Th. de l'Utopie), 10-7-87;
>> Saint-Denis, Théâtre Gérard Philippe, 16-11-87.
>> [BN 16 Yf 1846, ASP 8 Y 3883, BSG, SACD, AV].

**LAMARCHE** (Mme R.).

>
> Doumah (3 acts).
>> Submitted to Théâtre de l'Odéon, 1912.
>> [ASP Rf. 63444 (summary)].

**LAMBERT** (Andrée).

>
> L'Autre soleil (comedy, 3 acts).
>> Paris, Théâtre de Charles de Rochefort, 7-1-50.

**LAMBERT** (Thérèse).

>
> Pour un tzigane (2 acts).
>> St-Nicolas du Port, private performance, 14-1-39.
>
> Soeurs rivales (comedy, 2 acts).
>> Montreuil, private performance, 18-2-40.

**LAME-DEPRES** (Mme V.).
Poet.

>
> L'Eventail brisé (comedy, 1 act). Co-authored by MAURIAN.
>> Versailles, 18-11-11.

**LAMI** (Mme M.-G.).

>
> Bouquet de violettes (saynète, 1 act).
>> In Annales Politiques et Littéraires 2001 (30-10-1921).
>> Pré-Catelan, Théâtre de Verdure, 31-7-21.
>> [BN microfilm m-4400 (1921)].

**LAMOTTE** (Emilie).
Published an essay on rational education.

Le Déshonneur de Mme Lemoine (3 acts).
In L'Anarchie 8:396-414 (14-11-1912 - 20-3-1913).
[BN microfilm m. 427, ASP Rf. 63.479].

**LANARTIC** (Magdeleine de).
Poet.

Marieur (comedy, 1 act, verse).
In En Scène 1 (October 1928).
Pré-Catelan, 20-7-23.
[BN VER Jo 41270, ASP Rf. 65638

**LANDRAIN** (Francine).

The Show must go on. Co-authored by Thierry DEVILLIERS.
Paris, Dix-Huit Théâtre, 27-3-87 (directed and performed by
Landrain).

**LANDRE** (Jeanne).
Paris, 1874 - *id.*, 1936.
Novelist, journalist; Chevalier de la Légion d'Honneur (1925); vice-
president of the *Société des gens de lettres* (1935); founder of *l'Aide
aux femmes de professions libérales.*

Pèlerinages (fantasy, 1 act, 2 tableaux). Co-authored by Berthe
DANGENNES.
Pré-Catelan, Théâtre de Verdure, September 1913.

Les Nouvelles relations (comedy, 1 act). Co-authored by Louis CARIO.
Le Mans, Apolo, 25-5-17.

Satyre malgré lui (comedy, 1 act). Co-authored by Gaston DERYS.
Théâtre Impérial, 8-11-18.

L'Anse du panier (comedy, 1 act). Co-authored by G. ASTRESSE.
Paris, Théâtre de la Jeune Comédie - Salle St-Georges, 29-3-
19.

**LANGFUS** (Anna).
Poland, 1920 - 1966.
Novelist (prix Goncourt 1962).

Les Lépreux (dramatic comedy, 2 acts, 4 tableaux).
Paris, Théâtre de l'Alliance française (Théâtre d'aujourd'hui),
6-12-56.
[SACD ms. 1334].

L'Homme clandestin.
>   Paris, Théâtre de Lutèce, 1959.

Amos ou les Fausses espérances.
>   Paris, Théâtre de Poche, March 1963.

**LANGLADE** (Henriette).
Novelist.

>   Sur la grand'route (1 act). Co-authored by André LEGRAND.
>   Paris, Renaissance, 5-2-18.

**LANGLOIS** (Mme Arthur).
Published a novel (1930).

>   Les Maraudeurs (comedy, 1 act).
>   >   Paris, Théâtre Michel, 10-3-14.

**LANGLOIS** (Henriette).
Nurse with the Red Cross.

>   Hélène André (Episode de guerre) (1 act, 3 tableaux).
>   >   Lyon: Impr. A. Rey, 1917.
>   >   Briançon, Hôpital de la Schappe, 14-1-17.
>   >   [BN 8 Yth 35843, ASP 8 Y 303].

**LANNES** (Dominique).
1947 -

>   Cérémanie. Co-authored by Henri THÉBAUDEAU.
>   >   Avignon, Festival-Off, F.J.T. Eisenhower (La Clown
>   >   Kompanie), 23-7-84 (performed by authors).

>   Histoires... d'aller au théâtre ou la Fin d'Othelo. Co-authored by Henri
>   THÉBAUDEAU.
>   >   Paris, Escalier d'Or, 3-5-86.

**LANTEIRES** (Marguerite).
Novelist.

>   Le Graphologue avait raison (comedy, 1 act).
>   >   In Lectures pour tous, Nov. 1929.
>   >   Melun, Salle des Var. Cin., 8-2-22.
>   >   [BN 8 Z 14580, ARS 4 Jo 11975 (1929), ASP Rf. 63.533].

>   Tribulations domestiques de Mme Durand (comedy, 1 act), co-
>   authored by Denise LANTEIRES, and Mon Jour (comedy, 1 act, 2
>   tableaux).
>   >   Melun, 22-11-22.

Heureuses conséquences d'une fâcheuse méprise (comedy, 3 acts), co-authored by Denise LANTEIRES, and C'est affaire de date tout simplement (comedy, 1 act).
> Melun, Variétés-Cinema, 2-5-23.

Le Chapel de roses (comedy, 1 act). Co-authored by Denise LANTEIRES.
> Toulouse, Variétés, 19-7-25.

La Concierge est dans l'escalier (comedy, 1 act). Co-authored by Denise LANTEIRES.
> Bacqueville, 21-3-26.

Punition de Josette (comedy, 1 act).
> St-Ay, 11-3-28.

Le Berceau (2 tableaux). Co-authored by Denise LANTEIRES.
> Montpellier, 24-5-28.

La Graphologie ne trompe jamais (comedy, 1 act).
> Montpellier, 22-12-29.

Maison de repos (comedy, 3 acts). Co-authored by Denise LANTEIRES.
> Neuilly-sur-Seine, 14-12-30.

Autour d'un berceau (saynète, 2 acts). Co-authored by Denise LANTEIRES.
> Ile de Ré, 9-8-31.

Fille à marier, maison à vendre (comedy, 1 act).
> Le Havre, 16-8-32.

**LANTEIRES** (Denise) (see Marguerite LANTEIRES).

**LAPARCERIE** (Cora) (Mme Jean RICHEPIN).
> ? - 1951.
> Actress and director; manager of the Théâtre de la Renaissance.

Le Tango (comedy, 4 acts). Co-authored by Jean RICHEPIN.
> In La Vie Heureuse 15-1-1914 (suppl.).
> Paris, Théâtre de l'Athénée, 30-12-13.
> [BN microfilm m. 676, ASP micro. 92/3305, ARS GD 8 39448].

Nous deux, 1914.

L'Amour propre (comedy, 1 act).
> Paris, Théâtre de la Renaissance, 1-3-18.

Pourquoi je t'ai trompé (comedy, 1 act).
Paris, Théâtre de Nouveautés, 17-3-32.

La Vraie Carmen (radio play, 3 acts).
In La Petite Illustration 743 - Théâtre 374 (12-10-35).
Poste National de Radio-Paris, 9-6-35.
[BN 4 Lc$^2$ 1549 (4), ARS 4 Lag. 433, SACD].

La Maison menacée (radio play, 3 acts, 6 tableaux).
In La Petite Illustration 932 - Théâtre 464 (19-8-39).
Poste National de la Tour Eiffel, 16-10-37.
[BN 4 Lc$^2$ 1549 (4), ARS 4 Lag. 433, SACD].

**LAPARCERIE** (Marie) (Mme NONETTE).
? - 1959.
Feminist novelist and essayist; founder and director of *La Tribune Libre des Femmes* (a lecture series at the Salle Comœdia); vice-president of the *Ligue internationale du désarmement moral par les femmes*.

L'Audition (comedy, 1 act).
Molière, 4-10-05.

Le Mannequin (dramatic comedy, 1 act, prose).
[ASP Rondel ms. 1969].

La Femme allongée (3 acts). Co-authored by Lucien BLONDEAU.
Performance planned at Théâtre de l'Avenue, c. 1921.

**LAPORTE** (Geneviève).
Poet.

La Forêt des âmes.
Paris, Théâtre Marie-Stuart, June 1979.

**LAPORTE** (Sylvie) (see Natasha CASHMAN).

**LARA-GOUPIL** (Mme).

En prison (sketch, 1 act).
Paris, Studio de Petit-Parisien, 27-10-32.

**LARCHIER** (Jeanne).

Pour qui les dix mille francs ? (comedy, 1 act).
Nemours: Impr. Lesot, 1923.
Mantes-la-Ville, Patronage Saint-André, 28-5-22.
[BN 8 Yth 37015].

Numerous short plays for children mostly published by Vaubaillon (Paris), c. 1926-1936 (many available at BN)

L'Enlèvement du petit saltimbanque (comedy, 2 acts).
    Landrecies (Nord), 26-12-38.

**LARGE** (Henriette) (née COSTE).
Saint-Etienne, 1848 -
Novelist.

Trois jours de la vie de saint Jean de la Croix (scene, 3 acts).
    Lyon: Impr. de E. Vitte, 1897.
    [BN 8 Yf 958].

L'Epreuve de l'amour (3 acts, verse).
    Paris: J. Briguet, n.d.[1901].
    [BN 8 Yth 29570].

**LARGE** (Rose).

Guerre aux vautours (3 acts), Ils ont des droits sur nous (social play, 1 act).
    Saint-Denis, Théâtre Municipal, 1934.

La Paille et la poutre (1 act), Monsieur Clown (sketch, 1 act), Unité totale (sketch, 1 act).
    Saint-Denis, private performance, 29-6-35.

**LARIVIERE** (Simone) (patronym: Simone BAYE; other names: Simone RENOUARD, RENOUARD-LARIVIERE).

La Mauvaise route (comedy, 3 acts).
    Laigle (Orne), private performance, 2-7-39.

**LAROCHE** (Josepha).
Doctoral thesis in political science from University of Lille.

Sidney.
    Paris, Plaisance, April 1985.

**LASAIGNE** (Hélie).

La Version définitive. Music by Hector ZAZOU.
    Paris, Grande Halle de la Villette, June 1987.

**LASHINAT** (Catherine).

La Fleur d'aubépine.
    Avignon, Chapelle des Cordeliers, Théâtre Ouvert (reading by author), 26-7-75.

**LASQUIN** (Christiane).

> Attention la p'tite marche (2 acts).
> > Paris, Studio Mathurins, 28-9-84.
> > [SACD ms. 491].

> Bête... comme un homme (comedy).
> > Antony, Théâtre Firmin Gemier, 5-11-85.

> Et pourquoi pas l'Amérique.
> > [SACD ms. CA 111].

**LATESSA** (Alida).

> Tranche de Conte. Co-authored and performed by José VALVERDE.
> > Paris, Théâtre Essaïon, 11-9-84.

**LATOUCHE** (Marguerite).

> La Fuite en Egypte (mystery play, 3 tableaux).
> > Avignon: Aubanel fils, 1928.
> > [BN 8 Yth 38691].

> Une Visite des bergers la crèche (Christmas playlet for children).
> > Avignon: Aubanel, 1938.
> > [BN 8 Yth 41795].

**LATRILLE** (Sylvie).
> Children's books, poetry.

> Derrière la façade (4 parts). Co-authored by Christian CARRIGNON.
> Music by Daniel FEUGAS.
> > Pau, C.R.R., 4-11-86.
> > [SACD ms. 859].

**LAUDE** (Madeleine).

> Une Saison avancée (historical play, 3 acts). Written in collaboration
> with the Groupe de Femmes de Besançon.
> > Besançon: Ed. Groupe de Femmes de Besançon, 1989.
> > Besançon, Compagnie Bacchus, 7-7-89.
> > [SACD].

**LAURENCE** (Edmée).

> L'Idylle originelle (dialogue, verse).
> > Paris: Ed. de la Revue Moderne, 1961.
> > [BN 16 Yth 2222].

**LAURENT** (Laure).

>   Le Bracelet oriental (comedy, 4 acts).
>       Féré-Champenoise, 6-11-38.

>   Le Château de l'épouvante (detective drama, 4 acts, 6 tableaux).
>       Chef-Coutonne, private performance, 15-2-39.

>   Le Mystère du puits maudit (detective drama, 3 acts).
>       Paris: L'Amicale, [1948].
>       [BN 16 Yth 617, ARS Th. N. 36741].

**LAURENTE** (Françoise).

>   A l'ombre de Mélusine. Co-authored by Luce OLIVIER.
>       [SACD ms. CA 150].

**LAVAL** (Mme L. B.).

>   Mère sublime (tragedy, 5 acts, verse). Signed Mme L.B., Religieuse de
>   la Société des Dames de la Croix, published before 1913, 5th edition in
>   1925.

>   Vers la lumière. Marie-Madeleine (lyric drama, 3 acts). Signed Mme
>   L.B.
>       La Louvière: Pensionnat de la Croix, 1913.

>   27 children's plays of Catholic inspiration signed Mme L.B. LAVAL,
>   mostly published by Vaubaillon (Paris), 1924-1938 (many available at
>   BN).

**LAVANANT** (Dominique) (see also Le SPLENDID).
>   Brittany, 1944 -
>   Actress (stage, film, television), member of Le Splendid.

>   Frissons sur le secteur ou les Amours d'une aubergine (one woman
>   show). Co-authored by Serge GANZL and Claire BRETECHER.
>       Paris, Au Bec Fin, 1972 (performed by Lavanant).

**LA VAUDERE** (Jane de) (pseudonym of Mme CRAPEZ; other pseudonym: C.
MACKENSIE DE DIETZ).
>   Paris, 1860 - id., 1908.
>   Poet and novelist.

>   Le Modèle (comedy, 1 act, verse).
>       Paris: A. Lemerre, 1889.
>       Paris, Théâtre de l'Application, 27-4-1889.
>       [BN 8 Yth 23488, ASP Rf. 63.704, ARS GD 8 33792].

Pour une nuit d'amour (drama, 1 act). Adapted from a story by ZOLA.
Paris: Ollendorff, 1898.
Paris, Grand Guignol, 16-5-1898.
[BN 8 Yth 28561, ASP Rf 49.137, ARS GD 8 33991, AN F$^{18}$1217].

Les Trois mousmés (fantasy or Japoanese tale, 1 act). Co-authored by CHAMPSAUR and CHARTON.
La Roulotte, 21-10-1898.
[AN F$^{18}$1344$^C$].

Vanitza (lyric fantasy, 1 act). Music by Jane VIEU.
Hôtel Continental, 30-3-1900.

Radidja (fantasy, 1 act). Co-authored by CHARTON.
La Roulotte, 28-4-1900.

Guignolette à Montmartre (revue, 1 act). Music by Jane VIEU.
Paris, Grand Guignol, 10-8-1900.
[AN F$^{18}$1218].

Les Débuts de Caroline. Co-authored by Richard O'MONROY.
Paris, Théâtre des Capucines, 1902.
[AN F$^{18}$1334].

Victor Hugo (grande scène dramatique , 1 act).
Paris: Librairie théâtrale, 1904.
Paris, Théâtre Victor Hugo (inauguration of the théâtre), 10-10-03.
[BN 8 Yth 30638, ASP Rf. 63.706, ARS GD 8 27416, BHVP in-16 122237].

Pour le flirt! (saynètes mondaines).
Paris: Flammarion, 1905.
[BN Yf 1426, ASP Rf. 63.709, ARS GD 8 3059].

Le Virage (comedy-drama, 4 acts), En bonne fortune (comedy, 1 act).
Paris, Bouffes-Parisiens, 1906.

Dupont sera élu! (electoral comedy, 1 act). Co-authored by SECHY.
Paris: G. Ondut, 1906.
[ASP Rf. 63.707, BHVP].

Le Réchaud (drama, 1 act).
Apt, 21-2-07.

Mademoiselle de Fontanges (4 acts, verse).
>        Paris: A. Méricant, 1909 (portrait of author).
>        Fémina Théâtre.
>        [BN 8 Yth 33008, ASP Rf. 63.709].

Le Droit d'aimer (comedy, 3 acts), Le Feu qui couve (comedy, 4 acts), Le Fils (2 acts), Les Félins (comedy, 3 acts), Les Statues (comedy, verse), Madame Laurence (3 acts), Tanagra (4 acts, verse), Mademoiselle Fleur de Prunier (Japanese play, verse).

**LAVEDAN** (Annie).

>    La Dernière nuit.
>        [SACD ms. CA 112].

**LAVIGNE SAINTE-SUZANNE** (Mme A.).
Director of *La Revue littéraire* (1902-1903).

>    Philosophie (1 act).
>        In La Nouvelle Revue XXIII (1-8-03).
>        [BN 8 Z 1287].

**LAVRUT** (Blanche-*Renée*).
Children's books.

>    Père Théodore (1 act).
>        Paris, Théâtre Michel, 22-12-34.

**LAWRENCE** (Sylvie).
Actress.

>    Pourquoi pas vous? Co-authored and performed by Nicole SERRIANE.
>        Paris, Les 400 coups, Sept. 1982.

**LAZARINI** (Anne-Marie) (see Monique FABRE).

**LEA** (France).

>    Et les petits cailloux sont contents (one woman show).
>        Paris, Café-Théâtre de dix-heures, 10-3-75.

>    Un p'tit vélo (one woman show).
>        Paris, La Murisserie de bananes, Feb. 1978; Théâtre de Dix Heures, 1978.

>    Pas tout à fait la même ou le Voyage de la somptueuse métisse (one woman show). Music by S. SCOTT.
>        Val de Reuil, Théâtre des Chalands, 29-3-88.
>        [SACD ms. 1512].

**LE BARGY** (Mme Sclechta).

> Hram (4 acts, verse).
>> Submitted to Théâtre de l'Odéon, 190?.
>> [ASP Rf. 63922 (summary)].

**LE BOTERF** (Mona).

> Le Syndrome du congélateur. Co-authored by Jean-Charles TRIFARD.
>> Avignon, Festival-Off, Cinevox (Art Express), 9-7-88.

**LEBRAS** (Anne-Marie).

> L'Ombre (dramatic comedy, 2 acts) and Le Prince d'Achanti ou
> l'Imposteur (3 acts).
>> [SACD ms. CA 114-115].

**LECA** (Martine).

> La Soupe et les nuages (3 acts).
>> Paris: Le Pont de l'Epée, 1983.
>> [BN EL 8 Y 17350, ASP 16 Y 4425, AV, SACD CA 115].

**LECLERC** (Clotilde).
Author of children's books; plays performed in family gatherings.

> Elles étaient un peu dures d'oreilles (saynète bouffonne), Les Deux
> miroirs (saynète).
>> In Semaine de Suzette 3:22 (4-7-1907), 3:51 (23-1-1908).
>> [BN micofilm m-8017 (1907-08)].

> Les Mois travestis (saynète enfantine).
>> Paris: Billaudot, 1924.
>> [BN 4 Yth 8772].

> Pas Capon (monologue), Le Miroir (monologue), Apparence
> trompeuse (monologue), Le Duel d'un distrait (monologue), Le Repas
> de Milady (saynète), Le Choix d'une servante (saynète), Le Bouquet de
> fête (saynète).

**LECLERCQ** (Marie) (see Mary FLORIAN).

**LECLERCQ** (*Suzanne* Fernande).

> Anticipation 1999 (comedy, 1 act).
>> Paris: Delamain et Boutelleau, 1937.
>> Joigny, private performance, 5-2-39.
>> [BN 8 Yth 41460, ARS 8 Th. N. 33982].

<u>La Paix s'il vous plaît</u> (saynète, 1 act).
>    Paris: Delamain et Boutelleau, 1937.
>    [BN 8 Yth 41452, ARS 8 Th. N. 33980].

**LECLOS** (Grégoire) (pseudonym of Jane Andrée PEHEU).
Novelist.

<u>Notre Dame de la Mouise</u> (reconstitution dramatique, 3 acts, 1 tableau).
>    Paris: SPES, 1931.
>    Meulan, Théâtre des Pénitents, 16-11-30; Paris, Théâtre des Champs-Elysées, 28-5-30.
>    [BN 8 Yth 39579, ARS Th. N. 36328].

<u>Dansothérapie</u> (pochade, 1 act), <u>Bibi</u> (3 acts, 4 tableaux), <u>Le Mulot</u> (dramatic tableau, 1 act), <u>Trente ans après ou l'Automne</u> (1 act), <u>Ribouldingue!</u> (comedy, 1 act), <u>De l'or sous la cendre</u> (dramatic comedy, 4 acts).
>    Paris: SPES, 1932-37 (available at BN).

<u>2019 au Maroni</u> (melodrama, 3 acts, 4 tableaux), <u>Terre de feu</u> (dramatic comedy, 3 acts), <u>Marie des gosses</u> (dramatic comedy, 3 act), Co-authored by Pierre DUMAINE.
>    Paris: SPES, 1934-36 (available at BN).

<u>Six Filles sur un rocher</u> (comedy, 3 acts). Music by Armande LEFÈVRE.
>    Paris: SPES, 1937.
>    Pont-à-Mousson, 14-11-37.
>    [BN 8 Yth 41545, ARS 8 Th. N. 34535].

<u>Quand Madelon</u> (dramatic comedy, 4 acts).
>    Paris: SPES, 1939.
>    Paris, Théâtre Athena, 5-6-38.
>    [BN 8 Yth 42067].

<u>La Rumba</u> (mystery play, 3 acts).
>    Paris: Vaubaillon, 1948.
>    Meulan, private performance, 5-2-39.
>    [BN 16 Yth 641, ARS Th. N. 36309].

<u>Du Beurre dans les épinards</u> (comedy, 1 act), <u>Le Manoir aux oiseaux</u> (comedy, 3 acts, 4 tableaux), <u>Homicide</u> (drama, 3 acts), <u>La Capucine</u> (comedy, 3 acts, 4 tableaux), <u>Constructeur d'épopée</u> (3 acts, 4 tableaux), <u>Les Moineaux de midi</u> (comedy, 3 acts).
>    Paris: Vaubaillon, 1945-50 (available at BN and ARS).

L'Avalanche ou la Trop belle histoire (2 acts, 19 tableaux).
Paris: Vaubaillon, 1945.
Paris, Palais de Chaillot, 1947.
[BN 16 Yth 177, ARS Th. N. 35454].

Marlène ou Si j'étais star (4 acts). Co-authored by Pierre DUMAINE.
Paris: Vaubaillon, 1947.
[BN 16 Yth 716, ARS Th. N. 36426].

La Maîtresse des ormeaux (3 acts). Co-authored by Pierre DUMAINE.
Paris: Vaubaillon, 1950.
[BN 16 Yth 1070, ARS Th. N. 37058].

**LECOMTE** (Marie) (pseudonym de Marie LEJEUNE or LACOMBE).
? - Versailles, 1947.
Actress, sociétaire of the Comédie française; Chevalier de la Légion d'Honneur (1934); may also have anonymously co-authored plays signed by Robert de Flers and G. Arman de Caillavet.

Le Droit d'aimer (comedy, 3 acts). Co-authored by Jean COGNIARD.
Opéra Comique (Gala de l'Union des Arts), 19-6-25.

Mon bel amour (comedy, 3 acts). Co-authored by Guillot de SAIX.
Michodière, 15-2-27.

Combines (comedy, 3 acts). Co-authored by Guillot de SAIX.
[SACD ms. 3069].

**LEFEVRE** (Colette) (LEFEVRE-STERN).
Café-théâtre performer and manager.

Libido et Cie (fantasmes).
Paris, Au Bec Fin (Café-Théâtre), 28-5-75.

Flash dingue (sketches). Songs by Guy DESCHAMPS.
Paris, Les Petit pavés, Jan. 1978 (solo perfomance by author).

Eros Ross.
Paris, Les Petits pavés (Chez Colette), Jan. 1979 (author in cast).

Hop là, hop là, on vous attend (sketches).
Paris, Le Nouveau Théâtre Colette Lefebvre, March 1985.

Un Amour pas comme les autres ou le Transsexuel.
Paris, Espace Marais, Feb. 1988.

A coup de fourche (farce).
Paris, Nouveau Théâtre Colette Lefebvre, Oct. 1985.

**LEFÈVRE** (Armande) (see Grégoire LECLOS).

**LEFRANCQ** (*Germaine* Zulma Esther) (Mme Alfred SAVOIR).
>   ?- 1966.
>   Novelist.

>   Ainsi soit-il! (dramatic comedy, 4 acts).
>>      Paris, Nouveau Théâtre, 25-5-22.

>   Aurélie (comedy, 3 acts).
>>      In Oeuvres Libres 146 (Aug. 1933).
>>      Paris, Variétés, 16-11-32.
>>      [BN microfiche 8 Z 21438 (146), ASP Rf. 3443, SACD,
>>      SACD ms. 1321].

>   Les Inséparables (comedy, 3 acts).
>>      Paris, Théâtre de Paris, March 1943.
>>      [SACD ms. 1336].

>   Vingt-cinq ans de bonheur (comedy, 3 acts).
>>      Paris: M. Céalis, 1946; in Paris-Théâtre 3 (15-8-47).
>>      Paris, Théâtre Michel, 13-11-41 (750 consecutive
>>      performances); Théâtre du Palais Royal, 4-1-57.
>>      [BN 16 Yth 297, ASP R. Supp. 827 (r.c.p.), SACD].

>   Monsieur et Mesdames Kluck (comedy, 3 acts).
>>      In Avant-Scène 118 (1955).
>>      Paris, Théâtre de la Bruyère, 4-10-55.
>>      [BN 4 Y 78 (118), SACD].

**LEGRAND** (Martine).

>   Cartes postales.
>>      [SACD ms. CA 116].

**LEGRAND** (Renée).
>   Actress, television announcer, author of children's books and television
>   dramas.

>   Bob et Domi et le document secret (children's play, 3 tableaux).
>>      Paris, Théâtre de l'Athénée, 22-12-66.
>>      [SACD ms. 583].

**LEGROS** (Chantal).

>   Le Miroir sans tain, Un peu de poussière de lune.
>>      [SACD ms. CA 116].

**LEGUAY** (Loulou).

> Games. Co-authored by Philippe FRETUN and Ged MARLON.
> Paris, Fontaine, Nov. 1984.

**LEICESTER** (Toni) (Jenny ARASSE).
Originally from England but moved to France when she was seven.
Actress; scenario and dialogue writer.

> Mom. Signed Jenny ARASSE.
> [SACD ms. CA 4].

> Le Blanc cassé.
> Paris, Théâtre Essaïon, Festival du Marais, 10-6-82.

> Les Empailleurs.
> Paris, Théâtre Essaïon, Théâtre à une voix (reading), 30-1-88.
> [SACD ms. TAV 116].

**LEIRIS** (Magali).
Actress.

> Orties de secours (comedy). Co-authored by Marina MONCADE.
> Paris, Café d'Edgar, Nov. 1983 (performed by authors).

> Femmes en kit à monter soi-même. Co-authored by Clémentine
> CELARIE.
> Paris, Café de la Gare, July 1985 (performed by authors).

**LEÏVIS** (Noëlle).

> Jennifer's Hell. Co-authored by Jean-Jacques CORRE.
> Paris, Le Petit Robert, March 1987 (performed by authors).

**LEJEUNE** (Germaine). (patronym: Germaine CHOQUART).

> Les Epoux de Cana ou Jésus à Cana (2 acts). Co-authored by A.
> GHIRARDINI.
> Port Marly, 25-4-37.

**LELLI** (Marie-Ange).

> J'paye, mais j'veux voir ton truc. Co-authored by Gisèle LE QUER.
> Paris, Théâtre A.-Bourvil, Jan. 1984.

**LEMAIRE** (Eveline).
Novelist.

> Le Client millionnaire (1 act), Après le bridge (saynète, 1 act).
> In Annales politiques et littéraires 1537, 1571 (1912-13).
> [BN microfilm m-4400 (1912-13), ARS].

**LE MOAL** (Annick).

> Niche pour chien.
> > [SACD ms. CA 117].

**LEMOINE** (Virginie).

> 100% polyamide (one woman show).
> > Paris, Blancs-Manteaux, March 1989.

**LENCLOS** (Miette).

> La Fille de la dentellière (comedy, 2 acts, 3 tableaux).
> > Lyon: Camus, 1935 (collection François Coppée des dramaturges catholiques, LXXXII).
> > [BN 8 Yth 40776, ASP Rf. 85833].

**LENÉRU** (Marie) (Mme LENÉRU-DAURIAC).

> Brest, 1874 - Lorient, 1918.
> Deaf and nearly blind; Journal published in 1922.

> Les Affranchis (3 acts).
> > Paris: Hachette, 1910; In La Petite Illustration 358 - Théâtre 194 (19-11-1927).
> > Paris, Odéon, 10-12-10; Comédie Française, 17-10-27.
> > [BN 8 Yth 33616, ASP Rf. 64.463, ARS GD 8 29840].

> Le Redoutable (3 acts).
> > Paris: Hachette, 1912.
> > Paris, Théâtre de l'Odéon, 22-1-12
> > [BN 8 Yth 34579, ASP Rf. 64.469-471, ARS GD 8 27797, ASP Rondel ms. 2021].

> La Paix (4 acts).
> > In Annales Politiques et Littéraires 1973-1976 (17-4-1921 - 8-5-1921); Paris: Grasset, 1922.
> > Paris, Théâtre de l'Odéon, 12-2-21.
> > [BN 8 Yth 36708, ARS L.J. Y 487, ASP Rf. 64.476, BHVP, ASP Rondel ms. 2020].

> La Maison sur le roc (3 acts).
> > In La Revue hebdomadaire (Sept. 6-20 1924); Paris: Plon, 1927.
> > [BN 8 Yth 38320, ASP Rf. 64.479, SACD].

Le Bonheur des autres (4 acts).
>Paris: Bloud & Gay (Cahiers Feminins), 1925.
>Performed in 1925.
>[BN 8 Z 23052, ASP Rf. 64.481, BHVP].

Pièces de Théâtre. Contains:
"Les Lutteurs";
"La Triomphatrice" (3 acts),
>Paris, Comédie Française, 21-1-18 [TF ms., SACD ms.].
>Paris: Figuière, 1928.
>[ASP Rf. 64.462].

**LENOBLE** (Aline).

Quand les chenilles prendront le train... (4 acts).
>Paris: Pensée Universelle, 1983.
>[BN EL 8 Y 13143, SACD, AV].

**LENOIR** (Jacqueline).
Children's novels.

Eve Lavallière.
>Paris: Presses de la Cité, 1966.
>[SACD].

**LENOIR** (Marthe-*Yvonn*e).
c. 1877 -
Poet, novelist, translator; Chevalier de la Légion d'Honneur (1934).

Théâtre I: "La Danseuse assassinée" (3 acts), "Une Nuit de novembre"
(1 act).
>Paris: Ed. Tour du Guet, 1950.
>[BN 16 Yf 127 (3, I)].

Salomon (lyric drama, 8 tableaux).
>Paris: Les Cahiers d'art et d'amitié, P. Mourousy (Col. La
>Poésie 44), 1942.
>[BN 8 Ye 14765 (44)].

Douleurs d'Espagne (4 acts).
>Paris: Editions de la Plume d'or, 1954.
>[BN 16 Yth 1514].

Coeurs et coeur (comedy, 9 tableaux).
>Paris: P. Mourousy, 1956.
>[BN 16 Yth 1781].

La Pavane (4 acts).
> Paris, Théâtre de l'Apollo, 23-5-57.

**LENOIR-CENILLY** (Mme).

Lettre du front (comedy, 1 act).
> Paris, Théâtre Américain, 29-1-36.

**LENOTRE** (Thérèse) (pseudonym of Thérèse GOSSELIN, Mme Adhémar CORDEBOEUF).
Children's books.

Bicot, président du club (comedy, 3 acts). Co-authored by Pierre HUMBLE.
> Marseille: Moullot fils ainé, 1927.
> Paris, Petit Monde, Théâtre de la Madeleine, 26-12-25.
> [BN 8 Yth 38787].

Prince Fedor (comedy, 1 act).
> Paris, Petit Monde, 28-3-26.

Bicot et Susy (4 acts). Co-authored by P. HUMBLE.
> Paris, Madeleine, 23-12-26.

Le Serpent de la mer.
> Paris, Petit Monde, 26-12-29.

Zig et puce policiers (comedy).
> Paris, Petit-Monde, 1934.

Cinq minutes d'histoire (11 sketches). Co-authored by A. de MONTGON.
> Paris: Nathan, 1936.
> [BN 8 Yf 2622].

Zig et Puce en Angleterre (comedy, 3 acts). Co-authored by Marguerite-Pierre HUMBLE.
> Paris, Théâtre du Petit Monde, 22-2-50.

**LEONARDY** (Mlle Anael).

Amour et envoûtement (dramatic comedy, 3 acts, 4 tableaux).
> Nice, Nouveau Casino, 11-1-36.

**LE QUER** (Gisèle) (see Marie-Ange LELLI).

**LE PASLIER** (S[uzanne]).

Le Crabe (comedy, 2 acts).
Paris: Librairie théâtrale, 1913.
Paris, Théâtre de Cluny, 10-10-12.
[ASP Rf. 64.582].

Les Scandales de Berne-Sur-Odon (comedy, 4 acts).
Paris, Théâtre Européen, 9-5-13.

Les Loups noirs (5 acts, 8 tableaux). Co-authored by E. PONT.
Paris, Théâtre Cluny, 1-6-13.

Bon français malgré lui (comedy, 1 act), La Foi qui sauve (4 acts),
deux frères (5 acts), Un Mariage de raison (comedy, 3 acts).
Paris: Editions Spes, 1923-24 (available at BN).

Un Bon placement (comedy, 3 acts).
Paris: Editions Spes, [1924].
Argenteuil, 25-11-23.
[BN microfiche 8 Yth 37118, ASP Rf. 85839].

Un Homme (comedy, 1 act).
Paris: Editions Spes, n.d.[1924].
Agen, 3-2-24.
[BN microfiche 8 Yth 37115, ASP Rf. 85840].

La Petite jeune fille modèle (comedy, 1 act).
Paris: Editions Spes, [1924].
Verlieu (Loire), 18-12-24.
[BN microfiche 8 Yth 37474].

Un Pari (comedy, 1 act).
Paris: Editions Spes, n.d.[1924].
Lagresle (Loire), 1-2-25.
[BN microfiche 8 Yth 37435, ASP Rf. 85842].

La Goutte d'eau (4 acts).
Paris: Editions Spes, 1930.
Théâtre de la Famille Française, 6-4-27.
[BN 8 Yth 39082, ASP Rf. 85838, BHVP].

Pris au mot (comedy, 1 act).
Fougères, 19-5-28.

Sataniques (4 acts).
Vesoul, 28-10-28.

Les Sacrifiés (4 acts).
> Charleville, 5-2-29.

Bandeau qui tombe (4 acts).
> Soissons, 12-10-30.

Aurore (4 acts).
> Lille, Salle de l'A.C.J.F., 8-2-31.

Tête de fer (comedy, 3 acts).
> St.-Servan, private performance, 15-10-34.

**LE PAVEC** (Marie-Claire).

Mamie Ouate en Papoâsie (island comedy) Co-authored by Joël JOUANNEAU.
> Paris: Actes Sud-Papiers, 1989.
> Noisiel, Théâtre de la Ferme du buisson, 20-11-90.
> [BN 16 Yf pièce 169, ASP 8 Y 3907, BSG, SACD, AV].

**LEPEU** (Monick).
Actress.

Si la femme m'était contée.
> Avignon, July 1975.

20 rue Jacob.
> Paris, Au Bec Fin, Jan. 1979.

L'Une mange... l'autre boit (comedy). Co-authored by Yvan LAMBERT.
> Paris, Fanal aux Halles, 2-5-80 (directed by authors).

Ce n'est pas si grave une femme.
> Paris, Théâtre La Gageure, Feb. 1983.

Gertrude morte cet après-midi.
> Paris, Au Bec Fin, June 1983.
> [SACD ms. 3893].

Moi, Zero magnifique.
> Paris, Théâtre du Lucernaire, May 1987.

Elles étaient citoyennes.
> Paris, Espace Européen, 21-4-89 (directed by author).

**LEPINE** (Madeleine) (see French Women Playwrights before the Twentieth Century).

**LEPRINCE** (Adèle).

>   L'Infirmerie de gare (comedy, 1 act, verse).
>       Le Mans: Répertoire des cercles, [1920].
>       [BN 8 Yth 36123].

**LERAY** (Alice).

>   Le Rendez-vous (comedy, 1 act, verse).
>       Nantes, Salle Colbert, 5-5-40.

**LERAY** (Eudoxie) (see Jehan GRECH).

**LERMINA-FLANDRE** (Juliette).
Novelist.

>   Le Souvenir (comedy, 2 acts).
>       Théâtre des Ternes, 9-12-22.

>   Thérèse Angot (comedy, 1 act, 3 tableaux).
>       In Le Théâtre français July 1923.
>       Paris, Potinière, 3-3-23.
>       [BN VER Jo. 63259, ASP Rf. 64.599].

>   Epouse la dactylo (comedy, 3 acts).
>       Vannes, Théâtre Municipal, 9-2-24.

**LEROUDIER** (Catherine).

>   Tric-Trac (show for children).
>       Lyon, Odéon de Fourvière, 2-5-74.

**LE ROUX** (Michèle).

>   Douce à père ou le Port de l'errance (1 act).
>       [SACD ms. CA 118].

**LEROUX** (Micheline).
Born in Oran (Algeria).
Studied music at the Scola Cantorum in Paris; composer, novelist, scenario writer; school teacher.

>   Les Macarons du bon roi Augustin (féerie rustique, 4 acts).
>       Paris: Magnard (Théâtre de la jeunesse), 1981.
>       [BN EL 8 Y 4323 (20), ASP 8 Y 3430, AV].

Oiseau d'malheur (operetta), L'Enlèvement au foirail (detective operetta), Noire de suie et les Sept nains (conte à rebours), L'Ecole des Vieillards (pièce d'anticipation), M. Folespices ou l'Extravagant épicier (farce, alexandrine verse).
> Performed in Orthez.

**LEROY-DENIS** (Jeanne) (Sidonie *Jeanne* BAUDOUIN, née DENIS).
1890 - 1935.
Poet.

Ma 49e cuisinière (comedy, 1 act).
> Paris: Vaubaillon (Bon Répertoire), [1934].
> La Chanson de Paris, Dec. 1920.
> [BN 8 Yf 2533 (5)].

Poète malgré lui (comedy, 2 acts).
> St-Germain des Prés, 13-3-27.
> Summary in Catalogue analytique de pièces à rôles mixtes. Paris: L'Amicale, 1964.
> [ARS 16 W 671].

Pleuvra-t-il ? (comedy, 1 act).
> Paris: C. Vaubaillon, n.d.
> La Chanson de Paris, 19-12-29.
> [BHVP].

Le Dernier chant d'Orphée (dramatic poem, verse).
> In Un Roseau chant au vent. Paris: la Revue des Poètes, 1929.
> [BN 8 Ye 12886].

Au temps du roi saint Louis (dramatic comedy, 1 act). Adapted from a tale by A. BAILLY.
> Paris: Vaubaillon (Bon Répertoire), [1931].
> [BN 8 Yth 39396].

Le Prince et la bergère (comedy, 1 act, 1 tableau, verse).
> Paris: Vaubaillon (Bon Répertoire), 1931.
> La Chanson de Paris, 2-10-30; Salle Lancry, 22-11-30.
> [BN 8 Yth 39387].

L'Ami Tredurec (comedy, 1 act).
> Paris: Vaubaillon (Bon Répertoire), [1931].
> [BN 8 Yth 39390].

La Vierge et le sagitaire (drama, 3 acts, 4 tableaux).
> Paris: Vaubaillon, [1936].
> Villeneuve-St-Georges, Tournées G. Bourgeal, 19-4-31;
> Journées d'Art religieux, 1932; Paris, Théâtre Athéna, 2-5-33.
> [BN 8 Yth 2533 (54) (portrait, necrology), SACD ms. 2786].

Lili, Riquette et Toto (comedy, 1 act).
> Paris: G. Enault, 1933.
> Radio-diffusé, 24-12-31; Montauban, 14-1-34.
> [BN 8 Yth 39949].

La Tragique Aventure de "La Méduse" (drama, 3 acts, 4 tableaux).
> Niort: Boulord (Mon Théâtre), [1934].
> Radio-P.T.T., 17-7-32.
> [BN 8 Yf 2535 (23), SACD ms. 2787].

Francette (comedy, 4 acts).
> Paris: G. Enault, 1934.
> Rennes, 20-1-35.
> [BN 8 Yth 40480].

Gesta Dei (historical drama, 2 acts, 7 tableaux).
> Paris: G. Enault, 1934.
> Paris, private performance, 9-2-34.
> [BN 8 Yth 40484].

Jacquou (comedy, 2 acts).
> Paris: G. Enault, 1934.
> [BN 8 Yth 40487, AV 16 Ay 1605].

Leur pardon (dramatic comedy, 1 act).
> Paris: G. Enault, 1934.
> [BN 8 Yth 40296].

Ivanhoé (historical drama, 5 acts). Adapted from a novel by SCOTT.
> Niort: Boulord (Mon Théâtre), [1934].
> Radio, Sept. 1922 (centenary celebration of W. Scott).
> [BN 8 Yf 2535 (5)].

Un Soir à Domremy (dramatic comedy, 1 act).
> Summary in Catalogue analytique de pièces à rôles mixtes.
> Paris: L'Amicale, 1964.
> [ARS 16 W 671].

Le Dansomane (comedy, 1 act), Féminisme et Thé-o-tango (comedy, 1 act).

>Paris: Vaubaillon (Le Bon Répertoire), [1935-6].
>[BN 8 Yf 2533 (48, 55)].

Au service du public! (comedy, 1 act), Le Rôti brûle! (comedy, 1 act), Sur un air de Schumann (dramatic comedy).

Soir de fête (comedy). Co-authored by René BASTIEN.

La Nuit merveilleuse (comedy, 5 acts). Adapted from DICKENS.

**LEROY-VILLARS** (Cécile).

Gavroche (comedy, 2 acts).
>Nice, 22-11-33.

**LE SACHÉ** (Bernadette).
1950 -
Actress (stage, television and film).

Récit d'une pasion envahissante.
>Paris, Fondation Deustch de la Meurthe (La Bouche d'ombre), Oct. 1983.

Attention valise.
>Paris, Théâtre Essaïon, Théâtre à une voix (reading), 28-2-87.
>[SACD ms. TAV 118].

Premières fiançailles de Franz K.
>Paris, Théâtre Paris-Villette, 27-10-88.

**LESUEUR** (Daniel) (see French Women Playwrights before the 20th Century).

**LETELLIER** (Michèle).
Café-théâtre performer.

Racontez-moi votre enfance ou "Ah laissez-moi mes névroses et reprenez vos endives cuites". Music by Loïc ETIENNE.
>Paris, Au Petit Casino, Nov. 1979 (author in cast).

J'viens pour l'annonce (one woman show).
>Paris, Au Petit Casino, May 1983.

Je veux être pingouin.
>Paris, Au Petit Casino, Oct. 1983 (author in cast).

**LETESSIER** (Dorothée).
　　c. 1953-
　　Novelist.

　　Le Trottoir des mères.
　　　　[SACD ms. ms. CA 119 (Aug. 1981)].

**LÉVÊQUE** (Josianne) (patronym of Josianne-Juliette GRESLOT).
　　Actress; film dialogue writer.

　　La Golden est souvent farineuse, Zizanie bretelle (café-théâtre shows).
　　　　Paris, Cour des Miracles, 1975-76 (author in cast).

　　Au niveau du chou, Joue-moi un air de tapioca (café-théâtre shows).
　　　　Paris, Blancs-Manteaux, 1977, 1979 (author in cast).
　　　　[SACD ms. 3891-92].

　　Les Orties ça s'arrache mieux quand c'est mouillé. Music by Jean-Marie ROINARD. Lyrics by Catherine CRELLO.
　　　　Paris, Studio des Champs-Elysées, 4-12-79 (author in cast).

　　Confetti en tranches.
　　　　Paris, Cour des Miracles, Jan. 1980.

　　Orties... Chaud.
　　　　Paris, Théâtre de l'Oeuvre, 4-12-81 (author in cast).

　　L'Omelette aux pingouins (2 parties).
　　　　Paris, Café de la Gare, 12-6-84 (author in cast).
　　　　[SACD ms. 875].

**LEVINSON** (Mona).

　　Il y en aura pour tout le monde (monologue).
　　　　Paris, Essaïon, Théâtre à une voix (reading), 15-10-84.
　　　　[SACD ms. TAV 120].

　　La Marelle (4 acts)
　　　　[SACD ms. CA 121].

**LEVREY** (Patricia).

　　Les Oies sont vaches (comedy).
　　　　Café Théâtre St-Germain-en-Laye, July 1985 (author in cast).

**LEVY** (Isabelle).

　　Prosper le clochard (1979), L'Encre rouge (1981), Le Théâtre des funambules (1982).
　　　　[SACD ms. CA 122].

**LEVY** (Lorraine).
1959 -
Founded of the company L'Entracte (1985).

Finie la comédie.
Paris: Acte Sud-Papiers, 1988.
Paris, Théâtre Marie Stuart (Cie de l'Entracte), 12-1-88.
[BN 16 Y 1051 (123), ASP 8 Y 3464, BSG, SACD, AV].

**LEWINSON** (Ewa).

De l'éducation des insectes d'après Franz Kafka.
Paris, Théâtre du Marais, 25-1-79.

**LEXA** (Maria).

L'Odyssée illustrée (1 act).
[SACD m. 809].

**LEY** (Maria).

Lendemains (1 act).
Paris, Studio Champs-Elysées, 8-5-31.

**LEYMARIE** (Geneviève) (Geneviève MATHIAS).
Author of short stories, novelist.

Blasphèmes (3 tableaux). Co-authored by Bernard MATHIAS.
Paris, Théâtre Essaïon, Théâtre à une voix (reading), 1-3-86;
Petit Odéon - Semaine des Auteurs (reading), 7-6-86.
[POI ms., SACD ms. TAV 131].

**LEZIGNAN** (Mlle Jane) (see MEHUL).

**L'HERMITTE** (Louise).
Novelist.

La Pêche aux écrevisses (comedy, 1 act).
In Annales Politiques et Littéraires 1579 (28-9-13).
[BN microfilm m-4400 (1913)].

**LHIERR** (Jenny) (née Jenny BERNARD).

Grande soeur se marie (saynète, 1 act).
La Fuye (Tours), 20-12-31.

Les Haricots (saynète, 1 act).
Armentières, private performance, 4-2-34.

Six petites poupées comme ça (sketch, 1 act).
Huelgoat, private performance, 22-12-35.

Sports (sketch, 1 act).
    Franguy (Hte Savoie), 30-3-37.

**LIANE** (Mme Jean).

Il suffit de vouloir (comedy, 1 act).
    Amiens, 15-4-23.

**LIBERAKI** (Marguerite) (pseudonym of Marguerite LYMBERAKIS).
Athens (Greece), 1920 -
Novelist.

L'Autre Alexandre (3 acts, 6 tableaux).
    Paris: Gallimard (Manteau d'Arlequin), 1957.
    Paris, Théâtre d'Aujourd'hui, Alliance Française, 10-10-57.
    [BN 16 Y 224 (8), ASP 8 Y 3544].

Le Saint prince.
"Le Saint prince" (3 acts),
    Paris, Théâtre Récamier (Cie Renaud-Barrault), 2-5-73;
"Les Danaïdes" (pièce lyrique, 1 act), [AV ms. (dated 1953-54)],
    Boulogne-Billancourt, Maison des Jeunes et de la Culture, 22-11-73.
    Paris: Gallimard, 1964.
    [BN 16 Y 224 (44), ASP 16 Y 209].

Sparagmos (cérémonie magique de la nouvelle naissance).
    Paris: C. Bourgeois, 1973.
    Avignon, Palais des Papes (Cie Anne Béranger), 1-8-73.
    [BN 16 Yf 940, ASP 16 Y 2493, AC T LIB S].

Erotica: fête purificatoire.
    Paris: C. Bourgeois, 1974.
    [AV T LIB E].

Le Jeu (1 act).
    [SACD ms. 3889].

**LIBERMONT** (Marthe DEFOSSE de).
? - Paris, 1922.
Sister of Edouard de Porto-Riche; poet.

La Dernière étape (scene, verse).
    Paris: H. Fleury, 1920.
    [ASP Rf. 64.766].

**LIBOZ-BURGER** (Marcelle).
> Poet.

> > Comme les lys (drama of the Vendée, 3 acts).
> > > Antony: La Vie du patronage, 1925.
> > > Performed in Antony at the Patronage.
> > > [BN 4 Yth 8959, ASP Rf. 85884].

> > Le Christ d'ivoire (drama, 1 act, verse).
> > > Avignon: Aubanel frères, 1928.
> > > [BN 8 Yth 38622, ASP 16 Y 1655].

**LILAS** (France).
> Paris, 1952 -
> Actress.

> > Explosion dans un sous-marin (one woman show).
> > > Paris, L'Ecume, July 1985.

**LINDENBERG** (Véronique).
> c. 1958 -
> Actress.

> > Les Bottes rouges.
> > > Paris, Théâtre Présent, June 1982; Paris, Essaïon, Théâtre à
> > > une voix (reading), 29-1-83.
> > > [SACD ms. TAV 123].

**LINDEY** (Emilie).

> > Grande soeur (comedy, 2 acts).
> > > Paris, Pigalle, 25-4-02.

**LIPMAN** (Gabrielle) (Mme Armand LIPMAN, Esther Mathilde *Gabrielle*
MOYSE) (MOISE-LIPMAN) (pseudonym: Gemma).
> Translator, poet, essayist; director of the revue *La Diane*; member the
> *Groupe français d'études féministe* (1910); founded the *Fédération des
> femmes radicales et radicales socialistes* (1912-1913).

> > Les Sanedrin (2 acts, prose).
> > > Poligny: Impr. de A. Jacquin, 1910.
> > > [BN microfiche 8 Yth 33816, ASP Rf. 77600].

**LISLE-DE-PRECY** (Comtesse de).

> > Statue sans visage (1 act, 3 tableaux, verse).
> > > La Potinière, 8-12-22.

**LIVANE** (Lisa).
 Café-théâtre performer.

  Bagdad connection. Co-authored by Jacques FONTANEL.
   Paris, Coupe-Chou, July 1980.

**LOBERT** (Alice) (née DUPONT) (pseudonym: ALISBERT).
 Born in Leuilly-sous-Coucy-le-Château.
 Novelist, poet.

  Mariage nouveau siècle (saynète). Signed Alisbert.
   Paris: Luth français, 1904.
   [BN 8 Yth 30684].

  Le Percepteur de Fontaine-les-amours (1 act, prose).
   Valenciennes: Editions de l'essor septentrional, 1905.
   St.-Dizier, 21-4-29; Saint-Quentin, Scène Carpentier.
   [BN 8 Yth 41504, ASP Rf. 76783, ARS GD 8 28155].

  Les Trois belles mamans (comedy, 1 act, prose).
   Paris: Impr. Paul Dupont (Mes Vingt rejetons, 1), 1921.
   Paris, Lyceum, 25-1-22.
   [BN Yf 2656 (1), ASP Rf. 64.819].

  Fluctuat nec mergitur! (2 acts, verse).
   In Lois ou les Premiers épis de Gaule. Paris: Impr. de U. de
   Coster (Mes Vingt rejetons, 2), n.d.
   [BN 8 Yf 2255 (2), ASP Rf. 64.820].

  La Rose enchantée (1 act, prose).
   Paris: Revue des Indépendants (Mes Vingt rejetons, 3), n.d.
   [BN 8 Yf 2255 (3)].

  Thermadour (4 acts, verse).
   Asnières: Eds. Asnièroises (Mes Vingt rejetons, 4), n.d.
   [BN 8 Yf 2255 (4), ASP Rf. 64.822, BHVP].

  Les Adieux de Simone. Includes:
  "Les Adieux de Simone" (1 act, verse),
   Paris, 11-7-23; Le Parthénon, 27-4-25;
  "L'Urne pompéienne" (1 act, verse).
   Asnières: Eds. Asnièroises (Mes Vingt rejetons, 5), n.d.
   [BN 8 Yf 2255 (5), BHVP].

Pomone. Le Poupon. Includes:
"Pomone" (comedy, 1 act, verse),
    Marnes-la Coquette, Théâtre-sous-Bois, 14-7-12;
"Le Poupon" (1 act, verse),
    Saint-Quentin, Lycée Henri-Martin, Dec. 1912.
    Asnières: Eds. Asnièroises (Mes Vingt rejetons, 6), n.d.
    [BN 8 Yf 2255 (6), ASP Rf. 64.818].

Le Mari idéal. Includes
"Le Mari idéal" (comedy, 1 act, prose),
    Saint-Quentin, Théâtre Omnia, 9-12-07;
"La Pavillonnette" (comedy, 1 act, prose),
    Le Parthenon, 27-4-25.
    Asnières: Eds. Asnièroises (Mes Vingt rejetons, 7), 1926.
    [BN 8 Yth 2255 (7)].

Métamorphose (4 acts).
    Paris: Revue des Indépendants (Mes Vingt rejetons, 8), 1929.
    [BN 8 Yf 2255 (8), ASP Rf. 64.824].

**LOEB** (Martine).

Les Draps pris entre l'itinairère et l'amour.
    [SACD ms. ms. CA 124 (1988-89)].

**LOHIER** (Annie).

Rendez-vous à Tacana.
    Avignon, Théâtre Ouvert (mise en espace), 30-7-1976.
    [TO ms.].

**LONATI** (Ada).

Baby Foot (one woman show).
    Le Petit Casino (Café-Théâtre), 29-10-74.

Le Beau rôle (comedy-monologue, 1 act). Co-authored by Georges BELLER.
    Théâtre Danou, 17-9-73.
    [SACD ms. 578].

**LONGFIER-CHARTIER** (Jeanne).
Normandy, 1871 - ?
Poet, author of short stories and portraits.

La Coquetterie mal placée (saynète, 1 act).
    Courcelles-sur-Seine: L. Drieux, 1911.
    [BHVP].

Un Petit ménage (saynète).
>   Pacy-sur-Eure: Impr. de E. Grateau, n.d.
>   [BHVP].

Les Chrysalides (dialogue).
>   Vaux-sur-Eure: Ed. des Concerts à l'Ecole, n.d.
>   [MD Dos LON].

**LONGIN** (T(h)érèse).

L'Ane et les trois commères (farce, 1 act).
>   Paris: Billaudot, 1954.
>   Groupe régional de Montagney, Fêtes de Gray, 1938.
>   [BN 16 Yth 2367, ASP 8 Y 31].

Les Deux Grognards de Napoléon ou "Quand l'Empereur me disait"
(comedy, 2 tableaux).
>   Paris: Billaudot, 1959.
>   [BN 16 Yf 487].

**LONGWORTH** (Clara) (Comtesse Aldabert Pineton de CHAMBRUN).
1873 -
Novelist, author of a number of works about Shakespeare; *Docteur ès
lettres* (Sorbonne 1921).

Le Grand Will (historical drama, 4 acts, 10 tableaux). Co-authored by
Maurice CONSTANTIN-WEYER.
>   Paris: Editions de la Nouvelle France, 1945.
>   Paris, Théâtre de l'Odéon, 22-6-39.
>   [BN 16 Z 641 (2)].

**LOOS** (Anita) (see COLETTE).

**LORD** (Danièle).

Quelque chose comme Glenariff (comedy, 2 acts). Co-authored by
Henri GARCIN.
>   Paris, Théâtre des Mathurins, 27-9-69.
>   [SACD ms. 2003].

**LORGNIER DU MESNIL** (Marie-Madeleine) (née baronne FALLON).
Published poetry and legends.

Sainte Godeleine (drama, 5 acts).
>   Paris: Jouve, [1913].
>   Marquise (Pas de Calais), 8-11-36.
>   [BN 8 Yth 35111].

L'Aveugle (drama, 1 act).
> Paris: Jouve, [1919].
> Ermont, Salle des Fêtes, 27-9-36.
> [BN 8 Yth 35949].

La Marchande de simples (3 acts).
> Paris, Studio Feminin, 28-1-33.

Légende de saint Christophe (legend, 1 act).
> St.-Inglebert, Salle paroissiale, 23-7-33.

Le Charme du renouveau (comedy, 4 acts). Co-authored by Beatrice WERY.
> Boulogne-sur-Mer, Théâtre Municipal, 18-1-34.

**LORMIER** (Estelle).

Lydia (3 acts, verse).
> Billancourt: Ed. E. Maître, n.d.
> [ASP Rf. 64.997].

**LOUFRANI** (Mathilda) (see Katy BONNOT).

**LOUSSOT** (Guy de) (pseudonym of *Odette*-Nathalie-Charlotte FRENOY).
? - 1960.

Soeur Angelique (comedy, 2 acts).
> Salle St-Léon, 31-5-31.

Julie malgré lui (comedy, 1 act).
> Mayenne, 14-1-32.

Pour vous, Messieurs (comedy, 1 act).
> Paris, private performance, 30-1-32.

Les Joyeuses lavandières (saynète, 1 act).
> Paris, Le Foyer, 7-2-32.

Marie-Rose ou Ses deux amours (dramatic comedy, 2 acts).
> Paris: La Bonne Presse, 1933.
> Paris, private performance, 15-1-33.
> [BN 8 Yf pièce 935].

En son absence (3 acts, 1 tableau).
> Paris: Maison de la bonne presse, 1935.
> [BN 8 Yth 40726, ASP Rf. 85892].

Le Refus (1 act).
> Paris: Maison de la bonne presse, 1935.
> [BN 8 Yth 40764, ASP Rf. 85894].

La Diligence d'Ars (sketch, 1 act).
>   Paris: G. Enault, [1936].
>   [BN 8 Yth 41060, ASP Rf. 85890].

Pour lui! (2 acts). Co-authored by Marguerite BUNEL.
>   Paris, private performance, 10-6-38.

A la rescousse (2 acts, 4 tableaux). Co-authored by Marguerite BUNEL.
>   Paris: G. Enault, 1940.
>   Paris, Recrutement sacerdotal, 21-6-39.
>   [BN 8 Yth 42122].

Notre-Dame du carrefour (2 tableaux).
>   Paris: G. Enault, 1936.
>   [BN 8 Yth 41027, ASP Rf. 85893].

La Ronde des métiers ou le Choix du petit Paul (1 act).
>   Paris: G. Enault, 1946.
>   Paris, Congrès diocésain d'enfants de choeur.
>   [BN 16 Yth 257].

Maman n'est pas là! and C'est toujours la fête! (monologues).
>   Villefranche: Editions du cep beaujolais, [1949].
>   [BN 8 Yf pièce 1102].

**LOUSSOT** (Jean de) (pseudonym of Marguerite-Marie-Louise VALLOTTE, née FRENOY).
? - 1947.
Novelist.

Ruses de Sylvie (comedy, 2 parts), Duel de sorcières (comedy, 2 acts), Le Château de M, Grondoneau (comedy, 1 act), L'Oiseau (comedy, 1 act), Le Parjure (drama, 1 act), Le Remplaçant (comedy, 1 act), Le Vengeur des écrasés (comedy, 1 act).
>   Paris: Librairie théâtrale, 1901-08 (available at BN).

Devant la crèche (saynète, 1 act).
>   Paris: A. Lesot, 1936.
>   Saint-Julien-l'Ars, 30-12-34.
>   [BN 8 Yth 41042].

Gardienne de nuit (drama, 2 acts).
>   Paris: A. Lesot, 1934.
>   [BN 8 Yth 40640, ASP Rf. 85892].

Le Carnet de croquis (dramatic comedy, 2 acts).
    Paris: A. Lesot, 1939.
    Pontarlier, private performance, 22-4-39.
    [BN 8 Yth 42142].

La "Gloire de Dijon" (comedy, 1 act).
    Paris: A. Lesot, 1946.
    [BN 16 Yth pièce 179].

**LUCAS** (Jill and Vivianne) (see Les JUMELLES).

**LUGAND** (Annette).
    Café-théâtre performer.

Trois contes (one troubadour show).
    Paris, Fanal aux Halles, Jan. 1979.

**LUSSEAU** (*Pauline* Marie Henriette).

Midinette et paysan (operetta, 1 act). Music by Mme PRIAD.
    Théâtre Caumartin (Le Théâtre en 1 act), 31-5-32.

Si l'amour passe (comic opera, 1 act). Music by Marcelle CHADEL.
    Paris: Durand, 1932.
    [BN 8 Yth 39808].

Le Nid du bonheur (operetta, 1 act). Co-authored by F. POTHIER.
Music by Georges STALIN.
    Paris, Bruxelles: H. Lemoine, [1937].
    [BN 8 Yth 41501].

La Fortune de Prosper (comedy, 1 act).
    Colombes, Palace, 26-2-41.

**LUTRY** (Christiane).

Magie Noire et sorcières blanches ou Ne m'envoûtez pas (comedy).
    Paris: Pensée Universelle, 1974.
    [BN EL 8 Y. 5993].

**LYNDSEY** (Martha).

Serments d'éclaireur (drama, 2 acts, 3 tableaux).
    Rue de Lancry, 30-12-17.

**LYR** (Guyette).

> Spent first ten years in Genoa.
>
> Actress, clown and one woman show, novelist; taught courses on communication and corporeal expression.

> Une Reine à l'envers or Valeurs et vertus.
>> Paris: Théâtrales (ms. 265), [1986].
>> [AV, TH, POI].

**LYSÈS** (Charlotte) (patronym: Charlotte-Augustine-Hortense LEJEUNE).
> ? - 1956.
> Actress.

> Coucou (comedy, 3 acts).
>> Paris, Potinière, 7-5-30 (author in cast).

# M

**MAC CRACKEN** (Léa) (pseudonym of Françoise DANELL).
1941 -
Actress.

Deux sous pour tes pensées. Co-authored by Marie PAGÈS.
Festival de HEDE, 1985; Paris, Théâtre des Vinaigriers.

Du Chocolat dans la cafetière (children's play). Co-authored by Marie
PAGÈS.
Paris, Dunois, Feb. 1987.

Louise Michel ou l'Amour en général. Co-authored by Marie PAGÈS.
Saint-Denis, Théâtre Gérard Philippe, 5-11-87.

**MADELEINE-LOUISE** (La Mère) (Edith Humann de CHAZELLE,
Madeleine-Louise de Notre-Dame de Sion).
Author of a number of works with religious inspiration including
novels and biographies.

De l'enfant qui chantait le Laude Maria (miracle, 2 tableaux).
Paris: G. Enault, 1939.
[BN 8 Yth 41851].

Ce qui advint au troubadour de N. Dame (medieval legend, 1 act).
Paris: G. Enault, 1946.
[BN 16 Yth 226].

**MADELENAT** (Claire).

A chacun sa tranche (tragi-comedy with sketches). Co-authored by Pierre DELOSME.
> Fos-sur-Mer, 8-11-86.
> [SACD ms. 1529].

**MADLENOTICH** (Sandra).

La Patte ensanglantée de la féroce bête.
> Paris: Théâtrales (ms. 921), [1985].
> [AV Fol. AY 311, TH, POI].

**MADO** (Luce) (Madeleine Celina DEBARS, née CORNEILLE).

Le Géant de la mer (jeu scénique), Chouchou devient ministre (comedy, 1 act), Chouchou gagne le tiercé (comedy), Au bon fromage (comedy, 1 act), La Farce du pharmacien (pochade, 1 act), Ça va faire du bruit! (comedy, 1 act), Un Remède du tonnerre (farce, 1 act), L'Horoscope du jour (farce, 1 act). Co-authored by Jean-Jacques LEROY.
> Children's plays published by Théâtre populaire familial (Lambersart, Vence), 1964-73 (available at BN abd ASP).

Aux petits oignons (galéjade, 2 acts). Co-authored by Jean de MARCHENELLES.
> Vence: Théâtre populaire familial, 1968.
> [BN EL 8 Y 858 (13), ASP 16 Y 1405].

**MAES** (Mme) (née Germaine DODINET).

Dans Paris sur l'aube (sketch, 1 act). Co-authored by J. DODINET.
> Meaux, 11-11-35.

**MAGENDIE** (Jeanne).
Novelist.

La Sournoise (comedy, 2 acts).
> Strasbourg: la Nuée bleue, 1927.
> [BN Rés. p. Yf 160].

Le Double mirage (comedy, 1 act).
> Strasbourg: Dernières Nouvelles de Strasbourg, 1929.
> Strasbourg, Théâtre de l'Union (Cie du Chariot), 6-6-29.
> [BN 8 Yth 38920].

**MAGNANA** (Marjolaine).
Director.

Le Fil.

Avignon, Festival-Off, Théâtre de la Tarasque (Cie La Funambulante), July 1987 (directed by author).

**MAGNIEN** (Marcelle).

L'Abominable honnête homme (comedy-farce, 4 acts).
Paris, Théâtre de la Huchette, 10-3-56.

**MAGY** (Henriette).
Literary criticism.

De mon temps (comedy, 1 act).
Paris: Editions "Les Passereaux", 1926.
[BN 8 Yth 38043, ASP Rf. 65477].

La Mort de Pierrot (fantasy, 1 act, verse).
Paris: Editions "Les Passereaux", 1926.
Performed on the radio, P.T.T. Toulouse, 15-5-26.
[BN 8 Yth 38042].

**MAHEUX** (Mireille).

Popaul et Juliette (opera bouffe). Co-authored by André MAHEUX.
Théâtre Gramont, 15-2-69.

**MAILHON** (Claude).

Polar-Oid (1 act). Co-authored by Christiane MASSON.
Avignon, Battements d'Elles (Théâtre à Moteur), 7-7-84 (performed and directed by authors); Paris, L'Ecume, 2-10-84.
[SACD ms. 409].

**MAIRESSE** (Valérie) (see Le SPLENDID).

**MALKHASSIAN** (Lucie).

Reflets, réflexions : pièces et satires. "Le Ciel épouse la terre ou Pourquoi ?" (psychological drama, 4 acts), 1970; "Sous le sapin de Noël ou le Rêve de Marina" (féerie, 1 tableau), 1972.
Cachan: L. Makhassian, 1973.
[BN EL 8 Y 8598, ASP 16 Y 3758].

**MALLET** (*Agnès*-Gabrielle).
Lille, 1949 - Villeneuve-d'Ascq, 1989.
Actress; member of the Théâtre de la Salamandre (1976) where she participated as author and actress in collective productions.

La Costumière d'Arfo, 1975.

L'Annexe.
Paris: Théâtre Ouvert (Tapuscrit 42), 1986.
[BN 8 Yf 3263 (42), ASP 8 Y 2930, SACD, AV, TO].

Le Plaisir des autres. Adapted from Entre femmes seules by Cesare PAVESE.
Paris, Théâtre 14 - Jean-Marie-Serreau, 22-1-86.
[AV ms. Fol. AY 443].

Le Prix du soleil.
In Avant-Scène-Théâtre 869 (1-5-1990).
Lille, Théâtre Roger Salengro, May 1990.
[BN 4 Y 78 (869, 1990), ASP 4 Jo 12601, SACD].

Le Jardin d'à côté.
In Avant-Scène-Théâtre 869 (1-5-1990).
[BN 4 Y 78 (869, 1990), ASP 4 Jo 12601, SACD].

**MANCEL** (*Sabine* Lucie Claire) (patronym of Sabine Lucie Claire MOILIN, called Jacques SABINE) (see also French Women Playwrights of the 20th Century).
Novelist.

Illusions! (saynète, verse).
Paris: Ed. de la Revue Septentrionale, 1911.
[ASP Rf. 84.308].

**MANDIER** (Sylvie) (see Huguette JUNOD).

**MANSOUR** (Joyce).
Bowden (Great Britain), 1928 -Paris, 1987.
Surrealist francophone poet of Egyptian origin.

Le Bleu des fonds.
Paris: Le Soleil noir, 1968.
Paris, Café-Théâtre de l'Absidiole, 18-4-67.
[BN 16 Yf 776, ASP 16 Y 1423].

Prose & poésie. Oeuvres complètes. Contains "Le Bleu des fonds".
Arles: Actes Sud, 1991.
[BN 8 Z 59124].

**MANTELLI** (Christine).

> L'Automne d'une resplendissante matinée.
> > [SACD ms. CA 127 (Paris, 25-5-83)].

**MAQUET** (Renée).
> Maisons-Lafitte, 1877 - ?
> Novelist and author of short stories.

> Cinq à sept (comedy, 3 acts). Co-authored by Andrée MERY.
> > In La Petite Illustration 609 - Théâtre 314 (14-1-1933).
> > Paris, Théâtre de la Potinière, 5-11-32.
> > [BN 4 Yth 9232, ARS 4 Lag. 433, SACD].

> Le "Court la nuit" (comedy, 3 acts). Co-authored by Andrée MERY.
> > [SACD ms. 1359].

**MARAIS** (Jeanne) (pseudonym of Lucienne MARFAING).
> Paris, 1890 - ?
> Novelist.

> L'Heure galante (comedy, 1 act, verse).
> > Paris, Marigny, 22-10-11.

**MARAVAL-BERTHOIN** (Angèle).
> Novelist, poet.

> Rêve d'un soir (comedy, 1 act, verse).
> > Paris: Librairie Théâtrale, Artistique et Littéraire, 1914.
> > Pré-Catelan, Théâtre de Verdure, 6-7-13.
> > [BN 8 Yth 35386].

**MARBRUN** (Anne).

> Floréale Brumaire.
> > [SACD ms. CA 127 (1979)].

**MARCELLE-MAURETTE** (Comtesse Yves de BECDELIEVRE).
> Toulouse, 1903 - 1972.
> Poet, journalist, drama critic; author of screen plays; active in television and radio productions; Légion d'Honneur for her work as a playwright.

> Manon Lescaut (3 parts, 8 tableaux). Adapted from a novel by l'Abbé PRÉVOST.
> > Paris: Fayard, 1919; in Oeuvres libres 222 (January 1940);
> > Paris: Albin Michel, 1948.
> > Paris, Théâtre Montparnasse-Gaston Baty, 1-2-39.
> > [BN microfiche 8 Z 21438 (222), ASP 16 16 Y 2575, SACD].

La Bague au doigt (comedy, 1 act, prose).
> Paris, Théâtre Michel (Discobole), 23-12-28 and 31-5-29.

Tragédiante (dramatic comedy, 3 acts, verse).
> Paris, Théâtre de l'Avenue, 20-12-29.

Pierrot mourant (1 act, verse).
> Paris, Théâtre Michel (Discobole), 31-5-29.

Printemps (comedy, 1 act, prose). Prix de *Comœdia*, Concours de la pièce en un acte, 1930.
> Paris: Ed. Andieu frères, 1931; in Mois théâtral 245 (May 1955); in Avant-Scène-Fémina-Théâtre 228 (1960).
> Paris, Odéon, 1-4-31.
> [BN 8 Yth 39567, ASP 16 4 Y 79, SACD.

Carte postale (comedy, 1 act, verse).
> Paris, Théâtre de l'Avenue, 21-12-32.

Bellérophon (drama, 3 acts, verse).
> Paris, Odéon (Théâtre Aide et Protection), 4-6-34.

Celle qui revient (tale of fantasy, 2 acts).
> Paris, Grand-Guignol, 26-11-34.
> [SACD ms. 1367].

Retour (comedy, 1 act).
> Radio Paris, 30-6-35.

Normandie (1 act).
> Paris: Ed. Théâtrale Andieu frères, [1938].
> Bordeaux, Lafayette, 8-1-36.
> [BN 8 Yth 41668].

La Tragique expérience (drama, 2 acts).
> Meudon, Rex Palace, 4-3-37.

Madame Capet (3 acts, 10 tableaux).
> In La Petite Illustration 865 - Théâtre 433 (2-4-1938); Paris: A. Michel, 1938; Paris-Théâtre 40 (Sept. 1950).
> Paris, Théâtre Montparnasse, 21-12-37.
> [BN 8 Yth 41621, ARS 4 Lag. 433, BHVP, SACD, TF].

La Tour d'amour (gothic tale, 2 acts). Adapted from a novel by RACHILDE.
> Paris, Grand-Guignol, 11-1-38.
> [SACD ms. 2138, DOU série ms. - ms. 27455].

La Chambre vide (comedy, 1 act), Dans un vitrail (comedy), La Première Esther (comedy).
> Radio Paris,1939-40.

Le Roi Christine (3 acts, 8 tableaux).
> Paris: Billaudot, 1944; Paris: A. Michel, 1945.
> First performed on radio, 14-4-40; Paris, Théâtre Edouard VII, 3-3-44.
> [BN 16 Yth 113, ASP R. Supp. 1449].

Mon petit (1 act).
> Paris, Théâtre Pigalle, 12-10-40.

Marie Stuart (drama, 2 parts).
> Paris: A. Michel, 1941.
> Paris, Théâtre Montparnasse, 22-10-41 (directed by G. Baty).
> [BN 8 Yth 42251, ASP 16 Y 2575, TF].

Le Soleil se couche (1 act).
> Paris, Théâtre de l'A.B.C, 6-3-42.

Film... (comedy, 3 acts, 6 tableaux).
> Radio Nationale, 1-6-42.
> [SACD ms. 3017].

J'aime (comedy, 1 act).
> Radio Nationale, 1-6-42; Paris, Edouard VII, 6-6-46.

A mi voix (monodrame).
> Paris, Bouffes-Parisiens, 3-5-43.

La Servante (mystery play, 3 acts, 10 tableaux).
> In Le Roi Christine. Paris: A. Michel, 1945.
> Radio Nationale, 10-5-43.
> [BN 16 Yth 127, ARS Th. N. 35.225].

Pantinade.
> Radio Nationale, 13-10-43; Studio Féminin.

Et maintenant, Madame Capet (à-propos, 1 act).
> Paris, Gobelins, 5-8-44.

Le Monstre ou L'Etreinte sanglante (drama, 1 act).
> Paris, Grand-Guignol, 24-10-45.

Eugénie impératrice (3 acts).
> Paris, Renaissance, 6-2-47.

Thérèse Raquin (3 acts, 12 tableaux). Adapted from novel by ZOLA.
>In France Illustration 21 (15-10-48).
>Rio de Janeiro, 30-6-47; Paris, Gymnase, 10-3-48.
>[BN 4 Z 4049 (21), BHVP, SACD].

Le Roi de coeur (3 parts, 12 tableaux). Adaped from a novel by A.
Dupuy Mazuël.
>In Oeuvres Libres 267 (15-10-49).
>Radio Buxelles, 12-1-56.
>[BN microfiche 8 Z 21438 (267), SACD].

Neiges (3 acts). Co-authored by Georgette PAUL.
>In France-Illustration 50 (14-1-50); Paris-Théâtre 40 (Sept.
>1950).
>Paris, Théâtre Montparnasse-Gaston Baty, 12-10-49.
>[BN 8 Z 4049 (50), ASP 4 Y 1737, BHVP, SACD].

Adoraçion (comedy, 3 acts).
>Bruxelles, Théâtre Royal du Parc, 31-1-50.

Anna Karénine (3 acts, 16 tableaux). Adapted from a novel by
TOLSTOI.
>Paris: A. Michel, 1950.
>Grand Théâtre de Genève; received by the Comédie française.
>[BN 16 Yth 1028].

La Douloureuse Passion de Notre Seigneur Jésus-Christ, vue et
entendue par Anne-Catherine Emmerich.
>Performed in various churches in Paris and surrounding
>areas; Paris Inter, 11-4-52; Televison française, 29-11-69.

L'Affaire Lafarge (2 acts).
>In France Illustration 163 (September 1954).
>Télévision française, 29-5-54; Radio Luxembourg, 20-4-61.
>[BN 4 Z 4049 (163), ARS Usuel, SACD].

Anastasia (féerie, 3 acts).
>In Paris-Théâtre 106 (March 1956); Oeuvres libres 344
>(March 1956); Paris: Buchet-Chastel, 1957.
>Paris, Théâtre Antoine, 8-11-55.
>[BN 8 Yf 2777 (106), ASP 4 Y 1395, ASP R. Supp. 4834].

Procès de sainte Thérèse de l'Enfant Jésus.
>Paris: Ed. du Cerf, 1963.
>Télévision française, 30-9-61.
>[BN D. 10045 (36), ASP 16 Y 188].

La Nuit de feu (1 act). Prix de l'Académie française.
>> In Avant-Scène-Théâtre 304 (1-2-64).
>> Paris, Port-Royal des Champs, 12-6-62.
>> [BN 4 Y. 78 (304), ASP 4 Y 155, SACD].

Laurette ou l'Amour voleur (comedy, 3 acts). Co-authored by M.-G. SAUVAGEON.
>> Paris, Théâtre de la Michodière, 3-10-66.

La Possédée (3 acts).
>> Paris: Ed. du Dauphin, 1972.
>> Télévision française, 13-3-71.
>> [BN 16 Yf 1296, ASP 16 Y 2559].

Rayons de gloire. Includes "La Nuit de feu" and three radio plays.
>> Paris: Téqui, 1978.
>> [BN 8 Yf 3339, ASP 8 Y 1923].

Celles qui n'ont que leur coeur (1 act).
>> [SACD ms. 3016].

**MARCHESI** (Blanche).

La Foi (drama, 3 acts).
>> Paris, Potinière, 22-5-24.

**MARCORELLES** (Blanchette).

Le Théâtre à la portée des enfants. 8 comedies for children.
>> Colmar: Ed. Alsatia, 1971.
>> [BN EL 8 Y 4188, ASP 8 Y 927].

"Papa triomphe des mathématiques modernes" et autres comédies. 5 comedies for children. .
>> Colmar: Blanchette Marcorelles, 1973.
>> [BN EL 8 Y 5564 (1), ASP 8 Y 1019].

Nouvelles comédies pour enfants. 8 comedies for children.
>> Colmar: Ed. Alsatia, 1975.
>> [BN EL 8 Y 5564 (2), ASP 8 Y 1330].

Jouons la comédie. 6 volumes for comedies for children.
>> Paris: Dessain et Tolra, 1978-1987.
>> [BN EL 8 Y 5564 (3, I-VI), ASP 8 Y 1726 (1-3), AV].

**MARCY** (Mme A. de).

> Le Pardon (comedy, 4 acts, 5 tableaux).
>> Submitted to Théâtre de l'Odéon, 1912.
>> [ASP Rf. 65632 (summary)].

**MARCY** (Mona) (Claire VALMONT).

> Adalos.
>> Paris, Biothéâtre, 1-4-78.

> Sosthène. Signed Claire VALMONT.
>> [SACD ms. CA 194].

**MARCY** (Monique).

> Les Macarons, Fausse bravoure, Yolande l'orgueilleuse, La Poupée.
>> One-act saynètes published in Semaine de Suzette (1920).
>> [BN microfilm m-8017 (1920)].

> La Boîte mystérieuse (saynète).
>> In Semaine de Suzette 21:29 (20-8-1925).
>> [BN micofilm m-8017 (1925), ASP Rf. 85934].

**MARGUERITTE** (Lucie Paul) (see Lucie PAUL-MARGUERITE).

**MARIE-ALIX** (see Marie ALIX).

**MARIE** (Elisabeth).
Actress.

> Nous irons tous à Capella (detective opera). Music by I. SAFOUAN.
>> Théâtre de Gennevilliers (le Surface Ensemble), 4-10-80.

> Tragédie dans les classes moyennes.
>> Paris, Escalier d'or, 15-3-85.

> Quatre hommes à vendre.
>> Paris, Centre Wallonie-Bruxelles (Le Scarface Ensemble), 15-4-86; Avignon, Festival-Off, Ecole Pigier, 10-7-86.

**MARIEL** (Anne) (see ANNE-MARIEL).

**MARIN** (Agnès).

> Le Banc de Marie (dramatic comedy, 2 acts), La Maison (5 acts), La Scène (1 act), Le Pas (5 acts), Sur le banc (1 act), Une Valeur sûre (4 acts).
>> [SACD mss. CA 127-128].

Les Feuilles mortes and La Répétition.
>    Paris, Théâtre Essaïon, Théâtre à une voix (reading), 16-1-88.
>    [SACD ms. TAV 127-128].

**MARINIER** (see BERQUIER-MARNIER).

**MARION** (Louise) (pseudonym of Mme Michel Maurice LEVY).
? - 1968.

>    Le Cloître (lyric drama, 3 acts). Adapted from a poem by Emile
>    VERHAEREN. Music by Michel-Maurice LÉVY.
>    Paris: Calmann-Lévy, 1927.
>    [BN 8 Yth 38251].

>    L'Homme à la Rolls (operetta, 3 acts). Co-authored by Maurice de
>    MARSAN. Music by BÉTOVE.
>    [SACD ms. 2994].

**MARKOVIC** (Marie-Christine).

>    Qui frappe à la porte (children's play).
>    Paris, Galerie Peinture Fraîche, March 1988.

**MARKOVITCH** (Marylie) (pseudonym of Mme Amélie de NERY).
Professor at l'Ecole Supérieure de Montélimar; poet, essayist, novelist.

>    Pour l'école et la France. Théâtre de jeunes filles (monologues,
>    saynètes, comedies).
>    Paris: Cornély, [1901].
>    [BN 8 Yf 1180].

>    La Pêcheresse (evangelical legend, 3 acts).
>    [ASP Rondel ms. 2115 (1905)].

>    Pierrot philosophe (saynète), Cendrillonnette (comedy, 1 act, verse),
>    La Conjuration du clair de lune (saynète, 1 act, verse).
>    Paris: Edouard Cornély, [1906].
>    [BN 8 Yth 31708-31710].

>    Pièces à jouer et à dire pour les jeunes filles. 2 volumes.
>    Paris: Edouard Cornély, 1907-08 (available at BN and ASP).

>    Mignardise (saynète).
>    In Touche à tout 11 (15-11-1911).
>    [ASP Rf. 65.705].

Le Petit Chantecler (fantasy, 2 tableaux, verse).
            Paris: Edouard Cornély, 1911.
            Paris, Mathurins.
            [BN 8 Yth 31709, ARS GD 8 28944].

Après les manoeuvres (1 act).
            Vicourt, Feb. 1911.

Farce du couturier (comedy, 1 act).
            Coulommiers, 16-2-13.

Corneille chez Mélite (1 act).
            [ASP Rondel ms. 2114].

**MARLIX** (Renée).

Le Grand chemin (verse).
            Nantes, 20-2-24.

**MARLYS** (Danielle).
Actress.

Thé à la menthe ou t'es citron (comedy, 2 acts). Co-authored by P.
MARLYS.
            Vaires (Val de Marne), 28-11-87; Avignon, Festival-Off,
            Théâtre de l'Etincelle, 10-7-90 (D. Marlys in cast).
            [SACD ms. 3495].

**MARNI** (Jeanne) (pseudonym of Jeanne-Marie MARNIERE) (also signed
            Lucienne (collective pseudonym with Maurice Donnay) and E. Violà).
            Toulouse, 1854 - Cannes, 1910.
            Novelist, journalist.

Comment elles nous lâchent (scenes). 19 plays including:
"Le Cafard", "Dédaignée", "Par Honnêteté", "Artiste!" [AN F$^{18}$1333],
"Fâcheuse vision",
            Paris, La Bodinière (Théâtre de l'Application), 20-3-1897.
            Paris: Ollendorff, 1896.
            [BN microfiche 8 Y2 49982, ASP Rf 65.710].

Clairvoyance (dialogue, 1 act).
            Paris, Théâtre de l'Application, 7-3-1898.

Le Rat, dialogue des courtisanes (scenes, 1 act). Co-authored by
DONNAY.
            Paris, Figaro, 22-3-1898.

Mme Poste, Toto (comedies, 1 act).
        Paris, Capucines, 26-10-1898.
        [AN F$^{18}$1333].

L'Album (dialogue).
        Paris, Agriculteurs, 20-3-1900.

La Dent d'Emma (comedy, 1 act).
        Paris, Salle Mustel, 28-4-1900.

Répétition (comedy, 1 act).
        In Annales Politiques et litéraires 1394 (13-3-1910).
        Paris, Ministère de L'Agriculture, 5-6-1900.
        [BN microfilm m-4400 (1910)].

Chose prouvée (comedy, 1 act).
        Paris, Ministère de l'Intérieur, 3-7-1900.

La Mère (comedy, 1 act).
        Paris, Ministère de la Justice, 11-7-1900.

L'Aveu (comedy, 1 act).
        Paris, Capucines, 25-11-1900.
        [AN F$^{18}$1333].

L'Aile (comedy, 1 act).
        Paris: Librairie théâtrale, 1902.
        Paris, Grand Guignol, 5-4-1900.
        [BN 8 Yth 30330, ASP Rf. 65.717, ARS GD 8 27345, BHVP,
        SACD].

L'Heureux auteur (comedy, 1 act).
        Paris: Librairie théâtrale, 1903.
        Paris, Grand Guignol, 19-1-01.
        [BN 8 Yth 30294, ASP Rf. 65.718, ARS GD 8 27316, BHVP,
        SACD, SACD ms. 2996, AN F$^{18}$1218].

César (comedy, 1 act).
        Paris: Librairie théâtrale, 1903.
        Paris, Grand Guignol, 10-4-01.
        [BN 8 Yth 30323, ASP Rf. 65.719, ARS GD 8 27335, BHVP,
        SACD, SACD ms. 2995, AN F$^{18}$1219].

Manoune (comedy, 3 acts).
        Paris: Librairie théâtrale, 1902.
        Paris, Gymnase, 27-9-01.
        [BN microfiche 8 Yth 30145, ASP Rf. 65.720, ARS GD 8
        27526, BHVP, SACD, AN F$^{18}$852].

La Coopérative (comedy, 1 act).
>Paris: Librairie théâtrale, 1903.
>Paris, Grand Guignol, 21-10-02.
>[BN 8 Yth 30324, ASP Rf. 65.722, ARS GD 8 27331, BHVP, SACD, AN F$^{18}$1219].

Le Joug (comedy, 3 acts). Co-authored by Albert GUINON.
>In Petite Illustration Suppl. 3119 (6-12-1902); Paris: Librairie théâtrale, 1903.
>Paris, Vaudeville, 28-11-02.
>[BN 8 Yth 30228, ASP Rf. 65.723, ARS GD 8 27714, BHVP, AN F$^{18}$778].

L'Oncle Sylvain (saynète , 1 act).
>Paris, Odéon, 21-12-02.

Théâtre de Madame. 18 plays including:
"Actrices" (comedy, 1 act), "Interview" (comedy, 1 act),
>Arras, Mun., 18-11-06;
"Excellent voyage" (drama, 1 act),
>St-Valery en Caux, 29-7-06;
>Paris: Ollendorff, 1906.
>[BN 8 Yf 1569, ASP Rf. 65.716, BHVP].

Les Femmes cochères (dialogue).
>In La Vie heureuse 9 (September 1907).
>[BN microfilm m. 676, ARS GD 8 47990].

**MARS** (Nathalie) (pseudonym of Nathalie SEGAL).

Normale ou exclusif?, 1986, .Dédale (11 tableaux), 1988.
>[SACD ms. CA 128-129].

**MARSHALL** (Tonie) (see ANEMONE).
Actress and film director; daughter of actress, Micheline Presle.

**MARTEL** (Laure).

Théâtre: "Le Tortionnaire" (1 act, 3 tableaux), "Le Père de l'enfant" (1 act), "L'Affreuse nouvelle" (1 act), "L'Intuition" (2 acts).
>Paris: Ed. du Scorpion (Les Feux de la Rampe), 1959.
>[BN 16 Yf 348 (11)].

**MARTIAL** (Lydie) (pseudonym of Anna Louise GRELL, Mme G. J. BOUTÉ, then Mme G. I. MAIRE, then Mme A.A. CARNAUD).
Paris, 1861 - Joigny, 1929.
Feminist journalist, lecturer and essayist.

L'Idéal d'Irène (comedy, 1 act).
In Le Nouvel Éducateur Rationnel 5 (25-5-1912).
Paris, Théâtre Michel (Théâtre des Idées), 19-5-1912.
[BN Fol. R 565, ASP Rf. 65.905 (folio), ARS GD 8 48011].

Mère-Grand veille sur les tout-petits (scene).
Joigny: Impr. de H. Hamelin, 1924.
Joigny, Théâtre de Joigny, 23-12-23.
[BN 8 Yth 37355, BHVP].

**MARTIAL** (Régine).
Actress at Théâtre Antoine, Odéon and L'Ambigu.

A Saint-Lazare (drama, 1 act). Co-authored by Camille CLERMOND.
Paris, Grand Guignol, 9-6-1900.
[AN F$^{18}$1218].

Sacha (comedy, 3 acts).
Paris, Gymnase, 5-3-06.
[AN F$^{18}$854].

Leur avenir (4 acts).
Accepted by the Théâtre du Gymnase, n.d, to be performed by
Andrée Mégard. Possibly same as Sacha.

La Lutte, L'Ecole des ménages.

**MARTIN** (Geneviève).

Merci Apolline ou Appuyez-vous sur moi, M. le Président (6 tableaux).
Paris, Théâtre du Tourtour, April 1983.
[SACD ms. 2343].

**MARTIN** (Marie-Louise).

Maria-Luisa ou la Diva des Bennes (one woman show).
Avignon, Festival-Off, Théâtre Harmonies, 10-7-87.

**MARTINEZ-SORIANO** (Marie).
1939 -

Ana-Lola Ferrer (1 act), L'Automne n'appartient à personne (1 act),
L'Expulsion (1 act, ms. dated 9-12-83), Last Melody (1 act).
[SACD mss.].

**MARTINI** (Lydia) (Blanche Berthe Angèle BONNAUD) (other names: Blanche MARTIN, LYDIA-MARTINI).
? - 1951

Fleur fanée (drama, 1 act).
> Paris, Théâtre Albert 1$^{er}$, 24-12-33.

**MARTINI** (Simone de).
Novelist and poet.

Oswald ou les Facéties d'un fou (dramatic comedy, 3 acts, verse). Co-authored by Guy-Henry CARTON.
> Paris: Le Méridien, 1988.
> [BN 16 Y 895 (2), ASP 8 Y 3721, AV].

**MARTY** (Ginette).
Book about songs of l'Ile de France.

Le Goûter de la Courtille ou Dialogue sur les affaires présentes.
> Paris, Théâtre le Berry, 1-3-89.

**MARY** (Jane) (JANE-MARY) (patronym: Jeanne BARNERIAS).

L'Ami Pierrot (1 act).
> Fort-de-France, 17-8-10.

Médecin malgré tout (comedy, 3 acts), Adieu paniers (comedy, 2 acts).
> Auxerre, 27-3-31 and 26-12-31.

Le Maître de Satan (drama, 5 acts).
> Auxerre, Petit Théâtre de l'Avenue, 10-3-33.

Fils de paysan (comedy, 2 acts).
> Noyers-sur-Seine, 14-5-33.

La Fille de Pampas (comedy, 3 acts).
> Neuvy-Sautours (Yonne), 22-10-33.

**MASIULIS** (Caroline).

Pourquoi c'est comme ça ? (one woman show).
> Paris, La Soup'ap', March 1982.

Un Vautour sur mon balcon (one woman show). Co-authored by Philippe HODARA.
> Paris, Comédie Italienne, Aug. 1983.

**MASSON** (Babette).

Grandir (one woman show).
> Avignon, Festival-Off, Théâtre du chien qui fume, 11-7-86.

**MASSON** (Christine) (see Claude MAILHON).

**MASSON** (Madeleine).
Poet.

Tropica (dramatic comedy, 3 acts, 5 tableaux). Co-authored by Mme Joan LINDBERGH.
Paris, Théâtre Ch. de Rochefort, 10-3-39.

**MATHIAS** (Geneviève) (see LEYMARIE).

**MATHIEU** (Mlle Emilie).

La Somnambule (comedy, 1act), La Babillarde (comedy, 1 act), Le Jeune fanfaron (comedy, 1 act), Trop heureuse (comedy, 1 act), Les Bijoux de la marquise (comedy, 1 act), Un Catalogue du Louvre (comedy, 1 act), Les Deux laitières (saynète), Poisson d'avril (monologue), Une Heure de liberté (operetta, 1 act).
Paris: Desclée, De Brouwer, 1896-1903 (many available at BN).

**MATTON** (Florence).
Actress.

Petit "h" pour histoire (1 act).
In Douze jeunes auteurs sept jours d'atelier.
Metz: Théâtrothèque de Lorraine, 1986.
[ASP 4 Y 2127].

**MAUBAN** (Maria) (see CHAUVIERE).

**MAUHOURAT** (Mme) (patronym: Jeanne CARRICART).

Le Vampire (drama, 2 acts).
Yvetot, 17-12-34.

**MAURETTE** (Marcelle) (see MARCELLE-MAURETTE).

**MAURICE** (Emilia).

Le Mariage de Justin (comedy-vaudeville, 1 act).
Européen, 5-5-15.

Son fils (dramatic comedy, 1 act), Marinette (comedy-vaudeville, 2 acts).
Théâtre le Peletier, 11-2-16 and 25-5-16.

Nos petits béguins (comedy-vaudeville, 3 acts).
Bagnères-de-Bigorre, 19-8-17.

**MAUVAISE HERBE** (La).
Women's theater troupe.

Trois petites vieilles et puis s'en vont.
Paris, Théâtre Marie-Stuart, 1978.

**MAUVE** (Julie).

L'Homme objet. Co-authored by Thierry ARZOUS.
Vincennes, Théâtre Daniel Sorano, 10-6-88 (Mauve in cast).

**MAXIME-DAVID** (Jeanne) (Jean-Bernard DANGE).
? - 1976.
Novelist.

Amitié imprévue (3 acts). Co-authored by Jean GRALLIN.
Nice, 24-2-22.

Goha le simple.
[ASP R. Supp. 464].

**MAY** (Claire).
Novelist.

La Pierre du seuil (dramatic comedy, 4 acts).
Summary in Catalogue analytique de pièces à rôles mixtes.
Paris: L'Amicale, 1964.
[ASP 16 W 671].

**MAY** (Mme R).

L'Aube de la guillotine (drama, 1 act). Co-authored by F. de CHIRAC.
Paris: Ondet, 1906 (only published under Chirac's name).
Galerie Vivienne, 22-3-1900.
[BN 8 Yth 31844, AN $F^{18}1344^B$].

**MAY** (Simone).
Novelist.

La 25e heure (3 acts, 4 tableaux).
Paris, Théâtre de l'Oeuvre, 2-12-42.

**MAYET** (Annie) (Anastasie Marie-Françoise LAMBERT, Mme Florent MAYET).

La Terre d'Israël (3 acts).
N.p.: Editions France-Afrique, [1943] (portrait of author).
[BN 8 Yth 42382, ASP R. Supp. 3729].

**MAYZEL-PIERRE** (Sophie).

Mère Michaux (comedy, 1 act).
Paris, Théâtre Albert 1er (Spectacle Yves Renaud), 28-4-34.

Trois visites (comedy, 1 act).
Paris, Studio des Champs-Elysées (Yves Renaud), 8-11-34.

**MAZEV** (Elisabeth).
Actress.

Mon père qui fonctionnait par périodes culinaires et autres (monologue).
Paris: Théâtrales (ms. 2162), 1989; Besançon: Editions Les Solitaires intempestifs, 1993.
Ménagerie de Verre (l'Inconvénient des Boutures), May 1989.
[BN 16 Yf pièce 233, AV, TH, SACD ms. CA 135].

**MAZUEL** (Agnès).

Itinéraires différés (3 acts).
[SACD m. 107].

**MEAULLE** (Mme F.).

Comment j'ai pris goût aux huîtres (monologue).
Paris: (Répertoire de Mme Renée Sigall), [1901].
[BN 8 Yth 29684].

**MEHUL** (pseudonym of Simone HUMMEL).
? - 1951.

Suprême sacrifice (drama, 2 acts, 3 tableaux). Co-authored by Mlle Jane LEZIGNAN.
Paris, Salle Hermel, 26-3-39.

A la belle étoile (comedy, 1 act).
Pornic, private performance, 21-1-40.

**MELI** (Leila).

Ni sang ni encre.
[SACD ms. CA 136].

**MELITE** (Luce).
Actress, director; worked for the Centre Dramatique National du Théâtre du Huitième in Lyons (1968-73) and the Théâtre National de Chaillot (1975-80).

Désordres (quatorze flashes désordonnés et une chute libre).
France Culture, 24-3-82; Paris, Essaïon, Théâtre à une voix (reading), 17-12-83.
[SACD ms. 833, TAV 136].

La Traversée de la rivière.
Marseille, Théâtre de la Criée, 10-4-85 (directed by author).
[SACD ms. 494].

**MENA** (Nicole).

Nous, vous.
Avignon, Théâtre Ouvert, Gueuloir (reading), 20-7-78.

**MENANT** (Elisabeth).

Autre temps... autres gosses! (comedy, 1 act).
Paris, Salle Pleyel, 27-6-46.

Une Porte ouverte (comedy, 1 act).
Paris: Editions théâtrales, [1951].
Paris, Verlaine, 14-1-50.
[BN 16 Yth 1188].

**MENDES** (Jane Catulle) ( see Jane CATULLE-MENDES).

**MENESTREL** (Marie).
Published a collection of poetry (1954) and one novel (1967).

La Recluse.
Saint-Flour, Festival, 1958.

On tue toujours celle qu'on aime (1 act).
In Avant-Scène-Théâtre 546 (August 1974).
[BN 4 Y 78 (1974, 546), ASP 4 Jo 12601, SACD].

A la claire fontaine, Le Tabou, Les Mendiants (modern mystery plays).

**MENO** (Dominique-Marie).

La Bosse et les bouffons.
[SACD ms. CA 137].

**MERANT** (Liane) (pseudonym of Andrée Joséphine Mari... ROSKIN, née GROSMAIRE, also called SUNDARI).

Le Secrétaire de Madame (sketch), Le Compte y est (sketch), Vérités (sketch).
> Paris: Camia, 1944-1945.
> [BN 4 Yf 381 (1-3)].

Une Concierge digne d'éloges (monologue).
> Paris: Greyval, 1950.
> [BN 8 Yth 42554].

**MERCEY** (Suzanne).
? - 1964.
Children's books.

Soyez ma femme (comedy, 2 acts).
> Paris: Delamain et Boutelleau, 1937.
> Paris, private performance, 9-2-36.
> [BN 8 Yth 41453].

Notre Ablette (comedy, 3 acts). Co-authored by Lucien DABRIL.
> Paris: Vaubaillon, 1945.
> [BN microfiche 16 Yth 144].

**MERCIER** (Annie).

Une Jeune fille sur un banc (pièce à suspense).
> La Machine, 10-2-80.
> [SACD ms. 3931].

Sur l'aire des victoires de la Marne (3 parts).
> Paris: Théâtrales (ms. 1152), [1986].
> [AV, TH, POI, SACD ms. 3469/TAV 137].

**MERCIER** (Thérèse).
Poet.

Le Voyage sur la lune (musical comedy, 2 parts, 7 tableaux).
> Paris: Librarie Théâtrale (Le Théâtre et l'enfant), 1982.
> [BN 16 Yf pièce 159, ASP 8 Y 3282, AV T MER V].

Silence on tourne (2 tableaux). Written collectively by the actors (9 children, 10 to 13 years old) under the direction of Thérèse Mercier.
> Paris: Libraire Théâtrale, 1982.
> Various perfomances in the Paris region, 1979.
> [BN 16 Yf pièce 161].

**MERCURE** (Isa).

> L'Empereur s'appelle Dromadaire. Co-authored by Gilles GUILLOT.
> Paris, Maison de la Poésie, 8-10-87 (performed by authors).

**MERIEM** (Sophie).

> Coup de sang. Co-authored by Eric DIDRY and Gilbert ROUVRIÈRE.
> Paris, Bastille, 5-10-89.

**MERINA** (Mme).

> Possession (1 act).
> Théâtre Michel (La Halte), 22-2-10.

**MERSAELT** (Mme B.) (Mme DE MERSAELLE).

> Madame la Comtesse (comedy, 1 act), La Bonne entente (comedy, 1
> act), Le Concierge n'est pas sourd (saynète, 1 act).
> Thionville, June 1925.

> Erreur... erreur (comedy, 1 act). Co-authored by QUABEL.
> Thionville, 29-1-28.

> Bon prince (comedy, 1 act).
> Villerupt, 29-9-28.

> Chez le commissaire (comedy, 1 act).
> Fresnes-St-Mames, 27-9-35.

**MERVENT** (Maria) (pseudonym of Anna BIRAUD, veuve DELFERRIERE).
? - 1965.
Adaptations performed on radio c. 1953-1964.

> Le Solitaire (comedy, 1 act).
> In Avant-Scène-Théâtre 297 (15-10-1963).
> Paris, R.T.F., 11-3-63; performed in Paris, 29-11-64.
> [BN 4 Y. 78 (297), ASP 4 Y 148, SACD].

**MERY** (Andrée) (pseudonym of Andrée MERIAUX).
Paris, 1876 - 1968.
Actress, novelist, translator/adaptor.

> Cinq à sept (comedy, 3 acts). Co-authored by Renée MAQUET.
> In La Petite Illustration 609 - Théâtre 314 (14-1-1933).
> Paris, Théâtre de la Potinière, 5-11-32.
> [BN 4 Yth 9232, ARS 4 Lag. 433, SACD].

> Norette et le paysan (comedy, 1 act).
> Paris, Grand-Guignol, 3-2-34.

Les Jeux sont faits (comedy, 3 acts).
> In La Petite Illustration 693 - Théâtre 353 (29-9-1934).
> Paris, Théâtre de la Potinière, 14-6-34.
> [BN 4 Lc2 1549 (4), ARS 4 Lag. 433, SACD].

Le "Court la nuit" (comedy, 3 acts). Co-authored by Renée MAQUET.
> [SACD ms. 1359].

**MESNARD** (Marie).

Il était trois petits enfants (tale, 1 act).
> Antony: Edition de "La vie du patronage", 1927.
> [BN 4 Yth 8942, ASP Rf. 86026].

**MESSIS** (Blanche).
Poet.

L'Imprudence (comedy, 3 acts).
> Nice, Théâtre des Arts, 19-4-34.

**MESUREUR** (Amélie) (née de WAILLY, Mme Gustave MESUREUR).
Paris, 1854 - 1926.
Poet and novelist; president of the *Société Victor Hugo*.

Garden party élyséenne (1 act, verse).
> Paris: P.V. Stock, 1907.
> Paris, Université populaire du Fbg. St-Antoine, 22-3-07.
> [BN 8 Yth 32312, ARS GD 8 28595, SACD].

Une Alerte (comedy, 1 act).
> In Je sais tout LXXXIX (15-6-1912).
> Paris, Université populaire du Fbg. St-Antoine, 16-2-08.
> [BN 8 Z 17063, ASP Rf. 66.784, ARS GD 8 44643].

**MEULSON** (Evelyne).
Author of one novel (1982).

Les Grottes d'Ondarritz (3 acts).
> [SACD ms. CA 138].

**MEUNIER-SURCOUF** (Mme) (Marie SURCOUF) (pseudonym: Robert NOLIS).
Novelist.

> Saint-Brieuc-Revue (2 acts, 7 tableaux). Co-authored by M. MEUNIER-SURCOUF.
>> Saint-Brieuc: F. Guyn, 1911.
>> Théâtre de Saint-Brieuc, 12-2-11 (for the benefit of the French Red Cross).
>> [BN 8 Yth 34026, ARS GD 8 36282].

> La Légende bretonne (1 act). Excerpt of Saint-Brieuc-Revue. Co-authored by M. MEUNIER-SURCOUF.
>> Saint-Brieuc: F. Prud'homme, 1911 (portrait of author in leading role).
>> [BN 8 Yth 34163].

**MEVEL** ((Annick) (see Sylvie COURTNAZ).

**MEYRIEUX** (Danièle).

> Le Congrès du feutre. Co-authored by Bernard WALLER.
>> Paris: Théâtrales (ms. 547), [1985].
>> [AV, TH, POI].

**MEZIERE** (Myriam).

> L'Odieux couvert or Les Bijoux d'amour.
>> Paris, Le Sélénite, 3-5-72.

> La Gauchère contrariée (one woman show). Co-authored by Bernard-Marie KOLTÈS.
>> Paris, Dix Heures, 1-6-84.

**MICHEL** (Florence).
Actress.

> Cherche homme pour faucher terrain en pente. Co-authored by Annie ROMAND.
>> Paris, Dix Heures, Sept. 1979 (performed by authors).

> J'ai tout mon temps, où êtes-vous ?
>> Paris, Roseau Théâtre, Oct. 1986 (author in cast).

**MICHEL** (Odile).
Actress.

> Le Funambule unijambiste (comedy). Co-authored by P. OLIVIER.
>> Paris, Espace Gaîté, Sept. 1982 (performed by authors).

**MICHEL** (Vanina).
One woman shows performed in the late seventies.

**MIÈGE** (Jeanne).

La Fille du forgeron (drama, 3 acts, 5 tableaux). Co-authored by Victor GRESSET and Hector COUDERCHON.
Paris: Edition P. G. F, 1906.
[BN 8 Yth 31949].

**MILHAUD** (Solange).

Cactus.
[SACD ms. CA 139].

**MILLER** (Maria).

Quel âge a-t-il ? (1 act).
[SACD m. 140].

**MILLET** (Agnès).

Elle et lui, petit apocalypse (14 tableaux).
[SACD ms. CA 139 (Jan. 1983)].

Histoire de Ménésis qui ne voulait pas grandir (2 parts, for children).
Paris, Café d'Edgar, May 1983.
[SACD ms. 976].

**MILLOUR** (Gilberte).
Children's books, translations and adaptations.

L'Enfant qui portait le printemps.
[SACD ms. CA 139].

**MILOUDI** (Leila) (pseudonym of Danielle LOPES).

Une Histoire à dormir debout.
[SACD ms. CA 139].

**MINGAU** (Muriel).

Extra-Muros.
Paris, Théâtre du Ranelagh (Cie Stéphanie Darlin), Nov. 1985 (directed by author).

**MIOLLIS** (Marie-Antoinette de).

Le Théâtre des moins de 15 ans. 16 saynètes.
Paris: l'Amicale, 1966; Paris: Librairie théâtrale, 1978.
[BN 16 Yf 1421, AV].

**MIRANDO** (Denise de).

Nymphrodite.
  Paris: la Pensée universelle, 1988.
  [BN EL 8 Y 18701, AV].

**MISME** (Jane) (née Jeanne Marie Joséphine MAURICE).
 Valence (Drôme), 1865 - Paris, 1935.
 Journalist, founded *La Française* (1906); involved in numerous feminist and suffragist organisations.

L'Avocate (comedy, 3 acts).
  Paris, Théâtre Albert 1$^{er}$, 17-3-24.
  [ASP Rt 2805 (plot summary and excerpt)].

**MISSIRE** (Lucie Martin) (Lucie Rose MISSIRE-MARTIN).

Le Chanteur mystérieux. Includes:
"Le Chanteur mystérieux" (comedy, 1 act),
  Amicale des jeunes de Lozanne, 16-7-50;
"Au fou!" (comedy, 1 act).
  Paris: Paragraphes littéraires, 1961.
  [BN 16 Ye. pièce 1432, ASP 16 Y 537].

**MITAL** (Rosita).

L'Ombre des bleuets (3 acts).
  [SACD m. 2385 (1987)].

**MOLINIER** (Marie *Madeleine*).

Caprice de Sultan (drama, 1 act). Co-authored by Marcel BERAULT.
  Paris, Salle du Journal, 26-4-36.

**MONAGHAN** (Hélène de).
 Lawyer; novelist.

Moustaches (comedy, 3 acts).
  Paris, Comédie Wagram, 30-4-59.

Cache-cache (comedy, 3 acts).
  Paris, Potinière, Oct. 1965.

**MONCADE** (Marina) (see Magali LEIRIS).

**MONESTIER** (Colette).

Château de carton. Co-authored by Claude and François
MONESTIER.
  Paris, Les Déchargeurs, 8-9-84.

**MONGEAUD** (Madeleine) (M.P.).

Lui que j'ai tant aimé ou A Montparnasse (dramatic comedy, 3 acts).
Beaugency, Artistic Théâtre, 20-11-32.

**MONIER** (Yvette).

C'est très important (satirical show). Co-authored by Renée NATALI.
Paris, Le Sélénite, Dec. 1976.

Les Bergamotes. Co-authored by Renée NATALI.
Paris, Au Bec fin, June 1977.

**MONNOT** (Catherine).
Actress, director.

Un, deux, trois... soleil (2 acts, 3 tableaux).
Paris, Arlequin-Parnasse, 14-6-72 (author in cast).

Crépuscule des lâches or La Paille et la poutre (3 acts). Songs by
Francoise DECAUX and Alain BERT.
Paris, Au vrai chic parisien, 30-1-74 (authors in cast);
Avignon, July 1974.

La Chouchoute au Cap Horn (one woman show).
Aubervilliers, Salle du Foyer Protestant, 9-6-75; Avignon, 2-
8-76; Paris, La Vieille Grille, Feb. 1977.

Jadis et naguère (comedy, 2 acts).
Avignon, Théâtre Ouvert, Gueuloir (reading), 25-7-78;
Bordeaux, 10-11-79.
[TO ms.].

Madame Pénélope première (comedy, 5 acts).
Meylan, 7-5-81; Paris, Lucernaire Forum, 24-5-82
(author/director in cast).

Veli Velo (musical, 3 acts).
Bourges, 1-2-84.

Les Contre-jours d'une contrebasse (musical, 3 acts).
Paris, Essaïon, 11-2-87 (directed and performed by author).

Je ne vivrais pas toujours l'instant (3 tableaux).
[SACD ms. CA 141].

**MONRIBOT** (Gisèle) (see Berthe d'YD).

**MONROZIER** (Ysabelle) (see Denise ALLEMAND).

**MONSARRAT** (Céline).
Actress.

Adieu monsieur Tchekhov.
Paris: Aeolus, 1990.
Avignon, Festival-Off, Théâtre du Bourg-Neuf (Théâtre de la Grimace), 9-7-88 (author in cast); Paris, Espace Européen, Dec. 1988.
[BN 16 Yf 1919, ASP 8 Y 4179, BSG, AV].

**MONTECHIESI** (Cécile).

La Vie quotidienne à Clamart à travers l'histoire.
Clamart, Centre Culturel Jean Arp, 28-5-84.

**MONTEL** (Aurélia).

La Cuisine d'Aphrodite (3 acts).
[SACD ms. CA 141].

**MONTEL** (Joan).

La Créature (2 acts).
[SACD ms. CA 141].

**MONTGERMANT** (Marguerite de).
Director of a church youth group; author of books of Catholic inspiration.

Les Voix qui raniment. Collection of dialogues and saynètes for catechisms and church youth groups.
Paris: Téqui, 1905.
[BN 8 Yf 1404, ASP Rf. 86072].

**MONTORGE** (Claude) (Thérèse Emilie POISSON, née BEAU) (also: Charles POISSON).
? - 1953.
Novelist.

Six monologues enfantins. 6 monologues for children.
Paris: Ed. du théâtre de la jeunesse, 1936.
[BN 8 Y$^2$ pièce 3075].

Six dialogues enfantins pour garçons et filles. 6 dialogues for children.
Paris: Ed. du théâtre pour la jeunesse, [1938]; Paris: Billaudot, 1958.
[BN 8 Yf pièce 1011].

Numerous children's plays co-authored by Montenailles including 13 *scènes paysannes*, published by Billaudot and Vaubaillon (Paris), c.1947-56 (available at BN).

**MONVAL** (Magda) (see BRU).

**MOOTZ** (Suzanne).

> François d'Assise (lyric legend).
>> Paris: Pensée universelle, 1972.
>> [BN EL 8 Y 4586, ASP 16 Y 2175, AV].

**MOREAU** (Yolande).

> Sale affaire: du sexe et du crime (one woman show).
>> Avignon, Festival-Off, Espace 19, 7-7-84; Paris, Théâtre du Tourtour, Jan. 1986.

**MOREAU-BELLECROIX** (Marie).
Novelist.

> Le Camée (drama, 1 act, verse).
>> Cannes: Robaudy, 1930 (list of actors).
>> Grasse (A.-M.), Casino, 2-5-29; Théâtre Comœdia (Gala de la Pièce en un Acte), 27-5-33.
>> [BN 16 Yf pièce 203].

> Le Roi d'Yvetot (comedy, 2 acts, verse).

> Les Vertus de Claresme (3 acts).
>> Nice, Palais de la Méditerranée, 25-2-31.

> La Madone à l'étoile (1 act, 2 tableaux).
>> Cannes, 16-2-29; Paris, Théâtre Athena, avril 1931; Théâtre Comœdia (Gala de la Pièce en un Acte), 9-4-32; Comédie-Française, 13-11-33.
>> [TF ms. 1833].

**MOREAU-LAGRILLIERE** (Mme M.).
School teacher in Saint-Rimay (Loir-et-Cher).

> Le Diable à Cherchenois (local revue, 3 acts).
>> Vendôme: S. Doucet, 1929.
>> [BN 8 Yth 38848].

**MOREL** (Pauline).
? - 1961.

Rosalie a peur des microbes (bouffe, 1 act).
Paris: Vaubaillon (Le Bon Répertoire), 1925.
[BN 8 Yth 37821, ASP Rf. 86083].

L'Idiot (comedy, 1 act).
Hyères, 20-2-26.

Les Idées de Noëlla (comedy, 1 act).
Bourg, 27-5-28.

Rosalie suit un régime (bouffe, 1 act).
Paris: Vaubaillon (Le Bon Répertoire), [1929].
[BN 8 Yth 38856].

On déménage le client (bouffe, 1 act, 1 tableau).
Paris: Editions du Bon Répertoire, 1931.
Ceton, 19-10-30.
[BN 8 Yth 39391, ASP Rf. 86081, BHVP].

Rosalie aime la T.S.F. (bouffe, 1 act).
Paris: Vaubaillon (Le Bon Répertoire ), 1931.
Aubervilliers, 16-11-30.
[BN 8 Yth 39393, ASP Rf. 86082].

Oscar cherche ses bretelles (bouffe, 1 act).
Petit-Raon (Vosges), 18-12-32.

Une Perle (comedy, 1 act).
Paris: Nouvelles Editions de Paris, 1954.
[BN 8 Yth 43009].

**MORELLE** (Dominique).
Poet.

Prenez garde au nylon (comedy, 2 acts), Le Noël d'Annie (comedy, 1 act).
Bordeaux: Jean Germain Ed., 1961.
[BN 16 Yf 416].

Prosper le Clochard (sketch, 1 act).
[Bordeaux]: [D. Morelle], 1973.
Bordeaux, Salle Saint-Bruno, 11-2-62.
[BN EL 8 Y pièce 159, ASP 8 Y 10598].

25 children's plays printed by Impr. Demeaux (Marmande), 1969-1982 or published by D. Morelle [Bordeaux], 1975-1986 (available at BN).

Sur un croissant de lune (musical fantasy, 1 act).
>Marmande: Demeaux, 1971.
>Bordeaux, Théâtre d'Art, 7-11-71.
>[BN EL 8 Y pièce 1150, ASP 8 Y 937].

Soir de carnaval (lyric fantasy, 1 act).
>[Bordeaux]: D. Morelle, 1973.
>Bordeaux, Salle du Grand-Parc, 5-11-72.
>[BN EL 8 Y pièce 1597, ASP 8 Y 1067].

Mademoiselle Mite (comedy, 4 acts). Co-authored by Jean de MARCORELLES.
>Paris: SACD, 1978; Vence: Théâtre Populaire familial, 1978.
>[BN EL 8 Y 9801, ASP 8 Y 3799, AV].

Un Petit trou farceur (comedy, 1 act).
>Marmande: Impr. Artisanale, 1982.
>[BN EL 8 Y pièce 3665, ASP 8 Y 3347, AV].

Les Petits hommes de la planète verte (conte d'anticipation, 2 acts, 2 tableaux), Mariage à mi-temps (comedy, 3 acts), Le Sergent Latrouille (comedy-farce, 1 act).
>Marmande: G. Durand, 1983-85 (available at BN or ASP).

**MORIN** (Claudia).
Actress; co-founded the Compagnie Morin-Timmerman in 1975.

Les Femmes dénaturées ou la Rencontre de Moll Flanders et Flora Tristan. Co-authored by Sarah SANDERS.
>Paris, Cité Internationale Universitaire, Jan. 1988 (performed by authors).

**MORIO** (Simone).

Festin farce.
>Aubervilliers, Théâtre de la Commune (Théâtre Ouvert), May 1979 (reading).

La Fairbulle (children's play).
>Paris, Carrefour de la différence (Splasch Théâtre), Feb. 1984.

**MORLIERE** (Henriette).

>Retour de Musette (1 act).
>>Brest, 13-8-24.

>Les Liens mystérieux (dramatic comedy).
>>Lyon: M. Camus et Carnet (collection François Coppée des dramaturges catholiques), 1929.
>>[BN microfiche 8 Yth 39015].

>A la page (comedy, 2 acts) and La Dernière fée (1 act).
>>Lyon: L. Camus (collection François Coppée des dramaturges catholiques), 1932.
>>[BN microfiche 8 Yth 39679].

**MORLOT** (Catherine).

>Et Juliette (one woman show).
>>Paris, Palais des Glaces, April 1986; Avignon, Festival-Off, Roseau Théâtre-Salle Gogol, 9-7-87.

**MORTIER** (Mathilde).
>Dijon, 1890 - 1971.
>Founder of "La Joie de Vivre", a company of young actors.

>Gosse de misère (grand drame purement humain, 5 acts). Adapted from a novel with the same title.
>>Lyon: Camus, 1933; Paris: Billaudot, 1955.
>>Dijon, Salle des fêtes de la Burgandia, 31-1-32; Chatillon-sur-Seine, 5-11-33. (8000th performance in 1950).
>>[BN 8 Yth 40016, ASP 8 Y 136, ASP Rf. 86101].

>Tragédie d'un coeur (drama, 5 acts).
>>Lyon: Camus, 1934.
>>[BN 8 Yth 41273].

>L'Enfant de la fournaise (drama, 5 acts). Adapted from a novel by the same title. Receive a prize in the Concours "Scripta".
>>Lyon: Camus, [1939].
>>Dijon, Salle "Familia", 11-12-38.
>>[BN 8 Yth 41788].

>Héroïque appel (modern drama). Adapted from the novel Fidélité, Flamme sacrée.

>Terres de Flamand, offrande à la patrie (drama, 1 act).
>>Paris, private performance, 17-12-39.

La Gardienne d'amour (modern social drama, 3 acts).
Lyon, [1942]; Paris: Billaudot, 1955.
[BN 8 Yth 42935, ASP 8 Y 49].

Terre d'amour (modern social drama, 5 acts), Eve Lavallière, comédienne, gloire du théâtre français (drama, 4 acts, 8 tableaux).
Nancy: Vagner, n.d. (available at BN); both performed at the salle Familia in Dijon, 18-10-42 and 13-2-44.

Son seul amour (1949).

Au bord du gouffre (drama, 2 acts).
Nancy: Impr. Wagner, [1950].
Dijon, 11-7-50.
[BN 8 Yth 42552, ARS Th. N. 36897].

Flamme d'amour (2 acts).
Dijon: Impr. Jobard, [1955].
Dijon, Salle des Etats de Bourgogne, 29-6-52.
[BN 8 Yth 43012].

La Môme de malheur, fille du peuple, soeur du célèbre "gosse de malheur" (dramatic comedy, 3 acts).
Paris: Billaudot, 1955.
Dijon, Salle des Fêtes de la Centrale Catholique, 17-10-54.
[ASP 8 Y 115].

Bonne fête, la France! Histoire d'un immense amour (drama, 4 acts).
Paris: Billaudot, 1958.
[BN 16 Yf 484].

**MORTIER** (Victorine).

Un Homme d'honneur (dramatic comedy, 3 acts).
Théâtre Molière, 11-4-13.

**MOSSER** (Claire).
Actress.

Le Temps, le fou (drama, 4 acts).
Paris, Carrefour de la différence, Nov. 1987 (author in cast).

Soleil, sors de ton trou.
Paris, Théâtre des Deux Portes, May 1990 (author in cast).

**MOTA** (Térésa).

Barracas and Les Vaches de Cujancas. Co-authored by R. DEMARCY.
Performed in Avignon, 1977.

**MOUREY** (Mme Gabriel) (Adrienne-Gabriel MOUZEY or A. GABRIEL-MOUREY).

Deux Madame Delauze (comedy, 3 acts).
    In Je sais tout 15-8-1907; Paris: E. Fasquelle, 1907.
    Paris, Théâtre Réjane, 18-4-07.
    [BN microfiche 8 Yth 32518, ASP Rf. 070].

Psyché.
    Excerpt of Act III in Nouvelle Revue Française 52 (5e année)
    (1-4-13) signed Gabriel Maurey.
    [BN microfilm m-563 (1913)].

Le Bonheur-du-jour (comedy, 1 act). Signed A. GABRIEL-MOUREY.
    In La Nouvelle Revue 38 (15-11-1913).
    Paris, Théâtre de la Renaissance, 23-11-12.
    [ASP Rf. 68.073, ARS GD 8 38357].

Le Cambrioleur (comedy, 1 act).
    In Lectures pour tous, June 1923.
    [BN 8 Z 14580, ARS 4 Jo 11975 (1923), ASP Rf. 68.074].

**MOUTIN** (Marguerite).

Apache régénéré (1 act).
    Marseille, Théâtre Girard de la Roche, 13-3-32.

Annonces classées (comedy, 1 act), La Nouvelle bonne (comedy, 1 act). Co-authored by Jean ESPIAU.
    Marseille, private performances, 17-1-33 and 19-2-33.

**MOYSE-LIPMAN** (see LIPMAN).

**MULLER** (Madeleine).

Maudit Rabiot! (comedy, 1 act, prose).
    Langy: E. Colin, 1902.
    Performed in Paris at the home of the author, 2-1-02.
    [BN 8 Yth 30056, ASP Rf. 84.366, ARS GD 8 30072].

**MURAT** (Louise-Marie-*Amélie*)
Chamalières (Puy-de-Dôme), 1882 - Clermont-Ferrand, 1940.
Poet.

La Cité triomphante (3 acts).
    [ASP Rondel ms. 2333].

**MURGUET** (Lydie).
Actress.

Des Ombres.
Paris, Le Tripot, March 1970.

Archives de la Sainte-Surveillance.
Paris, Peinture Fraîche, Feb. 1983.

**MURGUITT** (Mme).

Ce qui n'a jamais été (comedy, 1 act).
Théâtre Arlequin (La Petite Sirène), 15-4-34.

**MURREN** (Gina).
Published one novel (1945).

Un Banc dans la nuit (comedy, 1 act).
Toulouse, private performance, 28-5-38.

Les Vacances de Pat (comedy, 3 acts).
Paris, Théâtre de l'Humour, 16-10-46.

**MUSIDORA** (pseudonym of Jeanne ROQUES, Mme Clément MAROT).
Paris, 1889 - 1957.
Actress (café-théâtre, music-hall, theater, film), film director; novelist, poet.

Le Maillot noir (sketch, 3 tableaux). Co-authored by Germaine BEAUMONT, Francis VAREDDES.
Empire, 5-10-17 (performed by Musidora).

La Fraise (operetta), Mado essayeuse pour messieurs (operetta). Music composed by her father.
Performed and directed by Musidora, 1925 and 1928.

La Vie sentimentale de George Sand (comedy, 3 acts).
Paris: la Revue Moderne (coll. des Ed. Théâtrales), 1946.
Paris, Théâtre de l'Humour, 23-11-46.
[BN microfiche 16 Y 23 (3), ASP 16 Y 4569].

**MUSSO** (Maria, called *Lucienne*).

Il pleut bergère.
In Avant-Scène 171 (1958).
Paris, Théâtre des Arts, 11-2-58.
[BN 4 Y 78 (171), ASP 4 Y 1107, SACD].

**MYRSAND** (Jeanne).
>Published a collection of poetry (1913).

>Deux contre un (comedy, 1 act).
>>Paris, Théâtre Michel (La Halte), 2-12-11.

>L'Impossible bonheur (1 act), before 1913.

# N

**NADE** (Nancy).

> Laissons tomber (detective play, 4 acts).
>> Paris: Ed. du Scorpion (Feux de la Rampe), 1958.
>> [BN 16 Yf 348 (6)].

**NAEGEL** (Paule).
> Actress.

> Conte dans un sous-bois.
>> Avignon, Festival-Off, Montclar Rencontres M.P.T. Nord (Farfadette), 11-7-84 (author in cast).

**NAMIAND** (Arlette).
> 1951 -
> Journalist, adaptor.

> Abonnés absents, 1981.
>> Paris: Théâtrales (ms. 468), [1985].
>> [AV, TH, POI].

> Surtout quand la nuit tombe.
>> Paris: Théâtre Ouvert (Tapuscrit 36), 1984.
>> Paris, Théâtre Ouvert, Jardin d'hiver (mise en espace), 20-3-84; Poitiers, Nov. 1985; Paris, Théâtre Ouvert, Jardin d'hiver, 4-12-85.
>> [BN 8 Yf 3263 (36), ASP 8 Y 2428, AV, TO, SACD ms. CA 145].

Passions or Passions selon saint Flour.
>    In Cinq Auteurs de Théâtre. Paris: Ed. Autrement, 1986.
>    Montluçon, Théâtre des Ilets, 25-2-86; Paris, Cartoucherie -
>    Théâtre de la Tempête, 4-3-86.
>    [BN 16 Y 1072, SACD, AV].

Le Regard des voleurs (1 act).
>    Seyssel (Ain): Ed. Comp'act, 1989.
>    Montluçon, Les Fédérés, April 1989.
>    [BN 16 Yf 1814, ASP 8 Y 4006, AV].

Rêves flambés, 1990.

**NAMUR-DEVISMES** (Mme) (Germaine Florine Paule DEVISMES, née NAMUR) (also called SYLVINE).

Rose, ma voisine (comic opera, 1 act). Music by Marcelle CHADEL.
>    Paris: Durand, 1933.
>    Bois-Colombes, Salle des fêtes, 20-11-32; Paris, Salle du
>    Journal, 12-2-33.
>    [BN 8 Yth 40018].

Drame de Werther (dramatic comedy, 3 acts, verse); Les Visions d'Arlequin (symbolic drama, 1 act), co-authored by Mme M. Garreau-Bourgeois; Bécassine chez Bicot (sketch, 1 act).
>    Enghien-les-bains, Salle des fêtes, 1933-35.

Vif argent (comic opera, 1 act). Signed Germaine NAMUR. Music by Georges ZUCCA.
>    Paris: Durand, 1935 (cast list).
>    Paris, Studio Musical; Lyon, Tournée Lugdunum, 10-2-35.
>    [BN 8 Yth 40864].

Une Soirée perdue et gagnée (comedy, 1 act) and Notre jolie voisine (comedy, 1 act). Co-authored by Mme FABRANCY.
>    Enghien-les-Bains, 24-6-36.

**NASSIRAC** (France).

Un Trottoir pour Picasso (comedy, 1 act).
>    In Avant-Scène-Théâtre 702 (15-2-82).
>    [BN 4 Y 78 (1982, 702), ASP 4 Jo 12601, SACD].

**NASTRI** (Mme Nadège).
Novelist.

Un Collaborateur S.V.P. (comedy, 1 act, prose).
Paris: Maison d'éd. de l'impulsionisme, 1908.
Paris, Théâtre Mondain, 23-11-07.
[BN microfiche 8 Yth 32548, ASP Rf. 68.255, ARS GD 8 28955].

Théâtre Coquelicot (comedy, 1 act, prose).
Paris: chez C. Jouvet, n.d.
Paris, 15-5-08; Bois-Colombes, 5-3-11.
[BN 4 Yth 8528].

La Peur d'aimer (comedy, 1 act), Les Petites annonces (comedy, 1 act),
L'Irrémédiable (drama, 2 acts).
Paris, Théâtre Michel (La Halte), 1911.

Miss Suffragette (comedy, 2 acts).
Paris: E. Figuière, 1916.
Paris, Théâtre Michel, 23-4-13.
[BN 8 Yth 35737, ASP Rf. 68.256, BHVP].

**NATAF** (Liliane).
Director, adaptor.

Mortalité: la passagère (courte pièce de théâtre à l'intention édifiante).
Paris, Théâtre Essaïon, Théâtre à une voix (reading), 23-2-85.
[SACD ms. TAV 145].

Passage (absurde tragi-comédie de la mécanique quotidienne).
Paris, Théâtre Essaïon, Théâtre à une voix (reading), 23-2-85;
Paris, Théâtre des Indépendants, 1988.
[SACD ms. TAV 145].

Qui a tué Oscar Clap?
Avignon, Festival-Off, Collège St-Jean-Baptiste de la Salle, 9-7-88 (directed by author).

Les Portes entrouvertes.
[SACD ms. CA 145].

**NATALI** (Renée) (see Yvette MONIER).

**NAULT** (Mme J.).

Le Meilleur don (1 act), Et le saxe se brisa (sketch, 1 act), La Vocation
de Pierre (sketch, 1 act), La Tirelire brisée (comedy, 1 act).
Performed in Arles, 1928-30.

**NAVAR** (Mlle Tonia) (pseudonym: Guy DEBELLEC).
? -1959.
Actress.

L'Amour en coulisse (comedy, 3 acts).
Paris, Renaissance, Dec. 1928 (author in cast).

Un Beau gosse (comedy, 1 act).
Paris, Michodière, 18-4-31.

Dis-moi pourquoi (1 act).
Paris, Comœdia (Gala de la Pièce en un Acte), 19-11-32.

Je ne suis pas jalouse (sketch, 1 act).
Radio Tour Eiffel, Feb. 1932; Théâtre Comœdia (Gala de la Pièce en un Acte), 19-11-32.

Un Homme est venu... (3 acts).
Paris, Théâtre de la Renaissance, 23-11-36 (author in cast).

**NEIS** (Jeanne).

La Lame sourde (3 acts).
In La Grande Revue 30:1-3 (January-March 1926).
Paris, Théâtre de l'Atelier, 15-10-25.
[BN microfilm m. 400, ASP Rf. 68.308].

**NÊME** (Colette).
Economics professor.

Clothilde (historical drama, 5 acts).
[SACD ms. CA 146 (Aug. 1981)].

**NEMO** (Jane) (Mme Jeanne GOUGENHEIM).
Feminist, suffragette, journalist, lecturer, poet.

Roman sans paroles (sketch, 1 act).
Caveau du Rocher, 25-1-22.

**NETTER** (Danielle).

La Royauté est abolie en France.
Paris, Cité Internationale Universitaire, 9-5-89.

**NETTER** (Yvonne) (see Marie-Madeleine DAVY).
Paris, 1889 - id., 1985.
Feminist lawyer.

**NICOÏDSKI** (Clarisse).
>Linguist, novelist, poet, biographer and author of a history of women painters; radio plays.

>Le Parloir. Paysages déchirés.
>>Performed at the Conservatoire de Bordeaux.

>Le Désespoir tout blanc (15 séquences). Adapted from a novel by the same title (1968).
>>Saint-Denis, Théâtre Gérard Philippe, 14-11-88.
>>[SACD ms. 3886].

**NIEFF** (Andrée).

>Le Bon conseiller (à propos), 1911.
>>[ASP Rondel ms. 192 (25, folio 510)].

**NIKI(T)SCH** (Barbara) (patronym: Alexandra MIRONOFF).
>Actress, singer.

>Don Philippe (operetta, 3 acts, 5 tableaux). Music by M. Konstantinoff.
>>Paris, Théâtre Pigalle, March 1943 (Nikitsch in leading role).

**NILS** (Sandra).

>La Nuit du 13.
>>Paris, Théâtre Marie-Stuart, Sept. 1978.

**NOBEL** (Annie).

>Le Chemin d'Ios (musical tale).
>>Théâtre Pont Hébert (50), 17-12-88.
>>[SACD ms. 2019].

**NOËL** (Annie).
>Actress; founder of the café-théâtre, En bas de l'escalier (1970).

>Bible's band ou Il faut bien que genèse se passe (spectacle musical et satirique). Co-authored by Sylvain LABEL.
>>Paris, T.T.X. 75 (Taverne Théâtre Expérimental de Paris), Dec. 1971.

>Anatole, celui qui vole.
>>Paris, Théâtre Essaïon, Théâtre à une voix (reading), 1-10-83.
>>[SACD ms. TAV 147].

**NOËL** (Marie) (pseudonym of Marie ROUGET).
> Auxerre, 1883 - *id.*, 1967.
> Novelist and poet; Légion d'Honneur.

> Le Jugement de Don Juan (miracle play).
>> Paris: Stock, 1955.
>> Paris, Eglise Saint-Germain-des-Prés, May 1976.
>> [BN 8 Yth 43740].

**NOIROT** (Colette).
> Import/export business.

> La Crédule (3 acts).
>> Paris, Théâtre de la Huchette, 22-9-54.

> Albéric, ou la Fausse vocation (3 acts, 5 tableaux).

**NOUEL** (Mme J.).

> Zidore (saynète, 2 acts, 6 tableaux).
>> Submitted to Théâtre de l'Odéon, 1911.
>> [ASP Rf. 68652 (summary)].

**NOVAC** (Ana).
> Born in Romania.
> Actress, novelist; published journal of experiences in Auschwitz; wrote
> a dozen plays between 1950 and 1963, some of which were performed;
> emigrated to France in 1969.

> Un Nu déconcertant et autres pièces. 2 parts:
> I. "Un Nu déconcertant ou la Pensée de Mao" (comedy, 1 act) [SACD
> ms. 2321], "Un Peu de tendresse ou le Complexe de la soupe" (2 acts),
>> Bourg-la-Reine, Organisation Théâtrale Française, 1969;
>> Paris, Le Sélénite, 11-5-70;
> "Nocturne",
>> Paris, Café-Théâtre de l'Odéon, 26-3-75;
> "La Porte ou les Loisirs d'une vierge" (1 act),
>> Paris, Le Sélénite, 14-10-71; Avignon, Festival-Off, F.J.T.
>> Eisenhower, 7-7-84; Paris, Tristan Bernard, Oct. 1984.
> II. "Ça va... et vous" (2 acts), "Le Gabat" (5 tableaux).
>> Paris: Expression latine, 1985.
>> [BN EL 8 Y 15234 (1), ASP 8 Y 2456, SACD, AV].

> Un Peu de tendresse, ou le Complexe de la soupe (see above).
>> In Avant-Scène-Théâtre 442 (1969).
>> [BN 4 Y 78 (1970, 442), ASP 4 Jo 12601].

Match à la une (1 act).
>In Avant-Scène-Théâtre 568 (15-7-1975).
>Paris, Le Sélénite, 11-12-74.
>[BN 4 Y 78 (1975, 568), ASP 4 Jo 12601].

**NOVEMBRE** (Louise).

Le Dernier amour de Don Juan (rhyming fantasy).
>Paris, Studio des Champs-Elysées (Spectacle Yves Renaud), 8-6-33.

**NOWAK** (Antoinette).

Là-bas, je gagnerai beaucoup d'argent et je reviendrai vite. Co-authored by Michel NOWAK.
>Paris, Studio Théâtre 14, 6-5-75.

**NOZETTE** (Madame).

Ah! Geins sous la chaleur (local revue, 2 acts). Co-authored by M. SAINT-GILLIS.
>Agen: Journal de Lot-et-Garonne, 1921.
>Parc de la préfecture de Lot-et-Garonne, 24-7-21; banned by the deputy mayor of Agen, 1-8-21.
>[BN 8 Yth 36423].

L'Age ingrat ou l'Agen gras (local revue, 3 acts). Co-authored by M. SAINT-GILLIS.
>Agen: L'Indépendant de Lot-et-Garonne, 1922.
>Agen, Théâtre de la Nature, 8-7-22.
>[BN 8 Yth 36720].

L'Agen pose (local revue, 1 act).

Aginus aginum fricat (local revue, 2 acts, 1 prologue).
>Agen: Saint-Lanne, 1927.
>Agen, Théâtre municipal, 17-2-27.
>[BN 8 Yth 38399].

On se met l'agen... ture (local revue, 2 acts, 1 prologue).
>Agen: Saint-Lanne, 1927.
>[BN 8 Yth 38517].

**NUGUES** (Carole).
Actress, director.

"Elle a dit...?!" Bizarre...
>Avignon, Festival-Off, Casa d'Irène (Théâtre de la Nouvelle Vague), 7-7-84 (author/director in cast).

**NYSS** (Yola).
    Actress.

    L'Affaire du Quai des Célestins (comedy, 1 act). Co-authored by Adrien VARLOY.
        Paris: Bonvalot, Jouve, 1907.
        Paris, Folies-Pralinette, 15-5-07.
        [ASP Rf. 68.729, ARS GD 8 28618].

    Monsieur Beaulangage (comedy, 1 act, verse).
        Paris: H. Jouve, 1909.
        Paris, Folies-Pralinette, 15-1-09.
        [ASP Rf. 68.731].

# O

**OLDENBOURG** (Zoé).
Saint-Petersburg, 1916 -
Emigrated to France in 1925; novelist, essayist and historian.

L'Evêque et la vieille dame ou la Belle-mère de Peytavi Borsier (10 tableaux).
Paris: Gallimard, 1983.
[BN 16 Yf 1494, ASP 16 Y 4442, AV].

**OLIVA** (Michèle).

Alice.
[SACD ms. CA 149].

**OLIVIER** (Dorine).

Kafka est le nom de mon père, le mien est Franz.
Vincennes, Cartoucherie, Atelier du Chaudron, Festival International de la Culture juive, April 1981.

**OLIVIER** (Luce) (see Françoise LAURENTE).

**OLIVIER** (Marie-France).

Les Voyages d'Yvonne Tetboeuf (comedy). Co-authored by G. TERBOIS.
Paris, Dix Heures, 2-6-83 (performed by Olivier).

**OLLIVIER** (Sylvie).

> L'Echo du silence (monologue).
>> Paris: Compagnie Ivan Morane, 1983.
>> Paris, Théâtre des Déchargeurs, 12-10-83 (performed by author).
>> [BN EL 8 Y pièce 3886, ASP 8 Y 3333].

> Corneille. Co-authored by Ivan MORANE.
>> Paris, Cité Internationale Universitaire, Oct. 1984.

> Le Dernier quart de lune.
>> Paris, Hôtel Lutétia, 19-1-89 (author in cast).

> De l'autre côté du paradis.
>> [SACD ms. CA 150 (July 1986)].

**OPPENHEIM** (Mme).

> Les Deux lettres (1 act).
>> Submitted to Théâtre de l'Odéon, 1902.
>> [ASP Rf. 68764 (summary)].

**OPPENHEIM** (Elza).

> Une Saison au pays (13 scenes).
>> [SACD ms. CA 150].

**ORLANDI** (Olivia).
Actress; scenario writer.

> Vous n'avez pas autre chose (café-théâtre). Co-authored by Yves DUTEIL.

> Les Quatre dames bien chambrées (café-théâtre). Co-authored by Marie-Thérèse ROY.

> Qui a tué la concierge (café-théâtre).
>> Paris, Le Sélénite, 26-4-78 (author in cast).

> Madame le Président (café-théâtre). Co-authored by Guy VERDA.
>> Paris, 400 coups, 1-12-80 (authors in cast).

> Epicerie fine ou Victor le victorieux (comedy). Co-authored by Marie-Thérèse ROY.
>> Paris, Théâtre Essaïon, Théâtre à une voix (reading), 5-12-81.
>> [SACD ms. TAV 150].

> La Nuit des locataires.
>> [SACD ms. CA 151].

**ORLEANS** (Jenny).

> La Clé des temps (children's play). Co-authored by Milan KEPEL.
> Villejuif, Théâtre Municipal Romain Rolland, 3-11-67.

**ORLIAC** (Jehanne d') (pseudonym: Mme X...).
Novelist, poet and author of children's books, biographies and historical studies; literary critic for *la Revue illustrée*.

> François Villon (comedy, 1 act, verse).
> > Paris: P.V. Stock, 1906.
> > Paris, Théâtre Trianon, 5-1-05.
> > [BN 8 Yth 31776, ASP Rf. 68.841, SACD].

> Joujou tragique (3 acts).
> > Paris, Gymnase, 24-9-07.

> Pulcinella (drama, 3 acts).
> > Paris: Ed. du Chariot, 1909.
> > Cauterets, Théâtre de la Nature, 2-8-09; Paris, Théâtre des Arts, 23-8-09.
> > [BN 16 Yth 52, ASP Rf. 68.843].

> Les Roses d'Auteuil (à propos, 1 act, verse).
> > Paris: La Belle Édition, 1911.
> > [BN 8 Yth 34422, ASP Rondel ms. 192 (27, fol. 525)].

> Les Chiffoniers (comedy, 3 acts).
> > Paris, Renaissance, 8-2-14.

> Les Ames nues (dramatic comedy, 3 acts).
> > Paris, Athénée, 15-6-28.

> Jeu glorieux d'Amboise (1 act).
> > Amboise, Théâtre de Verdure, 5-8-39.

**ORSAY** (Comtesse Maximilien d') (Francesca Notabarola de Villarosa dei principi di Furnari).
Novelist.

> Son coeur et le mien (drama, 1 act).
> > In Paris et le monde March 1929.
> > [BN VER. Jo 63010, ASP Rf. 68.865].

> Les Deux pentes (comedy, 1 act).
> > Paris, Théâtre Albert 1er (Artistes Associés), 18-1-30.

> La Tâche d'encre (comedy, 1 act). Co-authored by Guillot de SAIX.
> > Paris, Studio des Champs-Elysées, 8-6-33.

**OSSO** (Mathilde) (patronym: Euphrosine SALOMON).
Novelist.

L'Amour et l'honneur (1 act). Co-authored by Leon COBLENCE.
Le Crotoy, 6-9-11.

Rachel (1 act).
Marnes-la-Coquette, Théâtre de Verdure, 25-4-12.
[ASP Rondel ms. Rf. 81360].

Poète et paysanne (comedy, 1 act).
Paris: Librairie Théâtrale, 1923.
[BN 8 Yth 37230].

Le Notaire (comedy, 1 act).
Paris: Librairie Théâtrale, 1924.
[BN microfiche 8 Yth 37453].

Les Vieux (dramatic comedy, 1 act). Co-authored by Guillot de SAIX.
Paris, Studio des Champs-Elysées, 18-5-33.
[SACD ms. 3241].

L'Orage (sketch, 1 act).
Paris, Théâtre Albert 1$^{er}$, 28-6-34.
[SACD ms. 3239].

Un Soir.
Paris, Salle Raymond Duncan, March 1935.

Un Fichu quart d'heure (1 act).
Radio-Cité, 29-11-38.
[SACD ms. 3240].

Une Bonne blague (1 act).
St-Quentin: Impr. Dupré, n.d.
[ASP Rf. 86121].

Les Etourderies sentimentales (2 acts).
Paris: Ed. du Sillon-littéraire, n.d.
[ASP Rf. 68.872].

**OTTENFELS** (la baronne Cécile d') (née d'AFFRY) (see also French Women
Playwrights before the Twentieth Century).

La Sainte-Antoine (comedy, 1 act).
Paris: Gautier, 1905.
[BN 8 Yth 31383].

**OTTERNAUD** (Hélène).
Café-théâtre performer.

Il faudrait essayer d'être heureux ne serait-ce que pour donner l'exemple. Co-authored and performed by Philippe GILLES.
Paris, Café-théâtre L'Athletic, Nov. 1979.

**OUDIN** (Catherine).

Moi, Pierre Rivière, ayant égorgé ma mère, ma soeur et mon frère. Co-authored by Frank OGER.
Paris, Bio-Théâtre, 7-5-74.

**OUDINOT** (Mme Camille) (see Jacques TERNI).

**OZANNE** (Denise Henriette, called *Ninon*).
Actress; created her own theater troup in 1975.

La Maison d'Anna. Co-adapted by Dagmar DEISEN from Anais NIN.
Avignon, Théâtre Ouvert (mise en espace), 22-7-78.
[TO ms.].

La Clôture. Adapted from "Les Nouvelles lettres portugaises".
Paris, Théâtre de la cité Internationale, 1978

Blanche.
Paris, Théâtre Ouvert, Jardin d'Hiver (mise en voix), 10-6-82.

**OZENNE-MEURICE** (Mme).

Le Réveil du passé (3 acts).
Théâtre de l'Etoile, 18-1-36.

# P

**PACÔME** (Maria).
Actress.

Apprends-moi, Céline (comedy, 4 acts).
In Avant-Scène-Théâtre 632 (15-6-1978).
Paris, Théâtre des Nouveautés, 2-10-77 (author in cast).
[BN 4 Y 78, ASP 4 Jo 12601, SACD, SACD ms. 3505].

Le Jardin d'Eponime (3 acts).
Paris, Comédie des Champs-Elysées, 29-9-81.
[SACD ms. 354].

On m'appelle Emilie (comedy, 2 acts).
Paris: Papiers, 1985.
Paris, Théâtre St-Georges, 8-10-84 (author in cast).
[BN 16 Y 1051 (18), ASP 4 JoW 923 (30), SACD, AV].

Les Seins de Lola (comedy, 2 acts).
Paris, Théâtre St-Georges, 9-1-87 (author in cast).
[SACD ms. 3472].

Et moi... et moi (comedy).
Paris, Théâtre Saint-Georges, 16-1-90 (author in cast).

**PAGES** (Marie) (see MacCRACKEN).

**PAGNIER** (Jeanne).

Le Rayon de lune (comedy, 1 act).
Paris: Société anonyme de l'imprimerie Kugelmann, 1913.
[BN 8 Yth 35063].

**PANCO** (Anca).

> Tu ne veux rien de bien méchant. Co-authored by Guy PANCO.
>> Paris, Théâtre des Plaisances, March 1976.

**PANGE** (Comtesse Jean de) (née princesse Pauline de BROGLIE) (pseudonym: Songy).
Paris, 1888 - *id.,* 1972.
Novelist, poet, essayist and lecturer; *Docteur ès lettres* (Sorbonne 1938), specialist on Mme de Stael.

> Le Trésor de Mélisande. Collection of comedies and saynètes, including "Le Trésor de Mélisande" (dialogue, 1 act),
>> Paris, Edouard VII, 12-6-30.
>> Paris: Boivin, 1936.
>> [BN 8 Yf 2518, ASP Rf. 86143].

**PANHÉLEUX** (Mlle Anne-Marie).
? - 1972.
Novelist.

> Le Jardin mouillé (4 acts).
>> Bapaume, 5-3-33.

> Tout s'expie (dramatic comedy, 3 acts).
>> Paris: G. Enault, 1934.
>> Nantes, Théâtre Municipal, 11-1-36.
>> [BN 8 Yth 40642].

> Pour la paix dans le monde (social drama, 1 act).
>> Paris: G. Enault, 1939.
>> Nantes, private performance, 14-1-39.
>> [BN 8 Yth 41981, ARS 8 Y Th N 34330].

> Le Saint Père a parlé (drama, 1 act), Cinq autour d'une (comedy, 1 act), Le Plus grand miracle (dramatic comedy, 3 acts, 6 tableaux).
>> Nantes, private performances, 1939.

**PAQUET** (Dominique).
Bordeaux, 1954 -
Actress; published books about stage make-up; lecturer at l'Ecole des Hautes Etudes Politiques et Sociales.

> Colette, dame seule.
>> Paris, Déchargeurs, 1985 (performed by Paquet); Avignon, Festival-Off, Théâtre du chien qui fume, 11-7-86.

Congo-Océan ou le jeu renouvelé du chemin de fer Brazzaville-Pointe noire (510 kilomètres) édifié à la sueur de la chair d'ébène et qui coûta, dit-on, un homme par traverse. Co-authored by Bernard ANBERREE.
> Paris: Ed. Chirons, 1990.
> Bordeaux, la Boîte à Jouer, 17-1-90; Paris, Théâtre de la Main d'or/Belle de mai, Feb. 1990 (Paquet in cast).
> [BN EL 8 Y 24464, ASP 8 Y 4691, AV].

**PARANTHOËN** (Goënola).

La Soirée Armelle. Co-authored by Sophie DUCAM and Armelle PARANTHOËN.
> Paris, Cinq Diamants, Sept. 1989.

**PARMELIN** (Hélène) (pseudonym of Hélène PIGNON).
1915 -
Journalist/reporter; novelist and essayist.

Belperroque, ou l'Enterrement du perroquet (guignol, 3 acts).
> Paris: Christian Bourgeois, 1977.
> [BN 16 Yf 1138, ASP 16 Y 3067, SACD, AV].

Le Contre-pitre (sketch). Music by Karin TROW.
> In Avant-Scène-Théâtre 727 (1983); Niort: la Petite Compagnie Matapeste, 1985.
> Lyon, Théâtre du Huitième, 7-5-74; Ricamarie (42), 6-12-74; Paris, Théâtre Essaïon-Valverde, 7-3-79.
> [BN 4 Y 78 (1982, 727), ASP 4 Jo 12601, SACD].

La Mort au diable (thearical tale).
> Paris: C. Bourgeois, 1982.
> [BN 16 Yf 1405, ASP 8 Y 2017, AV].

**PAROLA** (Thérèse).
Novelist.

Cicatrices (8 tableaux).
> Blainville-sur-mer: L'Amitié par le livre, 1972.
> [BN 16 Yf 875, ASP 16 Y 2324].

**PARTURIER** (Françoise).
1919 -
Feminist novelist and essayist.

La Folle vie (3 acts).
> Paris: Albin Michel, 1977.
> [BN 16 Yf 1143, ASP 8 Y 1520, SACD, AV].

**PASCHAL** (Mlle).

Un Bon tour (operetta), Un Testament étrange (comic operetta), Les Petites marchandes du jardin (operetta, 1 act), Jeannine et Jeannette (saynète, 1 act), Pour plaire à Jésus (saynète, 1 act), Un Voyage dans la lune (comic operetta, 1 act). Music by Jos. BLANCHON.
Paris: Haton, 1901-1905 (available at BN).

Le Dodo de la poupée (saynète, 1 act, for young girls). Music by J. BLANCHON.
Paris: Haton, 1909.
Aubigny-au-Bac, 27-5-34.
[BN 4 Yth 8035].

En Alsace (saynète patriotique, 1 act, for young girls). Music by J. BLANCHON.
Mâcon: Impr. de Protat fr., [1920].
[BN 4 Yth 8566].

Valet et soubrette (saynète, 1 act).
Pau, 8-7-23.

Joyeux Mardi Gras (saynète, 1 act). Music by J. BLANCHON.
Cantons-Basques, 24-2-24.

Poupées en guerre (saynète, 1 act). Music by J. BLANCHON.
Cherbourg, private performance, 13-6-24.

Joujoux de France (saynète, 1 act). Music by J. BLANCHON.
Ault, 11-1-25.

Au temps de Hérode (saynète, 1 act). Music by J. BLANCHON.
Le Havre, 22-2-25.

Réveil de Colibri (saynète, 1 act).
Senonches, Patronage, 1-3-25.

Remords de Peyrache (saynète, 1 act). Music by J. BLANCHON.
Arras, 15-3-25.

La Leçon de gigue (saynète, 1 act). Music by J. BLANCHON.
Castelnaudary, 6-6-25.

A la recherche de Chaperon Rouge (saynète, 1 act). Music by J. BLANCHON.
St-Amand, 26-7-25.

Sérénade des Pierrettes(saynète, 1 act). Music by J. BLANCHON.
Mauze-s-le-Mignon, 1-1-26.

Biplan du bonheur (saynète, 1 act). Music by J. BLANCHON.
    Saumur, 21-1-26.

Vive la télégraphie sans fil! (saynète, 1 act). Music by J. BLANCHON.
    Brouzet, 24-4-26.

Emotions de Mlle Sensible (saynète, 1 act). Music by J. BLANCHON.
    Ezanville, 5-5-26.

Tournoi des filles (saynète, 1 act). Music by J. BLANCHON.
    Blois, 31-10-26.

Cendrillonnette (saynète). Music by J. BLANCHON.
    Levignac, 18-4-27.

A Jeanne d'Arc, ses petites amies de France (dramatic scene , 1 act).
Music by J. BLANCHON.
    Chateau Gontier, 13-4-28.

Les Petits conscrits (saynète, 1 act). Music by J. BLANCHON.
    Le Lude, 3-5-28.

Dernier caprice de la baronne (saynète, 1 act). Music by J.
BLANCHON.
    Cauteleu Lambersart, 16-11-30.

L'Arbre de Noël (saynète, 1 act). Music by J. BLANCHON.
    Guethary (Bass.-Pyr.), 27-12-31.

Ronde des petits moutons (saynète, 1 act). Music by J. BLANCHON.
    La Madeleine-les-Lille, 17-11-35.

**PASTOR** (Monique).

Madame Ulysse (pièce en deux nuits).
    Paris: Kryptogramma, 1985.
    [BN EL 8 Y pièce 3980, ASP 8 Y 4091].

**PASTRE** (Maryse).

Béatrice (historical play, 10 tableaux), Constanza (historical play, 4
acts).
    Théâtre du Bourget, 1986/7.

**PAUL** (Georgette) (pseudonym of Catherine VEBER, née AGADJA-NIANTZ).
? - 1970.
Novelist.

Mademoiselle Fanny (3 acts). Co-authored by G. AROUT. Adapted from a short story by Pierre VEBER.
In Oeuvres libres 348 (July 1956).
Paris, Théâtre des Mathurins, 14-1-56.
[BN microfiche 8 Z 21438 (348), SACD].

Neiges (3 parts, 10 tableaux). Co-authored by Marcelle MAURETTE.
In France-Illustration 50 (14-01-1950); Paris-Théâtre 40 (Sept. 1950).
Paris, Théâtre Montparnasse-Gaston Baty, 12-10-49.
[BN 8 Z 4049 (50), BN AR 4 Y 1737, BHVP., SACD, SACD ms. 1369].

**PAUL-MARGUERITE** (Lucie) (Lucie-Paul MARGUERITE) (Michel SAVRY) (patronym: Lucie Blanche MARGUERITTE).
1886 - 1955.
Novelist, journalist, lecturer, songwriter; Chevalier de la Légion d'honneur (1930).

La Proie d'un songe (1 act).

Fiançailles imprévues ou Hasard (comedy, 1 act).
Compiègne, 8-2-30.

Sylvette ou Sylvie ? (comedy, 1 act).
In Scène et monde 1 (February 1939).
Paris, Théâtre Comœdia (Gala de la pièce en 1 act), 19-11-32.
[BN VER Fol. Jo. 799, ASP Rf. 65638].

Les Concubines or Les Concubines s'amusent (1 act), Hasard (1 act), Un Bouquet perdu (comedy, 1 act).
Paris, Studio des Champs-Elysées (Spectacle Yves Renaud), 1933.

Quand elles parlent d'amour... (comedy, 1 act).
Paris, Théâtre Albert 1er (Spectacle Yves Renaud), 28-4-34.

Le Chrysanthème blanc (Chinese comedy, 2 acts).
In Scène et monde (December 1939).
Paris, Salle Raymond Duncan (Spectacle Yves Renaud), March 1935.
[BN VER Fol. Jo. 799, ASP Rf. 65.638].

Une Partie de plaisir (comedy, 2 acts).
>    Paris, Théâtre Charles de Rochefort (Gala de la Pièce en 1
>    acte), 26-3-38.

Nous attendons l'Impératrice (comedy, 1 act).
>    In La Petite Illustration 883 - Théâtre 443 (13-8-1938).
>    Paris, Salle Iéna (Gala de l'Oeuvre de l'Entr'aide aux Femmes
>    du monde), 24-5-38.
>    [BN 4 Yf pièce 263 (1), ARS 4 Lag. 433, SACD].

Mariage (comedy, 1 act).
>    In L'Humour en vacances 1926.
>    Chagnon (Loire), private performance, 29-1-39.
>    [ASP Rf. 65.638].

Rivales (1 act, 2 tableaux).
>    Paris, Théâtre Albert 1$^{er}$ (Spectacle Yves Renaud), 3-6-36.

C'est le fiancé idéal (comedy, 1 act).
>    In En Scène 1 (October 1938).
>    [BN VER Jo. 41270, ASP Rf. 65.638].

Nuit blanche (comedy, 1 act, 3 tableaux).
>    In Scène et monde (March 1939).
>    [BN VER Fol. Jo. 799, ASP Rf. 65.638].

Aux unes les roses (comedy, 1 act, 2 tableaux).
>    Chilleurs, private performance, 19-3-39.

Avec le sourire (radio play, 1 act).
>    In Scène et monde (December 1939).
>    [BN VER Fol. Jo. 799, ASP Rf. 65.638].

La Bergère et le ramoneur (comedy, 1 act).
>    Rochefort, private performance, 16-3-40.

La Chance (operetta, 1 act).
>    Paris: Billaudot, 1949.
>    [BN 16 Yth 1027].

**PAULHAN** (Jeanne).
Novelist.

Le Chevalier de Jeanne d'Arc (action, 12 tableaux). Co-authored by
Suzanne de CALLIAS.
>    Sèvres: Impr. A.C., [1945].
>    [BN microfiche 8 Z 29640 (1)].

**PAULZE D'IVOY** (Yvonne).

> Marie Stuart. Includes "Marie Stuart" and "Clotaire" (tragedy, 2 acts).
>> Paris: La Pensée universelle, 1973.
>> [BN EL 8 Y 4931, ASP 16 Y 2349].

**PAUWELS** (Lucie).

> Nadine modes (comedy, 1 act).
>> Paris, Grand Palais, 7-6-27.

**PAVEL** (Germaine).

> Lady Byron. Includes "Etait-il fou ? (Byron)" (4 acts) and "Etait-elle
> sage ? (Lady Byron)" (5 acts).
>> Constantine: Impr. Andrino, 1952.
>> [BN 16 Yf 232, ASP 8 Y 3271].

> La Tchibaragada (5 acts), Les Enfants des eaux (3 acts), Le Coeur de
> ma mère (1 act), Le Meneur de rats (1 act).

**PAVIOT** (Delphine).

> La Fugue (1 act).
>> Angers, Nouveau Théâtre (reading), 17-6-87.
>> [SACD ms. 2854].

**PAYSAN** (Catherine) (pseudonym of Anne Marthe Esther ROULETTE, Mme
Emile HAUSEN).
Born in Bonnétable.
Poet and novelist.

> Attila Dounai (4 tableaux).
>> Paris: Denoël, 1983.
>> Enghein, Théâtre Municipal du Casino, Feb. 1983.
>> [BN 16 Yf 1538, AV, SACD ms. 440 (ms. dated 1971)].

**PECHAYRAND** (Hélène).

> Le Son d'un bruit.
>> Paris, Théâtre Essaïon, Théâtre à une voix (reading), 26-2-83.
>> [SACD ms. TAV 153].

**PEGUE** (Mme Gabrielle) (née CLEMENT) (see Mme T. DERIVOT).

**PELLETIER** (Chantal) (see also Martine BOERI and Les JEANNE).
Director; scenario writer.

> Minitel de toi (comedy).
>> Paris, Théâtre Grévin, 23-6-87 (directed by author).

**PELLETIER** (Madeleine).
>  Paris, 1874 - Perray-Vaucluse, 1939.
>  Doctor, feminist, political activist, novelist.

>  In anima vili, ou un Crime scientifique (3 acts).
>>  Conflans-Ste-Honorine: Lorulot, l'Idée libre (24), 1920.
>>  [BN 8 R 31186 (24), BHVP].

>  Supérieur! (drame des classes sociales, 5 acts).
>>  Conflans-Ste-Honorine: Lorulot, l'Idée libre (63), 1923.
>>  [BN 8 R 31186 (63), ASP Rf. 69.217].

**PEÑA** (Mireille).
>  Martimprey (Algeria), 1956 -

>  Si tu traverses. Co-authored by José RICHAUD.
>>  Paris, Essaïon, Théâtre à une voix (reading), 15-12-84.
>>  [SACD ms. TAV 154].

>  Sébastien Pardi. Co-authored by José RICHAUD.
>>  [SACD ms. CA 154].

**PENE** (Mme Annie de).
>  ? - Paris, 1918.
>  Novelist; journalist; mother of Germaine Beaumont (see at this name).

>  L'Intermédiaire (comedy, 1 act).
>>  Paris, Théâtre Michel (La Halte), 7-12-12.

**PENINON** (Chantal).

>  Ça va pas mieux. Co-authored by Alain VETTESE.
>>  Paris, Au Bec fin (café-théâtre), Sept. 1975 (authors in cast).

**PERDRIEL-VAISSIERE** (Jeanne or Jehanne) (SAINT-CYGNE).
>  1870 - 1951.
>  Novelist and poet.

>  La Fleur bleue (comedy, 1 act).
>>  Brest, 9-11-01.

>  Vigile de Noël (mystery play, 1 tableau).
>>  In Le Correspondant 25-12-1917.
>>  Brest, Hôtel Continental, 9-12-17.
>>  [BN Z 21417, ASP Rf. 69.223].

>  Le Cercle de feu (image, 1 act).
>>  Private performance, 14-5-27.

**PERDUCET** (Gabrielle) (Gabrielle ROGER, Mme Roger PERDUCET).

Mariage imprévu or Mariage par ruse (comedy-operetta, 1 act). Co-authored by Marcelle BABIN. Music by Gaston PERDUCET.
Paris, Tour Eiffel, 24-3-07.

Rêve dans le passé (operetta). Co-authored by Marcelle BABIN. Music by Gaston PERDUCET.
Paris, Musée Grévin, 1-8-07.

Idylle en Bretagne (comic opera). Co-authored by Marcelle BABIN. Music by Gaston PERDUCET.
Paris: Chanson parisienne, 1912.
Argenteuil, 26-11-11; Paris, Théâtre de la Tour Eiffel.
[BN 8 Yth 34470, ARS GD 8 28791].

Feu de paille (comedy, 1 act). Co-authored by Roger PERDUCET.
Paris, Nouveaux-Mathurins, 1-1-12.

Les Oeufs de Pâques (saynète), Pauline (saynète), Le Stratagème de Gontran (comedy).
In Pour chanter et dire (1912-13).
[BN 4 Z 2124].

**PEREL** (Suzanne).
Actress.

Le Peplum en folie (tragédie érotico-comique).
Paris, La Mama du Marais, Oct. 1977.

Appelez-moi Bertrand and La Sangsue.
[SACD ms. CA 155].

**PERELSTEIN** (Valérie).

L'Entrée en matière.
Paris, Marie-Stuart, June 1986 (performed by author).

**PERIDIER** (see BLANC-PERIDIER).

**PERNEY** (Marguerite).

L'Expérience de Major Dik (drama, 1 act, 2 tableaux). Co-authored by Eugène et Edmond JOULLOT.
Paris, Grand-Guignol, 21-3-34.

**PERNUSCH** (Sandrine).
>> Grew up in Angoulême and Bordeaux.
>> Children's books.

>> Le Roi Pscitt (5 tableaux, for children).
>>> Paris: Librarie Théâtrale, 1981.
>>> [BN 16 Yf pièce 160, ASP 8 Y 3319, SACD, AV].

>> Le Rititi (4 acts, for children).
>>> Paris: Magnard (Théâtre de la jeunesse), 1982.
>>> [BN EL 8 Y 4323 (22), ASP 8 Y 3435, SACD, AV].

>> Le Moulin à pois (4 acts).
>>> [SACD ms. CA 155].

**PERRA** (Marie).

>> Nos françaises (5 acts).
>>> Evreux: Impr. Hérissey et fils, 1907.
>>> [ASP Rf. 79216].

**PERRA** (Mireille).

>> Si tu traverses. Co-authored by José RICHAUD.
>>> Paris, Essaïon de Paris (Lectures à une voix), 15-12-84.

**PERREIN** (Michèle) (pseudonym of Marie Claude *Michèle* LAURENT, née BARBE).
> La Réole (Gironde), 1930 -
> Journalist, novelist.

>> L'Hôtel Racine (3 acts).
>>> Paris, Comédie des Champs-Elysées, 4-10-66.
>>> [SACD ms. 754].

>> Un Samedi, deux femmes.
>>> Paris: Julliard, 1968.
>>> [BN 16 Yf 759, ASP 8 Y 705].

**PERRONNET** (Amélie) (see French Women Playwrights before the Twentieth Century).

**PERROY** (Marguerite).
> ? - 1962.
> Novelist; author of a number of Christian works.

>> La Revanche dans l'autre monde (1 act).
>>> Clermont-Ferrand: Impr. Moderne, 1919.
>>> [ASP Rf. 76823].

Le Dict de sainte Marthe et de la tarasque (3 acts).
       Antony: la Vie au Patronage, 1927.
       Tours, private performance, 2-5-37.
       [BN 4 Yth 8954 ].

Le Manteau partagé (1 act).
       Niort: Boulord (Mon Théâtre), [1934].
       Avernes (Allier), 23-5-39.
       [BN 8 Yf 2535 (19)].

Les Trois vieilles de Béthanie (mystery play, 3 acts).
       Paris: G. Enault, 1936.
       Villemomble, private performance, 19-4-39.
       [BN 8 Yth 41187, ARS 8 Th N 33756].

Le Signe ou Quand la Vierge répond (3 acts).
       Niort: Boulord (Mon Théâtre), [1936].
       Noisy-le-Sec, private performance, 7-2-37.
       [BN 8 Yf 2535 (49), ARS 8 Th N 33816].

Le Plus grand amour (3 acts).
       Paris: G. Enault, 1937.
       [BN 8 Yth 41285].

Une Demi-heure chez la concierge.
       Niort: Boulord (Mon Théâtre), [1937].
       [BN 8 Yf 2535 (63), ARS Th N 34455].

Le Remplaçant (3 acts).
       Sainghin-en-Melantois, 18-12-38.

Hosties (3 acts).
       Niort: Boulord (Mon Théâtre), [1938].
       [BN 8 Yf 2535 (82)].

Sa vraie femme (3 acts).
       Paris: G. Enault, 1939.
       [BN 8 Yth 42121, ARS 8 Th N 34415].

La France aux trois bergères (jeu scénique).
       Lyon: Secrétariat de la J.A.C.F., 1943.
       [ASP 16 Y 793].

Ces vieilles égoïstes (3 acts).
       Paris: G. Enault, 1947.
       [BN 16 Yth 624, ARS Th N 36143].

Ce noeud qu'on ne peut rompre (3 acts).
Paris: G. Enault, 1951.
[BN 16 Yth 1132, ARS Th N 37185].

**PERRY-BOUQUET** (Anne).
1926 -
Novelist, author of short stories; teacher.

Saint Nicolas mon bon patron (8 tableaux).
Paris: Stock (Théâtre Ouvert), 1973.
Avignon, Théâtre Ouvert (mise en espace), 23-7-72; Avignon,
Cloître des Carmes (Théâtre de la Planchette), 7-7-73.
[BN 16 Y. 535 (20), ASP 16 Y 2441, AV, SACD ms. 2161].

Le Moulin à musique (1 act).
In Avant-Scène-Théâtre 678 (15-11-80).
[BN 4 Y 78 (1980, 678), ASP 4 Jo 12601, SACD].

Le Mariage de Poucet. Music by Alain ROIZENBLAT.
In Avant-Scène-Théâtre 678 (15-11-80).
Paris, Théâtre 13 (Cie Morin-Timmerman), 19-11-80.
[BN 4 Y 78 (1980, 678), ASP 4 Jo 12601, SACD].

Leur unique château.
Théâtre Ouvert (mise en voix), 1983.
[TO ms.].

L'Autruche et la Salomé.
Paris: Théâtrales (ms. 270), [1985].
[AV, TH, POI].

**PESCHERARD** (Mme) (see Mme Michel CARRE).

**PETIT** (Mme May) (Marie KLEIN).

Annie (comedy, 3 acts).
Guitres, Théâtre des Variétés, 9-5-36.

A l'autre bout du fil (saynète, 1 act).
Bordeaux, Théâtre Trianon, 3-5-38.

**PETROFF** (Mme Helena de).

Maman (dramatic comedy, 3 acts).
Nice, 8-4-16.

**PETRY-AMIEL** (see AMIEL-PETRY).

**PEYRE** (Mathilde).

> Alsace et Limousin (saynète, verse).
>> In Semaine de Suzette 16:9 (1-4-1920).
>> [BN microfilm m-8017 (1920)].

> Les Fées (saynète, 1 act, verse).
>> In Semaine de Suzette 19:41-42 (8-11-1923 - 15-11-1923).
>> [BN microfilm m-8017 (1923)].

**PHILIPPE** (Isabelle).

> Aznamour.
>> Avignon, Club de Bridge (Centre National du Havre), 2-7-88.

> Je m'voyais déjà.
>> Paris, Cartoucherie - Théâtre du Chaudron, Nov. 1989.

**PIANTINO** (Véronique).

> L'Etrange affaire du cimetière Saint-Nicolas. Co-authored by Patrick BOUTIGNY.
>> [POI ms. (donation E.D.A.C., 1987)].

**PICARD** (Hélène) (née DUMAS).
Toulouse, 1878 - 1945.
Poet.

> Dans un jardin (pièce symbolique).
>> In Annales Politiques et Littéraires 1582 (19-10-1913).
>> [BN microfilm m-4400 (1913)].

> Le Poète et la guerre (lyric scene).
>> In Annales politiques et littéraires 1730 (20-8-1916).
>> Orange, Théâtre Antique, 6-8-16.
>> [BN microfilm m-4400 (1916), ARS GD 8 45141].

> Un Jeune homme dans la forêt (scene, verse).
>> In Je sais tout, 15-10-1919.
>> [BN 8 Z 17063, ASP Rf. 69.384].

**PICCARD** (Eulalie GÜÉE) (Mme Eugène PICCARD).
Author of essays on Russian history, biographies and novels.

> Le Concours (comedy, 1 act, 18 tableaux). Co-authored by Judith EPINOCHE.
>> Neuchâtel: Ed. du Lis Martagon, 1969; in Collection des Oeuvres complètes 14. Neuchâtel: Lis Martagon, 1972.
>> [BN 16 Yth 2412, ASP 8 Y 3350].

**PICCHIARINI** (Anita).

> De l'autre côté de la vie (one woman show).
>> Paris, La Vieille Grille, June 1977.

**PICHON** (Charlotte).

> La Quasimodo.
>> Paris, Dix Heures, 19-11-84 (performed by author).

**PICHON** (Christiane) (see Marie-Annick BERRIAT).

**PIGUET** (Alice).
> Children's books.

> Le Tout petit (children's play).
>> In Semaine de Suzette 23:16 (21-4-1927).
>> [BN micofilm m-8017].

**PIEILLER** (Evelyne).
> Novelist and translator.

> Christophe Colomb.
>> Avignon, Hospice Saint-Louis, Théâtre Ouvert, 16-4-86.

> Poker à la Jamaïque.
>> Paris: C. Bourgeois, 1991.
>> Public reading, Mayence, Théâtre de Mayence, June 1989.
>> [BN 16 Yf 2073, ASP 8 Y 4677, SACD ms. CA 159].

> La Fumée jaune des cargos, Ladies and Co.

**PIERCE** (Elsa).

> Madame Hardie. Co-authored by Bruno BAYEN.
>> La Rochelle, Oratoire, 18-4-73; Aubervilliers, Théâtre de la Commune, 23-11-73.

**PIERSON** (Marie-Louise).
> Fashion model, psychoanalyst.

> L'Age de Pierre.
>> [SACD ms. CA 159].

**PIFFET** (Nadine).

> La Bonne année (1 act with songs).
>> Paris, Espace Européen, 16-5-89 (performed by author).

**PILLET** (Françoise) (Françoise-Jacqueline SZPIRO).

Voyage dans la cuisine. Co-authored by Michel REIGNUP.
Sartrouville, La Pomme verte, 1973/74.

Léon-Camille Pontdassets.
Sartrouville, La Pomme verte, 6-11-1978.

Les Mots n'ont pas d'écaille (17 scenes)
Paris: Théâtrales (ms. 504), 1979.
[POI].

Mise au point virgule (1 act).
Cergy-Pontoise, Théâtre des Arts (La Pomme verte), Feb.
1988.
[SACD ms. 3444].

Métro Bastille: "Anciennement chez Louise", "Métro Bastille".
Paris: Edilig, 1989.
Bourges, Théâtre Jacques Coeur, Cie. F. Pillet, 24-1-89.
[BN 8 Y 1500 (50), ASP 8 Y 3790, BSG, AV].

Entre... et ferme la page.
Paris: Théâtrales (ms. 498), [1985].
[AV, TH, POI].

**PILVEN** (Joëlle).
Café-théâtre performer.

Les Lions oui, mais les panthères pas.
Paris, Le Sélénite, 30-5-80 (author in cast).

Trente centimètres à l'ombre (one woman show).
Paris, Tremplin de Paris, July 1981.

Une Goutte de sang dans le glaçon.
Paris, Edgar III, Nov. 1982 (author in cast).

**PINAUD** (Christine).

Au-delà du miroir (3 acts).
Directed by author.
[SACD ms. 3423 (dated 1991)].

**PINEAU-MARTIN** (Sandrine).

Corambe: d'Aurore à George Sand et les autres (theatrical fairytale).
Suresnes, Bibliothèque Municipale, 7-2-89.
[SACD ms. 2796].

**PINSON** (Josiane).

>> Strasbourg-Purée (one woman show).
>> Paris, Le Sélénite, Sept. 1979.

>> Pinson Persifleur ou Nitro Goldwyn Pinson (one woman show).
>> Paris, Dix Heures, 20-9-82.

**PIRAT** (Mme Yvonne).
Biographer.

>> Une Amie de l'ouvrier, Pauline Jaricot (drama, 3 acts).
>> Lyon, private performance, 9-12-38.

**PIROT** (*Isabelle* Catherine).
Actress.

>> Croquez le melon (2 tableaux). Title at first performance: Comédie en
>> noir et blanc. Co-authored by David PHARAO, Jean-Paul SCHNÉ.
>>> In Avant-Scène-Théâtre 641 (15-1-1979).
>>> Paris, Théâtre d'Orsay, Feb. 1975.
>>> [BN 4 Y 78 (1979, 641), ASP 4 Jo 12601, SACD].

>> Lady Pénélope (7 tableaux). Co-authored by David PHARAO.
>>> In Avant-Scène-Théâtre 641 (15-1-1979).
>>> Paris, Festival du Marais, 28-6-78.
>>> [BN 4 Y 78 (1979, 641), ASP 4 Jo 12601, SACD].

>> Saint-Malo, république de la mer (évocation historique, son et
>> lumière). Synopsis by L. FRÉMONT.
>>> St-Malo, 15-5-88 (directed by Pirot).
>>> [SACD ms. 2599].

**PITROIS** (Mme Marguerite-G.).
Born in Paris.
Author of children's novels, translations from English.

>> Ma première cause (comedy).
>>> Tours: Impr. E. Arrault, 1901.
>>> Société littéraire et artistique de Touraine, 25-2-01.
>>> [BN 8 Yth 29580, ARS GD 8 33371].

>> Un Hôte inattendu (saynète, 1 act, 2 tableaux), La Consultation
>> (children's play), Le Printemps (monologue-saynète), La Cigale et la
>> fourmi (children's play), Veillée de Noël (comedy, 2 acts).
>>> All published in Semaine de Suzette (1909-10).
>>> [BN microfilm m-8017 (1909-10)].

Javotte à Paris (monologue).
>   Paris: H. Gautier, [1911].
>   [BN 8 Yth 34303].

**PLAN** (Pauline).
>   Poet.

Le Bonheur (comedy, 1 act, verse).
>   Marseille: Impr. A. Burotto, 1913.
>   [ASP Rf. 80517].

**PLASSARD** (Anne).

La Légende d'R.B.J.
>   Avignon, Studio Saint-Thomas (Cie Mascarel), 12-7-89.

**PLASSAT** (Eliane).

Le Chef des humiliés (dramatic comedy, 3 acts).
>   [AV Fol. AY 70].

**PLATEAU** (Geneviève).

Itinéraire (2 acts).
>   [SACD ms. CA 160 (1982)].

**POHLE-FRICKER** (Miriam).

Les Disciples d'Hippocrate.
>   Colmar, Théâtre Ouvert, Gueuloir (reading), 1976.

**POIRSON** (Mme Paul) (see Mme Léopold LACOUR).

**POITEVIN** (Marie) (see Henry BERTIN).

**POLIGNAC** (Mme Armande de) (patronym: Armande-Marie-Mathilde CHABANNE-LA-PALICE) (see also ROUSSEL-DESPIERRES).
Composer.

La Petite sirène (opera, 3 acts). Co-authored by GAUTIERS-VILLARS.
>   Nice, Opéra, 5-3-07.

Prélude et bazar d'orient (comedy, 1 act, 2 tableaux). Co-authored by Loie FULLER.
>   Paris, Châtelet, 22-5-14.

Neutrality (sketch, 1 act). Co-authored by M. ROSTAND, M. VERNE.
>   Ct. Marjal, 2-12-16.

**POMMIER** (Chantal).

Tohu-bahut (1981), Baby or not baby (1984), Tohu-bahut 2 (1986, co-authored by Ch. Charras).
One woman shows performed at Au Bec Fin in Paris.

**PONSOT** (Anne-Marie).
Café-théâtre performer.

Josy Coiffure (one woman show).
Chalons-sur-Marne, 18-10-80.

La Bande à FM. Co-authored by J. HANSEN, J.P. CASSELY, G. VANTAGGIOLI.
Avignon, Festival-Off, Théâtre du Chien qui fume, 11-7-86 (Ponsot in cast).

**PONTAVICE** (Mme de).

Bébé prend médecine (comedy, 1 act).
Antibes, 8-3-32.

**POPE** (Claire).

L'Orgueil ou le Réveil de Hitler (dramatic poem, 5 acts, 12 tableaux).
Poitiers: Lezay, 1946.
[BN 8 Yth 42430].

**PORQUEROL** (Elisabeth).
Novelist.

Argos ou la Journée du retour (4 acts).
[SACD ms. 1405 (dated Feb.-June 1943)].

Jason: "Jason" (4 acts) and "Argos ou la Journée du retour" (4 acts).
Paris: Albin Michel, 1945.
[BN 16 Yf 48].

**PORTGAMP** (Annie) (pseudonym of Annie DURAND de PORTGAMP).
Novelist, poet and author of a book about women lab workers.

Les Péchés seront remis (tragedy).
Paris, Grand Guignol, 15-6-48.

**PORTIEUX** (Claire de).

Je pêche à la ligne, Fine pointure, Tête à l'envers (monologues for young girls).
Paris: l'Edition théâtrale, c. 1908-11 (available at BN).

**PORTMANN-TREBAUL** (Louise).

Leïlah, la petite saltimbanque (2 acts).
Villefranche: Ed. du cep beaujolais, [1955].
[BN 8 Yf 2806 (17)].

Les Noces de Jeanneton (fantasy, 2 tableaux).
Villefranche: Ed. du cep beaujolais, [1962].
[ASP 16 Y 519].

Malbrough au pays de cocagne (fantasy, 2 acts).
Villefranche: Ed. du cep beaujolais, n.d.
[ASP 16 Y 524].

**PORTRON** (Juliette) (also called Jacques de la VERGNE).

La Maisonnette de pain d'épice (prose play for young girls).
Niort: Boulord, [1922].
[BN 8 Yth 36638].

Princesse (2 acts, prose).
Angers, 7-1-23.

Le Savetier et le financier (2 acts).
Théâtre de Verdure, Pré-Catelan, 1-7-23.

La Rose de Pimprenelle (2 acts, prose, for children).
Niort: Boulord, 1925.
Noeux-les-mines, 15-1-33.
[BN 8 Yth 37741].

Fillettes et lutins ailés (drama, 2 acts, verse). Co-authored by B.
MAILLACHARD.
Champsdeniers, 6-8-27.

Miracle des saisons ou Cendrillon dans la forêt (drama, 3 acts).
Apt, 11-4-29.

Le Petit berger qui suivit Jésus (1 act, verse).
Paris: A. Lesot, 1926.
Ibos (Htes Pyrenées), 16-4-33.
[BN 8 Yth 38423].

Les Parques sont amoureuses (comedy, 1 act).
Paris, Vieux Colombier, 27-5-33.

Les Parques s'amusent (1 act).
Paris, Studio Féminin, 27-5-33.

La Naissance des fleurs (1 act), La Vitrine des jouets (1 act).
  Niort: Boulord (Mon Théâtre), [1936].
  [BN 8 Yf 2535 (51, 55)].

**POSTEL** (Mme).

  Ruth et Booz (comic opera). First prize in the Concours de Livrets
  d'Opéra-Comique organized by *Les Annales.*
    In Annales Politiques et Littéraires 1441 (5-2-1911).
    [BN microfilm m-4400 (1911)].

**POTTIER** (Rose).

  Les Garces (2 acts, 3 tableaux).
    Théâtre des Deux Masques, 1-2-13.

**POUGY** (Liane de) (pseudonym of Anne-Marie CHASSAIGNE, Mme
  POURPE, then Princesse George-Grégoire GHIKA).
  La Flêche, 1969 - 1950.
  Novelist.

  L'Enlizement [*sic*] (comedy, 1 act).
    Paris: Le Livre Moderne, 1900.
    Paris, Funambules, 16-2-1899.
    [BN 8 Yth 29253, ASP Rf. 69.731, ARS GD 8 37813, BN m.
    23790, AN F$^{18}$1361].

  L'Agonie (drama, 1 act).
    Théâtre Rabelais, 21-5-03.
    [AN F$^{18}$1366].

**POUPON** (Mme Blanche) (also POUPONNE) (patronym: Blanche-Marguerite-
  Anna ALLARD).

  La Secousse (comedy, 1 act). Co-authored by Louis DEYLA.
    Marseille, 30-4-26.

  C'est une trouvaille (comedy, 1 act).
    Marseille, Théâtre de la Bohème, 14-2-32.

**PRABONNEAUD** (Madeleine) (née BORDE) (pseudonym: Franck MADEL).
  Blaye, 1835 - ?
  Author of children's books and an essay on education.

  Chez la brodeuse, Un Coup de foudre, Une Leçon de cuisine (one-act
  comedies for children).
    Paris: Stock, 1905 (available at BN).

Millionnaire!, Pour une dot, L'Accident, C'est la grève!, Lettres pressées, La Mode à Paris, Un Soupçon, La Marraine, Partie de campagne, Un Visiteur importun (one-act comedies for children). Possibly co-authored by her daughter, Marguerite PRABONNEAUD (Bordeaux, 1868 - ?).
> Paris: Stock, 1906-10 (available at BN).

**PRABONNEAUD** (Marguerite) (see Madeleine PRABONNEAUD).

**PRADY** (Andrée).

> Petit papa nobel ou Gontran venu d'ailleurs.
>> [SACD ms. CA 161].

**PRESLE** (Eliane).

> Ma tante de Chicago (farce, 1 act).
>> Summary in Catalogue analytique : Tout le théâtre amateur et fêtes scolaires 28 (1980-81).
>> [ASP 8 W 5727 (28)].

**PREVOST** (Hélène) (see Dominique DURVIN).

**PRIETO** (Aurore).

> Les Horreurs de la victoire (monologue).
>> Paris: Théâtrales (ms. 334), [1985].
>> [AV, TH].

**PRINCE** (Violaine).
Studies in linguistics, poet.

> Le Siège de Tyr (1 act).
>> Paris: Ed. de la Bruyère, 1984.
>> [BN EL 8 Y 13842, ASP 8 Y 2639].

**PROIX** (Jean) (see JEAN-PROIX).

**PROZOR** (Mme Elsa) (Comtesse Marthe Elsa).
Novelist, poet and author of a theosphical essay.

> L'Instant (1 act).
>> Nice, Eldorado, 8-3-32.

**PUJO** (Alice) (Mme MOTTIER).
Children's novels.

> L'Heureuse méprise (comedy, 1 act, for young girls).
>> Paris: Haton, [1908].
>> [BN 8 Yth 32553].

Le Sapin de Noël (comedy, 1 act).
>    Paris: C. Klotz, [1910].
>    [BN 8 Yth 33919].

Le Triduum de Jeanine (comedy, 1 act, prose).
>    In Semaine de Suzette 15:6-8 (13-3-1919 - 27-3-1919).
>    [BN microfilm m-8017 (1919)].

**PUYBUSQUE** (Berthe de) (pseudonym : Rustica).
Poet and novelist.

La Bataille de Tolbiac (1 act, verse), Le Pot de confiture (1 act), Une Grande première (3 acts), Ma montre retarde (2 acts).
>    Children's plays published in Semaine de Suzette (1906-09).
>    [BN micofilm m-8017].

# Q

**QUEINNEC** (Anne).

Novelist and author of saints' lives.

Qui croyait prendre (comedy, 1 act).
Gennevilliers, 11-10-36.

**QUESEMAND** (Anne).

*Agrégée de lettres classiques*; author of children's books; member of Théâtre à Bretelles; director (stage and film).

Fleurs d'asphalte. Co-authored by Laurent BERMAN.
Paris, Café d'Edgar (Théâtre à Bretelles), 6-11-74.

L'Autoroute.
Performed by the Théâtre à Bretelles, 1979.

Colporteur d'images.
Paris: Syros Alternatives, 1990 (illustrations and calligraphy by Laurent Berman).
Paris, Hôtel de Beauvais, Festival du Marais, June 1981.
[BN EL 4 Z 3220].

D'amour et d'eau fraîche (comedy). Co-authored by Laurent BERMAN.
Paris, Déjazet, 10-10-85 (directed by Quésémand).

A décadimanche prochain (spectacle forain).
Paris, Musée en Herbe, Jan. 1987.

Métamorphoses d'une mélodie.
Paris, Marie-Stuart, 17-3-87 (author in cast).

Vie d'André Colin.

> [Gourdon]: Dominique Bedou, 1988.
> Paris, Marie-Stuart (Théâtre à Bretelles), April 1987;
> Avignon-Off, Cinevox-Athanor, 9-7-87 (author in cast).
> [ASP 4 Y 2478, AV].

Trapèze dans l'azur (comedy-circus, 2 acts). Co-authored by Christian TAGUET and Laurent BERMAN.

> Paris, Halle au vin, Nov. 1989; Avignon, Festival-Off, Ile Piot, 10-7-90.

**QUINARD** (Claude) (pseudonym of Madeleine DUBOIS-QUINARD).

Beaune, 1914 -
*Docteur ès-lettres*, worked for the CNRS (Centre National de la Recherche Scientifique); novelist and biographer.

La Lumière devant l'icône.

> Paris, Théâtre de Poche-Montparnasse, 1943.

# R

**RAALTE** (Stella van).

> L'Age dangereux (4 acts). Co-authored by Yvan NOË.
>> Théâtre Danou, 8-9-38.
>> [SACD ms. 3366].

**RABIER** (Marcelle).

> Le Petit doigt de maman (saynète), La Porte du paradis (saynète), L'Enfant gâté (saynète), La Paille et la poutre (social play, 1 act), L'Appel des bergers (pastorale de Noël), Les Quatre saisons (saynète).
>> Le Mans: Répertoire des Cercles, 1922-23 (available at BN).

**RABUT** (Marie).
> Teacher in Dijon; novelist; a study of women in French literature.

> Une Héroïne dijonnaise, Marthe Lamy, épisode de la Révolution (4 tableaux).
>> Dijon: Impr. de Jobard, [1918].
>> [BN 8 Yth 35948].

> La Surécole (comedy), Marguerite de Vergy (historical drama).
>> Avignon: Pierre-Prat, 1920-21.

**RACHET** (Adèle).

> Une Voix dans la nuit (poème dialogué, 1 act). Co-authored by Georges BEZIAT.
>> Avignon, Théâtre municipal, 25-12-18.

> Appel de la race (drama, 1 act). Co-authored by Camille RENAUD.
>> Avignon, 8-11-24.

**RACHILDE** (pseudonym of Marguerite EYMERY, then Mme Alfred VALLETTE) (Other pseudonyms: Jean de CHILTA, Jean de CHIBRA).

Near Périgueux (Le Clos), 1860 - Paris, 1953.

Novelist and journalist; co-founded *Le Mercure de France* with her husband, Alfred Vallette; advocate of symbolist theater, Rachilde gave her support to the Théâtre d'Art and to the Théâtre de l'Oeuvre; held a literary salon; Légion d'Honneur (1924).

Un siècle après! (comedy, 1 act).
> Union Nontronnaise, 21-11-1880; Paris: Editions du Fourneau (collection juvenilia), 1985.
> [BN Rés. p. Z 2518 (10), DOU 11.500$^{840}$].

Scie (saynète).
> Courrier de la Dordogne, 10-3-1881; Paris: Editions du Fourneau (collection juvenilia), 1985.
> [BN Rés. p. Z. 2518 (11), DOU 11.500$^{843}$].

Théâtre.
"La Voix du sang" (1 act),
> Théâtre d'Art, 10-11-1890;

"Madame la Mort" (cerebral drama, 3 acts).
> Théâtre d'Art, 20-3-1891;

"Le Vendeur du soleil" (1 act),
> Théâtre de la Rive Gauche, June 1894; Théâtre Michel (La halte), 7-12-12 [DOU ms. 7264 Alpha].
> Paris: A. Savine, 1891.
> [BN 8 Yf 528, ASP Rf. 70.071, ARS GD 8 3475, DOU Aa-VII-22].

Parade impie (1 act).
> In Mercure de France Feb. 1892: 111-117.
> [BN microfilm m.415].

L'Araignée de cristal (symbolic drama).
> In Mercure de France June 1892: 147-155.
> Paris, Théâtre de l'Oeuvre, 13-2-1894.
> [BN microfilm m.415].

Le Rôdeur (1 act).
> In Mercure de France Jan. 1893: 19-25.
> Paris, Théâtre Fémina, 23-3-28.
> [BN microfilm m.415].

Volupté (comedy, 1 act).
>In Mercure de France Sept. 1893: 26-33.
>Paris, Comédie Parisienne, 12-9-1893 or 4-4-1896.
>[BN microfilm m.415].

Le Démon de l'absurde. Includes: "Parodie impie", "Scie", "Le Rôdeur", "Volupté", "L'Araignée de cristal".
>Paris: Mercure de France, 1894.
>[BN 8 Y$^2$ 485490, DOU Aa-VII-24].

Contes et nouvelles, suivis du Théâtre. Includes "La Voix du sang", "Madame la Mort", "Le Vendeur du soleil", "L'Araignée de cristal", "Le Rôdeur", "Volupté".
>Paris: Mercure de France, 1900; reedited in 1922.
>[BN 8 Y$^2$ 52573].

Le Vendeur du soleil (see above).
>In Annales Politiques et Littéraires 1546 (9-2-1913).
>[BN microfilm m-4400 (1913)].

Le Char d'Apollon (monologue).
>In Comœdia 11-12-1913.
>Mercure de France, 9-12-13.
>[BN Pér. micr. D-69, ASP Rf. 70.073, ASP 4 Jo. 11478].

La Délivrance (1 act).
>In Mercure de France July 1915: 447-455.
>[BN microfilm m-415].

La Poupée transparente (1 act).
>In Le Monde Nouveau 1 (20-3-1919): 34-40.
>First performed privately; Paris, La Renaissance (Art et Action), 9-12-19.
>[BN microfilm m. 492, ASP Rf. 70.074, DOU série ms. - ms. 27435].

La Femme peinte (1 act).
>In Mercure de France Aug. 1921: 642-651.
>[BN microfilm m. 415, RON microfilm P94/000233].

Le Crime d'une femme, ou l'Eclipse (drama, 3 acts).
>[DOU mss. (dated Sept. 1924)].

Terreur. Co-authored by G. KAMKÉ.
>Paris, Grand Guignol, 30-9-33.

En deuil de l'amour (1 act). Co-authored by G. KAMKÉ. Adapted from a novel by RACHILDE.
>Paris, Potinière, 1-10-33.

L'Auberge de l'aigle (drama, 1 act).
>In L'Age nouveau 17 (July 1939); Reims: A l'Ecart, 1977.
>[BN 8 Z. 27831, ASP 4 Y 1058, BHVP, DOU 11500[278]].

La Dernière aventure de Tout-Ank-Amon (bouffonnerie lyrique), Une Belle invention (dialogue), Lui (drama, 3 or 4 acts), Le Pape a disparu (1 act), Répulsion, ou la Fin d'un jour (1 act).
>[DOU mss.].

Connais-tu l'amour ? (1 act). Co-authored by A. MONJARDIN.
>[DOU mss.].

Le Fils d'Adam (comedy). Co-authored by André DAVID.
>[DOU ms.].

Le Meneur de louves (ballet-pantomime, lyric drama or tableau symphonique). Adapted from a novel by the same title. Co-authored or adapted by Pierre HORTALA. Music by Jean POUEIGH.
>Paris, Mercure de France, 7-1-08 (lyric drama), Maison Gaveau, 21-4-25, under the title "La Basilique aux vainqueurs" (tableau symphonique).
>[DOU ms. 27446 - série ms. (ballet-pantomime)].

Rachilde: Opere teatrali Includes: "La Voix du sang", "Madame la Mort", "Le Vendeur du soleil", "Parade impie", "L'Araignée de cristal", "Le Rôdeur", "Volupté", "Le Char d'Apollon", "La Délivrance", "La Poupée transparente" (in French).
>In Mariangela Mazzocchi Doglio. Miti e incanti nella Francia "Fin de siècle".
>Rome: Bulzoni (Biblioteca di cultura 465), 1992.
>[BN 8 Z 41163 (465)].

**RAFFAELLI** (Betty).
>Director, adaptor.

Fils Carlos décédé (chronique théâtrale en 9 situations). Co-authored by Joseph GUGLIELMI and Michel RAFFAELLI.
>Paris: Ed. P.J. Oswald, 1974.
>Avignon, Chapelle des Pénitents Blancs, Théâtre Ouvert (mise en espace), 27-7-73; Théâtre de la Tempête, Cartoucherie de Vincennes, 16-4-74 (directed by B. and M. Raffaelli).
>[ASP 8 Y 4125].

**RAGU** (Marie).

> L'Abandon.
>> [SACD ms. CA 163].

**RAISMES** (Marie de).

> Nuit de vol (comic fantasy, 1 act).
>> Paris: Vaubaillon, 1949.
>> [BN 16 Yth 738].

**RALPH-MYLO** (Juliette).
> An adaptation of an English play.

> Le Messager (dramatic comedy, 4 acts).
>> Poste Radio-Parisien, 20-9-33.

> On demande une dactylo (comedy, 4 acts).
>> Paris: Billaudot, [1935].
>> [BN 8 Yth 40770].

**RAMEL** (Sonia).

> L'Incognito tragique (1 act).
>> Paris, Grand-Guignol, 29-2-36.

**RAMUS** (Elisabeth).

> Marchands d'avenir.
>> Paris, Théâtre de l'Ecole Normale Supérieure, 14-2-78.

**RANSY** (Mme Roger).

> Equateur (3 acts, 4 tableaux).
>> Paris, Théâtre Antoine, 23-6-38.

**RAPHANEL** (Geneviève).

> La Nuit du vérificateur.
>> Paris, Théâtre Essaïon, 23-2-88.

**RASKY** (Marie-Magdeleine de).
> Novelist.

> Les Derniers feux du jour (6 tableaux).
>> Versailles, Théâtre Montansier, 1953.

**RAUZIER-FONTAYNE** (Lucie).
Author of children's books, short stories and tales.

L'Hôte de Noël (Huguenot play , 2 tableaux).
Neuilly: Ed. de "la Cause", 1927.
Performed by the youths of the Eglise Réformée de Vauvert.
[BN 8 Yth 38403].

**RAYLAMBERT** (Jeanine).
Novelist.

Ombrages (1 act).
In Avant-Scène-Fémina-Théâtre 175 (1-6-1958).
Scène française, 26-5-57.
[BN 4 Y 78 (175), ASP 4 Y 2216].

**RAYMOND** (Paule).

Jacques Fournier, mon fils (dramatic comedy, 3 acts).
Summary in Catalogue analytique de pièces à rôles mixtes.
Paris: L'Amicale, 1964.
[ASP 16 W 671].

L'Emeraude des Montalbert (3 acts).
Paris: Vaubaillon, 1946.
[BN 16 Yth 233].

**RAYNE** (Marcelle).

Incognito (sketch, 1 act).
Château-d'eau, 26-1-17.

J'veux voir la femme (sketch, 1 act, 2 tableaux).
Vichy, Elysée-Palace, 5-6-17.

**REAL** (Anne de).

La Chasse à l'amour (comedy, 1 act, 2 tableaux, verse), Vers l'union libre! (monologue).
Paris: Ed. Dramatica, 1909.
[ASP Rf. 70.169-70].

**REAL** (Mme Claude).
Novelist and author of several social studies on different professions.

Retour au bal (comedy, 1 act).
Paris: Barbre, 1905.
Paris, Théâtre des Mathurins, 17-5-05.
[BN 8 Yth 32426].

**REDARD** (Jeanne) (see Catherine de SEYNES).

**REDON** (Jeannine).
Historical essays.

Charles VII, roi de Bourges (drama, 4 acts).
Montpellier, 5-7-85.
[SACD ms. 847].

Marie de Montpellier (historical play, 3 acts).
Aumelas, Château Féodal, 24-7-87.
[SACD ms. 1506].

**REDONNET** (Marie).
Born in Paris.
Novelist, poet, author of tales; professor in the Performing Arts
department at l'University of Paris-X at Nanterre.

Tir & Lir.
Paris: Théâtrales (ms. 1719), 1987; Paris: Minuit, 1988.
Avignon, Cloître de la Collégiale, 12-7-88; Paris, Théâtre de
la Colline, 2-12-88.
[BN 16 Yf 1779, ASP 8 Y 4110, BSG, SACD, AV, AV ms.
Fol. AY 402, TH].

Mobie-Diq (dramatic comedy).
Paris: Ed. de Minuit, 1988.
Paris, Théâtre de la Bastille, 17-1-89.
[BN 16 Yf 1789, ASP 8 Y 3736, BSG, SACD, AV].

**REGINA-CAMIER** (Mme).

Chanteurs des rues (sketch, 1 act).
Théâtre Eclairs (Salle St-Georges), 9-5-31.

**REGINA-RÉGIS** (Mme) (Mme Régina REGIS).
Novelist.

La Proie (3 acts).
Paris, Théâtre Albert 1$^{er}$, 31-3-21.

Le Baiser aux enchères (operetta, 3 acts, 10 tableaux). Music by M. C.
KUFFERATH.
Paris, Apollo, 18-11-22.

**REGNAULT** (Mme).

>  Jeanne d'Arc (5 acts).
>>  Submitted to Théâtre de l'Odéon, 1909.
>>  [ASP Rf. 70249 (summary)].

**RÉHAUTÉ** (Anne).

>  La Fille de l'Alsace (saynète patriotique, 2 acts).
>>  In Semaine de Suzette 11:29-30 (19-8-1915 - 26-8-1915).
>>  [BN microfilm m-8017].

**RELDA-GALLAND** (Mme) (née Suzanne RELDA, Mme GALLAND).
Lecturer at the Libre Examen.

>  La Roche tarpéienne (4 acts).
>>  Submitted to Théâtre de l'Odéon, 191?.
>>  [ASP Rf. 70291 (summary)].

**REMY** (Nadine).

>  Cybèle, sorcières.
>>  Nanterrre, Théâtre par le bas, Oct. 1981.

**RENAUDE** (Noëlle) (RENAUDE-ZIEGLER) (published novels under various pseudonyms).
Boulogne-s.-Seine, 1949 -
Translations/adaptations; detective and sentimental novels.

>  Le Point de rupture, 1980.

>  Jeu de dames. Written in 1981.
>>  Paris, Théâtre Essaïon, Théâtre à une voix (reading), 11-2-84.
>>  [SACD ms. TAV 168].

>  L'Empire des ondes, 1982.

>  Deux pièces qui parlent d'amour. Contains: "Amand", "Rose".
>>  Paris: Théâtrales (ms. 1379), [1986].
>>  [AV, TH, POI, SACD ms. CA 167].

>  Rose, la nuit australienne. Includes:
>  "Rose, la nuit australienne",
>>  Paris, Théâtre Ouvert, Oct. 1988;
>  "L'Entre-deux",
>>  Paris, Théâtre Ouvert, Jardin d'Hiver (Six jours pour la création), 18-1-1988.
>>  Paris: Théâtre Ouvert (Tapuscrit 48-49), 1987.
>>  [BN 8 Yf 3263 (48-9), ASP 8 Y 3791, SACD, AV, TO].

Le Renard du Nord.
> Paris: Théâtre Ouvert (Tapuscrit 57), 1989; Paris: Ed. Théâtrales, 1991.
> Paris, Théâtre Ouvert, Jardin d'hiver, 16-11-93.
> [BN 8 Yf 3263 (57), ASP 8 Y 3927, BSG, SACD, AV].

Divertissements touristiques. 5 parts: "Le Chaos des formes", "Le Refuge", "La Chute du père", "Bleu chartrain", "Saint-Julien-des-Affiquets".
> [SACD ms. CA 168].

Divertissements touristiques. Includes:
"Divertissements touristiques",
> Readings in Avignon, Paris and Lyons (1988-1989); performed in Amiens, Maison de la Culture, 1991;
"L'Entre-deux" (see above), "Rose : la nuit australienne" (see above).
> Paris: Edilig (Théâtrales), 1989.
> [BN 8 Y 1500 (49), ASP 8 Y 3791].

Bleu chartrain. Excerpt from Divertissements touristiques.
> Théâtre de la Ménagerie de verre, May 1989.

**RENAULD** (Charlotte).

Le Jardin d'amour (5 acts).
> Paris: Presses Universitaires de France, 1927.
> [BN 8 Yth 38336].

L'Aventure de Satni Kamois (légende fantastique de l'Egypte ancienne).
> Paris: Presses Universitaires de France, 1932.
> [BN 8 Yth 39859].

Le Choix de Damayanti (lyric drama) and L'Oreiller magique (nô japonais, petit mystère boudhique).
> Paris: Presses Universitaires de France, 1935.
> [BN 8 Yth 37630].

**RENAULD** (Marie-Cécile).

Anna F.
> Paris, Théâtre du Tourtour, April 1989.

**RENEZ** (Simone) (patronym: Simonne Renée LESQUEREUX).
Novelist.

Un Coeur en solde (comedy, 1 act).
   Paris: Vaubaillon, 1947.
   [BN 16 Yth 327].

**RESSE** (Alix).

Dalila et Samson (drama, 5 acts).
   [SACD ms. CA 168].

**RESSI** (Michèle).
Author of novels, television films, songs.

L'Amour-chien (45 scenes).
   [SACD ms. 2399].

La Part du rêve (20 scenes).
   Paris: Théâtrales (ms. 866), [1985].
   Paris, Théâtre Essaïon, Théâtre à une voix (reading), 28-5-84;
   Théâtre de Poche-Montparnasse, 28-5-85.
   [AV, TH, SACD ms. 1408/CA 169].

Duo-duelle.
   Paris, Théâtre Essaïon, Théâtre à une voix (reading), 23-5-87.
   [SACD ms. TAV 169].

Les Mariés de midi (comedy, 2 parts, 5 tableaux).
   Versailles, 10-10-87.
   [SACD ms. 3922/ms. CA 169].

Ante vitam, Cavalière seule, La Clown rose, Il faut tuer Véra (la période bleue), Scènes de la vie d'artiste (1 act), Sortie de clown, Le Temps rêvé.
   [SACD ms. CA 168-70].

**REVAL** (Mme).

Sous le froc (social play).
   Paris, La Coopération des Idées, Université Populaire du Faubourg Saint-Antoine, 30-1-10.

**REVAL** (Gabrielle) (Mme G. LOGEROT, then Mme Fernand FLEURET).
Viterbo (Italy), 1870 - Lyon, 1938.
Novelist, journalist, lecturer; author of radio plays; Légion d'honneur.

La Soirée chez la Princesse Mathilde (divertissement littéraire, 1 act).
   Paris, Théâtre Edouard VII, 2-3-29.

La Société sous le Consulat: Une Répétition chez Madame Campan (1800) (conférence-comédie).
In Conférencia: Journal de l'Université des Annales 24:9 (20-04-1930) (portrait of author).
L'Université des Annales, 9-12-29 (author in cast).
[BN microfilm m. 9105 (1930), ASP Rf. 70.438].

**REVEILLON** (Marianik).

Théroigne, l'Amazone de la Révolution.
Paris, Théâtre de la Cité Universitaire, 19-4-89.

**REY** (Berthe) (see French Women Playwrights before the Twentieth Century).

**REY DE VILLETTE** (Marguerite) (Aliane Paulette DEUTSCH).

Histoire d'une rose (2 acts, 2 tableaux), Vieille histoire (1 act, verse).
Paris: J. Meynial, 1927 (available at BN and ASP); performed in Paris, 1923 and 1924.

Le Rêve de Walenska (2 acts, 2 tableaux), Dianoral la juive (5 acts, 5 tableaux), Donella (2 acts, verse), La Duchesse de Vallière (7 tableaux, verse).
Paris: J. Meynial, 1927-28 (available at BN and ASP).

**REYNOLD** (Berthe) (pseudonym: Dolor).
Poetry.

L'Eternel Pierrot (1 act, verse).
Paris: L. Vanier, 1897.
Paris, Grand Guignol, 3-7-1898.
[BN 8 Yth 28044, ASP Rf. 70. 483, AN F$^{18}$1464].

Petite femme (comedy, 1 act).
Paris: Ed. Fasquelle, 1902.
Paris, Théâtre Antoine, 23-10-01.
[BN 8 Yth 30149, ASP Rf. 70.484, ARS GD 8 27295, ASP Rondel ms. 2469, AN F$^{18}$129 3].

Les Bagatelles de la porte (comedy, 1 act).
Paris: Ed. Fasquelle, 1910.
Paris, Athénée, 12-10-09.
[BN 8 Yth 33403, ASP Rf. 70.488, ARS GD 8 29362].

Les Moutons noirs (tragédie rustique, 3 acts, prose).
Paris: Figuière, 1911.
Théâtre d'Astrée, planned c. 1912.
[BN 8 Yth 34125, ASP Rf. 70.489, ARS GD 8 27750].

L'Amour minotaure (6 acts and 5 tableaux).
Paris: Librairie théâtrale, 1920.
[BN 8 Yth 36112, ASP Rf. 70.490].

REZA (Yasmina).
Paris, 1957 -
Actress, director; Prix Molière 1987; film script writer.

Marie la louve. Adapted from a novel by Claude SEIGNOLLE.
Paris, Lucernaire Forum, June 1981.

Jusqu'à la nuit.
Paris, Théâtre Essaïon, Théâtre à une voix (reading), 12-2-83;
Paris, Beaubourg, Jan. 1986 (reading).
[AV ms. Fol. AY 433, SACD ms. TAV].

Conversation après un enterrement.
Paris: Actes Sud-Papiers, 1986.
Paris, Théâtre Paris-Villette, 15-1-87.
[BN 16 Y 1051 (72), BHVP, SACD, AV].

La Traversée de l'hiver.
Paris: Actes Sud-Papiers, 1989.
Théâtre d'Orléans, 6-10-89; Paris, Théâtre National de la
Colline, 9-1-90.
[BN 16 Yf 2062, ASP 8 Y 4642, SACD, AV].

RHAIS (Mme Elissa) (pseudonym of Rosine BOUMENDIL, Mme Moïsie
AMAR, then Mme Maurice CHEMOUL).
Born in Blida (Algeria), 1876 - 1940.
Algerian novelist.

Le Parfum, la femme et la prière (comédie algéro-marocaine, 4 acts, 6
tableaux).
Paris, Champs-Elysées, 16-5-33.

RHEAL (Mme Germaine).

Qui es-tu? (social and psychological play, 3 acts, 9 tableaux).
Paris, Théâtre Albert 1er, 14-3-33.

RIBES (Françoise).
Published a collection of poetry.

Tels qu'ils sont peints (4 acts).
Paris: Ed. de la Revue Moderne, 1961.
[BN microfiche 16 Yth 2231].

**RIBEIRO-DAGET** (Lena).

> La Fugue du bac (musical comedy).
>> Paris, Déjazet (Cie Lena Daget), May 1987 (directed by author).

**RICHARD** (Cécile).

> C'est pas moi, c'est l'autre (one woman show).
>> Paris, La Vieille Grille, April 1978.

**RICHARD** (Nicole) (see Thérèse FLAMMARION).
Social studies teacher in Metz.

**RICHEPIN** (Mme Jean) (see LAPARCERIE).

**RIEUX-GILLET** (Brigitte).

> L'Achèvement.
>> Paris: Théâtrales (ms. 1948), 1989.
>> [AV, TH].

**RIHOIT** (Catherine).
Novelist, poet.

> Kidnapping (3 actes).
>> Paris: Gallimard (Manteau d'Arlequin), 1984.
>> Paris, Théâtre de Poche Montparnasse, 12-12-84.
>> [BN 16 Y 224 (163), ASP 8 Y 2485, AV].

**RIMAC** (Anne de).
Novelist.

> Les Transformations de Simone (comedy, 4 acts).
>> In Semaine de Suzette 6:30-31 (1910).
>> [BN microfilm m-8017 (1910)].

**RIMBAUD** (Catherine).

> La Brasserie du bonheur. Co-authored by Antoine CAMPO.
>> Paris, Centre Culturel de Beaugrenelle (Cie Sivio Gino-Winnie Scott), Sept. 1984.

> Spectacle commercial. Co-authored by Antoine CAMPO.
>> Paris, Cartoucherie - Théâtre de la Tempête, 16-9-85 (performed by authors).

**RINGUENET** (Huguette).

Le Mystère du Roi Louis XII (2 parts). Co-authored by Pierre OLIVIER.
>> Château de Blois, 7-6-63.
>> [SACD ms. 128].

**RISSLER** (Suzanne) (née BOULAY).

Le Mort revient de suite (detective play, 3 acts). Co-authored by J. GUITTON.
>> Paris, Porte St-Martin, 13-12-46.

**RIVES** (Geneviève).

Et si le Roi et le Prince s'ennuyaient.
>> Paris, Théâtre sur le pavé, 27-5-89 (directed by author).

**RIZVI** (Roxane).

Loin d'Ankhora.
>> [SACD ms. CA 171(81-89)].

**ROBERT** (Jacqueline) (pseudonym).

Le Petit théâtre. 2 one-act comedies.
>> Issy-les-Moulineaux: Ed. théâtrales "Art et comédie", 1971.
>> [BN EL 8 Y 6542 (1-2), ASP 16 Y 2545].

**ROBERT HENRY** (Madame).

Légende de sainte Odile (4 acts, 6 tableaux).
>> Niort: Impr. Nicolas-Imbert, 1973.
>> [BN EL 8 Y 9471, ASP 16 Y 2586].

**ROBIN** (Muriel).

Maman ou Donne-moi ton linge, j'fais une machine. Co-authored by Didier BENUEAU.
>> Festival de St-Gervais 1987, Dix Heures, 24-3-87 (directed and performed by authors).

Various one woman shows, co-authored by Pierre PALMADE, performed in Paris in the late 1980s.

**ROBISCO** (Nathalie).

Rencontre d'Ermenonville: Dialogue entre Rousseau et Robespierre. Co-authored by Hugues ROYER.
>> [SACD ms. CA 172].

**ROCHE** (Anne).
> Literary historian.

> Louise/Emma, Rencontre/fiction.
>> Paris: Editions Tierce, 1983.
>> Marseille, Théâtre de Recherche, 20-5-83; Théâtre de l'Escalier d'or, 4-10-83.
>> [BN EL 8 Y 14505, ASP 8 Y 2651, AV].

**ROCHE** (Mme A. M.).

> Une Fête de nuit chez les fleurs (féerie à grand spectacle).
>> Amiens: Poiré-Choquet, 1912.
>> [BN 8 Yth 34660, ARS GD 8 36961].

**ROCHER** (Thérèse).

> Vols de nuit pour deux escales.
>> Paris, Théâtre des Vinaigriers (Cie Il était une fois), 27-3-85 (directed by author).

> Rock romantisme (4 parts, 13 tableaux).
>> [SACD ms. CA 172].

**ROCHERON** (Mme Henri).

> Il ne faut pas jouer avec le feu (comedy, 3 acts).
>> Paris: Vaubaillon (le Bon Répertoire), [1935].
>> Paris, Petite Scène, 24-5-35.
>> [BN 8 Yf 2533 (70)].

> Les Sabots qui montent (comedy, 1 act).
>> Montbazon, private performance, 6-12-36.

**ROCHMAN** (Caroline).

> La Famille Leibovitch.
>> Paris, Tristan-Bernard, March 1982.

**RODET** (Madeleine) (Gérard de SAINT-PIERRE).
> ? - 1953.

> Chacun pour soi (comedy, 4 acts).
>> Perrache, Salle du Foyer, 19-5-33.

> Sur le grand chemin (comedy, 3 acts).
>> Lyon, Théâtre des Célestins, 5-3-38.

**RODOCANACHI** (Marie E.).

> A bon chat, bon rat (proverb, 1 act, prose).
> > Paris: E. Paul, 1907.
> > La Société des Amateurs, 26-5-04.
> > [BN 8 Yth 32324, ARS GD 8 28075, ASP Rf. 84.462].

> Pourquoi pas ? (comedy, 1 act, prose).
> > In La Nouvelle Revue 1-12-05; Paris: E. Paul, 1906.
> > [BN 8 Yth 31637].

**ROGER** (Gabrielle) (see Gabrielle PERDUCET).

**ROGNON** (Mme Emma) (Veuve Georges).

> Sophies modernes (1 act).
> > Oran, 7-6-28.

**ROHAN** (Duchesse de) (née Herminie de la BROUSE de VERTEILLAC).
Paris, 1853 - id., 1926.
Poet, painter; held a salon.

> Le Donjon des poupées (dialogue féerique, 3 acts).
> > Paris, Salle Gaveau, 23-6-13.

> Pendant la guerre (3 acts).
> > In Le Gaulois 5-4-22.
> > [ASP Rf. 71.070].

**ROLIN** (Dominique) (Mme MILLERET).
Bruxelles, 1913 -
Novelist (Prix Femina 1952).

> L'Epouvantail (dramatic comedy, 4 acts).
> > Paris: Gallimard (Manteau d'Arlequin), 1957.
> > Paris, Théâtre de l'Oeuvre, 23-3-58.
> > [BN 16 Y 224 (9)].

> Patpapa.
> > Paris, 400 coups, 9-6-80.

**ROLLAND** (Alice).
Poet.

> L'Ombre du toit (dramatic poem, 1 act).
> > Grenoble: Mongin.

D'un débat que le grand saint Pierre eut avec la vierge Marie et ce qu'il en advint (mystery play, 1 act). Co-authored by Suzanne ROLLAND. First prize, Concours de Théâtre Chrétien, 1923.
>    Mamers: G. Enault and Paris: SPES (Théâtre chrétien), 1924.
>    Patronage, 21-1-27.
>    [BN 8 Yth 37262, ASP Rf. 86279].

Le Miracle du sourire. Hommage à la Soeur Thérèse (poème scénique, 1 act).
>    Mamers: G. Enault and Paris: SPES (Théâtre chrétien), 1925.
>    [BN 8 Yth 37574].

**ROLLAND** (Suzanne) (see Alice ROLLAND).

**ROLLIN** (Bernadette).
>    Actress, singer.

>    Marie 89. Co-authored by Claudine GALEA.
>    >    Paris, Théâtre du Bel-Air, 10-11-88 (Rollin in cast).

**ROMAIN** (Marguerite).

>    Pourquoi changer (comedy, 1 act, verse).
>    >    Blois, 11-5-18.

**ROMAIN** (Marthe) (née BENOIT) (Paul CHANTELOUP).

>    Cheribi (comedy, 1 act).
>    >    Tours, private performance, 26-9-36.

**ROMAND** (Anny) (see Florence MICHEL).

**ROSIS** (Suzanne).

>    Le Beau capitaine (drama, 3 acts).
>    >    Paris, Théâtre Albert 1$^{er}$, 28-6-21.

**ROTH** (Lina).
>    ? - 1962.

>    Monsieur de ceci, Monsieur de cela. Children's plays.
>    >    Paris: F. Mathieu, 1934; Paris: Billaudot, 1951.
>    >    [BN 16 Yf 2567, ASP Rf. 86283].

>    Un Petit bravo s'il vous plaît. Plays and monologues for children.
>    >    Paris: Billaudot, [1947].
>    >    [BN 16 Yf 87].

Frappons les trois coups. Plays and monologues for children.
> Paris: Billaudot, 1950; Paris: Librairie théâtrale, 1971.
> [BN 16 Yf 205, ASP 16 Y 2143].

Levons le rideau. Plays and monologues for children.
> Paris: Billaudot, 1954.
> [BN 16 Yf 383].

Tous en scène. Plays for children including:
"Athanase" (comedy, 1 act),
> Oye-plage, private performance, 21-1-35;
"Photographie instantanée" (comedy, 1 act),
> Plan-de-Grasse, private performance, 28-7-35.
> Paris: Billaudot, 1956.
> [BN 16 Yf 391].

Numerous other children's plays published primarily by Billaudot (Paris), 1939-1959 and by Ed. du Cep beaujolais (Villefranche), 1948-58 (available at BN).

**ROUAN** (Brigitte) (see Christine JACQUET).

**ROUARD** (Madeleine).

Epouse-moi (comedy, 3 acts). Co-authored by Jean CONTI, Emile CODEY.
> Joigny, 18-3-29.

**ROUBÉ-JANSKY** (Alexandra).
Born in Warsaw.
Novelist; director of Théâtre des Arts (1951-69).

Dostoïewski (9 tableaux).
> Performance planned at Théâtre des Arts, 1937.

J'ai quatorze ans (comedy, 2 parts, 6 tableaux). Adapted from Roubé-Jansky's novel by the same title.
> Paris, Théâtre des Arts, 8-5-58.

**ROUGEMONT** (Gilberte de, soeur de Grandchamp).

Mystères de la vie du Christ. 8 one-act mystery plays.
> Neuchatel et Paris: Delachaux et Niesile, 1964.
> [BN 16 Yf 581].

**ROUGERON** (Micheline) (see Marie-Jo KOLLMANNSBERGER).

**ROULAND** (Joëlle).

Les Bains de rivières (1 act).
Office Culturel de Creil, 8-11-88.
[SACD ms. 2346].

Dispensé d'affranchissement (monologue).
Paris: Théâtrales (ms. 505), [1985].
Champs sur Marne, 19-3-83.
[AV, TH, SACD ms. 434].

**ROUMANOFF** (Anne).

Bernadette, calme toi! (one woman show).
Paris, Blancs-Manteaux, March 1988.

**ROUSSEAU** (Brigitte).
c. 1945 -
Poet.

Fourbidules.
[SACD ms. CA 175 (1988)].

**ROUSSEAU** (Mme Gabriel).

Celta (lyric drama, 4 acts).
Théâtre de Verdure, Pré-Catelan, July 1920.

**ROUSSEAU** (Josanne).
Born in Paris.
Professor of philosophy until 1982; drama critic; reader for Théâtre
National de Chaillot (1984-88), director; professor at l'Institut d'études
théâtrales, University of Paris-III; adaptor.

La Loggia (18 scenes).
Paris, Théâtre Ouvert, Jardin d'hiver (mise en espace), 22-4-
86.
[SACD ms. 3585].

Un Peu d'effroi.
Paris: Théâtre Ouvert (Tapuscrit 55), 1989.
France Culture (Nouveau Répertoire Dramatique), May 1989.
[BN 8 Yf 3262 (55), SACD, AV].

**ROUSSEL** (Francine).

Histoire de clown (one woman show).
Paris, Au vrai chic parisien, Dec. 1973.

**ROUSSEL** (Marie-Hélène).

> La Famille de Tartuffe (comedy, 4 acts).
>> Paris: La Pensée universelle, 1974.
>> [BN EL 8 Y 5960, ASP 16 Y 2528].

**ROUSSEL** (Nelly) (or NELLY-ROUSSEL) (Mme Henri GODET).
> 1878 - 1922.
> Journalist and lecturer, professor of diction; feminist, anarchist, neo-malthusian activist.

> Les Amies (comedy, 1 act). Written at age 6.
>> [MD ms.].

> Par la révolte (scène symbolique, 1 act, prose).
>> Paris: Impr. L. et A. Cresson, n.d.
>> Paris, Maire du 9e arrondissement (Université Populaire du 9e et 10e arrond.), 18-4-03.
>> [BN Yf pièce 1162, ASP Rf. 71.818, BHVP].

> Pourquoi elles vont à l'église (comedy, 1 act).
>> Paris: N. Roussel, [c. 1910]; in La Mère éducatrice 6e année, n° 11 (Nov. 1923).
>> [BN 16 Yf pièce 91].

> La Faute d'Eve (scène symbolique).
>> In Le Mouvement féministe 4 (15-9-1913); in La Libre pensée internationale (1-6-1916).
>> [MD dos ROU].

**ROUSSEL-DESPIERRES** (Mme).

> Judith de Bethulie (dramatic scene, 1 act). Text by Mme G. ROUSSEL-DESPIERRES. Music by Mme Armande de POLIGNAC.
>> Opéra, 23-3-16.
>> [OP Rés. 2376 (ms.)].

**ROUTIER** (Marcelle) (née FRASSE).
> Novelist, journalist, essayist, painter.

> La Servante du passeur. Adapted from a novel by E. WIECHERT.
>> Paris, Théâtre Hébertot, 1955.

> Ils ont joué avec les allumettes (3 acts).
>> Paris, Théâtre de l'Alliance française (Théâtre d'aujourd'hui), 12-9-58.
>> [SACD ms. 1414].

Le Combat de la mouche. Co-authored by Gérard DESSALLLES.
Paris, Petite Roquette, 4-12-81.

**ROUVRAY** (Marie).

Actress; professor at the Université Paul Valéry, Montpellier III; member of Exagone, Groupe de Recherche Théâtre et Musique.

Savez-vous que les arbres parlent? Adapted from an American Indian oral tradition.
Paris, la Vieille Grille, 1977.

La Brèche aux loups.
Caplong: chez l'auteur, 1978.
Bordeaux, SIGMA, 1978.
[ASP 4 Y 1372].

Mes amis les loups (children's play). Adated from a book by F. NOWAT.
Performed on tour in Aquitaine, 1979.

Fleur de peau (musical poem).
Festival de Gourdon, 1980.

Les Miroirs du temps (4 acts).
Montpellier: A.I.R de l'Université Paul Valéry, 1990.
Bordeaux, SIGMA and Metz, Festival de Science-Fictoin et de l'Imaginaire, 1981.
[AV].

Dérive.
Festival de Sainte-Foy-la-Grande, 1982.

Les Imaginaires, 1983.

Elisée Reclus... Qui c'est çui-là?, 1984. Adapted from the correspondance and works of Elisée RECLUS.

Yanko le musicien. Adaped from a short story by SIENKIEWICZ.
Co-production by Exagone and Théâtre de feu, 1985.

Le Petit bruit des perles de bois.
Paris, Essaïon, Théâtre à une voix (reading), 22-11-86;
Espace Marais, 12-11-87 (author in cast).
[SACD ms. TAV 175].

**ROUXEL** (Marie).

Le Fantôme de la Tour d'Argent (comedy, 2 acts).
Paris: Vaubaillon, 1927.
[BN 8 Yth 38613, ASP Rf. 71.865].

Filles d'Eve (saynète amusante), Le Scrutin des petites filles (saynète, 1 act), Le Trésor des extra-lucides (comedy, 1 act).
Paris: Vaubaillon, [1927].
[BN 4 Yth 8998-9000].

**ROUZES** (Mlle Bertrande) (Mme BAILLEUL).
? - 1964.
Novelist and poet.

Laurent Albani (4 acts). Adapted from a novel by Paul BOURGET.
Paris: G. Enault, 1930.
[BN 8 Yth 39328].

Nouveau Scherlock [*sic*] Holmes (comedy, 1 act).
Paris: Librairie Théâtrale, 1931.
Montpellier, 24-3-31.
[BN 8 Yth 39610, ASP Rf. 71.868].

Elu qui passa (1 act).
Salle du Journal, 29-4-31.

Le Denier de Dieu (comedy, 1 act).
Paris: Librairie Théâtrale, 1931.
[BN 8 Yth 39372].

Marguerite Norval (1 act).
Parthénon, 16-3-32.

**ROVÈRES** (Liliane).

Lili (autobiographical play).
Paris, Comédie de Paris, Jan. 1985 (performed by author).

**ROY** (Denyse).

Corrida en famille (comedy, 1 act), Petite rue tranquille (comedy, 1 act), Y'a qu'l'amour (comedy-revue, 2 acts).
[SACD mss. 187-188, 215].

Les Romanichels... et les autres ou la Halte des Romanichels (comedy-revue, 2 acts). Performed under the title La Halte des tziganes.
La Rochelle, 7-12-60.
[SACD ms. 186].

**ROY** (Marie-Thérèse) (see Olivia ORLANDI).

**ROYER** (Mme Ch.).
Poet and novelist.

Neurasthénique (1 act).
Paris, Théâtre d'Antin, 5-10-06.

L'Absence (comedy, 1 act).
Château-Thierry, 16-3-07.

**ROZE** (Pascale) (JACQUET).
Saigon, 1954 -
Actress; author of short stories.

Mary contre Mary (3 tableaux).
Paris, Théâtre Essaïon, Théâtre à une voix (reading), 26-9-84.
[SACD ms. TAV 176].

La Maison.
[SACD ms. CA 176].

Sainte Icarie (14 tableaux).
Paris: Théâtrales (ms. 1667), 1987.
Paris, Théâtre Essaïon, Théâtre à une voix (reading), 10-1-87;
Odéon, Semaine des Auteurs (reading), June 1987.
[AV, TH, POI, SACD ms. TAV 176].

**ROZELLE** (Claudine).

Encore un de parti (comedy bouffe, 3 parts, 10 tableaux).
Summary in Catalogue analytique de pièces à rôles mixtes.
Paris: L'Amicale, 1964.
[ASP 16 W 671].

**RUBINSTEIN** (Zarina) (see SALAHUDDIN-RUBINSTEIN).

**RUCHAUD** (Frédérique).

Fait divers.
[SACD ms. CA 176].

**RUSTICA** (see Berthe de PUYBUSQUE).

**RUTHENE** (Mme Renée de).

Sans la nommer (comedy, 1 act, verse).
Parthénon, 20-4-28.

L'Illustre Sganarelle (comedy, 1 act).
Paris, Théâtre Albert 1er, 11-10-31.

La Route lumineuse (3 acts, 4 tableaux), Le Soupçon (3 acts).
>  Paris, Cercle St-Camille, 13-3-32 and 19-6-32

Bâtir sur le sable (3 acts). Co-authored by Jean BERGEAUD.
>  Paris: G. Enault, 1938.
>  Paris, Salle Gustave Doré, 10-2-38.
>  [BN 8 Yth 41775, ARS 8 Th N 34158].

Les Ailes blanches (3 acts, 8 tableaux).
>  Paris, private performance, 30-4-38.

Orage (religious play, 1 act). Co-authored by Jean BERGEAUD.
>  Summary in Catalogue analytique de pièces à rôles mixtes.
>  Paris: L'Amicale, 1964.
>  [ASP 16 W 671].

**RYLEY** (Madeleine Lucette).

Souris et hommes (comedy, 4 acts).
>  Paris, Lyric Théâtre, 27-1-02.
>  [ASP Rondel ms. 2531].

# S

**SABINE** (Jacques) (see Sabine MANCEL).

**SABLONNIERES** (Pascale).

Blanc d'été.
[SACD ms. CA 177 (Feb. 1983)].

**SABOURIN** (Romola).

Couvre-jeux.
Paris, Café-Théâtre de l'Odéon, 5-2-75.

**SACY** (Anne-Martine de).

On aurait dit qu'on était un homme et une femme.
[SACD ms. CA 177].

**SAGAN** (Françoise) (pseudonym of Françoise QUOIREZ).
Cajarc (Lot), 1935 -
Novelist.

Château en Suède (comedy, 4 acts).
Paris: Julliard, 1960; in Avant-Scène-Théâtre 234 (1961).
Paris, Théâtre de l'Atelier, 4-3-60.
[BN 16 Yth 2171, ASP 16 Y 77, SACD, AV].

Les Violons parfois (comedy, 2 acts).
Paris: Julliard, 1962; in Avant-Scène-Théâtre 265 (1962).
Paris, Théâtre du Gymnase, 9-10-61.
[BN 16 Yf 425, ASP 4 Y 116, SACD, AV].

La Robe mauve de Valentine (comedy, 2 acts).
Paris: Julliard, 1963; in Avant-Scène-Théâtre 318 (1964).
Paris, Théâtre des Ambassadeurs, 18-1-63.
[BN 16 Yf 518, ASP 16 Y 348, SACD, SACD ms. 2236].

Bonheur impair et passe (2 acts, 1 tableau).
Paris: Julliard, 1964.
Paris, Théâtre Edouard VII, 10-1-64.
[BN 16 Yf 570, SACD].

Le Cheval évanoui. Includes "Le Cheval évanoui" (2 acts, 7 tableaux),
"L'Echarde" (comedy, 1 act) [SACD ms. 681],
Both performed in Paris at the Théâtre du Gymnase, 10-9-66;
Paris: Julliard, 1966.
[BN 8 Yf 2980, ASP 8 Y 550, SACD].

Un Piano dans l'herbe (comedy).
Paris: Flammarion, 1971.
Paris, Théâtre de l'Atelier, 15-9-70.
[BN 16 Yf 846, ASP 16 Y 1884].

Il fait beau jour et nuit.
Paris: Flammarion, 1979.
Paris, Comédie des Champs-Elysées, 16-10-78.
[BN 16 Yf 1259, ASP 8 Y 1694, AV].

L'Excès contraire (comedy).
Paris, Bouffes Parisiens, 8-9-87.

**SAGNIERES** (Lucette-Marie).
Actress, director; poet, journalist, adaptor.

Stéphanie and Co.
Centre Dramatique National des Pays de Loire, 1981.

Dimitri Illytch ou le Testament du jour.
Paris: Théâtrales (ms. 818), [1985].
Paris, Théâtre Essaïon, Théâtre à une voix (reading), 30-5-83;
Paris, Petit Odéon, Semaine des Auteurs (reading), March
1984; Palais des Glaces, 3-9-85.
[AV, TH, POI, SACD ms. TAV 177 (dated 1979-80)].

Trinité : Une trilogie de la douleur.
Paris, Théâtre Essaïon, Théâtre à une voix (reading), 1-12-84.
[SACD ms. TAV 178].

Journal d'un fou.
Centre Dramatique National de Reims, March 1986.

Les Teinturiers de la lune (drama, 3 tableaux).
  Paris, Théâtre Essaïon, Théâtre à une voix (reading), 5-4-86;
  Petit Odéon - Semaine des Auteurs (reading), 4-6-86.
  [POI ms., SACD ms. TAV 177 (dated 1984-85)].

La Nuit se lève.
  [SACD ms. CA 177 (dated 1986-87)].

**SAINT-DENIS** (Jocelyne) (see Ginette CANDOTTI-BRESSON).

**SAINTE-CROIX** (Suzanne de).
Founded a radio program for children, *Ondes Enfantines.*

L'Amour qui sauve (1 act).
  Salle du Journal, 2-5-24.

Bonjour Monsieur Printemps (sketch, 1 act).
  Paris: Delagrave, 1932.
  [BN 8 Yth 39636, ASP Rf. 86294].

Histoires de poupées (sketch, 1 act).
  Paris: Delagrave, 1932 (cast list).
  Radio-Paris, Ondes Enfantines.
  [BN 8 Yth 39638].

Ils étaient trois petits enfants (fairytale-comedy in free verse, 2 acts).
Co-authored by Charles GOAREM.
  Paris: Delamain et Boutelleau, 1937 (cast list).
  Poste National Radio-Paris, 21-12-35.
  [BN 8 Yth 41594].

La Dame de la mairie (comedy, 1 act). Co-authored by J. de BERYS.
  Cuinzier (Loire), private performance, 17-10-37.

Deux bons moines et saint Nicolas (3 acts).
  Paris: G. Enault, 1938.
  Radio-Paris, 9-12-36; Paris, Grand Guignol.
  [BN 8 Yth 41840].

**SAINTE-MARIE PERONI** (Marlène).

Soliloque pour une fuite (monologue).
  [SACD ms. CA 178 (Oct. 1983)].

**SAINT-GINIEZ** (J.) (Juliette CLINCHARD, Mme CRESCENZO-SARVIL).
Song writer; author of detective novels.

Zibeline (comedy, 4 acts).
       In France-Illustration 31 (26-3-1949).
       Paris, Théâtre Michel, 25-9-48.
       [BN 4 Z 4049 (31), BHVP, SACD].

Belle de mai (comedy, 3 acts).
       In France Illustration 91 (22-9-1951).
       Paris, Bouffes-Parisiens, 1951; Théâtre Charles de Rochefort,
       28-5-62.
       [BN 4 Z 4049 (91)].

Vincent et Margot (comedy). Primary author: Pierette BRUNO.
       Paris, Renaissance, 10-12-83.

**SAINT-MARTIN** (Anne).

Zakouskis (1 act).
       In Avant-Scène-Théâtre 305 (1964).
       [BN 4 Y 78 (305), ASP 4 Jo 12601].

Deux doigts d'ingénue (lever de rideau, 1 act).
       In Avant-Scène-Théâtre 364 (15-9-1966).
       [BN 4 Y 78 (364), ASP 4 Jo 12601].

**SAINT-POINT** (Valentine de) (pseudonym of Anna-Jeanne-Valentine-Marianne DESGLANS de CESSIAT-VERCELL, Mme F.-T.-E. PERRENOT, then Mme C. DUMONT).
Lyon, 1875 - Cairo, 1953.
Poet, novelist, short story writer, essayist, lecturer, painter, actress.

Le Déchu. First part of a trilogy followed by "La Race" and "L'Instinct" (unpublished).
       In La Nouvelle Revue 1-6-1909.
       Paris, Théâtre des Arts (Cercle Les Essayeurs), 27-5-09.
       [BN microfilm m. 563, ASP Rf. 71.999].

La Métachorie (drames idéistes, synthesis of the arts).
       Paris, Théâtre des Champs-Elysées, 20-12-13.

L'Ame impériale ou L'Agonie de Messaline (tragedy, 3 acts, verse).
       Paris: E. Figuière, 1929.
       Performed, 1929.
       [ASP Rf. 72.002].

**SAINT-YGEST** (Marie).

>Le Fou de Byzance (5 acts).
>>[ASP Rondel ms. 2536].

**SALAHUDDIN-RUBINSTEIN** (Zarina).
>Tunis, 1954 -
>Actress, director; literature professor; author of poetry and short stories.

>Jeu même. Title on manuscript: Jeu m'aime.
>>In Avant-Scène-Théâtre 740 (1983).
>>Paris, Lucernaire Forum (Théâtre Noir), June 1983 (directed by author and Laurent Mantel).
>>[BN 4 Y 78, ARS 4 Jo 12601, SACD ms. CA 176].

>Quatuor.
>>[SACD ms. CA 176].

>Le Drap de sable.
>>Paris, Lucernaire, March 1984 (performed by author).

>Le Pont.
>>Paris, Théâtre Arcane, 1987 (performed by author).

**SALIK** (Rachel).
>Actress, director.

>Suzanne Lenglen la diva du tennis (sport-spectacle). Co-authored by Michèle CHEVROT.
>>Paris, Carré Silvia Monfort, May 1987 (Salik director and member of cast).

>Pour l'amour de Marie Salat. Adapted from a work by Régine DEFORGES.
>>Paris, Poche-Montparnasse, May 1988; Peitt Mathurins, March 1989.

**SALLENAVE** (Danièle).
>Algiers, 1940 -
>Novelist (Prix Renaudot 1980), literary critic, translator, essayist; professor at l'Université de Paris X - Nanterre.

>Le Voyage à Amsterdam. Adapted from a text published in 1977.
>>Paris, Théâtre Ouvert, Jardin d'Hiver (mise en voix), 12-6-82.

>Regarde, regarde de tous tes yeux.
>>Paris, Petit Odéon, 25-11-86.

Conversations conjugales.
　　　　Paris: P.O.L., 1987.
　　　　Paris, Théâtre Ouvert, Jardin d'Hiver, 6-11-87.
　　　　[BN 8 Y2 102997, BSG, SACD].

**SALOMON** (Marie-Laurence).

Hermine ou l'hiver (drama, 3 acts).
　　　　[SACD ms. CA 179].

Frédéric, ou la Révolution humaniste (Christian comedy, 3 acts).
　　　　Nanterre: Académie européenne du livre, 1990.
　　　　[BN EL 8 Y pièce 6400, ASP 8 Y 4261].

**SANDERS** (Sarah) (see Claudia MORIN).

**SANEROT-DEGROOTE** (see DEGROOTE).

**SANS** (Mlle S. Camille).

L'Ombre (drama, 2 tableaux).
　　　　Paris, Atelier, 26-1-32.

**SANS-JOLLIVET** (see JOLLIVET).

**SANTOS** (Emma) (patronym: Marie Annick LE GOFF).
　　Paris, 1950 -
　　Novelist, essayist, one woman shows.

Le Théâtre d'Emma Santos (monologue).
　　　　Paris: des femmes, 1976.
　　　　Paris, Carré Silvia Monfort, 1-12-76.
　　　　[BN 16 Yf 1137, AV].

J'ai tué Emma S. Adaptation of an autobiographical essay.
　　　　Paris, Cour des Miracles, June 1978.

**SARRAUTE** (Nathalie) (patronym: Nathalie TCHERNIAK).
　　Ivanovo-Voznessensk (Russia), 1900 -
　　Novelist, essayist.

Le Silence. Followed by "Le Mensonge".
　　　　Paris: Gallimard, 1967; Paris: Gallimard, 1993.
　　　　First performed on the radio, Süddeutcher Rundfunk, 1-4-64;
　　　　Paris, Théâtre de France (Petit Odéon), 14-1-67.
　　　　[BN 16 Yf 675, ASP 16 Y 1084, AV].

Le Mensonge.
>   In Cahiers Renaud-Barrault 54 (1966).
>   First performed on the radio, France Culture, 2-3-66; Paris,
>   Théâtre de France (Petit Odéon), 14-1-67.
>   [BN 16 Yf 675, ASP 8 Jo W 38 (54)].

Isma ou Ce qui s'appelle rien. Followed by "Le Silence" and "Le
Mensonge".
>   Paris: Gallimard, 1970.
>   First performed on the radio, Süddeutcher Rundfunk, 7-1-70;
>   Paris, Théâtre des Ambassadeurs, Espace Cardin, 5-2-73.
>   [BN 16 Yf 1242, ASP 8 Y 1815, AV].

Théâtre: "Isma", "Le Mensonge", "Le Silence",
"Elle est là",
>   Paris, Centre G. Pompidou (Festival d'Automne), 2-11-78;
"C'est beau",
>   Paris, Petit Théâtre d'Orsay, 27-10-75.
>   Paris: Gallimard, 1978.
>   [BN 16 Yf 1242, ASP 8 Y 1660, SACD, AV].

Pour un oui ou pour un non.
>   Paris: Gallimard, 1982.
>   Paris, Théâtre du Rond-Point, 17-2-86.
>   [BN 16 Yf 1402, ASP 16 Y 4299, BSG, SACD, AV].

**SARROUY** (Claudie) (see Sylvie JOLIN).

**SARTHOU** (Brigitte).

Drôle de voyage. Co-authored by Jacques SARTHOU.
>   Clichy, Théâtre Rutebeuf (Théâtre de l'Ile de France), 21-12-
>   1989.

Dormir la lune dans un oeil et le soleil dans l'autre. Co-authored by
Jacques SARTHOU.
>   Paris, Théâtre Essaïon, 14-11-86 (performed by authors).

**SATIAS** (Marcelle) (née TROMBETTA).

Le Dernier souvenir (1 act, verse). Co-authored by Michel JUNCAR.
>   Bayonne, Théâtre municipal, 4-7-34.

**SAUTEL** (Nadine).
Novelist, literary critic.

Au secours papa, maman veut me tuer.
>   Paris, Dix Heures, 31-10-83.

**SAVARY** (Pauline) or **SAVORI**.

Divorce impérial.
Paris, l'Aurore, Université Populaire du XVIe arrondissement,
(reading), 1900.
[AN F$^{18}$ 1353 (ms. dated 1890)].

**SAVIGNAC** (Ida).

Je réépouse ta mère (comedy, 3 acts), Requiem pour un cinq à sept (2
acts), La Sainte (dramatic comedy, 7 acts).
[SACD ms. CA 181].

**SAWINKOWA** (Mme S.).

Qui aime... vit (3 acts).
Submitted to Théâtre de l'Odéon, 1909.
[ASP Rf. 72347 (summary)].

**SAXE** (Mary).

La Rodeuse (realist play, 4 acts, 7 tableaux).
Paris, Bouffes du nord, 7-7-22.

**SCANT** (Renata).
Founded Théâtre-Action de Grenoble in 1971.

Il faut sauver Laurélie (1973), Djebelle: la nuit des sources (n.d.),
Kraho le mirador (n.d.), Le Grand tintouin (1973), Top aux jeunes
(1973), .Désir à crédit (1976), La Mémoire d'or (1976), La Souche ou
Nuit et mort de la famille (n.d.), L'Apprivoisé (n.d.), La Peau de
serpent (n.d.), Les Migrations éblouies (n.d.).
Children's plays published and performed by Théâtre-Action
de Grenoble (available at ASP and/or AV). Many co-authored
by F. GARNIER.

Murielle ou l'âge d'aimer: journal d'une adolescente. Co-authored by F.
GARNIER.
Claix: La Pensée sauvage, 1979.
Grenoble, Théâtre-Action, 2-5-79.
[BN 8 Z 49892 (1), ASP 8 Y 2659, AV].

Le Septième cercle. Co-authored by F. GARNIER.
Grenoble: La Pensée sauvage, 1981.
Villeneuve de Grenoble, Espace 600 (Théâtre-Action), 12-5-
81.
[ASP 8 Y 2187, AV].

**SCHNEBELIN** (Marguerite).

>    Alsace (patriotic drama, 4 acts, prose).
>>        Paris: Librairie Saint-Paul, 1910.
>>        Saint-Dié, Salle des Oeuvres, Paroisse St.-Martin, Dec. 1909.
>>        [BN 8 Yth 33490, ARS GD 8 29736].

>    Je suis la vie (2 tableaux, verse).
>>        Paris: Librairie Saint-Paul, 1910.
>>        [BN 8 Yth 33599].

>    Les Boches cambrioleuses (saynète, 1 act), Pour la France! (patriotic
>    play, 3 acts), La Visite de la sous-préfète (comedy, 1 act), La France
>    qui vient... (Lorraine drama, 3 acts), Tante Line (1 act), Pour
>    l'honneur! (patriotic drama, 3 acts).
>>        Niort: Boulord, 1916-17 (available at BN).

>    La Fille de Jaïre (Palestinian drama, 4 acts, verse).
>>        Saint-Dié: Impr. de X. Sutter, 1926.
>>        [BN 8 Yth 38849].

**SCHNEIDER** (*Andrée* Simone Jeanne).

>    L'Etrangleur invisible (drama, 2 acts, 3 tableaux). Co-authored by José
>    de BERYS.
>>        Paris, Grand Guignol, 4-6-37.
>>        [SACD ms. 2893].

**SCHNEIDER** (Jeanne).

>    I...C...I (2 acts).
>>        [SACD ms. CA 182].

**SCHNEIDER-FAURE** (Georgina).

>    Mon cousin Muller (comedy, 3 acts).
>>        Summary in Catalogue analytique de pièces à rôles mixtes.
>>        Paris: L'Amicale, 1964.
>>        [ASP 16 W 671].

**SCHNITZLER** (Blanche) (Blanche BOURGEOIS).

>    Merovée (historical drama, 5 acts, verse).
>>        Paris: A. Lemerre, 1909.
>>        [BN 8 Yth 33508, ASP Rf. 72.394].

**SCHREIBER** (Isabelle Georges) (see GEORGES-SCHREIBER).

**SCHULMAN** (Valérie) (see Sophie BLIN).

**SCHWARZ-BART** (Simone).
1938 -
Novelist from Guadaloupe.

Ton beau capitaine (4 tableaux).
Paris: Seuil, 1987.
Guadeloupe, 3e Rencontres Caribéenes, 28-4-87; Paris, Théâtre National de Chaillot (Salle Gémier), 7-12-88.
[BN 16 Yf 1721, ASP 8 Y 3069, BSG, AV].

**SCHWOB** (Marguerite) (Marguerite MORENO).
1871 - 1948.
Actress.

Joséphine et Joséphine (à propos, verse). Co-authored by Daniel PARR.
Laon: Impr. du Courrier de l'Aisne, 1928.
Paris, Salons du Ministère de l'Intérieur, 7-1-28.
[BN 8 Yth 38749].

L'Echo (comedy, 3 acts). Co-authored by Daniel PARR.
Laon: Impr. du Courrier de l'Aisne, 1931.
Neris les Bains, 16-6-29; Théâtre de Contrexéville (tournées Baret).
[BN microfiche 8 Yth 39369].

**SCHWOEBEL** (Geneviève).

La Ligne de partage (Autopsie S comme Strindberg).
Paris, Théâtre Oblique, 15-11-77.

May Bartram ou la Répétition.
Paris, Espace Marais (Théâtre des habitants), 1-5-80.
[SACD ms. CA 182 (dated Oct. 1978)].

**SEAUVE** (Jeanne).

La Maison dans l'ombre (drama, 1 act).
Paris, Studio Féminin-Vieux Colombier, 27-5-33.

**SEBBAH** (Béatrice).

La Polka du spleen (1 act). Co-authored by Michel JOURDHEUIL.
Title on ms.: "Mise au point ou la Bataille du spleen".
Paris, Plaisance, 4-6-84.
[SACD ms. CA 183].

**SEE** (Anna).

> Les Rapaces (4 acts).
> > N.p., n.d.
> > Paris, Théâtre de l'Oeuvre or Nouveau Théâtre, 10-3-06.
> > [ASP Rf. 72.473, ARS GD 8 26812].

**SELINE** (Marie).

> Vierge et seul à Senlis.
> > Paris, Le Gratte-Pied, Jan. 1987 (author/director in cast).

**SELLEM** (Elisabeth).

> Peau d'âme (one woman show).
> > Bobigny, Maison de la Culture de la Seine-St.-Denis, 11-3-89.

**SEMONIN** (Laurence).
Actress, one woman show.

> La Madeleine Proust en forme (1 act).
> > Besançon: Cêtre, 1983.
> > Performed by author on tour, 1982-91.
> > [BN 16 Yf 1466, AV, SACD ms. 496].

> La Madeleine Proust. "La Madeleine Proust en forme" (see above);
> "La Madeleine Proust à Paris",
> > Performed on tour, 1987-91 (Paris, TLP Déjazet, 3-9-87).
> > Paris: Flammarion, 1990 (list of performance locations).
> > [BN 16 Z 31169, ASP 8 W 10420, AV].

> Du côté de chez Madeleine Proust (5 acts).
> > Besançon, Théâtre Municipal, 4-10-86.
> > [SACD ms. 895].

**SERAN** (Claude).
? - 1973.

> Les Derniers bourgeois (comedy, 2 acts, 10 tableaux). Co-authored by
> Paul AMONT.
> > [SACD m. 1645].

**SERGE-RAINER** (Nicole) (Mme Serge RAINER, née DELAMARRE).
Eymet (Dordogne), 1948 -.
Novelist, author of short stories.

L'Annonce ou l'Annonce faite à Marie... Madeleine or Ballade à Marie-Madeleine (monologue).
Paris, Théâtre Essaïon, Théâtre à une voix (reading), 25-6-84;
Théâtre Arcane, 29-10-86.
[SACD ms. TAV 183].

Un Bridge au paradis ou Cauchemar en un acte (politique-fiction), Pavot-pavé (comedy), Voom-voom (comedy).
[SACD ms. CA 183-4].

Rêves d'amour. Includes: "Colloque sentimental ou Peut-être bien que je rêvais..." (allegory, 1 act) and "Constat d'adultère ou la Mangouste" (comedy).
[SACD ms. CA 183].

Troquet's stories (spectacle en 5 destins):
"Isabelle et Mohammed";
"Chant de la lune",
Paris, Théâtre Fortune, 1986;
"La Rupture du marin";
"Dans un bistrot solitaire et glacé",
Metz, Centre Culturel de Queuleu (Théâtrothèque de Lorraine), 15-2-85;
"Et avec... "ça"?".
[SACD ms. CA 183].

Schizo-Pierrot (monologue).
In Répertoire Théâtrale de la Théâtrothèque de Lorraine 12 (April 1985). Also includes summaries of plays listed above.
Radio France Culture, Sept. 1986.
[ARS 8 JoW 811 (12), AV, SACD ms. CA 183].

La Mule du pape (comedy).
Paris, Le Bourvil, 27-1-89.
[SACD ms. CA 184].

Le Procès Oppenheimer (dramatic comedy), Les Chiens rouges (tragedy), Le Blé en verbe (comedy), Histoire de trois mobiles (comedy), Le Parachute (comedy).

**SERGENT** (Marianne).

La B.I.D. (Banque Internationale de la Défense) (psychological drama). Co-authored by Aravni MERIAN.
Paris, Théâtre de dix-heures, 6-4-74 (Sergent in cast).

Robert, attends-moi! (1976), Rendez-moi mes baskets (1977), Vite et fort (1978), Que la violence d'aimer (1984), Soldes d'automne (1984), La Meilleure (1986), La France ta fierté fout le camp (1990).
One woman shows performed in various café-théâtres.

**SERGINE** (Mlle Vera).
1884 - 1946.
Actress.

Greluchon (comedy, 4 acts).
Paris, Athenée, 17-3-09.

**SERREAU** (Coline) (pseudonym: Elie BOURQUIN).
Paris, 1947 -
Actress, scenario writer, film and theater director; daughter of Geneviève and Jean-Marie Serreau.

Lapin lapin. Signed Elie Bourquin.
Paris, Théâtre de la Ville, 18-2-86 (performed by author).
[SACD ms. 4165].

Théâtre de Verdure.
Comédie de Genève, 19-1-88.
[SACD ms. 4246].

**SERREAU** (Geneviève) (née MONNIER).
Saint-Trojan, 1925 - Paris, 1981.
Novelist, author of short stories, translations/adaptations; theater historian.

Noël à la roulotte (4 tableaux).
Paris: A l'enfant poète, 1945 (illustrations of costume and stage designs by Fabienne Bertoux).
[BN 8 Yf 2762 (1)].

Le Marchand d'étoiles (3 acts).
Paris, Bouffes du Nord, 10-1-46.

Catherine Cholet déportée.
Lille, Théâtre Populaire de Flandres, 1951/52.

Un Barrage contre le Pacifique (dramatic comedy). Adapted from a novel by Marguerite DURAS.
>In Avant-Scène-Théâtre 212 (15-1-1960).
>Paris, Studio des Champs-Elysées, 18-1-60.
>[BN 4 Y 78 (212), ASP 4 Y 962].

L'Escalier de Silas.
>Paris, Théâtre du Vieux Colombier, 5-2-71.

Kaspar, le garçon sauvage de Nuremberg.
>Choisy-le-Roi, Théâtre de Choisy-le-Roi, 20-3-71.

Fabriquer ça.
>Cartoucherie de Vincennes, Théâtre de la Tempête, 6-5-76.

Peines de coeur d'une chatte anglaise. Adapted from Balzac.
>Paris, Théâtre Montparnasse, 1978.

L'Etoile du nord. Co-authored by Julian CAIROL and Alfredo RODRIGUEZ-ARIAS.
>Paris, Théâtre Montparnasse, Feb. 1979.

Tabarin (archi-farce). Co-authored by David ESRIG.
>Paris: Plasma, 1981.
>[BN 8 Yf 3355, ASP 8 Y 1992, AV].

Vous avez dit oui ou vous avez dit non ?
>Paris, Petit Odéon, 9-3-82.

24 m³ de silence.
>Avignon, Festival-Off, Condition des Soies (Cie Kaleidoscope Bleu), 9-7-88.

**SERREAU** (Germaine).

Le Bélier rouge (1 act, 3 tableaux).
>Paris, Vieux Colombier (matinée enfant), 16-11-50.

**SERRIANE** (Nicole) (see Sylvie LAWRENCE).

**SERVAN** (Monique).
>c.1958 - .

Psyché (5 tableaux).
>Paris: La Pensée universelle, 1981.
>[BN EL 8 Y 11771, ASP 8 Y 1996, AV].

**SERVE-CATELIN** (Dominique).

> Femme d'intérieur (monologue intérieur).
>> Paris, Nouveau théâtre Colette Lefebvre, Aug. 1985 (performed by author).

**SERY** (Jean) (Henriette DANGEVILLE, née DOYEN).
> Paris, 1869 -
> Actress; author of short stories.

> Les Trois amours (pantomime). Music by André COLOMB.
>> Paris, Théâtre Mondain, 1897.

> Innocence (pantomime).
>> Paris, Théâtre de L'Application, 1898 (author in cast). [AN F$^{18}$1300].

> Pages intimes (pantomime, 1 act). Music by Madeleine GUITTY and R. CASA.
>> Paris, Bodinière (Théâtre de L'Application), 1898. [AN F$^{18}$1300].

> Y a plus de parents.
>> Paris, Mathurins, 1899 (author in cast).

> Ruptures (scenes, 3 tableaux).
>> Paris, Nouveau Théâtre (Escholiers), 28-12-1899; Athénée, 21-3-1900. [ASP Rondel ms.].

> Nenette (1 act).
>> Paris, Bouffes-Parisiennes, 15-5-1900.

> Fleurs de pavé (saynète-fantaisie). Co-authored by DESTÈVE. Music by M. A. COLOMB.
>> Paris, Mathurins, 20-5-04. [AN F$^{18}$1340].

> Le Minou (comedy, 1 act).
>> Paris, Théâtre Royal, 16-3-06.

> La Dédicace (comedy, 1 act).
>> Biarritz, 31-9-06.

> La Pochette nationale (1 act).
>> Paris, Capucines, 23-4-07.

> Le Plongeon (comedy, 1 act).
>> Paris, Folies Pigalle, 1-4-08.

Une Femme de feu (vaudeville, 3 acts). Co-authored by Mathonet de ST. GEORGES.
>    Paris, Folies Dramatiques, 1909 (300 performances).

Lysis-Rata (parodie-opérette-bouffe à grand spectacle, 2 acts, 3 tableaux), La Princesse Ral-Feu-O (sauvagerie en un acte, un prologue et un aéroplane).
>    Paris, Casino de Paris, 1911.

Le Poisson rouge (comedy, 1 act).
>    Paris: Dangeville, 1910.
>    [ARS GD 8 37076].

Salomette (operetta-ballet, 2 acts). Co-authored by Jane VIEU.
>    Bruxelles, 31-1-11.

Y a plus d'enfants (comedy, 1 act).
>    Paris, Théâtre de l'Athénée.

Fleur d'oranger (pantomime).
>    Paris, Mathurins.

**SEURAT** (Annie).

Hé, Messieurs! C'est à cette émeute que la nation doit sa liberté. Co-authored by Philippe ZENATTI, Frédéric CERDAL.
>    Paris: n.p., 1989.
>    Paris, Déjazet, 17-4-89.
>    [BHVP 148 442].

**SEVERINE** (pseudonym of Caroline REMY, Mme veuve GUÉBHARD).
Paris, 1855 - Pierrefonds (Oise), 1929.
Journalist, essayist, pacifist and suffragist.

A Sainte-Hélène (2 acts, prose).
>    In L'Illustration théâtrale 318 (18-04-03); Paris: Giard & Brière (Bibliothèque pacifiste internationale), 1904.
>    Paris, Théâtre Antoine, 11-4-03.
>    [BN microfiche 8 R 20128 (I, 15), ASP Rf. 72.569, ARS GD 8 44588, BHVP Bouglé 134 728, SACD, AN F$^{18}$11294].

**SEYNES** (Catherine de).

> Actress, mime artist, director, founding member of the Compagnie des Quatre Chemins; translator.

> La Ballade de Maman Jones (théâtre-récit). Adapted from the autobiography of Mary Harris Jones.
>> Lyon, Théâtre de la Satire, 16-11-72; Paris, Théâtre des Deux Portes, 24-1-73 (performed by les Quatre Chemins).

> Couples (3 parts).
>> Avignon, Festival-Off, La Bourse du travail (Les Quatre chemins), 1974; Paris, Théâtre de la Cité Internationale (les Quatre Chemins), Jan. 1975.

> Lettre à mon fils (1 act).
>> Paris, Théâtre des Deux Portes, 22-10-76; Nouveau Carré Silvia Montfort (les Quatre Chemins), 8-3-77.
>> [SACD ms. 2186].

> Apartheid. Co-authored by Jeanne REDARD.
>> Paris, Théâtre Essaïon-Valverde, Dec. 1979.

> Station volontaires (35 sequences).
>> Paris: Ed. des Quatre-Vents, 1990.
>> Paris, Théâtre Essaïon, 18-9-90 (author in cast).
>> [BN 16 Yf 2003, ASP 8 Y 4348, BHVP, AV, SACD ms. CA 184].

**SHRAGER** (Marléon).

> Notre Jenny (3 acts).
>> [SACD m. 195].

**SICCO** (Anne).

> Immemoriam.
>> Saint-Denis, Théâtre Gérard Philippe, Salle le Terrier, 20-3-87 (directed by author).

**SIGAL** (Michèle).

> Les Flambants (3 acts and 1 tableau) and Les Stagnants (14 scenes).
>> [SACD ms. CA 184].

**SIGAL** (Nicole).

> La Vie est un toboggan (one woman show).
>> Paris, Guichet-Montparnasse, 25-11-86.

**SIGALL** (Renée) (Marie DOUMAYROU).
Actress.

A propos (à propos, 1 act).
Paris, Nouvelle Comédie, 8-2-06.

Fruits d'atelier. Collection of 7 one-act comedies.
"Fruits d'atelier",
Paris, Bodinière (author in cast); Salle Horticulture, 20-5-06;
"Courrier du matin",
Paris, Bodinière (author in cast); Mathurins, 25-1-06;
"Trait d'union",
Théâtre des Capucines (author in cast);
"Trop distrait", "A deux de jeu", "Amour naissant",
Théâtre de la Bodinière (author in cast);
"Pris au piège",
Théâtre Royal (author in cast);
"Coup double",
Théâtre des Mathurins (author in cast).
Paris: Maurice Bauche, n.d. (preface dated 1912).
[ASP Rf. 84.481].

**SIGÉE** (Jeanne).
Poet and translator from Japanese.

Le Fonds de commerce (comedy, 5 tableaux).
[AV ms. Fol. AY 22, SACD ms. CA 185 (both dated 1982/3)].

La Poix (drama, 5 acts).
Paris, Théâtre Essaïon, Théâtre à une voix (reading), 16-1-82;
Paris, Centre Georges Pompidou, 26-10-88 (directed by author).
[AV ms. Fol. AY 23, POI, SACD ms. TAV 185].

L'Art-chien: Manifeste des années 80 (monologue), La Poule (2 parts).
[SACD ms. CA 185].

**SIMON** (Emmanuelle).
Actress, director.

Décalcomanies.
Avignon, Festival-Off, Théâtre Tremplin (Trio de l'Urbain Sidodaï), 9-7-88.

**SIMON** (Hélène).

>   La Nuit des sépulcres (drama, 4 acts).
>>      Paris: Ed. du Scorpion (les Feux de la Rampe), 1963.
>>      [BN 16 Yf 348 (71), ASP 16 Y 222].

**SIMON** (Henriette).

>   A travers le bled (4 acts). Co-authored by André FOUGÈRE.
>>      Paris, private performance, 9-7-36.

**SIMONE** (pseudonym of Pauline BENDA, Madame Charles LE BARGY, then
Madame François PORCHÉ).
Paris, 1877 - 1985.
Actress, novelist; author of memoirs; commandeur de la Légion
d'Honneur.

>   Emily Brontë (3 acts, 9 tableaux).
>>      Paris: Nagel, 1945.
>>      Paris, Théâtre Montparnasse, 26-2-45 (directed by G. Baty).
>>      [BN 16 Yf 30 (2)].

>   Rosiers blancs (4 acts).
>>      In Oeuvres Libres 232 (1945).
>>      Paris, Mathurins, 22-9-45.
>>      [BN microfiche 8 Z 21438 (232), SACD].

>   Le Lever du soleil. Co-authored by François Porché.
>>      Paris: Réalités, 1947.
>>      Paris, Comédie Française, 20-12-46.
>>      [ASP L.J. Y 601, SACD, TF, TF ms. 1928].

>   La Descente aux enfers (3 acts).
>>      In France Illustration 10 (Dec. 1947).
>>      Paris, Théâtre Pigalle, 18-11-47.
>>      [BN 4 Z 4049 (10), ARS Usuel].

>   Pièces rêvées: "Emily Brontë", "La Descente aux enfers".
>>      Paris: La Table Ronde, 1953.
>>      [TF 2 SIM O 1953].

>   En attendant l'aurore (comedy, 2 acts).
>>      In France Illustration 159 (July 1954).
>>      Paris, Comédie Française, 17-2-54.
>>      [BN 4 Z 4049 (159), ARS Usuel, ASP R. Supp. 3897, SACD].

Un Roi, deux dames et un valet (dramatic comedy, 4 acts). Co-authored by François PORCHÉ.
>Paris, Comédie-Française, 23-4-58.

**SIMONETTI** (Marthe Renaud) (patronym of Monna RETTI, MIRELLI).

Le Jugement de Salomon (drama, 1 act).
>Salle Gustave Doré, 25-3-33.

**SIMONNET** (Madeleine).

Les Larmes d'Hellé (drama, 1 act).
>Paris, Théâtre Michel (La Halte), 24-5-11.

**SIMONPIERI** (Laurence).

Le Bouchon (3 acts).
>[SACD ms. CA 185].

**SITBON** (Claudine).

Ça fait parti du jeu aussi? Mary Chelly (dramatic comedy).
>[SACD ms. CA 186].

**SIVANNOT** (Sylvie).

Café-Moka. Co-authored by Gérard GROBMAN.
>Paris, Cinq Diamants, Nov. 1989.

**SOCORRI** (Mme Claude) (pseudonym of Maryse DUCAZAU, Mme François DUHOURCEAU).
? - 1974.
Poet.

L'Hirondelle (comedy, 1 act).
>Paris: Editions théâtrales, 1939.
>Paris, Théâtre des Mathurins, Feb. 1933.
>[BN 8 Yth 41988].

Trop tard! (comedy, 1 act).
>Paris, Mathurins (Gala de la Pièce en un Acte), 1931.

C'est mon mari (comedy, 1 act).
>In Petite Illustration 796 - Théâtre 400 (7-11-1936); Editions Théâtrales Andrieu fr., 1938.
>Paris, Mathurins (Gala de la pièce en 1 acte), 9-2-35.
>[BN 8 Yth 41620, ARS 4 Lag. 433].

Fabienne (bourgeois tragedy, 3 acts). Prix Emile Augier from the Académie française.
> In Petite Illustration 928 - Théâtre 463 (22-7-1939).
> Paris, Théâtre de l'Odéon, 15-6-39.
> [BN 4 Lc$^2$ 1549 (4), ARS 4 Lag. 433].

Nuit noire (comedy, 3 acts). Adapted from a short story by Dostoïevski.
> Bayonne: Ed. le Courrier, [1956].
> [BN 16 Yth 1777].

L'Auteur, c'est moi (comedy, 1 act).
> Bayonne: L. Laharrague, 1965.
> [BN EL 8 Y pièce 2464].

Hélène et Suzanne (comedy, 1 act).
> N.p.: Laharrague, [1967].
> [BN EL 8 Y 1703, ASP 16 Y 1312].

Les Roses de la vie (3 acts), Ce qui cause nos peines (comedy, 5 acts), Tu sauras pourquoi tu pleures (comedy, 1 act) Un Vieux maître (comedy, 1 act), Hara-Kiri (comedy, 1 act).

**SOKOLOWSKY** (Carole).

Méfie-toi ma fille (one woman show).
> Paris, Au Bec Fin, Dec. 1988.

**SOLERIEU** (Flavie).

Postich'valse (comedy, 1 act).
> In Avant-Scène-Théâtre 671 (1-6-80).
> [BN 4 Y 78 (1980, 671), ASP 4 Jo 12601, SACD].

**SOLLEVILLE** (Francesca).

Et pourquoi pas chanteuse.
> Bagneux, Théâtre Victor Hugo (Th. du Campagnol), 16-4-85.

**SONLENIV** (Mona).

Il y en aura pour tout le monde.
> [SACD ms. CA 186].

**SORMIOU** (Marie de) (pseudonym of Marie-Thérèse-Charlotte BURET, Mme A. de FERRY).
Marseilles, 1882 - ?
Poet.

Hylaeos (1 act, 2 tableaux, verse).
> Paris: Plon-Nourrit, 1909.
> Champigny-la-Bataille, Théâtre antique de la nature, 13-6-09;
> Marseille, Théâtre antique d'Athena Nike, 25-6-09.
> [BN 8 Yth 33169, ASP Rf. 81254, ARS GD 8 29084].

Vers les dieux! (lyric play, 3 acts, 4 tableaux, verse).
> [ASP Rondel ms. 2604].

**SOTHA** (Catherine) called SOTHA (see also CAFÉ DE LA GARE).
Actress, member of the Café de la Gare, film director.

La Limande bout. Other titles: La Lime en deux bouts, L'Aliment de boue, La Lie ment debout. Co-authored by Romain BOUTEILLE, Jean-Pierre DUTOUR, Jacques BARBIER. Music by Pierre JANSEN.
> Paris, Théâtre de l'Athénée, 9-1-66.
> [SACD ms. 1923].

Le Graphique de Boscop (1975), Roger, Roger et Roger (1978), Les Robots ne sont pas méchants (1979), Qu'est ce qu'il y a dedans ? (1981), Les Damnés de la 7e planète (1982), L'Auvent du Pavillon 4 (1983), Les Méthodes de Camille Bourreau (1985), La Mort, le moi, le noeud (1985), L'Un dans l'autre (1988), Le Soir c'est gratuit (1990).
> Café-théâtre shows written by Sotha and performed by the Café de la Gare.

Plantons sous la suie (musical comedy). Co-authored by Claude MANN.
> Paris, Café de la Gare, Nov. 1977.

L'Héroïque semaine de Camille Bourreau (detective comedy, 7 tableaux).
> Paris, Espace Européen, 28-4-89 (directed by author).
> [SACD ms. 3570]

Matalo. Co-authored by Romain BOUTEILLE, Jean-Pierre DUTOUR and Jacques BARBIER.
> [AV ms. Fol. AY 83 (1-2).

**SOUDART** (Marie).

> Saynètes tirées de fables de La Fontaine. 4 volumes.
> > Paris: Larousse, [1912].
> > [BN 8 Yth 34591-34594].

> La Leçon de français (saynète), Les Bengalis (saynète).
> > In Annales Politiques et Littéraires 1556, 1569 (1913).
> > [BN microfilm m-4400 (1913)].

**SOUDIN** (Louise).

> Rosalie détective (comedy, 1 act).
> > Antony: Ed. de "La vie au patronage", [1924].
> > [BN 4 Yth 8945, ASP Rf. 86344].

**SOUHART** (Odette).

> La Question d'argent (comedy, 1 act).
> > Paris, Studio des Champs-Elysées, 6-6-51.

**SOUM** (Corinne).
> Member of the troupe Théâtre de l'Ange fou.

> Au-delà du jardin. Co-authored by Steven WASSON.
> > Paris, Espace Acteur (Théâtre de l'Ange fou), 14-3-89.

> Le Petit dictateur. Co-authored by Steven WASSON.
> > Paris, Amandiers de Paris (Th. de l'Ange fou), Sept. 1989.

**SOUSBERGHE** (vicomtesse de).

> La Gitana (saynète).
> > In Annales Politiques et Littéraires 1608 (19-4-1914).
> > [ARS Fol. Jo. 693].

**SOUSSAN** (Marie).

> Dans l'hôtel (comedy, 1 act). Co-authored by Bil LAKDAR.
> > Boufarik (Algeria), Théâtre municipal, 7-3-32.

> Table mystérieuse (comedy, 1 act). Co-authored by KSSENTINI.
> > Blinda (Algeria), Théâtre municipal, 20-5-33.

**SOUVIRA** (Odette).

> Partira, ne partira pas? (6 tableaux).
> > Paris, Bruxelles, Montréal: Didier (coll. Lire et savoir), 1968.
> > [BN EL 8 R. 4 (11), ASP 16 Y 1382].

**SPLEEN** (Sandie).

> L'Amour confortable (4 acts).
>> Paris: Nouvelles éditions Debresse, 1968.
>> [BN EL 8 Y 2077, ASP 16 Y 1421].

**SPLENDID** (Le).
Café-théâtre troupe including a number of women: Josiane BALASKO, Marie-Anne CHAZEL, Dominique LAVANANT (see also at these names), Valérie MAIRESSE (1955- ).

> Ma tête est malade (1974), Le Pot de terre contre le pot de vin (1976), Amours, coquillages et crustacés (1977).
>> Collectively authored and performed by Le Splendid.

> Le Père Noël est une ordure (comedy). Collectively authored and performed by Le Splendid.
>> Paris: Papiers, 1986.
>> Paris, Le Splendid, Oct. 1979.
>> [BN 16 Y 1051 (51), SACD, AV].

**STAR** (Maria) (pseudonym of Ernesta de HIERSCHEL, Mme Louis STERN).
> Died at Cap-Martin.
> Novelist, poet; chevalier de la Légion d'Honneur.

> La Serpe (2 acts).
>> In Le Carnet XI (January 1902).
>> [BN 8 Z 15152, ASP Rf. 72.849].

> Le Coeur effeuillé. Collection of 14 comedies including
> "Fumée" (saynète, 1 act).
>> Private performance at the home of Mme Louis Cahen d'Avers, 15-2-1894;
> "Minerve" and "On ne joue pas avec le feu" (saynètes, 1 act),
>> Private performance at the home of the author, 3-6-1894;
> "Sois charmante" (saynète, 1 act) and "Nocturne" (1 act),
>> Private performance at the home of the author, 19-3-1895.
>> Paris: Felix Juven, 1905.
>> [BN 8 Yf 1533, ASP Rf. 84.487].

> L'Epreuve dernière (mystery play, 3 acts, 4 tableaux). Music by Emile NERINI.
>> Paris: Girard, 1912.
>> Monte-Carlo, Opéra, 16-3-12.
>> [BN 8 Yth 34483, ASP Rf. 80637, ARS GD 8 2799].

Sangre y sol (lyric drama, 3 acts). Co-authored by Henri CAIN. Music by Alexandre GEORGES.

        Paris: Eschig, 1912.

        Nice, Casino Municipal, 1-3-12.

        [BN 8 Yth 34423, ARS GD 8 28087, AV].

L'Ile désenchantée (musical drama, 2 acts, 3 tableaux). Adapted from Grandes légendes de France by Edouard SCHURÉ. Music by Henry FÉVRIER.

        Paris: Heugel, 1925.

        Paris, Académie Nationale de Musique, 23-11-1925.

        [BN 8 Yth 37810, OP A 759a (musical score)].

**STARK** (Nelly).

    Audition (sketch, 1 act).

        Paris, Vieux Colombier (Studio Enfantin), 30-11-33.

**STARKIER** (Isabelle).

    Actress, director; founded the company Star Théâtre in 1985; taught at the Comédie de Saint-Etienne; director of the Culture and Communications deptartment at the University of Evry; translator/adaptor.

    Le Complexe de Starsky (one woman show)

        Paris, Théâtre Lucernaire, 5-3-86.

    Oy, Moïshele, mon fils! (one woman show).

        Paris, Les Lucioles, June 1983.

**STARKOFF** (Véra).

    Russian origin.

    Journalist and lecturer, bolshevik, feminist, free-thinker; author of books on bolshevism, Tolstoï, Siberia, Tchernichevsky; founded the Théâtre d'Idées.

    L'Amour libre (social play, 1 act).

        Paris: P.V. Stock, 1902.

        Paris, Maison du Peuple du IVe arrondissment, 21-10-07 (reading by author).

        [BN 8 Yth 42182, ASP Rf. 72.852, ARS GD 8 27352].

    L'Issue (social play, 2 acts).

        Paris: P.V. Stock, 1903.

        Rennes, 17-12-11.

        [ASP Rf. 72.853, ARS GD 8 29627, BHVP].

Le Petit verre (social comedy, 1 act).
>       Paris: P.V. Stock, 1904.
>       Paris, Grand Guignol, 20-9-04.
>       [ARS GD 8 39336].

Saynète.
>       Paris, La Fraternelle, Université Populaire du IIIe arrondissement, 29-1-08 (reading by author).

Tolstoïenne (3 acts).
>       Paris, Comédie Royale, 24-1-09.

**STERN** (see STAR).

**STERN** (Colette) (see LEFEVRE).

**STEUER** (Raphaela).

Davis Rex (drama, 5 acts).
>       Paris: Ed. du Scorpion (Les Feux de la Rampe), 1959.
>       [BN 16 Yf 348 (13)].

**STICHEL** (Mme) (Louise MANZINI).

Camp des bohémiens (1 act).
>       Etoile Palace, 28-3-13.

**STONE** (Francine).

Les Assiégés (drama).
>       Paris, Théâtre Mouffetard, 28-2-78.

**STROZZI** (Irène).
Actress.

Les Parisiens (comedy, 2 parts). Co-authored by Jean PARÉDÈS.
>       Paris, Théâtre de l'Oeuvre, 22-5-58.

**SUARES** (see KAMPMANN).

**SUREAU** (Christine).

Orion (5 acts).  Co-authored by Patrice VILLA.
>       [SACD ms. CA 187].

**SURMAIS** (Dominique).

Travelling d'accompagnement (1 act).
>       Grande Synthe (Nord), 10-11-84.
>       [SACD ms. 408].

**SUSINI** (Marie).
>    Renno (Corsica), 1916 - Italy, 1993.
>    Novelist.

>    Corvara ou la Malédiction (drama, 3 acts).
>>        In L'Ile sans rivages. Paris: Seuil, 1989.
>>        Paris, Théâtre de l'Oeuvre, 7-1-58.
>>        [BN 8 Z 57256].

**SYLVAINE** (pseudonym of Suzanne HAMBURGER).

>    Sait-on jamais ? (comedy, 1 act).
>>        Paris, Grand Guignol, 14-3-33.

>    Touche... et douche... (comedy, 1 act).
>>        Paris, Théâtre Fontaine, 14-6-33.

>    Je n'ai pas d'amant (comedy, 1 act).
>>        Paris, La Potinière, 22-12-33.

>    Faut-il, doit-on ? (1 act).
>>        Paris: Editions théâtrales, [1951].
>>        Concours de pièces en 1 acte (organized by the SACD), 1949.
>>        [BN 16 Yth 1184].

**SYLVESTRE** (Claude).
>    1918, near the forêt de Retz -
>    Novelist.

>    Coquelicot (féerie).
>>        Performed by the children of her village.

>    Fantastique aventure au royaume des enchantements (1 act).
>>        In Répertoire théâtral de la Théâtrothèque de Lorraine 15-16-17 (1985).
>>        Création-lecture, Théâtre Municipal de Metz, 20-9-85.
>>        [ASP 8 Y 2658].

**SYLVIAC** (Marie-Thérèse).

>    La Course à l'abîme (4 acts).

>    Le Trait d'union (comedy, 1 act).
>>        Paris: Devambez, n.d.
>>        Paris, Théâtre Royal, 19-3-06.
>>        [ASP Rf. 72.985, AN F$^{18}$1371$^{B}$].

Midinettes (saynète, 1 act).
    Boite à Fursy, 30-10-07.
    [SACD ms. 3396].

Coiffeur pour dames (comedy, 1 act).
    Paris, Comédie Royale, 27-11-09.

L'Eau qui dort (comedy, 1 act).
    Théâtre Impérial, 6-4-14.
    [SACD ms. 3397].

**SYLVIANE** (Magdeleine).

La Soubrette avisée (1 act). Co-authored by G. MONTIGNAC.
    Salle Horticulture, 24-3-07.

**SYZENE** (Mme Alfred).

La Dentellière d'Alençon (3 acts). Co-authored by Alfred SYZENE.
    Alençon, 18-2-37.

# T

**TANAKA** (Béatrice).
Illustrator; author of ethnic tales for children.

Equipée bizarre au cirque Basile (children's play, 1 act). Prix Léon
Chancerel, 1968.
Comédie de Caen, 2-12-69.
[SACD ms. 692].

**TANIÈRE** (Mina).

Les Songes de Léonis (1 act).
Toulouse, Lido, Dec. 1986.
[SACD ms. 991].

**TCHERSCOFF** (Mme).

La Chirurgie (1 act). Co-authored by BALIEFF.
Fémina, 23-3-21.

**TEFFI** (Mme N[adine]) (pseudonym of Nadejda Aleksandrovna
BOUTCHINSKAÏA, née LAKHVITSKAÏA).
1876 - ?
Published a novel and a collection of plays in Russian.

La Vie mondaine (comedy, 1 act), Après les dévotions (sketch, 1 act).
Paris, Théâtre Albert 1er, 17-5-36.

La Repentie (sketch, 1 act).
Paris, Salle du Journal, 19-12-36.

Anna Stepanova, Cocaïne (one-act sketches).
Paris, Salle du Journal, 30-1-37.

Rien de semblable (comedy, 3 acts, 4 tableaux), Le Bridge (comedy, 1 act).
>    Paris, private performances, 9-4-39 and 1-6-39.

**TEILLARD-CHAMBON** (Marguerite) (pseudonym: Claude ARAGONNÈS).
Published one novel and books on Madeleine de Scudéry, la marquise de Maintenon and Marie d'Agoult.

Esther à Saint-Cyr (3 acts).
>    Paris: G. Enault, 1946.
>    [BN 16 Yth 303, SACD].

**TEISSIER** (Suzanne) (patronym: Jeanine Louise Nelly DELPECH).
Poet.

Le Dieu (drama, 2 acts).
>    Salle Berlioz, 16-11-13.

Chez la cartomancienne (1 act).
>    Lyon, May 1926.

**TEMKINE** (Raymonde) (née BLET).
Novelist; professor; literary and drama critic.

Jeux d'ombres (dramatic comedy, 3 acts).
>    Paris, Théâtre du Tertre, 28-5-55.

**TEODORI** (Muriel).

III, 3. Co-authored by Dominique QUESSADA.
>    Avignon, Festival-Off, Sous Bulle (Cie A. Ligeon-Ligeonnet), 7-7-84; Paris, Bastille, 12-3-85.

**TERAC** (Solange) (pseudonym of Solange TISSOT).
Paris, 1907 - 1993.
Worked primarily in film: dialogue and scenario writer, editor, adaptor and director.

Pas d'amis, pas d'ennuis (comedy, 3 acts).
>    Paris, Théâtre de l'Oeuvre, 24-4-40.
>    [SACD ms. 3377].

La Mariée était trop belle (comedy, 3 acts). Coauthored by Gérard de GOURNAY.
>    Cannes, Casino Municipal, 24-12-46.

L'Honorable Catherine (comedy, 3 acts).
> In Paris-Théâtre 36 (1950).
> Geneva, Comédie de Genève, 24-3-48; Paris, Théâtre du Gymnase, 27-1-50.
> [BN 8 Yf 2777 (36), SACD].

Mon ange (comedy, 4 acts).
> Summary in Paris-Théâtre 146 (1959).
> Paris, Comédie Wagram, 31-1-59.
> [BN 8 Yf 2777 (146), SACD].

Le Retour d'Hélène (comedy, 3 acts), Méduse (3 acts, 4 tableaux), Armelle (féerie, 3 acts), Feu-Madame (comedy, 3 acts), Je t'aimerai toujours (3 acts).
> [SACD mss.].

**TERBOIS** (Gilberte).
1909 -

Les Enfants du père (4 tableaux).
> Paris, Théâtre de Poche, 17-4-198?.

**TERNI** (Jacques) (pseudonym of Mme Camille OUDINOT, also signed Madame Jacques TERNI-OUDINOT).
? - 1943.

Leurs maîtres (1 act).
> Mevisto, 11-12-08.

La Gosseline (realist drama, 1 act) and Les Baillonnés (dramatic comedy, 3 acts).
> Paris, Théâtre des Arts, 2-6-09.

Rosenn (scene, verse).
> Paris, Théâtre Michel (La Halte), 2-5-10.

Leur masque (comedy, 1 act).
> Nouveau-siècle, April 1911.

La Princesse et le porcher (rhyming fantasy, 2 tableaux). Adapted from a tale by ANDERSEN. Music by H. FÉVRIER.
> Paris, Théâtre Réjane, 20-9-12.

Nuit de novembre (comedy, 1 act).
> Etretat, 15-8-21.

Popol (comedy, 1 act).
> Etretat, Casino, 17-8-22.

La Branche (comedy, 1 act).
> Cannes, Sporting Club, 4-4-33.

Le Bouddha (comedy, 1 act).
> Antibes, Casino, 29-1-34.

L'Obole (comedy, 1 act, 2 tableaux).
> Cannes, Casino, 18-4-34.

Micmac (comedy, 1 act).
> Paris, Mathurins (Gala de la Pièce en un Acte), 17-11-34.

La Robe d'Organdi (comic opera, 1 act). Co-authored by Michel CANE, Henry FEVRIER.
> Paris, Théâtre Albert 1<sup>er</sup>, 9-6-36.

Le Ver (3 acts).
> [ASP Rondel ms. 2632].

**TERY** (Simone) (Simone CHABAS).
> Brittany, 1897 - Paris, 1967.
> Reporter/foreign correspondant for *L'Oeuvre,* novelist; member of the communist party as of 1935.

Comme les autres (3 acts). Prix Séverine de la paix 1932.
> In Bravo: Tous les spectacles, Supplément Oct. 1932 .
> Paris, Théâtre Albert 1<sup>er</sup>, 11-6-32.
> [ASP Rf. 73.097, SACD, SACD ms. 3379].

**TESSA** (Jehanne).

Ames nues (one woman show).
> Paris, Théâtre Essaïon, 3-2-88.

**THEATRE DE L'IMMEDIAT**
Women's theater troupe.

Fresque improvisée.
> Paris, Théâtre de l'Immédiat, June 1978.

**THEMANLYS** (Claire) (pseudonym of Claire BLOT, Mme Louis MOYSE).

Nausicaa (comedy, 3 acts).
> Paris, Théâtre des Arts, 26-5-20.

Le Rayon vert (1 act).
> Paris: Publications Cosmiques, 1922.
> Paris, Nouveau Théâtre, 27-5-22.
> [BN 8 Yth 36831, SACD].

Le Jardin des palmiers (lyric drama, 3 acts, music by Jacques Janin), La Force de l'Esprit (4 acts); Les Paroles pèsent (3 acts); La Rose qui chante (1 act).

**THENE** (Louise).

Le Mystère de Noël (children's play), Les Oeufs de Pâques de la Dauphine (comedy, 2 acts)
    In Semaine de Suzette (1912-13).
    [BN microfilm m-8017 (1912-13)].

**THENARD** (Jenny) (see French Women Playwrights before the 20th Century).

**THENOZ-DUBREUCQ** (Mme) (see Mme GUYOT).

**THÉRAME** (Victoria).
    Novelist, poet; nurse, taxi driver.

La Dame au bidule. Adapted from Thérame's novel.
    Paris, La Soup'ap', Feb. 1978.

L'Escalier du bonheur.
    Paris: des femmes, 1982.
    Hédé (near Rennes), Théâtre de Poche, 19-2-81;
    Rennes, La Parcheminerie, 14-12-81.
    [BN 16 Yf 1436, ASP 8 Y 2180, AV].

**THEYS** (France).

La Chair fraîche (5 tableaux).
    [AV 4 AY 400].

**THIBAULT** (Patricia).

Victor Hugo, Juliette Drouet.
    Paris, Fondation Deutsch de la Meurthe, 8-6-86 (performed by author).

**THIELLY-NORES** (Mme).

Les Chacals (3 acts).
    Submitted to Théâtre de l'Odéon, 1907.
    [ASP Rf. 73146 (summary)].

**THIÉRY** (Marie) (pseudonym : Mariéty).
Novelist.

Jouons une pièce. Collection of 11 comedies and saynètes including :
"En panne" (comedy, 1 act, verse),
    Pau, Palais d'Hiver, 17-3-18;
"Un Bon coup de fusil" (comedy, 1 act),
    St.-André-de-Sangonis, 15-11-31.
    Paris: Armand Colin, 1914.
    [ASP Rf. 84.510].

L'Accordeur (saynète, 1 act).
    In Lectures pour tous 16e année, n. 14 (15-4-1914).
    [BN 8 Z 14580, ARS 4 Jo 11975 (1914)].

**THIROUIN** (Marie-Geneviève).
Poet.

Trois essais pour la scène. Pages de douleur et de gloire. Fantaisies allégoriques.
    Paris: Les Gémeaux, 1924.
    [BN 8 Yf 2150].

**THOISY** (Marguerite BOLLUIX, vicomtesse Hubert de).

Une Etape à Blois en 1760 (prologue-revue).
    Blois: Impr. de R. Duguet, 1924.
    Château de Blois, les soirées de bienfaisance, 25-10-24.
    [BN 8 Yth 37421].

Au temps des petites filles modèles (comedy-dialogue, 1 act).
    Paris, Cercle Militaire (Place St-Augustin), 23-2-33.

**THOMAS** (Monique, called *Mona*).
Brittany, 1952 -
Art critic, novelist, radio plays.

Loin du grenier (monologue, 1 act).
    In Avant-Scène-Théâtre 743 (1-2-1984).
    Paris, Théâtre Ouvert, Jardin d'Hiver (mise en voix), 11-6-82;
    Lucernaire, 1983.
    [BN 4 Y 78 (743, 1984), ASP 4 Jo 12601, SACD].

Hélène 1927 (5 tableaux).
    In Avant-Scène-Théâtre 771 (1-6-1985).
    Paris, Studio des Mathurins, 30-5-85.
    [BN 4 Y 78 (771, 1985), ASP 4 Jo 12601, SACD].

Tu oublies où tu es.
Radio France Culture, 1985.
[SACD ms. 458/ms. CA 191 (both dated 1980/1984)].

Garonne.
Radio France Culture, 1989.

**THOORENS** (Mlle Jeanne).

Chérubin masqué (comedy, 4 acts). Music by Maurice UHRY.
Mostaganem, Théâtre municipal, 27-4-32.

**THOUIN** (Marie-Hélène).

Une Araignée au plafond.
Paris, Calypso, June 1984.

Diarmaid et Grainné.
[SACD ms. CA 191].

**THRACY** (Christiane de).
Poet.

Les Amoureux de Colombine (comedy, 3 acts, verse).
In Conferencia 15e année, n. 16 (1-8-1921).
Performed in Nice, 1921.
[BN microfilm m. 9105 (1921), ASP Rj. 2276].

Un Jeune homme (saynète, 1 act).
In L'Indépendance littéraire et artistique 10-12-1923.
[ASP Rf. 73.189].

**THURIES** (Françoise).
Actress.

La Vie de jeunesse.
Paris, Café d'Edgar, Feb. 1978.

**THYRION** (Françoise).
Born in Brussells.
Actress.

Molière par elle-même (farce, 1 act).
Paris: Science 89, 1989.
Paris, Théâtre du Ranelagh, 24-10-89 (solo performance by
author).
[BN 16 Yf piece 179, SACD ms. 1526].

La Folie électrique. Adapted from Mystification by Diderot.
>   Lille: La Fontaine, 1990.
>   Paris, Couvent des Cordeliers (Cie théâtrale Science 89), 28-2-89.
>   [BN EL 8 Y pièce 6976, ASP 8 Y 4555, AV].

Le Grand livre des savants sous la Révolution. Co-authored by Michel VALMER.
>   Performed by Science 89.

Martine, je t'aime.
>   Paris: Théâtrales (ms. 1537), 1987.
>   [AV, TH, POI, SACD ms. CA 191].

Le Grand livre de l'alchimie, de l'infini à l'anamorphose. Co-authored by Michel BLAY and Michel VALMER.

Trio de Chambre.

**THYS** (Pauline) (pseudonym of Mme M. DU COIN) (see also French Women Playwrights before the Twentieth Century) .
Paris, 1836 -
Composer.

Gloria victis! (lyric drama, 4 acts, prose rythmée).
>   Paris: Alcan-Levy, 1907.
>   [BN 8 Yth 32488].

**TIBERJ** (Mlle Marie).

Le Rideau (drama, 1 act).
>   Théâtre Comœdia (Studio Féminin), 28-1-33.

**TINAYRE** (Madeleine-Andrée) (Madeleine TINAYRE BRODERS).
Budapest (Hungary), 1905 - 1976.
Poet.

Le Visage mutilé (dramatic comedy, 3 acts, 1 prologue).
>   Paris, Studio des Champs-Elysées (Spectacle Yves Renaud), 14-2-33.

Tête-à-tête (comedy, 1 act).
>   Paris, Moulin de la Chanson (Spect. Yves Renaud), 26-10-33.

Boniment (comedy, 1 act). Co-authored by Jean SYZENE.
>   Paris: Le Jeune, 1936.
>   Paris, Compagnie Yves Renaud, 1934.
>   [BN 8 Yth 41228].

Le Masque blanc (3 acts).
>Paris, Théâtre Gramont, 12-11-45.
>[SACD ms. 1428].

Cucendron. Co-authored by Robert FAVART.
>Théâtre St-Georges, 1955.

L'Homme idéal (comedy, 1 act).
>In Mois Théâtral 211 (July 1952).
>[BN VER. Jo 42018, SACD].

La Comédie posthume (8 tableaux).
>[SACD ms. 218].

**TINAYRE** (Marcelle) (née CHASTEAU).
Tulle, 1861 (or 1877) - Grosrouvre (Ile de France), 1948.
Feminist novelist and journalist.

>L'Esclavage (4 acts). Co-authored by Paul BELON.
>[ASP Rondel ms. 2639].

>Robert Marie (2 acts). Co-authored by Mme Eli de WISSOCQ.
>[ASP Rondel ms. 2640].

**TOSSENS** (Adrienne).

>Bécassine ou la Cause du pape (3 acts).
>>Paris: N.E.B. (Culture et révolution), 1973.
>>[BN 16 Z 15731 (1), ASP 8 Y 1035, AV].

**TOURTE** (Brigitte).
Director.

>17 chaises pour 1 évidence.
>>Avignon, Festival-Off, Théâtre du cheval fou (Théâtre du sel-Cie Brigitte Tourte), 9-7-87 (directed by author).

**TOUTAIN** (Marie-Clotilde).

>Jeanne d'Arc et les filles de France (mystery play, 3 acts).
>>Laval: Goupil, 1930.
>>Château-Gontier, 25-10-30.
>>[BN 8 Yth 39157].

**TOZET** (Corinne).

>Femme clown (one woman show).
>>Paris, Tai Théâtre d'Essai, March 1981.

**TREMANT** (Denise).

> La Niche du Commandant (1 act).
>> Paris: Delamain et Boutelleau, 1936.
>> [BN 8 Yth 41137, ASP Rf. 73.482].

**TREMBLAY** (Mme du).

> Derrière le rideau (comedy, 1 act). Co-authored by G. NEVEUX.
>> Evian, 3-8-20.

**TREMIERE** (Luce).

> L'Etage en dessous (comedy, 1 act).
>> Paris-Plage, 25-7-07.

> Recommandé (comedy, 1 act).
>> Chartres, 28-5-08.

**TRILBY** (Thérèse) (pseudonym of Mme Thérèse Delhaye de MARNYHAC).
Louveciennes, 1875 - 1862.
Prolific children's novelist.

> Petites filles modernes (comedy, 3 acts), Coco de France (comedy, 3 acts).
>> Paris: Flammarion (Théâtre pour les Jeunes), 1949.
>> [BN 16 Yf 144 (1-2)].

> Le Grand monsieur Poucet (comedy, 4 acts, 2 tableaux).
>> Paris: Flammarion (Théâtre pour les Jeunes), 1951.
>> [BN 16 Yf 144 (5)].

> Les Associés du petit Noël. Co-authored by J. MARJERAUX.
>> Paris: Billaudot, 1958.
>> [BN 16 Yth 2359].

**TRUAN** (Françoise).

> Tu ne me désires jamais (17 séquences).
>> Paris: Théâtrales (ms. 1722), 1987.
>> [AV Fol. AY 411, POI]

**TSAÏ** (Gilberte).
Born in France of a French mother and Chinese father.
Director.

> Une cuiller pour papa, une cuiller pour maman.  Co-authored by
> Mireille DARIDOVICI.
>> Sartrouville, 20-11-1978.

Voyage en Chine intérieure. Co-authored by Jean-Christophe BAILLY
Avignon, Cour de l'Hospice St-Louis, 31-7-86 (directed by
Tsaï).

**TUPIN** (Monique) (see Micheline GAUTRON).

**TURCK DE LAVERSAY** (Suzanne).
Poet.

Le Château hanté (comedy, 2 acts).
Paris, Théâtre Fémina, 26-5-23.

**TURCKHEIM** (Charlotte de).
Actress (stage and film).

Charlotte (one woman show).
Paris, Café d'Edgar, 1979.

Le Troisième jumeau. Co-authored by Christian FRANÇOIS and Jean-
Paul LILIENFELD.
Paris, Le Splendid, Feb. 1981 (Turkheim in cast).

Palier de crabes. Co-authored by Hervé HIOLLE.
Paris, Le Grand Edgar, March 1987 (authors in cast).

Une Journée chez ma mère ou Racontez nous ça en trois mois (one
woman show). Co-authored by Bruno GACCIO.
Antoine-Simone Berreau, 5-10-90.

# U

ULMES (Tony d') (see <u>French Women Playwrights before the 20th Century</u>).

URGEL (Louis) (pseudonym of Louise LEGRU).
? - 1942.

<u>Leur jour</u> (1act).
Paris: Librairie Théâtrale, 1926.
Paris, Comédie Royale, 13-10-13.
[BN 8 Yth 39977].

<u>Pour quelques-uns</u> (monologues).
Paris: Librairie Théâtrale, 1926.
[BN 8 Yf 2245].

<u>Madame Léger</u> (comedy, 1 act).
Paris: Librairie Théâtrale, 1928.
Paris, Comédie des Champs-Elysées (Yves Renaud), 27-4-33.
[BN 8 Yth 38618].

<u>Les Conditions de Julien</u> (comedy, 1 act).
Paris, Studio des Champs-Elysées (Yves Renaud), 8-11-34.

# V

**VACARESCO** (Hélène).
>1866 - 1947.
>Poet, novelist and lecturer of Roumanian origin; former *demoiselle
>d'honneur* for Queen Elisabeth of Roumania; Chevalier de la Légion
>d'Honneur in 1921.

>Le Cobzar (lyric drama, 2 acts). Co-authored by Paul MILLIET. Music
>by Gabrielle FERRARI.
>>Paris: Enoch & Librairie Théâtrale, 1912.
>>Opéra, 30-3-12 (3 acts).
>>[BN 8 Yth 34550, ARS GD 8 28120, BHVP, OP LIV. 811,
>>OP ms. LIV.M.282].

>Maolea (dramatic poem, 2 acts).
>>Excerpt in Annales Politiques et Littéraires 1546 (9-2-1913).
>>Performed in Bucarest, Cercle des *Annales*.
>>[BN microfilm m-4400 (1913)].

>A force d'aimer (drama, 2 acts).
>>[ASP Rondel ms. Re. 17].

**VACHER** (Martine) (see Edith GUEDJ).

**VACHEROT** (Jacqueline).

>Un Drôle de contestataire (comedy, 1 act).
>>[AV 4 AY 274 (letter dated 1969)].

**VADIER** (Berthe) (see French Women Playwrights before the 20th Century).

**VAJDA** (Sarah).
1955 -

Les Cent jours. Adapted from "Napoléon" by C.D. GRABBE.
[AV ms. Fol. AY 451].

Génération 45, ou la Véridique histoire de la famille Fauculard (comedy), Le Prince de la dynamite.
Paris, Théâtre de la Main d'or, June 1988 (directed by author).

**VALADIE** (Dominique).
Actress.

Blanche Alicata. Co-authored by Jérôme DESCHAMPS.
Performed and directed by authors, 1977.

Sous le lustre. Co-authored by Elisabeth CATROUX.
Paris, Palais de Chaillot, 21-11-81 (directed by authors).

**VALARINO** (Fernande de).
? - 1926.

Oeuvres complètes. 19 plays in 8 volumes. Including:
"Je veux un duc" (comedy, 3 acts),
Paris, Théâtre Albert 1$^{er}$, 6-7-23;
"Riquette à la houppe" (comedy, 1 act),
Paris, Théâtre Albert 1$^{er}$, 2-10-24.
Paris: Librairie Théâtrale, 1928-29.
[BN 8 Yf 2315, SACD].

**VALBRUNE** (Charlotte).

Les Malheurs de Sophie.
Paris, Comédie Italienne, June 1983.

**VALENTIN** (Dominique).

Dernier voyage (4 acts).
Paris: Théâtrales (ms. 991), [1985].
Calais, 24-11-69; Paris, Théâtre Déjazet, 12-9-85.
[AV, POI, SACD ms. 3870].

**VALE-ROUX** (pseudonym of Valentine-Marie-Alida ROUX).

Promesse d'occident.
Cannes: Ed. Grande France, 1947.
[BN 4 Yth 11035].

**VALERY** (France).
> Actress (stage and television).

>> Six points de suspension.
>>> Paris, Au Coupe-Chou, March 1980.

**VALET** (Henriette).
> Telephone operator, novelist.

>> L'Ile grande (3 acts).
>>> Paris, Théâtre de l'Oeuvre, 21-6-46.

**VALMONT** (Claire ) (see Mona MARCY).

**VALMONT** (Claude) (see Fernande G. AZARIAN).

**VALMORE** (France).

>> A fleur de coeur (one woman show).
>>> Le Connétable, April 1981.

**VALMY** (Pauline) (pseudonym of Marguerite JACQUES, Mme OUART).
> ? - 1962.
> Novelist.

>> La Conquérante (3 acts). Adapted from a novel by the same author.
>>> Paris, Théâtre Athena, June 1934.

>> Trois femmes et un pantin (comedy, 1 act).
>>> Paris: J.L. Lejeune (Librairie de Théâtre), 1936.
>>> Paris, Comédie des Champs-Elysées, 25-10-35.
>>> [BN 8 Yth 41142].

>> Les Isolées (4 acts). Adapted from a novel by same author.
>>> Paris, Théâtre Charles-le-Rochefort, April 1939.

**VALRAY** (Anne) (pseudonym of Marie-Anne SAGOT-DUVAUROUX, née DOUMAYROU).
> Born in Paris.
> Novelist, actress, author of dialogues and scenarios for the cinema, lyricist.

>> Une Visite (comedy, 1 act).
>>> Paris, Salle Adyar, 1-3-24.
>>> [ASP Rondel ms. 2688].

Tante Marie (3 acts, 9 tableaux). Prix Toirac from the Académie Française.
>    Aurillac: Impr. Moderne, 1928; in Le Mois théâtral 64 (April 1940).
>    Paris, Comédie Française, 15-5-34.
>    [BN 8 Yth 38690, SACD, TF].

Maréchal (comedy, 3 acts).

**VALRIANT** (Jane) (pseudonym of Jeanne DARRODES, Mme Henri RIVAL). Novelist.

Pièges à bord (comedy, 3 acts).
>    Paris, Théâtre Michel, 11-5-53.

Catherine, soeur du roi (historical play, 6 tableaux).
>    Paris: J. Peyronnet, 1956.
>    [BN 16 Y. 244, TF].

Les Comédiens de l'Empereur, ou le Théâtre Français sous le Premier Empire (historical play, 6 tableaux).
>    Paris: J. Peyronnet, 1957.
>    [BN 16 1862, TF].

**VALROSE** (Eglantine de) (Louise-Léa DUMAS).
Novelist, poet.

L'Epreuve (1 act, 2 tableaux).
>    Nontron: J. Jollivet, 1907.
>    [ASP Rf. 79621].

La Chimère.
>    Bergerac: Impr. de P. Nogué, 1941 (portrait on the cover).
>    [BN 8 Yth pièce 45].

**VALSAMAKI** (Marie).
Actress.

L'Homme nu (comedy, 3 acts).
>    Paris, Théâtre de la Potinière, 15-5-24.

Jean-Jean (musical comedy, 3 acts, 3 tableaux). Musical version of L'Homme nu with music by L. HALET and lyrics by V. THARAULT.
>    Paris, Théâtre de la Potinière, 1-7-24.

**VALVERDE** (Anna) (see Marie COUVERT).

**VAN BERCHEYCKE** (Danielle) (see Arlette BONNARD).

**VANDAELE** (Colette) (see Sabine BAIL).

**VANDAS** (Drahomina).

>   Bouche noire (3 acts).
>       [SACD m. 587].

**VAN de PUTTE** (Christine) (see Christine JACQUET).

**VANDEWALLE** (Margeurite Marie) (see Marie-Louise HESPEL).
Author of Catholic children's books.

**VAN MOPPÈS** (Denise) (Denise BUTLER).
? - 1968.
Translator and novelist.

>   Les Jeux du flirt et de l'amour (1 act).
>       [ASP Rondel ms. 2690 bis].

**VANNUTELLI** (Donata).

>   Les Loups (comedy, 3 acts).
>       Paris, Comédie des Champs-Elysées (Studio d'art féminin),
>       25-10-32.

**VAN OOSTERVYCK** (Jane).

>   Gudule (comedy, 1 act). Co-authored by Yves MIRANDE.
>       Paris, Grand Guignol, 27-1-09.

>   Nuit de Noël (1 act).
>       Reims, Théâtre municipal, 25-8-09.

>   Panthère (1 act). Co-authored by Yves MIRANDE, G. DENOLA.
>       Paris, Gaîté-Rochechouart, 15-10-09.

>   J'ai faim... moi! (comedy, 1 act). Co-authored by G. PARAF, Yves
>   MIRANDE.
>       Paris, Comédie-Royale, 7-3-11.

>   Pour vivre heureux (comedy, 3 acts). Co-authored by Andre RIVOIRE,
>   Yves MIRANDE, TARRIDE.
>       Paris, Renaissance, 16-1-12.

>   Il faut qu'une fenêtre soit fermée (comedy, 1 act).
>       Angoulème, 27-1-16.

>   Quand l'amour veut (comedy, 3 acts, 4 tableaux). Co-authored by
>   MIRANDE, GEROULE.
>       Santiago, 29-6-17.

**VARGUES** (Odette) (Mme BOUDIN) (Renée MAUBRIS).
? - Paris, 1962.
Composer.

Un Fameux toréador (comedy, 1 act). Co-authored by M. VARGUES.
Carrière-sous-Poissy, 18-12-38.

**VARLET** (Mme).

Noblesse d'enfants (3 acts).
Sprimont, 12-4-25.

**VATTIER** (Claudine).
Actress, director.

Full up (spectacle total). Adapted from texts by Guy FOISSY. Songs by
MITZI. Music by Jean-Pierre MIROUZE.
Paris, Théâtre Gramont, 16-2-70 (directed by Vattier).

Ove (musical comedy).
Paris, Le Sélénite, 23-2-71 (directed by Vattier).

Youth (punch-opéra). Music by Art Zoyd.
Paris, Au Bec fin, Nov. 1977.

Maman Napoléon (1 act).
Paris, Marie Stuart, 1-7-86.
[SACD ms. 3577/ms. CA 196].

**VAUCAIRE** (Mme R.).

Prométhée (3 acts, 6 tableaux, verse). Co-authored by ROUMEGAUX.
[ASP Rondel ms. 2697].

**VAUCIENNE** (Francois) (pseudonym of Jeanne Eugénie Anne PENOT, née
BATTESTI).
Poet, essayist.

Pétrarque et Laure (drama, 5 acts).
Villedieu (Vaucluse), H. Jacome, 1927.
Avignon, Palais des Papes, 15-8-27.
[BN 8 Yth 38509].

Le Rêve du jeune Racine, aux portes d'or de Provence (dramatic
comedy, 5 acts, 9 tableaux, verse).
Paris: Ed. du Scorpion, 1962.
[BN 16 Yf 348 (67)].

Le Mystère de François Villon (dramatic comedy, 3 acts, verse).
    N.p.: Pages Nouvelles, 1982.
    [BN 16 Yf 1586, BSG].

Mireille (pastoral drama, 5 acts, verse). Adapted from a poem by Frédéric MISTRAL. Written in 1925.
    N.p.: Pages Nouvelles, 1986.
    [BN 16 Z 22689 (4), BSG].

La Tragédie de la Reine Jeanne (historical drama), La Belle endormie (dramatic comedy), Barbasson de Cucuron ou la Folle croisière (scenario for an opera-bouffe).

**VAULTIER** (Mlle Marguerite).

Et Minette qui est sortie! (comedy, 1 act).
    [SACD m. 196 (letter dated Sept. 1956)].

**VAULX DE CHAMPION** (Mlle Cécile de).
? - 1961

Tout simplement (drama, 3 acts).
    Limbourg, Cercle, 12-11-22.

**VAUTIER** (Maguy) (patronym: Marguerite BORNAREL).
Poet.

La Main d'Allah.
    Paris: Grassin (Théâtre présent), 1962.
    [BN 16 Y. 310 (4), ASP 16 Y 676, AV].

**VAUTIER** (Nicole).

La Journée des tuiles (1 act).
    Voreppe (Isère), outdoor performance, 24-6-88.
    [SACD ms. 3556].

**VAUTRIN** (Marie-Madeleine).

Les Métamorphoses (3 acts).
    [SACD ms. CA 196].

**VÉDRÈS** (Nicole) (née RAIS, veuve VÉDRÈS, Mme Marcel CRAVENNE).
Paris, 1911 - *id.*, 1965.
Film director, novelist and essayist/chronicler; participated in radio and television programs, notably "Lectures pour Tous".

Les Niaoulis, 1964.

La Tête d'Edouard (vaudeville, 3 acts). Grand Prix Littéraire d'Art Dramatique d'Enghien.
Festival d'Enghein, 1965.

Les Canaques. Original published as L'Ile qui voyage.
In La Revue de Paris (Feb. 1966); Paris: Seuil, 1966 (posthumous edition).
Liège, Festival Européen du Jeune Théâtre, 1966.
[BN 16 Yf 638, ASP 16 Y 818, AV].

**VEILLARD** (Christiane).
Published two collections of poetry.

Une Partie de cartes en province (saynète, 1 act), Le Rêve de Pomponette (saynète, 1 act), Qui veille ? (1 act, verse), Plumes d'aigle (1 act).
Lille: Ducoulombier (Théâtre de mes filles), 1909-10 (available at BN).

**VELLINI** (Cæcilia).
Actress, poet.

Un Mot contagieux (1 act).
Paris: Chez tous les libraires, 1906.
[ASP Rf. 74.176].

**VENARD** (Michèle).
Book on the history of fairs.

Le Roi de Patagonie en Antoine Cousu d'enfant. Co-authored by Jean-Michel GUILLERY.
Paris, Théâtre du Quai de la Gare (Théâtre en Perce), Nov. 1985 (directed by Venard).

**VERCEY** (Nicole).

Les Aventures d'Eddy Franc (electric fairytale). Co-authored by Claude VERCEY.
[SACD ms. CA 196].

**VERCKMER DE VREKER** (Mme).

> Vendetta (1 act).
>> Rennes, 5-1-26.

**VERDIER** (Noële).

> L'Emprise.

> La Pension Farge (3 acts).
>> Paris, Théâtre des Bouffes-Parisiens, May 1942.

**VERGÈS** (Nathalie).
> Actress.

> Comment devenir gentille quand on est une sorcière (children's play).
>> Avignon, Festival-Off, Roseau Théâtre - Salle Gogol, 9-7-88.

**VERLET** (Agnès).

> Yseult et Tristan (verse).
>> Paris: Harmattan (Théâtre en France), 1978.
>> Marseille, Espace Massalia (Théâtre Recherche de Marseille), 14-11-77.
>> [BN 16 Y 526 (47), ASP 16 Y 3875, AV].

> Irréel du présent.
>> [SACD ms. CA 197].

**VERNA** (Eugénie de).

> L'Epouvante (drama, 1 act).
>> Grenoble: Aubert, 1921.
>> [BN 8 Yth 36469].

**VERNET** (Madeleine) (Mme Louis TRIBIER).
> Houlme (Seine-Inférieure), 1878 - Levallois (Seine), 1949.
> Militant feminist, pacifist, educator; journalist, author of poetry, novels, tales and essays, all with a social orientation.

> Tous les métiers (pièce-revue, 1 act). Songs by Maurice BOUCHOR.
>> Epone: Ed. de "L'Avenir social", 1921.
>> Saint-Denis, l'Avenir Social, 9-3-12.
>> [BN 8 Yth 36466].

**VERNET** (Marie).

> Poudre de Perlimpinpin (comic scene, 1 act).
>> Fourchambault (Nièvre), 26-7-31.

**VESCO** (Edmée) (née Marie DELORME) (also see French Women Playwrights before the Twentieth Century at DELORME).
Amiens, 1836 -
Author of children's books.

Comédies et saynètes pour la jeunesse. 8 children's plays.
Paris: A. Colin, 1904.
[BN 8 Yf 1357].

**VESME** (Gemma de).

Le Songe de la vie (drama, 4 acts).
Paris: Lib. Fischbacher, 1912.
[BN 8 Yth 34485, ASP Rf. 74.352].

**VEZOLLES** (Danielle).

La Fuite en Chine (2 acts). Co-authored by Bernard MINORET.
Paris: C. Bourgeois, 1970; in Avant-Scène-Théâtre 716 (15-10-1982).
Paris, Théâtre de Paris, 5-10-82.
[BN 16 Yf 816, ASP 4 Y 1294, AV ms. Fol. AY 63].

La Vie de Clara Gazul. Co-authored by Alfredo ARIAS. Adapted from Mérimée.
Aubervilliers, Théâtre de la Commune, 21-1-86.

**VIAUT** (Sylvie).

L'Ogre et le rouge-gorge (21 tableaux). Co-authored by Claude GUERRE.
Vacqueyras (84), 26-2-80.
[SACD ms. 420].

**VICKIA** (Chantal).

Qui a tuée Nicky? (3 acts and 1 epilogue). Original title: Qui a tué l'ours en peluche?.
[SACD ms. CA 197].

**VIEILER** (Delna) (pseudonym of Delphine VIEIL, née GARNIER).

Les Farces de Théodorette (1 act), L'Hostellerie de la bonne aventure (1 act), Amour nippon (1 act), Le Tuyau de la dame (comedy, 1 act), Expo-pet (sketch-proverb, 1 act), Prosper et son fétiche (sketch, 1 act), Le Gant au ruban noir (1 act).
Toulon, private performances, 1934-38.

Marraine (comedy, 1 act).
>   Paris, Liège: Ed. Pro arte, 1937.
>   Toulon, private performance, 4-3-35.
>   [BN 8 Yth 41463, ARS 8 Th. N. 33931].

Le Commissaire Zonzon (comedy, 1 act).
>   Paris, Liège: Ed. Pro arte, 1937.
>   Toulon, private performance, 11-8-35.
>   [BN 8 Yth 41455, ARS 8 Th. N. 33929].

Attente chez le dentiste (Southern comedy, 1 act).
>   Paris: J.L. Lejeune, 1936.
>   Toulon, private performance, 19-1-36.
>   [BN 8 Yth 41230, ARS 8 Th. N. 33845].

Le Journal et ... l'amour (comedy, 1 act).
>   Paris, Liège: Ed. Pro arte, 1937.
>   Performed on radio, Alpes-Grenoble, 7-11-36.
>   [BN 8 Yth 41456, ARS 8 Th. N. 33930].

Tante Arlette (comedy, 1 act).
>   Paris: Editions Théâtrales (L.É. T.), 1937.
>   [BN 8 Yf 2533 (79).

Congés payés (1 act).
>   Vannes: Impr. nouvelle du Golfe, 1951.
>   [BN 16 Yth 1150].

**VIGNAN** (Pascale).

Finie la marelle.
>   Paris, Espace Marais, Sept. 1987.

**VILBERT** (Dominique).
1902 - 1987.
Numerous children's comedies, mostly published by Art et comédie (Issy-les-Moulineaux), 1960-1983 (available at BN or ASP).

**VILLA** (Germaine).

La Lettre à Zépherin (saynète).
>   In Pour chanter et dire 1 (15-10-1911).
>   [BN 4 Z 2124].

**VILLARSON** (Comtesse de).

La Revanche de l'orme (comedy, 1 act).
>   Paris, Fémina, 3-6-08.

**VILLERS** (Emilie Sirieyx de).
Novelist, poet.

Adonis ou la Naissance des roses (mythological poem, 1 act, verse).
Paris: Impr. Leve, 1909.
L'Hay-des-Roses, Théâtre de la Roseraie-de-l'Hay, 13-6-09.
[BN 8 YTH 33243, ASP Rf. 74.528, ARS GD 8 29600].

Le Précurseur (drama, 3 acts, verse).

**VILLERS** (Sylviane de) (pseudonym).
Poet.

Fantaisie des dieux (divertissement, 1 act).
Fontenay-sous-bois: l'auteur, 1967.
[BN El 4 Y. Pièce 20, ASP MY 9].

Etat parfait (comedy, 2 acts).
Fontenay-sous-bois, March 1970.
[BN EL 4 Y 363, ASP ms. MY 2].

**VILLIERS** (Marie-Louise) (pseudonym of Marie-Louise CARASSO, née WEIL).
? - 1971.
Novelist.

Ne dites pas : Fontaine... (proverb, 1 act).
In Avant-Scène-Fémina-Théâtre 236 (1-2-1961).
Paris, R.T.F.
[BN 4 Y. 78 (236), ASP 4 Y 87].

Isabelle (4 acts).
In Education et Théâtre 47 (1967).
[BN VER 8 Jo 15865, ASP 8 Y 780].

**VINCENT** (Dominique).

C'était un ange (2 acts).
Paris, Studio des Champs-Elysées, 9-3-50.

Gaspar Diaz (3 acts). Adapted from a short story by Vercors.
In France Illustration 190 (December 1955).
Paris, Hébertot (directed by Claude Regy), 28-9-55.
[BN 4 Z 4049, SACD].

Charlie, 22 ans, trompette (dramatic comedy, 2 parts).
Paris, Théâtre de l'Alliance française (Théâtre d'aujourd'hui), 28-4-58.

**VIOLAS** (Sophie).

One woman shows performed in Parisian café-théâtres, c.1985-87.

A bateau rompu. Co-authored by Marie ARMEL.
Paris, Cithéa, March 1987 (performed by authors).

Aux hommes de joie. Co-authored by Jonas LEQUIERT.
Paris, Cave du Cloître, June 1989 (performed by authors).

La Petite mademoiselle.
Paris, Bouffon Théâtre, Sept. 1989 (author in cast).

**VISDEI** (Anca) (Mme FREYMOND).
Bucarest (Romania), 1954 -
Emigrated to Switzerland, then settled in France; lawyer, journalist,
drama and film critic; author of short stories, novelist; professor of law
then drama instuctor.

Les Jaloux.
Paris, Théâtre de Plaisance, 20-1-82.
[SACD ms. CA 198].

L'Atroce fin d'un séducteur (1 act).
In Festival de l'Acte à Metz 1985. Dix pièces en un acte.
Paris: Editions Papiers, 1985.
Metz, Théâtre Municipal, 20-9-85.
[ASP 8 Y 2505, SACD, AV].

Jeux d'amour (1 act).
In Douze jeunes auteurs sept jours d'atelier.
Metz: Théâtrothèque de Lorraine, 1986.
[ASP 4 Y 2127].

Doña Juana (2 acts).
In Avant-Scène-Théâtre 812 (15-6-1987).
Paris, Théâtre Essaïon, Théâtre à une voix (reading), 28-3-87;
Geneva, 25-4-89; Avignon, Festival-Off, Cinevox (Nyctalop'
Théâtre), 8-7-89.
[BN 4 Y 78 (812, 1987), ASP 4 Jo 12601, SACD].

Les Péripatéticiens. Co-authored by Maria DUCCESCHI.
Avignon,    Festival-Off,    Cinevox-Athanor    (Marteau
Compagnie), 9-7-87; Paris, Grand Edgar, Oct. 1987.

Complot de générations ou l'Etoile au front (1 act).
>  In Avant-Scène-Théâtre 841 (1988).
>  Metz, Théâtre Municipal, 1988 (reading).
>  [BN 4 Y 78 (841, 1988), ASP 4 Jo 12601].

Savez-vous langer Léon? (3 parts) and Femme-sujet (13 scenes).
>  Paris: Ed. des Quatre-vents, 1990.
>  Issy-les-Moulineaux, Espace ICARE (reading), 21-11-94.
>  [BN EL 8 Y 20989, ASP 8 Y 4145, AV, SACD ms. CA 198].

Le Complexe d'Orphée ou la Poésie éternelle du mâle and Les Pommes de terre sont en fleur ou l'Impardonnable retour (pantalonnade en deux actes et cinq pantins).
>  [SACD ms. CA 198].

**VIVIEN** (Renée) (pseudonym of Pauline Mary TARN).
Collective pseudonym with Hélène Zuylen de Nyvelt: Paule Riversdale.
Etats-Unis, 1877 - Paris, 1909.
Poet, novelist; translations of Sappho.

Attis délaissée and La Mort de Psappha (dramatic poems, 1 act, verse).
>  In Evocations. Paris: Alphonse Lemerre, 1903.
>  [BN 8 Ye. 6741, ASP Rf. 74.561].

La Dogaresse (1 act, verse).
>  In La Venus des aveugles. Paris: Lemerrre, 1904; Charlieu: la Bartavelle (coll. La Belle Mémoire), 1991
>  [BN 16 Z 32274 (2), ARS Po. 19749, ASP Rf. 74.563].

Svanhild (1 act, prose).
>  In La Dame à la louve. Paris: A. Lemerrre, 1904.
>  [BN microfiche 8 $Y^2$ 56431, ASP Rf. 74.562].

Poésies complètes: "Attis delaissée", "La Mort de Psappha", "La Dogaresse".
>  Paris: Deforges, 1986.
>  [BSG 8 Y SUP 40196].

**VIVIER** (Colette) (pseudonym).
Children's books.

Le Petit théâtre.
>  Paris: Ed. Farandole, 1968.
>  [BN El. 4 Y. 270].

**VOLENE** (Elise).

>>L'Anneau du Roi (scene).
>>>Paris: Firmin-Didot, 1938.
>>>[BN 4 Ye 774].

**VOLMANE** (Véra).
>Born in Russia but moved to France as a child.
>Journalist, translator.

>>Charme slave (comedy, 3 acts).
>>>Paris, Comédie de Paris, 1-3-58.

>>Souvenirs de rechange. 3 plays performed on R.T.F., 1959-63.
>>>Paris: Ed. Louis Soulanges, 1964.
>>>[BN 16 Yf 577, ASP 16 Y 273].

**VOLTZ** (Nicole) (see Danielle BRE).

**VOS** (Marité de) or **DE VOS**.

>>La Pomme maudite.
>>>Paris, La Mama du marais, July 1977 (author in cast).

>>Pas vous, moi si! (one woman show).
>>>Paris, Bistro Beaubourg, Dec. 1980.

**VOULET** (Jacqueline).
>Paris, c. 1944 -
>Novelist.

>>Entre nous (monologue).
>>>In Avant-Scène-Théâtre 485 (15-12-1971).
>>>[BN 4 Y 78 (1971, 485), ASP 4 Jo 12601].

>>L'Arrêt (monologue, 1 act).
>>>In Avant-Scène-Théâtre 514 (15-3-1973).
>>>[BN 4 Y 78 (1973, 514), ASP 4 Jo 12601].

>>Peau neuve (comedy, 4 acts) and L'Un sans l'autre (comedy).
>>>[SACD ms. CA 199].

**VYLARS** (Cilia de).

>>Mimi Pinson (comedy, 3 acts). Co-authored by Henri le VERDIER, Jules ULRICH, Justin CLERICE.
>>>Villerville, 07-1902; Théâtre de l'Application, 1904.
>>>[AN F$^{18}$1303].

<u>Le Suiveur</u> (comedy, 1 act). Co-authored by Henri le VERDIER.
Paris, Tour Eiffel, 14-8-02.

<u>La Reconnaissance</u> (comedy, 1 act). Co-authored by Henry ROSSI.
Paris, Rabelais, 18-11-03.

<u>Vers la force</u> (dramatic poem, verse). Co-authored by G. BERTHEY.
Vannes: Impr. de Lafoyle frères, 1905.
Paris, 1-5-05.
[BN microfiche 8 Yth 31555, BHVP].

<u>La Bonne oeuvre</u> (comedy, 1 act). Co-authored by G. BERTHEY.
Paris: Impr. Moderne, n.d.
Nouvelle Comédie, 15-4-06.
[ASP Rf. 74.610].

<u>L'Angoisse</u> (drama, 1 act). Co-authored by Pierre MILLE.
Grand Guignol, Feb. 1908 and Sept. 1922.

<u>Le Vampire</u> (drama, 2 acts). Co-authored by P. SOUVESTRE.
Little Palace, Aug. 1908.

# W

**WAILLY** (Marie de).
    Born in Abbeville.
    Novelist, journalist; founded the *Académie féminine des Lettres*.

    Baptême sanglant, 1914 (patriotic drama, 1 act).
        Paris: A. Lesot, 1925.
        [BN 8 Yth 38023].

    La Farce du Docteur Pathelin (comedy-bouffe, 1 act).
        Paris: A. Lesot, 1929.
        [BN 8 Yth 38745].

    Le Baiser de la concierge or Les Baisers du concierge (comedy, 1 act).
        Puchay (Eure), 22-6-31.

**WALTER-LAUDENBACH** (Francine).
    Born in Switzerland, moved to Paris.
    Actress; founded the troupe Théâtre aux Alouettes.

    Parlez-nous de l'amour.
        Paris, Théâtre Essaïon (Théâtre aux Alouettes), 1979.

    Il ne faut pas grimper sur Berlioz.
        Paris: Théâtrales (ms. 344), [1985].
        Villeneuve d'Asq, l'Espace Rose-des-Vents (reading); Paris, Théâtre Essaïon, Théâtre à une voix (reading), 19-2-83.
        [AV, TH, SACD ms. TAV 200].

    L'Autre côté du lac.
        [SACD ms. CA 199].

**WALTZ** (Jeanne).

Catherine de Sienne (drama, 5 acts), Le Portrait de Don Philippe ou Les Trois baisers d'une reine (4 acts), Raspoutine ou le Diable sacré, Quinze colliers de Sapeques (4 acts, 8 tableaux), Isabelle et Don Juan (comedy, 5 acts), Frère Thomas (dramatic comedy, 5 acts), Histoire de la belle Kieu.
> Paris: Editions du Scorpion, 1959-63 (available at BN).

**WEBER** (Batty) (Emma BRUGMAN).
? - 1940.

Le Lasso (3 acts).
> Paris, Théâtre de l'Oeuvre, 20-9-22.

**WEIL** (Simone).
Paris, 1909 - Great Britain, 1943.
Philosopher.

Venise sauvée (tragedy, 3 acts), written in 1940.
> Paris: Gallimard, 1955 (unfinished version); Marseille: Théâtre Universitaire de Marseille, 1965 (as performed).
> Marseille, Théâtre Quotidien de Marseille, 17-3-65.
> [BN 16 Z. 1036 (20), ASP 16 Y 497, ASP MY 68, AV].

**WELDON** (Marie-Jo).

Hourra Papa! Co-authored by Jacques DEMAMY and Jo MOUTET.
> Paris, Casino de Paris, March 1985.

**WERY** (Béatrice) (see Marie-Madeleine LORNIER-DU MESNIL).

**WILS** (Juliette).

Sang gaulois (tragedy, 3 acts).
> Paris: A. Messein, 1906.
> Champigny, Théâtre antique de la nature, 1-10-05.
> [BN 8 Yth 31645, ASP Rf. 74.744].

Bayard (heroic play, 4 acts, verse).
> Paris: A. Messein, 1908.
> Champigny, Théâtre antique de la nature, 8-9-07.
> [ASP Rf. 74.745].

Théâtre. 6 plays in 2 volumes including:
"L'Amour de la terre" (1 act, verse),
> Aide et Protection, Dec. 1918.
> Paris: A. Messein, 1925.
> [BN 8 Yf 2196, ASP Rf. 74.743].

**WINZ** (Mme Claude) (pseudonym of Marcelle SOUCAZE).
Novelist; lived for twenty years in Argentina; member of the *Assoc. régionaliste du Béarn* and the *Assoc. des écrivains de province*.

L'Etau (comedy, 3 acts). Co-authored by Roland CHARMY.
Paris, Théâtre Albert 1$^{er}$, 17-2-32.

**WISNIR-GIANSETTO** (Françoise).

Olympie... Olympia (cosmic opera, 2 acts, 12 tableaux).
[SACD m. 3719].

**WITTIG** (Monique).
Alsace, 1935 -
Novelist; feminist theoretician and activist; central figure in the radical lesbian movement.

L'Amant vert.
Performed in Bolivia, 1969.

Le Voyage sans fin.
In Vlasta 4 (suppl.) (1984).
Vermont (U.S.A.), Haybarn Theater (Goddard College), 30-3-84; Paris, Théâtre du Rond Point, 21-5-85 (directed by Wittig and Sande Zeig).
[BN VER 8 Jo 22983, AV].

**WORMS** (Jeannine).
Born in South America of French parents.
Novelist, essayist, translator.

Archiflore. Original title: Un, deux, trois.
Rennes: Maison de la Culture, 1975; Arles, Paris: Actes Sud-Papiers, 1988.
Paris, Théâtre 347, 17-2-65.
[BN 16 Yf 1122 (3), ASP 8 Y 1464, SACD, AV].

Rêver pour vivre (saynète).
In Avant-Scène-Théâtre 357 (1966).
[BN 4 Y. 78 (357), ASP 4 Y 1022, SACD].

Pommes, les poires, Puis-je me permettre de... (comédies minutes).
In Avant-Scène-Théâtre 358 (1966).
[BN 4 Y 78 (358), ASP 4 Jo 12601, SACD].

Pardon Monsieur (1 act).
>In Avant-Scène-Théâtre 393 (15-12-1967).
>Performed on Inter-Variétés, 16-11-66.
>[BN 4 Y. 78 (393), ASP 4 Jo 12601, SACD].

Une Femme admirable, Le Journal (comédies minutes).
>In Avant-Scène-Théâtre 415 (1-12-1968).
>[BN 4 Y. 78 (415), ASP 4 Jo 12601].

Un Fils à Papa (comédie minute).
>In Avant-Scène-Théâtre 416 (15-12-1968).
>[BN 4 Y 78 (416), ASP 4 Jo 12601, SACD].

La Nuit or Martha dans la nuit (psychological drama, 2 acts).
>Paris, Théâtre-Studio, 27-9-68.
>[SACD ms. 2211].

Un Chat est un chat (comedy, 1 act).
>In Avant-Scène-Théâtre 492 (1-4-1972); Paris: Librairie Théâtrale, 1989.
>Marseille, 13-9-65; Paris, Théâtre de la Cité Universitaire.
>[BN 4 Y 78 (492), ASP 4 Jo 12601, SACD, AV].

Une Biche (comédie minute).
>In Avant-Scène-Théâtre 419 (1-2-1969).
>[BN 4 Y 78 (419), ASP 4 Jo 12601, SACD].

Les Empaillés (musical comedy, 1 act).
>Paris: Théâtrales (ms. 128), [1985].
>Performed on television, 29-3-69.
>[AV, TH, POI, SACD ms. 311].

Un Gros gâteau (1 act). Other titles: Le Bon exemple, Un Bon exemple.
>In Avant-Scène-Théâtre 440 (1-1-1970).
>Paris, Vieux Colombier, 29-12-71.
>[BN 4 Y 78 (440), ASP 4 Jo 12601, SACD].

Vernissage.
>Performed on France Culture, 1970.
>[SACD ms.].

Apologie du mensonge.
>Performed on France Culture.

Mougnou, Mougnou ou un Coeur de mère (1 act).
    In Avant-Scène-Théâtre 480 (1-10-1971).
    Paris, Vieux Colombier, 29-12-70.
    [BN 4 Y 78 (480), ASP 4 Jo 12601, SACD].

Tout à l'heure (farce, 1 act), Le Goûter (1 act) .
    In Avant-Scène-Théâtre 492 (1-4-1972).
    Paris, Petit Odéon, 22-12-71.
    [BN 4 Y 78 (492), ASP 4 Jo 12601, SACD, SACD ms. 730
    (Le Goûter)].

La Boutique (2 acts).
    Paris: Stock, 1971; Paris: Librairie théâtrale, 1990.
    Lyon, Théâtre Romain de Fourviere (Théâtre du Tournemire),
    13-6-75; Théâtre de Boulogne, 16-11-76.
    [BN 16 Y 535 (10), ASP 16 Y 1947, SACD, AV].

Sandwich.
    France Culture, 8-7-72.

Un Air pur.
    Paris: Théâtrales (ms. 154), [1985].
    Inter-Variétés, 28-12-72.
    [AV, TH, POI].

Avec ou sans arbres (2 acts).
    In Avant-Scène-Théâtre 648 (1979); Paris: Papiers, 1985.
    Paris, Théâtre de l'Athénée, 2-4-79; Hébertot, Sept. 1990.
    [BN 4 Y 78 (648), ASP 4 Jo 12601, SACD, TF, AV].

Le Téléphone (1 act).
    In Avant-Scène-Théâtre 648 (1979).
    [BN 4 Y 78 (648), ASP 4 Jo 12601, SACD].

Le Calcul.
    Paris: Ed. de la Différence, 1983.
    Suresnes, Théâtre Jean Vilar, 1980; Paris, Essaïon, 23-6-83.
    [BN 16 Z 22385 (2), ASP 8 Y 2327, AV, SACD ms. CA
    201].

La Recette.
    Paris: Ed. de la Différence, 1983.
    Suresnes, Théâtre Jean Villar, Oct. 1980.
    [BN 16 Z 22385 (3), ASP 8 Y 2328, AV].

Duetto or La Chasse aux dragons (2 acts).
>Paris: Ed. de la Différence, 1983.
>Théâtre de l'Oeuvre, 22-11-84.
>[BN 16 Z 22385 (4), ASP 8 Y 2329, SACD, AV].

L'Impardonnable.
>Paris: Ed. de la Différence, 1987.
>[BN 16 Z 26041 (38), TF].

Pièces de femmes: "Le Goûter", "Mougnou, Mougnou" and "Le Palace" (1 act).
>Paris: Librairie Théâtrale, 1989.
>[BN 16 Yf 1878, ASP 8 Y 4054, AV].

Liens (2 acts).
>Paris: Actes Sud-Papiers, 1989.
>[BN 16 Yf 1858, ASP 8 Y 3906, BSG, SACD, AV].

La Bobine (comedy, 2 acts), Les Cercles (1 act) and Un Air pur (1 act).
>Paris: Librairie théâtrale, 1990.
>[BN EL 8 Y 27097-27098].

**WORMS-BAR(R)ETTA** (Rose).
>? - 1960.
>Novelist.

Amour est un étrange maître (comedy, 3 acts).
>Paris, l'Oeuvre, 23-3-24.

Souvenir, que me veux-tu? (comedy, 1 act).
>In Comœdia 6-11-1931 (photo of the author).
>Paris, la Petite scène, 3-6-31; Comédie Française, 31-10-31.
>[BN Pér. micr. D-69, ASP Rf. 74.876].

Avant que l'heure soit venue (1 act).
>Paris: Ed. O-Gé-O, 1951.
>Paris, Crypte du Couvent des Dominicains, 24-12-50.
>[BN 16 Yth 1191].

**WURMSER** (Lisa).

Vampire au pensionnat (satire).
>Paris, Théâtre d'Edgar, Dec. 1981.

# Y

**YD** (Berthe d') (Mme Paul CASTAN).
Co-director of the Théâtre Esotérique; singer, actress.

Au delà du seuil (sketch psychique, 1 act).
Paris, Athena, 26-3-22; Théâtre Esotérique, 26-12-25 (revival for the reopening of the Théâtre Esotérique in 9-10-45).

Le Voile du passé (1 act, 4 tableaux).
Rythme et Beauté, 8-4-22; Paris, Salle Adyar (Théâtre Esotérique), 3-5-24.

Germain ou les Trois épreuves (pièce esotérique, 3 acts).
Paris, Salle Adyar (Théâtre Esotérique), 5-1-24.
[ASP Rondel ms.].

Il faut marier grand-père (vaudeville, 3 acts). Co-authored by Gisèle MONRIBOT.
Paris, Théâtre Lancry, 1-2-45.

La Gare de triage (évocation, 2 acts).
Paris: Adyar, 1963.
[BN 16 Yf 549, ASP 16 Y 489].

**YNUOD** (Myriam) (pseudonym of Alice DOUNY).

Le Coffret mystérieux (comedy, 1 act). Signed Alice DOUNY.
Le Mans: Ed. du Répertoire des cercles, [1922].
[BN 8 Yth 36641].

Les Petites jardinières de la princesse Eglantine (comedy, 1 act), Mlle Revêche à l'hôtel (comedy, 1 act), Mercédès (drama, 5 acts), Les Quatorze ans de l'infante (comedy, 2 acts). Signed Myriam YNUOD.
> Le Mans: le Répertoire des Cercles, [1922-23] (available at BN).

**YORSKA** (Lottie) (Carlotta STERN).
Writer and actress originally from the United States; founded the Théâtre français de New York.

Jean Sébastien Cast (dramatic comedy, 1 act).
> Paris, Théâtre des Mosaïques, 3-3-28.

Don Juan et Landru (1 act).
> Paris, Théâtre Athena, 9-3-31.

**YOURCENAR** (Marguerite) (pseudonym of Marguerite Antoinette Jeanne Marie Cleenewerke de CRAYENCOURT).
Brussels, 1903 - Maine (USA), 1987.
Novelist, essayist, poet and translator; first woman elected to l'Académie Française.

Le Jardin des chimères - Icare (dramatic legend, 2 tableaux). Signed Marg. Yourcenar.
> Paris: Perrin et Cie, 1921
> [BN microfiche m. 11177, ASP Rf. 74.917].

Dialogue dans le marécage (1 act).
> In Revue de France, 15-02-1932; Paris: Gallimard, 1988.
> Paris, Théâtre Renaud-Barrault, 27-1-88.
> [BN 8 Yf 3076, ASP 8 Y 3372, ASP Rf. 74.918, BSG, SACD].

Electre ou la Chute des masques (tragedy, 2 acts).
> Paris: Plon, 1954.
> Radio française, 6-9-47; Paris, Mathurins, 30-10-54; Paris, Salle des Conservatoires, 19-3-74.
> [BN 8 Yf 3076, ASP R. Supp. 4047, TF].

Le Mystère d'Alceste (1 act).
> Paris: Plon, 1963.
> [BN 16 Yf 532, ASP 16 Y 95].

Qui n'a pas son minotaure? (divertissement sacré, 10 tableaux).
> Paris: Plon, 1963.
> Marseille, Théâtre Axel Toursky, 6-3-74; Théâtre Marie-Stuart, Jan. 1980; Monnaie de Paris, May 1989.
> [BN 16 Yf 532, ASP 16 Y 95].

Théâtre
I: "Rendre à César" (3 acts), Adapted from Denier du rêve (1959), 1961.
> Montreuil, Salle Berthelot, June 1981;

"La Petite sirène" (divertissement dramatique), adapted from a tale by Hans-Christian Andersen, 1942;
"Le Dialogue dans le marécage".

II: "Electre ou la Chute des masques"; "Le Mystère d'Alceste"; "Qui n'a pas son minotaure?".
> Paris: Gallimard, 1971.
> [BN 8 Yf 3076 (1-2), ASP 8 Y 897, BSG, SACD, TF, AV].

**YS** (Suzanne d').

Deux routes (dramatic comedy, 3 acts, 4 tableaux).
> Théâtre Fémina, 19-3-20.

# Z

**ZABIELLO** (Mme V. de).
Translator.

Sous le chaume (drama, 5 acts).
Submitted to Théâtre de l'Odéon, 1912.
[ASP Rf. 74949 (summary)].

**ZADEK** (Annie).
Novelist.

Le Cuisinier de Warbuton.
Paris: Ed. de Minuit, 1979.
Paris, Théâtre Oblique (Théâtre du Réfectoire), 28-1-80.
[BN 16 Y$^2$ 43593, AV]

La Condition des soies (monologue).
Paris: Ed. de Minuit, 1982.
Avignon, 31-7-82.
[BN 16 Ye 7934, BSG, AV].

**ZAMBON** (Catherine).
Villefranche-sur-Saône, 1957 -
Actress.

Les Biscuits d'Alice. Co-authored by Françoise BARRET.
Paris, Espace Marais, May 1984 (directed by Moni GREGO).

Le Jardin d'agrément (11 séquences).
[SACD ms. CA 202].

**ZARCATE** (Catherine).

> Salomon et la reine de Saba (one woman show).
> > Avignon, Festival-Off, Battement d'Elles, 11-7-86.

> Bazar de nuit (one woman show).
> > Paris, Tristan Bernard, 7-12-89.

**ZARZAVATDJIAN** (Jacqueline).

> Retrouvailles.
> > [SACD ms. CA 202].

**ZEDERMAN** (Micheline) (see Yveline DANNARD).

**ZENDEL** (Mlle Rachel).

> Prophète (2 acts, 6 tableaux).
> > Paris, La Potinière (Discobole), 2-3-29.

**ZOGHEB** (Madeleine de).
? - 1968.

> Les Chevaux du char (comedy, 4 acts). Co-authored by Jacques de ZOGHEB.
> > Paris, Théâtre Antoine, 15-3-26.

> Yvette et ses enfants (comedy, 3 acts), La Joueuse (comedy, 3 acts).
> > Paris, Studio des Champs-Elysées, 6-5-33 and 16-3-34.

**ZOUC** (Isabelle von ALLMEN).
Café-théâtre performer of Swiss origins; numerous one woman shows performed in Parisian café-théâtres in the seventies and eighties.

**ZUYLEN DE NYEVELT DE HAAR** (baronne Hélène de) (née de ROTHSCHILD).
Novelist.

> La Mascarade interrompue (drama, 1 act). Adapted from a tale by Poe.
> > Paris: Stock, 1906.
> > Paris, Théâtre du Grand-Guignol, 19-6-05.
> > [BN microfiche m. 11925, ARS GD 8 26835].

> Comédie dans un jardin (1 act).
> > Paris: Stock, 1907.
> > Paris, Théâtre de l'Automobile Club de France, 1-12-05.
> > [BN microfiche m. 11923, ASP Rf. 75.027, ARS GD 8 28521].

Beryl (4 acts). Adapted from the novel L'Impossible sincérité.
Roubaix: Ed. du Beffroi, 1908.
[BNmicrofiche m. 16038, ASP Rf. 75.028, ARS GD 8 29835,
BHVP].

# Selected Bibliography

Annuaire de la Société des Auteurs et Compositeurs dramatiques. Paris: Commission des Auteurs et Compositeurs Dramatiques, 1939-1946.

Annuaire de la Société des Auteurs et Compositeurs dramatiques. Paris: Commission des Auteurs et Compositeurs Dramatiques, 1949-1953.

Annuaire de la Société des Auteurs et Compositeurs dramatiques. Paris: Commission des Auteurs et Compositeurs Dramatiques, 1953-1955.

Annuaire de la Société des Auteurs et Compositeurs dramatiques. Paris: Commission des Auteurs et Compositeurs Dramatiques, 1955-1956.

Aubert, René. "Où l'on voit les femmes-auteurs croissent en nombre et en audace, sinon en génie, prendre possession des théâtres de Paris." Paris-Spectacles 24 mai 1939.

Balazard, Simone. Le Guide du théâtre français contemporain. Paris: Syros alternatives, 1989.

Bard, Christine. Les Féminismes en France. Vers l'intégration des femmes dans la cité 1914-1940. Diss. Université de Paris VII, 1993.

---. Les Filles de Marianne. Histoire des féminismes 1914-1940. Paris: Fayard, 1995.

Beach, Cecilia. French Women Playwrights before the Twentieth Century: A Checklist. Westport (CT): Greenwood Press, 1994.

Benstock, Shari. Women of the Left Bank. Paris, 1900-1940. Austin (TX): University of Texas Press, 1986.

Bonnifet, Nadeige. "L'Ecriture dramatique des femmes·: Histoire d'un échec ou pré-histoire d'une réussite?" Mémoire de Maîtrise, Université de Paris III. 1985-1986.

Borione, Elizabeth. "Répertoire pour enfants et adolescents." Nos Spectacles 153 (Nov. 1973-Jan. 1974).

Brakha, Marie Josée. "La Création des femmes au théâtre en France de nos jours." Mèmoire de Maîtrise, Université de Paris III. 1982.

Bureau des auteurs, Répertoire. Oeuvres théâtrales. Poitiers: Bibliothèque Municipale, 1990.

Café théâtre de France et d'ailleurs. Eds. Philippe Rouyer and Guy Suire. Paris: Cahiers du CERT-CIRCE, 1979.

Catalogue analytique: Tout le théâtre amateur et fêtes scolaires, n° 28. Paris: Editions théâtrales, 1980-81.

Catalogue analytique: Tout le théâtre amateur et fêtes scolaires, n° 29. Paris: Editions théâtrales, 1981-82.

Catalogue analytique de pièces à rôles mixtes. Paris: L'Amicale, 1964.

Catalogue général de la librairie française. D. Jorell, compiler. 1886-1918. 16 volumes (XII-XXVII). Paris: Champion et Nilsson; Jordelle, 1892-1920.

Catalogue général des ouvrages en langue française, 1926-1929. Ed. Bernard Dermineur. Munich, New York, London, Paris: K.G. Saur, 1989.

Catalogue général des oeuvres dramatiques et lyriques faisant partie du répertoire de la Société des Auteurs et Compositeurs Dramatiques. [Paris]: [SACD], 1899-1939.

Charbonnier, Claire-Lise. De l'errance à l'ancrage: le Théâtre 71. Malakoff: Centre d'animation culturel, 1981.

Cohen, Aaron I. International Encyclopedia of Women Composers. New York: Books and Music, 1987.

Confortès, Claude. 241 pièces contemporaines de langue française. Catalogue international. Paris: Centre de Création Contempaoraine, June 1994.

Corvin, Michel . Dictionnaire encyclopédique du théâtre. Paris: Bordas, 1991.

Cousseau, Renée. Oeuvres dramatiques d'auteurs contemporains éditées en langue française de 1960 à 1975. 2 volumes. Paris: ATAC, 1976.

Créations en Languedoc Roussillon. Office régional de la culture Languedoc Roussillon, 1982-1985.

Des auteurs à lire, des textes à jouer: Répertoire 1989. Paris: Théâtrales, 1989.

Dictionnaire de Biographie Française. 17 volumes to date. Eds. Balteau, Barroux, Prevost. Paris: Lib. Letouzey, 1933-1989.

Dictionnaire de la musique. Ed. Marc Honegger. Paris: Bordas, 1970.

Dictionnaire des hommes de théâtre français contemporains: Auteurs, Compositeurs, Choréauteurs. Paris: O. Perrin, 1967.

Dictionnaire des lettres françaises. 5 volumes. Eds. Cardinal G. Grente, A. Pauphilet, L. Pichard, R. Barroux. Paris: Fayard, 1971.

Dictionnaire des littératures de langue française. 4 volumes. Eds. J.-P. de Beaumarchais, Daniel Couty, Alain Rey. Paris: Bordas, 1987.

Douze jeunes auteurs sept jours d'atelier. Metz: Théâtrothèque de Lorraine, 1986.

Dramatic Criticism Index: A Bibliography of Commentaries on Playwrights from Ibsen to the Avant-Garde. Eds. Paul F. Breed and Florence M. Sniderman. Detroit: Gale Research, 1972.

Festival de l'Acte de Metz 1985. Dix pièces en un acte. Paris: Papiers, 1985.

Forestier, Monique. "Des Femmes dans le Sillage de Molière et de Shakespeare." Minerva 26 décembre 1937.

French Women Writers. Eds. Eva Martin Sartori and Dorothy Wynne Zimmerman. Lincoln: University of Nebraska Press, 1994.

Houssin, Monique and Elisabeth Marsault-Loi. Ecrits de Femmes. Paris: Messidor, 1986.

Jeanne, R. and Ch. Ford. Dictionnaire du cinéma universel. Paris: R. Laffont, 1970.

Lamar, Celita. Our Voices, Ourselves: Women Writing for the French Theatre. New York: Peter Lang, 1991.

Marle, Pierre. Le Café-théâtre. Paris: Presse Universitaires de France (Que sais-je?), 1985.

Mignon, Paul-Louis. Le Théâtre d'aujourd'hui de A jusquà Z. Paris: Editions de l'Avant-Scène and Editions Michel Brient, 1966.

Miller, Judith Graves. "Contemporary Women's Voices in French Theater." Modern Drama 32.1 (1989): 5-23.

Millstone, Amy Blythe. Feminist Theatre in France: 1870-1914. Diss. University of Wisconsin-Madison. 1977.

Moisson d'Entr'Actes. Dir. Françoise Avril. Paris: impr. Jouve, 1994.

Moulin, Jeanine. Huit siècle de poésie féminine. Anthologie. Paris: Seghers, 1975 (first published in 1963).

Petites scènes. Grand théâtre. Le Théâtre de création de 1944 à 1960. Ed. Geneviève Latour. Paris: Délégation à l'Action Artistique de la Ville de Paris and SACD, 1986.

Plays by French and Francophone Women. Critical Anthology. Eds and trans. Christiane P. Makward and Judith G. Miller. Ann Anbor: University of Michigan Press, 1994.

Régis-Leroi. "Les Femmes auteurs dramatiques." Minerva 12 février 1933.

---. "Lorsque les Femmes deviennent auteurs dramatiques·: De Marie Lenéru à Anne Mariel, elles ont abordé tous les genres." Minerva 27 juin 1937.

"Répertoire de la Fédération Nationale des Compagnies de Théâtre et d'Animation." Théâtre et animation 32 (Jan. 1984), 47 (Oct. 1987).

Répertoire de l'association Théâtrales. Des auteurs à lire, des textes à jouer, 1986-1994.

Répertoire du Centre d'essai des auteurs dramatiques. Des auteurs, des pièces: portraits de la dramaturgie québecoise. Montreal: CEAD, 1984.

Sadoul, Georges. Dictionnaire des cinéastes. Paris: Seuil, 1990.

Simon, Alfred. Dictionnaire du théâte français contemporain. Paris: Larousse, 1970.

Stein, Henri. Catalogue général de la librairie française. Paris: Champion, 1924-1934.

Surel-Tupin, Monique. "La Prise de parole des femmes au théâtre." Le Théâtre d'Intervention depuis 1968. Tome II. Lausanne: l'Age d'homme, 1988: 56-77.

Table des suppléments de théâtre et des suppléments cinématographiques de L'Illustration (16-4-1898 to 31-12-1939). Paris: 13 rue Saint-George, n.d.

Talvart, Hector and Joseph Place. Bibliographie des auteurs modernes de language française (1801-1927). 22 volumes to date. Paris: Ed. de la Chronique des lettres françaises, 1928-1976.

Théâtre 1991-1992. Ed. Pierre Laville. Paris: Hachette, 1992.

Théâtre Ouvert à livre ouvert de 1971 à 1988. Paris: Rato Diffusion, 1988.

Théâtre Ouvert à livre ouvert. Suite du catalogue. N.p., n.d.

Théâtre pour jeunes filles. Catalogue théâtral analytique. Paris: Union des Associations Ouvrières Catholiques, 1911.

Tulard, Jean. Dictionnaire du cinéma: Acteurs - Producteurs - Scénaristes - Techniciens. Paris: Robert Laffont (Bouquins), 1984.

---. Dictionnaire du cinéma: les Réalisateurs. Paris: Robert Laffont (Bouquins), 1982.

Veinstein, André, Cécile Giteau and Monique Girardin. Répertoire permanent de la production théâtrale en France, 1973-1974. 2 volumes plus index. Paris: Bibliothèque de Université de Paris VIII (Centre de Recherche Documentaire sur les Arts du Spectacle), 1974.

Veinstein, André, Cécile Giteau, Monique Girardin and Françoise Grenouillat. Répertoire permanent de la production théâtrale en France, 1974-1975. 2 volumes plus index. Paris: Bibliothèque de Université de Paris VIII (Centre de Recherche Documentaire sur les Arts du Spectacle), 1975.

"Vingt-cinq ans de décentralisation." ATAC informations Sept. 1972.

Waelti-Walters, Jennifer. Feminist Novelists of the Belle Epoque. Indiana UP, 1990.

Wicks, Charles Beaumont. The Parisian Stage: Alphabetical Indexes of Plays and Authors. Part V: 1876-1900. Alabama: University of Alabama Press, 1979.

Yaari, Nurit. Contemporary French Theatre. 1960-1992. Paris: Entr'Actes, 1995.

## Periodicals:

Les Annales politiques et littéraires 1900-1939.

Avant-Scène-Femina-Théâtre 1953-1961.

Avant-Scène-Théâtre 1961-1990.

Avignon Public-Off (program of the Festival-off) 1984-1990.

Conferencia. Journal de l'Université des Annales 1919-1950.

Des femmes en mouvement hebdo 1978-1980.

L'Illustration Théâtrale 1904 (1) - 1913 (234).

Le Mois théâtral January 1935 (1) - December 1962 (306).

Pariscope. Hebdomadaire des spectacles de la vie parisienne  Oct. 1965 (1) - April 1968 (125).

Paris-Théâtre  1947-1967.

La Petite Illustration. Série-Théâtre, 1913 (1) - 1914 (43).

La Petite Illustration Théâtrale  1919 (1) -1939 (465).

Le Quotidien des femmes  1974-1976.

Répertoire Théâtrale de la Théâtrothèque de Lorraine  1-31 (March 1984-June 1987).

La Semaine de Paris (list of plays currently performed in private theaters in Paris, inserted in programs) 1954 - 1990.

La Semaine de Suzette  1905-1939.

Une Semaine de Paris - Hebdomadaire d'information des arts et des spectacles  8-10-1946 (1) - 3-4-1968 (1115).

Une Semaine de Paris. Pariscope 10-4-1968 (1) - 26-12-1990 (1179).


## Library catalogues consulted in their entirety:

Bibliothèque de l'Arsenal.  Catalogue of the printed books of the Douay collection.

Bibliothèque de l'Opéra de Paris.  Card catalogue of librettos and manuscripts (LIV).

Bibliothèque Historique de la Ville de Paris.  Section of card catalogue dedicated to theatrical works.

Bibliothèque Marguerite Durand.  Catalogue of files containing a variety of information about authors (press clippings, biographical info., etc.).

Bibliothèque Nationale: Département des Arts du spectacle.  Catalogue of the Rondel collection; catalogue of manuscripts of the Douay collection; catalogue of "auteurs et titres anonymes, 1965-1989"; catalogue of files containing information on "personnalités" (authors, actors, directors, etc.).

Maison Jean Vilar, Avignon.  Card catalogue of printed books and manuscripts.

Société des Auteurs et Compositeurs Dramatiques.  Catalogues of printed books, manuscripts and programs.

# Title Index

**About the Compiler**

CECILIA BEACH received her Ph.D. in French literature from New York University and is currently teaching at Ripon College in Wisconsin. She has also published *French Women Playwrights Before the Twentieth Century: A Checklist* (Greenwood 1994).